经济学
原理与热点
ISSUES IN ECONOMICS TODAY 6E

经济学精选教材译丛

〔美〕罗伯特·C. 盖尔（Robert C. Guell）著
陈宇峰 吴孟非 译

第6版

北京大学出版社
PEKING UNIVERSITY PRESS

著作权合同登记号　图字：01-2012-8655

图书在版编目(CIP)数据

经济学:原理与热点:第 6 版/(美)罗伯特·C.盖尔(Robert C.Guell)著;陈宇峰等译.—北京:北京大学出版社,2016.10

(经济学精选教材译丛)

ISBN 978-7-301-27576-4

Ⅰ.①经… Ⅱ.①罗…②陈… Ⅲ.①经济学—教材 Ⅳ.①F0

中国版本图书馆 CIP 数据核字(2016)第 225750 号

Robert C. Guell
Issues in Economics Today, 6e
ISBN 978-0-07-352323-1
Copyright © 2012 by The McGraw-Hill Companies, Inc.

All Rights reserved. No part of this publication may be reproduced or transmitted in any form or by any means, electronic or mechanical, including without limitation photocopying, recording, taping, or any database, information or retrieval system, without the prior written permission of the publisher.

This authorized Chinese translation edition is jointly published by McGraw-Hill Education and Peking University Press. This edition is authorized for sale in the People's Republic of China only, excluding Hong Kong, Macao SARs and Taiwan.

Copyright © 2016 by McGraw-Hill Education(Asia), a division of McGraw-Hill Education(Singapore) Pte.Ltd. and Peking University Press.

版权所有。未经出版人事先书面许可，对本出版物的任何部分不得以任何方式或途径复制或传播，包括但不限于复印、录制、录音，或通过任何数据库、信息或可检索的系统。

本授权中文简体字翻译版由麦格劳-希尔(新加坡)教育出版公司和北京大学出版社合作出版。此版本经授权仅限在中华人民共和国国内(不包括香港、澳门特别行政区和台湾地区)销售。

版权 2016 由麦格劳-希尔(新加坡)教育出版公司与北京大学出版社所有。

本书封面贴有 McGraw-Hill Education 公司防伪标签，无标签者不得销售。

书　　　名	经济学：原理与热点（第 6 版） JINGJIXUE: YUANLI YU REDIAN
著作责任者	〔美〕罗伯特·C.盖尔　著　陈宇峰　吴孟非　译
策划编辑	张　燕
责任编辑	兰　慧
标准书号	ISBN 978-7-301-27576-4
出版发行	北京大学出版社
地　　　址	北京市海淀区成府路 205 号　100871
网　　　址	http://www.pup.cn
新浪微博	@北京大学出版社　　@北京大学出版社经管图书
电子信箱	em@pup.cn　　QQ：552063295
电　　　话	邮购部 62752015　发行部 62750672　编辑部 62752926
印　刷　者	北京大学印刷厂
经　销　者	新华书店
	787 毫米×1092 毫米　16 开本　27.25 印张　640 千字 2016 年 10 月第 1 版　2016 年 10 月第 1 次印刷
印　　　数	0001—4000 册
定　　　价	62.00 元

未经许可，不得以任何方式复制或抄袭本书之部分或全部内容。

版权所有，侵权必究

举报电话：010-62752024　电子信箱：fd@pup.pku.edu.cn

图书如有印装质量问题，请与出版部联系，电话：010-62756370

前　言

本书适用于以讨论问题为主的一学期制经济学基础通识教育课程,目的是激发那些非商学、非经济学专业的学生有兴趣去了解经济学能够做些什么。这种"问题导向"的学习能够使学生掌握基础经济学理论,进而探讨现实世界的各种问题。如果这是他们所学的唯一一门经济学课程,那么他们也要掌握足够多的理论知识,以便能够就如何应用经济学理论来分析当今世界的重要问题展开富有见地的讨论。

在本书的第1版问世之前,选择以问题导向的方法来进行一学期的经济学通识课程教学的教员,不得不以以下几种方式对当时的教科书做出妥协:(1)所选的教材提出了许多问题,但没有展开相应的经济理论分析;(2)所选的教材把问题与理论交织起来;(3)要求学生买两本书;(4)要求学生阅读大量的馆藏图书。

以上选择都有各自的问题。如果教材完全是以显示问题为基础,学生就会产生一个错误的印象,即经济学是非常不严格的原理,只是提出观点,却没有理论基础。如果一本书把问题与理论交织起来,则可能意味着所有问题都与学生密切相关。事实上,某些问题与一些学生是不相关的,还有一些问题当且仅当产生新信息时才会受到一些学生的关注。例如,在锡拉丘兹大学,我的学生就不理解为什么农场的支持价格是个有趣的问题;而在印第安纳州立大学,我所见到的学生从未有人住过租金受管制的公寓房。还有些问题只在特定时期才能引起人们的兴趣。石油价格和20世纪90年代的学生就没多大关系,但现在的学生却对此非常感兴趣。2005年左右,布什总统推出他的有关改革的方案之后,学生们对社会保障非常感兴趣,然而这份热情随着他的支持率下降而冷却了下来。类似地,2007年,当国会同意提高最低工资时,学生们对最低工资的问题十分感兴趣。总的来说,有些问题只会激起人们一时的兴趣,但这些兴趣往往很快就会消失,例如20世纪90年代人们对把反托拉斯法案应用于微软行为这一事件的浓厚兴趣。新的第6版不包括反托拉斯的章节,也不包括先导计划、租金控制、国际货币基金组织(IMF)、战争成本和恐怖主义经济学。这些章节仍保留在网站上(www.mhhe.com/guell6e)供读者使用。本书的第6版为学生们提供了新的时政材料,例如我们是否遭受了灭顶之灾,以及日本"失去的十年"是否会发生在美国等。专利保护和平价医疗法案也各占了一整个章节。

选用多本教科书所带来的一个明显问题就是花费问题。使用大量馆藏图书,看起来是一个合适的选择,但这一方式会花费学生、教师和图书管理员大量时间,而且这对于学生来说通常是非常不便的。第6版同时满足了学生和教师的这些需求。本书以经常更新材料、经常调整话题和利用网络平台来讨论热点或过气的问题等方式来帮助教员抓住学生们的兴趣点。

如何使用本书

《经济学:原理与热点》包括8个透彻的核心理论章节和26个简短的问题章节。本书的设计旨在允许教师使用多样的教学方式。有些教师喜欢把理论和问题结合在一起来讲,而另一些教师则喜欢先做好理论铺垫,再进行问题的相关讨论。有些教师也会自己为课程选一个主题,并选择一些与主题相关的问题进行深入讨论。也有些教师会让学生自己决定讨论他们感兴趣的问题。我认为,使用本书没有所谓的一种正确的方法,只有一点,那就是没有办法可以把这本书全部讲完。

我认为,一门以问题导向为主的课程必须具备两个特性:及时性和灵活性。因此,本书提供了大量的问题供教师和学生选取使用。本书同时在网上提供了很多实时的、能够讨论当下问题的文章供学生随时阅读。在本书的第1版出版之后和第2版出版之前——也就是2002年——发生了重大的会计丑闻。在本书出版的第一年里,美国还参与了伊拉克战争。在第3版出版之前,发生了房地产泡沫,受到了极大关注。在第4版编写之际,又发生了通货紧缩。每当这些事件发生时,在一个月之内,我们就会在网上提供文章,详细地讨论这些事件对国民经济的冲击。我致力于提供这些实时的文章来供教师和学生获取最新的信息。

全书有26个问题章节,可以分为以下几类:宏观经济问题(第9—14章);国际问题(第15—17章);外部性和市场失灵问题(第18—19章);健康问题(第20—21章);社会问题的政府对策(第22—24章);价格控制问题(第25—26章);各种各样的市场(第27—34章)。这些分组可以在你利用目录寻找特定问题时帮助你。目录之前的"理论与问题章节对应表"可以帮助你选择你愿意开始的问题章节,它显示了在阅读每个章节之前你需要哪些理论做铺垫。"不同主题的问题章节"包含我对那些集中讨论社会政策、国际问题、大选问题和商业问题课程的建议。

本书的编排方式,以及我所提到的工具,旨在帮助你更加灵活地选取你想要的问题。

第6版的变化

《经济学:原理与热点》的第6版中引入了三个新的章节:对日本20世纪90年代的房地产泡沫带来的经验的考察、缺乏资金的养老责任所带来的财政问题和医疗保险改革。

每个章节都力求及时、准确。为了让你使用起来更加方便,下面详细列出了每一章节的改动:

第4章,增加了帮助学生们绘出ATC、AVC和MC曲线的内容。

第5章,增加了作为对市场集中度进行测量方法的HHI(赫芬达尔-赫希曼指数)和有关合并以及反托拉斯管制的参考文献。

第9章,加入了大量新的材料,尤其是政治的左右两翼对奥巴马总统的财政政策的批评。

第10章,数据更新到2011年5月。文中的一些参考文献是新添加的或者是更新过的。现在对美联储的量化宽松政策下了明确的定义并对其进行了解释。

第12章,数据更新到2011年5月的可用数据。对房地产繁荣时期的宽松的贷款过程进行了细致的描述。

第14章,全新的章节,所讨论的是美国会不会滑入20世纪90年代日本的"失去的十年"的深渊。

第16章,增加了一个对中国政府是否参与了汇率操纵的讨论。

第19章,本章的内容被极大地扩展了,包括对自然资源使用、管理和维持的讨论。

第20章,添加了有关病人保护和平价医疗法案的内容。

第23章,把以前的空气中的铅含量作为解释1995—2000年犯罪率下降的变量加入进来。

第27章,讨论了教科书租赁业务的复苏,以及学生和教师为了节省购买教科书的开支所作出的努力。

第28章,对公共雇员的退休金的反对,以及公共雇员的劳资谈判。

第29章,数据更新到2011年5月的可用数据。添加或更新了一些参考文献。

第31章,添加了巴肯石油公司在北达科他的油页岩储量,以及水平钻井技术和水力压裂技术的材料。

第32章,有关城市间为了争取大联盟的篮球春季训练地点而进行的竞争的信息,还有NCAA(美国大学体育协会)办公室早期重新从堪萨斯州搬回印第安纳波利斯的信息。

其他章节,为了反映最新的信息,对内容和数据进行了更新。

本书特点

对话式的写作风格可以使非主修经济学的学生与材料联系起来。本书可以让学生感到放松,并让他们能够更加自信并更愿意学习。

每章开头都设有**学习目标**,让学生可以首先看到章节的组织架构并使他们预期到哪些内容将要列出。

每章结尾都会有一个**关键词**,这些关键词的定义会在全书最后的术语表中给出。

每章结尾的**本章小结**都会重申之前提过的材料。

你现在可以阅读的章节被放置在每个理论章节的结尾,因此每当学生掌握了必要的理论原理后,就可以直接去看他们所感兴趣的问题。

自我测试在每个章节的末尾列出了用于自测的问题。

思考题会问一些具有激发性的问题,它让学生成为经济中的一员,从而激励他们仔细去思考经济理论是如何应用于现实世界的。例如,会问这样的问题:"假如你购买一辆新的汽车,买这辆车的机会成本是什么?"这些特点可以促进学生主动学习,从而让他们更加透彻地理解知识。

讨论题主要给出了一些会引发讨论的问题。

进一步阅读让学生们去网上或者出版物中寻找关于一个既定问题的额外资料。由于经济问题的时效性很强，这个特点不仅可以帮助学生在网上进行研究，而且可以让学生所接触的资料像每日早报一样时新。

简答题可以帮助教师评估学生对复杂经济现象的理解程度。

为教师准备的补充材料

教师手册

除了传统的每章内容提纲和不断更新的网上的每章参考文献和数据源，教师手册提供了特殊标记来强调特定的概念。另一个特色是每张图都附有解释。还提供了每章课后问题的答案。

题库

题库包括80—200个关于核心理论的多选题和60—100个关于问题章节的多选题。这些问题可以用于测试学生对于关键词、关键概念、理论和图形识别、图形和数字应用，以及经济学家所提的关于特定经济现象的理解。对于第6版，作者已经对题库进行了添加、修改和阐明，使之对于学生和教师来说都更加容易理解。

教学 PPT

我们提供的 PPT 内容包括所有纸质章节以及在线章节（包括 IMF、战争经济学、恐怖主义经济学、反托拉斯、先导计划和租金控制）的内容。第6版同样也对教师所使用的 PPT 进行了修改，教师可以从网站上进行下载。

致　谢

如果没有这么多人的努力和帮助，本书根本就不可能如此顺利完成。我非常感谢印第安纳州立大学及经济系所给予这个项目的持续帮助和支持。特别是，我要感谢系主任 John Conant 教授，他为本书的写作提供了大量的精神和物质支持。同时，我要不遗余力地感谢 McGraw-Hill/Irwin 的工作人员，他们承担了编辑工作。本书的编辑 Christina Kouvelis 和发行人 Douglas Reiner 在每个阶段都会给我很多鼓励和尽心尽力的帮助。同样也要感谢印第安纳州立大学教务长 Jack Maynard，他给了我大量的时间和机会去接近学生工作者，在这本书最初的四版中，他们帮我完成"第一年的计划"做了很多工作。

也要十分感谢 McGraw-Hill 讨论会的众多与会者，他们向我提供了对特定问题教学方法的新颖见解。最后，感谢所有同行评议人，他们的真知灼见极大地丰富了本书。

Robert C. Guell

不同主题的问题章节

社会政策

18. 合法商品与非法商品之间的界限

20. 医疗保险

21. 处方药经济学

24. 经济学中的种族歧视与性别歧视

25. 最低工资制度

28. 教育

29. 贫困与福利

大选年

9. 财政政策

11. 联邦政府开支

13. 2007—2009年的经济衰退:原因和政策应对

15. 国际贸易:会危及美国的就业吗

19. 自然资源、环境和气候变化

20. 医疗保险

23. 犯罪经济学

24. 经济学中的种族歧视与性别歧视

25. 最低工资制度

28. 教育

30. 社会保障

国际问题

14. 日本"失去的十年":有可能发生在美国吗

15. 国际贸易:会危及美国的就业吗

16. 国际金融和汇率

17. 经济增长与经济发展

18. 合法商品与非法商品之间的界限

19. 自然资源、环境和气候变化

31. 能源价格

商业问题

10. 货币政策

11. 联邦政府开支

12. 房地产泡沫

13. 2007—2009年的经济衰退:原因和政策应对

15. 国际贸易:会危及美国的就业吗

20. 医疗保险

21. 处方药经济学

26. 票务代理与倒票

31. 能源价格

33. 股票市场及其崩溃

34. 沃尔玛:总是低价(低工资)——总是如此

理论与问题章节对应表

核心理论								问题章节
1	2	3	4	5	6	7	8	
					×		×	9. 财政政策
					×	×	×	10. 货币政策
					×	×	×	12. 房地产泡沫
					×	×	×	13. 2007—2009年的经济衰退:原因和政策应对
					×	×	×	14. 日本"失去的十年":有可能发生在美国吗
×	×	×						15. 国际贸易:会危及美国的就业吗
	×							16. 国际金融和汇率
	×				×		×	17. 经济增长与经济发展
×		×						18. 合法商品与非法商品之间的界限
×	×	×	×	×		×		19. 自然资源、环境和气候变化
×	×	×						20. 医疗保险
×	×	×	×	×				21. 处方药经济学
×	×	×						23. 犯罪经济学
	×							24. 经济学中的种族歧视与性别歧视
×	×	×						25. 最低工资制度
	×		×	×				26. 票务代理与倒票
×	×	×	×	×				27. 为什么大学教科书那么贵
×					×			28. 教育
×								29. 贫困与福利
					×			30. 社会保障
			×	×				31. 能源价格
×					×			32. 如果我们建造体育设施会有观众来吗？兼论其他体育问题
					×			33. 股票市场及其崩溃
×	×	×	×	×				34. 沃尔玛:总是低价(低工资)——总是如此

目 录
contents

第1章 经济学：机会成本的研究 1
  1.1 经济学和机会成本 1
  1.2 利用生产可能性边界建立机会成本模型 3
  1.3 生产可能性边界的特性 5
  1.4 蓝图 6
  1.5 像经济学家一样思考 7
  附录1A 作图：你也做得到 14

第2章 供给和需求 17
  2.1 供给和需求的定义 18
  2.2 供给和需求的模型 19
  2.3 关于需求 23
  2.4 关于供给 24
  2.5 需求的决定因素 25
  2.6 供给的决定因素 29
  2.7 预期价格变化对供给和需求模型的影响 32

第3章 弹性、消费者与生产者剩余 37
  3.1 需求弹性 37
  3.2 理解弹性的不同方式 39
  3.3 有关弹性的其他方面 41
  3.4 消费者剩余和生产者剩余 45

第4章 企业的生产、成本和收入 52
  4.1 生产 53
  4.2 成本 55
  4.3 收入 59
  4.4 利润最大化 61

第5章 完全竞争、垄断、经济利润和正常利润 65
  5.1 从完全竞争到垄断 65
  5.2 完全竞争下的供给 69

第6章 常见的宏观经济学词语：国内生产总值、通货膨胀、失业、衰退和萧条 76
  6.1 测度经济 77
  6.2 实际国内生产总值以及为什么它不是社会福利的同义词 82
  6.3 测度和描述失业 84
  6.4 商业周期 86

第7章 利率和现值 92
  7.1 利率 92
  7.2 现值 94
  7.3 终值 96

第8章 总需求与总供给 100
  8.1 总需求 101
  8.2 总供给 102
  8.3 总需求曲线和总供给曲线的移动 104
  8.4 通货膨胀的成因 107
  8.5 政府如何影响（而不是控制）经济 108

第9章 财政政策 112
  9.1 自动调节的财政政策和相机抉择的财政政策 113
  9.2 利用财政政策抵消"冲击" 115
  9.3 评价财政政策 117
  9.4 奥巴马的经济刺激计划 121

第10章 货币政策 125
  10.1 目标、工具和货币政策模型 126
  10.2 中央银行的独立性 130

10.3　现代货币政策　131

第 11 章　联邦政府开支　138
　11.1　初步认识宪法是如何规定联邦政府开支的　139
　11.2　运用机会成本的概念　141
　11.3　运用边际分析的方法　145
　11.4　未来的预算　145

第 12 章　房地产泡沫　149
　12.1　一座房子的实际价值是多少　149
　12.2　抵押贷款　151
　12.3　泡沫是怎么产生的　153
　12.4　泡沫破裂　155
　12.5　房地产泡沫破裂对整体经济的影响　156

第 13 章　2007—2009 年的经济衰退：原因和政策应对　159
　13.1　经济衰退开始之前　160
　13.2　2007 年年末：衰退开始以及最初的政策应对　162
　13.3　2008 年秋：衰退的谷底　163
　13.4　奥巴马的一揽子经济刺激计划　165

第 14 章　日本"失去的十年"：有可能发生在美国吗　168
　14.1　1990 年以前日本的经济形势　168
　14.2　日本经济发生了什么突变　170
　14.3　这和美国的现状有什么相似之处　174

第 15 章　国际贸易：会危及美国的就业吗　178
　15.1　我们和谁交易，交易什么　179
　15.2　国际贸易的收益　181
　15.3　贸易壁垒　185
　15.4　作为外交武器的贸易　187

第 16 章　国际金融和汇率　191
　16.1　国际金融事务　191
　16.2　外汇市场　194
　16.3　替代性的汇率制度　197
　16.4　汇率的决定因素　198

第 17 章　经济增长与经济发展　201
　17.1　发达国家的经济增长　201
　17.2　比较发达国家与发展中国家　203
　17.3　促进（抑制）发展　205

第 18 章　合法商品与非法商品之间的界限　210
　18.1　烟草、酒精以及非法商品和服务的经济模型　211
　18.2　为什么管制是必需的　211
　18.3　烟酒税的模型　215
　18.4　为什么有些商品和服务是非法的　217

第 19 章　自然资源、环境和气候变化　221
　19.1　使用自然资源　222
　19.2　多清洁才算足够清洁　223
　19.3　外部性方法　224
　19.4　产权方法　225
　19.5　环境问题及其经济学解决方法　227

第 20 章　医疗保险　234
　20.1　资金的去向和来源　235
　20.2　美国的保险　235
　20.3　医疗保险的经济模型　238
　20.4　美国与世界其他地区的比较　243

第 21 章　处方药经济学　247
　21.1　是奸商还是仁慈的科学家　248
　21.2　把垄断力量应用到药物行业中　249
　21.3　重要问题　250

第 22 章　你想成为律师吗？
　　　　——法与经济学　257
　　22.1　政府对财产进行保护的规则以及强制性合同　257
　　22.2　私人财产　257
　　22.3　破产　259
　　22.4　民事责任　260

第 23 章　犯罪经济学　264
　　23.1　谁会犯罪，以及为什么犯罪　264
　　23.2　理性犯罪模型　265
　　23.3　犯罪成本　267
　　23.4　最优的犯罪控制支出　269

第 24 章　经济学中的种族歧视与性别歧视　275
　　24.1　女性和少数族裔在经济学上的地位　275
　　24.2　解释与测量歧视　279
　　24.3　在劳动力、消费和借贷市场上的歧视现象　281
　　24.4　平权法案　284

第 25 章　最低工资制度　289
　　25.1　关于最低工资的传统经济学分析　290
　　25.2　对传统经济学分析的反驳　293
　　25.3　现在，经济学家怎么看　295

第 26 章　票务代理与倒票　298
　　26.1　区别票务代理和倒票行为　299
　　26.2　门票销售的经济学模型　299
　　26.3　为什么主办方收取低于他们应该收取的价格　301
　　26.4　倒票的经济模型　302
　　26.5　合法的"黄牛"　303

第 27 章　为什么大学教科书那么贵　306
　　27.1　选择过程　306
　　27.2　教科书及其市场形式　309
　　27.3　技术及二手书市场的冲击　310
　　27.4　价格什么时候有用，什么时候没用　310
　　27.5　借书、电子书、过时版本等，依然有很多人试图节约开支　311
　　27.6　为什么教科书如此昂贵，责任在谁　311
　　27.7　教科书将走向何方　312

第 28 章　教育　315
　　28.1　人力资本投资　316
　　28.2　我们应该投入更多的钱吗　317
　　28.3　学校改革问题　322
　　28.4　高等院校教育　325

第 29 章　贫困与福利　330
　　29.1　测度贫困　331
　　29.2　为穷人服务的计划　335
　　29.3　激励、反激励、神话和事实　337
　　29.4　福利改革　339

第 30 章　社会保障　343
　　30.1　基础　343
　　30.2　我们为什么需要社会保障　346
　　30.3　社会保障对经济的影响　347
　　30.4　该计划对谁有利　348
　　30.5　社会保障计划对我是否有利　350

第 31 章　能源价格　356
　　31.1　历史考察　357
　　31.2　欧佩克　359
　　31.3　为何价格变化如此之快　361
　　31.4　电力公用事业　367
　　31.5　将来会怎样　368

第 32 章　如果我们建造体育设施会有观众吗？兼论其他体育问题　372
　　32.1　城市面临的问题　373
　　32.2　球队老板所面临的问题　376
　　32.3　体育劳动力市场　378
　　32.4　体育经济学词汇　379

第 33 章　股票市场及其崩溃　386
　　33.1　股票价格　388

33.2 有效市场 389
33.3 股票市场的崩盘 390
33.4 2001年和2002年的会计丑闻 392
33.5 2006—2007年的股市回弹以及2008—2009年的股市下跌 396

第34章 沃尔玛：总是低价（低工资）——总是如此 400
　34.1 市场形态 400
　34.2 谁受到了影响 402

术语表 407
译后记 417

第1章
经济学：机会成本的研究

> **学习目标**
>
> 学习完本章，你应该能够：
> 1. 界定经济学和机会成本这两个关键术语，理解生产可能性边界是如何揭示现实生活中的交易的。
> 2. 区分递增的机会成本和不变的机会成本，并理解其为什么在现实世界中会存在。
> 3. 用经济学思维方式分析问题，以识别并避开逻辑的陷阱。

本章为理解如何像一个经济学家那样思考奠定了基础。首先，它定义了经济学这门学科及其最基本的概念：机会成本。我们将使用一种叫作"生产可能性边界"的图示，把机会成本的分析模型化，并对其做出进一步的解释。本章还将介绍另一个被称为"循环流量图"的图示，它可以作为本书的其余部分乃至整个经济的路线图。随后将讨论"以经济学家的方式思考"的含义。为了理解这一概念，我们将考察为什么经济学家采用边际分析方法，探讨实证分析和规范分析之间的区别，此外还将讨论经济激励因素。最后我们考察一些不利于我们构建经济学思维的逻辑陷阱。

1.1 经济学和机会成本

1.1.1 经济学的定义

有人将**经济学**（economics）看成通识教育的一个难点；有人将其视为一门"沉闷的科学"；还有人认为，它是考察配置和使用稀缺资源来满足人们无限欲望的科学。事实上，这三种认识都可以反映经济学的部分特性。经济学是一门难学的课程,经济学的践行者坚持认为做任何事都有成本,因而总是会扫了公众的兴致;但它也是一门社会科学,研究并解决现有资源不能满足人们无穷欲望的问题。

另一方面,经济学研究运用复杂的术语和图表来阐释一些常识问题。实际上,你已经知道了很多经济学内容。例如,你知道做出了一个选择,就有一个对应的结果;钱越多,快乐也就越多;尽管你比那些正在挨饿的难民富有得多,但你仍不满足。当然,还有很多你能从简单的日常生活中学到的其他经济学知识。而你所缺乏的,正是对这些经济学概念形成一个系统的思维方式,这也正是学习经济学课程以及此书的最终目的。

首先请注意,本书的经济学术语都会以**黑体**标明。即使该定义是用经济学语言而不是通俗语言表达的,你也能在附近找到相应的通俗解释。在这里有两个术语需要解释清楚,因为在经济学中它们具有特定含义。第一个是"**稀缺**"(scarce)。当一种物品不能免费得到而且数量有限时,它就是稀缺的。第二个是"**资源**"(resource)。资源指的是任何可以被直接消费或者用来制作产品,并最终被消费掉的东西。

在现实社会中,有四种可供分配的基本资源:土地、劳动力、资本及企业家才能。其他任何资源,例如石油、钢铁或谷物,都可以通过配置四种基础资源中的一种或多种,经过开采、创造或收割而得到。

1.1.2 选择对应结果

在学习经济学和阅读此书时,你将面临如下选择:是阅读学习,还是睡觉或参加聚会呢?这一选择揭示了经济学中一个首要的基本概念:机会成本。**机会成本**(opportunity cost)是因做出一个选择而放弃的其他选择的价值。

具体解释,机会成本是"你将要做的事情使你所放弃去做的其他的事"。重要的是,你要记住"放弃的其他选择"是次优选择,而不是所有"你能做但你没有去做的事情",因为假定的是"你可以完成的事情",所以是这些被放弃的选择中最好的一个。

例如,如果你选择在完成指定的阅读之前放下这本书,就意味着你在隐含地表达你更愿意做些别的事情而不是读这本书。就你选的这门课而言,这个决定所带来的机会成本,就是由于对本书内容不理解而造成的考试低分。

遗憾的是,不管你做什么,都无法逃脱机会成本。如果你负责地继续读完这本书,那你的机会成本就是你本可以利用这段时间去做的其他事情。例如,你放弃了看《美国偶像》、照顾开心农场中的各种植物、在 iPad 上玩"愤怒的小鸟"、睡觉或者学习其他课程的机会。对你来说,在这些选择中,你更偏好阅读这本书的机会成本。

顺便一提的是,教授们发现现在的学生试图用"多任务处理"的方法来规避机会成本。在经济学课上刷脸谱(Facebook)、读英语或者看生物学课本,看起来好像是在无机会成本地利用时间。但事实并非如此,这些分神的学生经常会错过课程中的细节、指导性意见或者基础概念。"多任务处理"的机会成本是那些只有你全神贯注于课堂内容时才能真正理解的内容。

1.2 利用生产可能性边界建立机会成本模型

1.2.1 隐藏于第一张图背后的直觉

利用**生产可能性边界**(production possibilities frontier),我们可以更好地理解机会成本这一概念。图1.1是你在本书中将要见到的一百多张图中的第一张。它表明了什么是模型,**模型**(model)是一个我们可以操纵的、用以解释真实世界的简化版本。这一模型是关于在完全就业状态下,一个社会可以生产不同的商品的数量。

由于黑板和书页都只有二维,我们的解释也就比较受限。不过,这也给了我们一个机会来介绍什么是简化假设。**简化假设**(simplifying assumption),表面上看起来可能会显得比较肤浅,但它使我们可以更清楚地解释问题。一个高明的简化假设所推出的结论,可以在更加复杂的情形下适用。就生产可能性边界而言,我们可做出几个简化假设:我们假设世界上只有披萨和汽水两种商品,并且生产这些商品所需要花费的资源数量和技术是固定的。

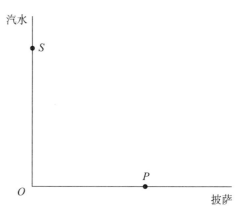

图 1.1 生产可能性边界:起始点

对于其他简化,我们假设世界上总共只有五种类型的人:(1)特别擅长做披萨,却不会做汽水的人;(2)比较擅长做披萨,不怎么擅长做汽水的人;(3)做两者都尚可的人;(4)比较擅长做汽水,不怎么擅长做披萨的人;(5)特别擅长做汽水,却不会做披萨的人。

1.2.2 生产可能性边界的起始点

假设我们的资源是我们的工作时间,工作时间可以直接以休闲的方式被消费掉,或者与其他资源结合来生产商品和服务。这种资源同样是稀缺的,因为我们没有无限的工人,这些有限的工人也只能做有限的工作,也不会免费工作,所以我们能做的汽水数量是有限的——即使整个地球的人都把他们的生命贡献到做汽水中去。当然,如果我们把这些稀缺资源用到披萨的生产中去,那也是同样成立的:即使地球上所有的人都做披萨,也只能做出有限数量的披萨。对于稀缺的认识使我们能了解图1.1的起始点和终结点。

图1.1中的 S 点代表把资源全部投入到汽水生产中的情形;P 点代表把所有资源投入披萨的生产中去的情形。在这两种情况下,世界上所有的资源都被投入到了一种特定的商品中,产量也仍然是有限的。产量受工人的能力、工人数量和人们赖以生产产品的机器的数量所限制。所以,我们要清楚地知道,生产可能性边界给了我们一系列的选择可能性,但我们只能从中选取一个,而不能同时拥有 S 数量的汽水和 P 数量的披萨。因此,这是二选一的情况。

1.2.3 生产可能性边界两端之间的点

我们可以同时拥有一些汽水和一些披萨,因此在 S 点和 P 点之间许多点都是成立的,而我们需要决定具体选取哪一点。接下来,我们假设你需要些吃的东西来搭配汽水。现在,问一问你自己,你会把哪些人从汽水的制造中抽调出来,让他们去烤披萨。无疑,你会把那些对汽水制造没什么贡献但擅长做披萨的人抽调出来。你会选择让第一类人去做披萨,即那些特别擅长做披萨却不会做汽水的人。

图 1.2 告诉我们调动人员的结果。正如你所见,这会使披萨的产量上升,却又不怎么会减少汽水的产量,图 1.2 中的 X 点代表新的汽水和披萨的产量组合。在此点上,除了我们称之为"披萨大厨"的人,别的人都仍然在做汽水,而披萨大厨们则有效地、尽可能多地做披萨。结果则是,尽管我们得到了大量披萨,但还是会损失一些汽水的产量。这就是为什么 X 点虽然在 S 点的右边,却比 S 点要低一些的原因。

如果继续这一过程,那么我们并不能得到同样好的结果。原因在于,当我们转向做更多披萨时,并没有足够多的披萨大厨来生产披萨;相反,只能利用第二类工人来生产披萨,即那些比较擅长做披萨却不怎么擅长做汽水的人。这就意味着,尽管披萨的产量会增加,但增加的幅度不如以前。另外,汽水的产量会下降得更快,因为当我们开始转移披萨大厨时,他们做汽水的能力确实"很差"。然而现在,我们转移的只是那些不太擅长做汽水而不是不会做汽水的人。因此,汽水产量减少得越来越快。这样,在图 1.3 中我们得到了 Y 点。

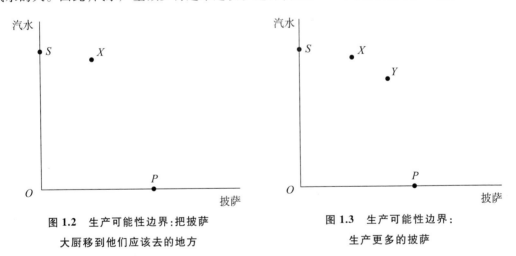

图 1.2 生产可能性边界:把披萨
大厨移到他们应该去的地方

图 1.3 生产可能性边界:
生产更多的披萨

更进一步,将第三类工人从做汽水转向做披萨,可以得到图 1.4 中的 M 点,将第四类工人转向做披萨可以得到 Z 点,将第五类工人转向做披萨可以得到 P 点。

将所有这些点连接起来就得到了图 1.5:一条生产可能性边界。这条曲线代表在汽水产量既定的情况下所能得到的披萨的最大产量,换句话说,代表在披萨产量既定的情况下所能得到汽水的最大产量。

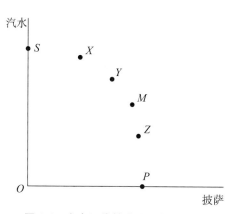

图 1.4　生产可能性边界上的所有点

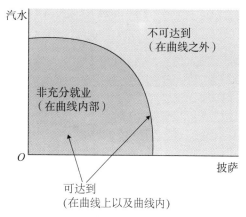

图 1.5　一个完整的生产可能性前沿边界：当人们异质的情况

1.3　生产可能性边界的特性

当然，如果你能生产出曲线上的产量水平，那么也能生产出低于那个水平的量。如果你在生产可能性边界之内的某点上进行生产，就会存在未被利用的资源，或者简单地说存在**失业**（unemployment）。因此，生产可能性边界上的点和内部的点都是**可达到的**（attainable）。

相反，由于生产可能性边界代表在其他商品的产量既定的情况下，所能生产的某种商品的最大产量，所以在生产可能性边界之外的点都是**不可达到的**（unattainable）。这意味着当前可利用的资源和技术水平，不足以生产出比边界上的点更高的量。在图中，任何超出边界的点都是不可达到的。

上述讨论揭示了你在本书中必须要注意的一些问题。你所理解的一些词语在经济学家看来，其意义可能是完全不同的。迄今为止，我们至少有三个这样的词语：失业、边界和产品。你认为，"失业"是某人想要一份工作而不可得的情况。经济学家们并不反对这样的解释，但他们会将这一定义扩展到所有资源的利用上，而不仅是劳动力。例如，在生产可能性边界内部存在失业，但那种失业可能是资本的利用不足。"边界"一词被用来描述产量的边界，而不是一片"林区有熊，避免进入"的森林边界。对经济学家而言，"商品"一词用于统称我们所消费的所有物品。例如在上面的例子中，汽水和披萨就是商品。

在汽水和披萨的例子中，人们在汽水和披萨的生产中具有不同的才能。披萨大厨具有与饮料调配师大为不同的技能。另一方面，如果每个人都具有相同的生产汽水和披萨的能力，那么生产可能性边界上的所有点都会落在一条直线上，如图 1.6 所示。

图 1.5 和图 1.6 具有重要的相似性与差异性。在两张图中，生产可能性边界上的点都是在其他商品产量既定的情况下，所能生产出的某种商品的最大产量。在两张图中，曲线上的点和其内部的点都是可达到的，外部的点都是不可达到的。在两张图中，从一个点转移到另一个点的机会成本，是你为了得到另一种商品而放弃的某种商品的数量。但是，它们有一个重要的不同之处：机会成本是递增的，还是不变的。

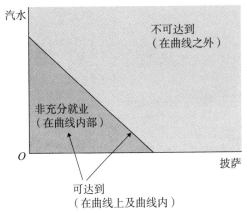

图1.6 一个完整的生产可能性前沿边界：
当人们同质的情况

假设生产可能性边界不是一条直线，而是凹向原点的，则机会成本是递增的。原因在于，当我们增加更多的资源用于披萨的生产时，用于生产汽水的资源就越来越少。结合这一事实，在每一阶段，当我们将资源从汽水的生产中转移出来，投入到披萨的生产中时，我们转移的工人会比前一阶段更善于生产汽水而拙于生产披萨。这意味着披萨产量的增加量是递减的，而汽水产量的减少量是增加的。经济学家将这一情况称为机会成本递增。

如果生产可能性边界是一条并不凹向原点的直线，则机会成本是固定不变的。假如每个工人都拥有相同的技能，尽管你为了得到披萨还是要放弃汽水的生产，但此时的情况就简单得多。你投入到披萨生产中的资源正好是该产量水平所必需的资源，从汽水的生产中转移出来的资源也正好是得到该产量所必须耗费的资源。经济学家将这种情况称为机会成本不变。

1.4 蓝图

至此，我们已经学习了本书中的第一个经济学简化模型。现在，该是时候来学习一下"蓝图"了。把图1.7想象成这本书的地图。这个**循环流量模型**（circular flow model）把我们在以后的学习中将要遇到的问题全部纳入进来了。在循环流量图中有公司、工人、投资者、储蓄者、买者，还有卖者，他们都会与政府相互交易、相互影响。在这一模型中，人类会从自然中攫取资源，并把它们与国内外的金融和人力资本结合来生产产品或服务，然后在国内外的市场中进行销售。

图1.7中的椭圆形代表不同种类的实体：家庭、企业和政府。家庭为了获得工资，提供自己的劳动力。他们利用工资来购买需要的产品和服务，并向政府纳税，从政府那里得到服务。有些人会储蓄，有些人会借钱，但对大多数人来说，两种活动都会有。企业向家庭提供工资并向政府纳税，从工人那里获取劳动，从政府那里获取服务。

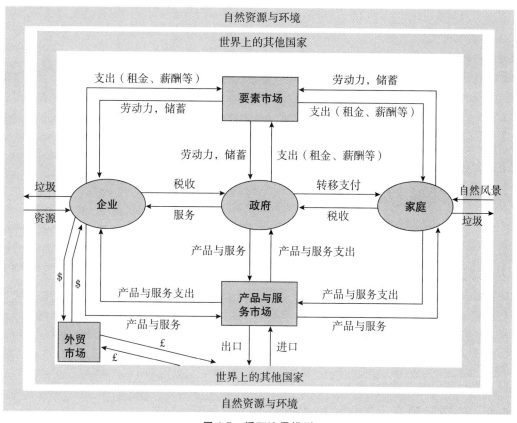

图 1.7 循环流量模型

方形则代表各式各样的**市场**(market)：要素市场，外汇市场，产品和服务市场。工人和企业在**要素市场**(factor market)中的活动决定了工资，储蓄者和借贷者共同决定了利率。**外汇市场**(foreign exchange market)上的各种货币持有者之间的互动会促进国际贸易。**产品和服务市场**(goods and services market)上，消费者和生产者共同决定产品（例如汽车）和服务（例如家政）的价格。

图 1.7 中的外围区域就是"世界上的其他国家"以及"自然资源与环境"。前者使我们可以清楚地考虑国际贸易和国际汇率问题，后者可以让我们考虑自然资源的使用和对自然的经济行为的内涵。

1.5 像经济学家一样思考

1.5.1 边际分析

经济学的一个主要分析工具就是边际分析。经济学家习惯于通过不同手段分析成本和收益来看问题。当人们购物时，要比较他们所购买的物品的价值和所放弃的价值孰大孰小；当公司廉价处理商品时，他们要比较廉价销售所产生的收益和生产成本的大小；当你打扫宿舍时，你要在你所达到的清洁程度和你打扫所需要的时间之间进行权衡。

经济学家一般都会做出**最优化假设**(optimization assumption)。这一假设表明，每个人都在努力实现某个目标的最大化。例如,消费者要在收入既定的情况下获得最大的快乐;公司要追求利润的最大化。除非人们从打扫卫生中获得的好处超过所耗费的时间价值,否则不会去进行打扫。

经济学家认为,所有的问题都能通过这一框架进行分析。他们比较某一行为的**边际收益**(marginal benefit)和**边际成本**(marginal cost)。只有当边际收益的增加等于或超过边际成本的增加时,这个行为才值得去做。如果一个行为的边际收益逐渐减少,其边际成本逐渐增加,那么只有当边际收益等于边际成本时,该行为的**净收益**(net benefit)才能达到最大。这是边际分析的本质,我们会看到这种分析方法将贯穿全书。

1.5.2 实证分析和规范分析

当人们开始观察世界时,他们往往习惯以自己的方式来看待问题,并将周围事物与他们理想中的样子进行对比。他们会看到,一名棒球游击手能签订一份年薪为 2.5 亿美元、长达十多年的合同,而他们的高中老师每年的薪水却不足 4 万美元。经济学家和社会科学家一般会区分"事物是怎样的"和"事物应该是怎样的",他们将前者称为**实证分析**(positive analysis),将后者称为**规范分析**(normative analysis)。尽管有些经济学家会同时采用两种形式的分析,但大多数经济学家更喜欢解释事物为什么是这样的,而不喜欢说明事物应该是怎样的。一些批评家针对某些经济学家更倾向于立足规范判断,并选择那些更有利的信息的论据而提出批评,他们认为从这个意义上看,经济学家有点太自欺欺人了。

1.5.3 经济激励

不论是个体还是社会,我们做出何种选择都取决于我们的偏好。回到汽水和披萨的例子中,我们是喜欢汽水还是喜欢披萨,或者我们最喜欢的组合方式是怎样的,对于我们选择生产和消费的数量都具有重要的影响。但是,对于决定我们的生产和消费组合具有同样重要作用的因素则是**激励**(incentive)。如果一个因素影响了我们的抉择,那么它就是一种激励。有些激励是市场的一部分(例如价格),其他激励则来自施加的外部力量(例如政府),这些激励因素能正面强化所期望的行为,并阻止不被期望的行为。这意味着你仍然能够生产和消费你想要的物品,但有些其他因素(比如税收或政府管制)会鼓励你做出特定的选择。例如,通过征收啤酒税,免征汽水税,政府鼓励你更多地选择汽水而不是啤酒。

在更深的层次上,激励会促使你做一些你原本不打算去做的事情。例如,税收体制提供了很多激励。对大学学费进行税收补贴和课税扣除就是鼓励人们接受更多教育的一种激励。对于那些无论如何也要上大学的人来说,这或许不是激励;但对一些正在考虑上大学但没有做决定的人来说,这些税收优惠对他们的决策所产生的任何影响都会构成一种激励。

激励还有一个很重要,但有时不那么好的作用,即它们能产生一些意料之外的结果。税收就是一个例子,有人认为,税收方案会产生一些并不期望的激励结果。假设人们在找到兼职工作的同时,会损失所得到的社会福利,那么可以预测到,这些福利接受者将不会去寻找兼职工作。

1.5.4 合成谬误

妨碍我们用经济学方式思考的一个重要误区是合成谬误,即认为一件事物的总体经济影响总是等于其局部影响的简单相加。**合成谬误**(fallacy of composition)是一个要避免的重要逻辑陷阱,因为它总是不可避免地造成不合理的经济结论。

暂且撇开经济学不谈,蛋糕就是一个著名的例证,可以用来说明为什么合成谬误是一个"谬误"。试想一下一个蛋糕,再想象一下做蛋糕所用的各种成分和吃蛋糕时你从中得到的满足。现在,再想象一下你分别将面粉、糖和发酵粉吞下喉咙,并吞服几个生鸡蛋和一些食用油时所能得到的满足程度。很显然,整体烘烤好的蛋糕要比各个成分单独吞服要美味得多了。

再举一个经济学的例子。我们在第 5 章将会看到,如果很多农场主能赚取高额利润,那么其他人也会想经营农场。假如他们果真开办农场了,所有的新旧农场还能赚取高额利润吗?我们会看到越来越多的新农场主带来的额外产量会驱使价格下降,以至于最终新旧农场主都赚不到钱。

这意味着,当我们做经济学判断时,必须非常谨慎,一定不要混淆个体的总和与整体。这两者有可能,或者说往往是完全不同的概念。

1.5.5 相关≠因果

当人们试图用经济学方式思考时,还可能犯另一个错误,即在两个变量同时变动的情况下,认为其中一个变量的变化导致了另一个变量的发生。

例如,如果你考察年龄在 30 岁以下的人群,问问在他们一生中总共有过多少次约会,你会发现**直接相关**(direct correlation)关系,即你考察的人数越多,他们有过的约会次数就越多。但这并不暗示着**因果关系**(causation)。人数越多,并不必然得到更多的约会次数;约会次数多,也不一定是因为人数多。在这一例子中,两个变量恰好都与年龄相关。20 多岁的人占有更大比例,他们约会的机会比十几岁的青少年、不满 10 岁的小孩和儿童更多一些。

当政客们宣称他们的政策导致了良好的经济形势时,我们一定要对此持怀疑态度。当然,当经济形势不利,从而政客们因此而对当时的执政党进行非难时,我们同样也需要持怀疑态度。虽然他们的说法可能是正确的,但政策与经济状况之间并不相关,也是完全合理的;或者说无论采用何种政策,经济运行都可能良好,也可能不佳。

当经济学家看待政策结果的原因和效果时,他们会频繁地尝试用**反事实推理**(counter-factual)来验证。反事实推理就是基于事实的对于政策如果不实施或者事件不发生时的预测。一个构建良好以及可信的反事实推理能够帮助确定一个政策的制定是否比不制定这个政策能带来更大的帮助(比如 2008 年的问题资产救助计划 TARP)。当在一个经济体里发生几百万人的失业时,并不能说明是政策的实施带来这个结果,进而认为这个政策是错误的。你不得不去建立一个模拟场景,来验证该政策不实施时到底会发生什么。

有时,两个变量会朝相反的方向变化。这种**逆相关**(inverse correlation)也可能被误解为因果关系。如果你得到了大学足球比赛的季票,观察球迷裸露在外的皮肤量(赤裸的胳膊、腿和腹部),并将之与球赛期间所卖出热巧克力的数量相对比,那么你会发现,当人们暴露的皮肤越多时,消费热巧克力的数量会越少。如果你就此得出结论,前一个因素导致了后一个因素的产生,那么你就当然会犯错误。很显然,是天气状况导致了这两种情况的发生。

深入学习 LEARN MORE

利用生产可能性边界来说明不变的和递增的机会成本

经济学家通常会用生产可能性边界来说明递增的机会成本和不变的机会成本这两个概念。如果我们开始时并不生产披萨,只生产汽水,随后慢慢增加披萨的产量来改变产品组合,那么这时就产生了机会成本。机会成本的具体大小取决于机会成本是递增的还是不变的。

递增的机会成本

例如,在图 1.8 中,如果我们从图中不生产披萨的点移到只生产 1 单位披萨的点,这个单位的数量可能以 10 亿计,那么我们的机会成本就是减少的汽水的产量。在图 1.8 中,从生产 0 单位的披萨转向生产 1 单位的披萨的机会成本是 1 单位的汽水;从生产 1 单位的披萨转向生产 2 单位的披萨的机会成本是 3 单位的汽水;同样,从生产 2 单位的披萨转向生产 3 单位的披萨则有 6 单位汽水的机会成本。我们可以清楚地看到,从生产 0 单位披萨到 1 单位披萨的机会成本小于从生产 2 单位披萨到 3 单位披萨的机会成本。这说明了机会成本递增的情形。

不变的机会成本

同样,我们用图 1.9 来说明不变的机会成本。从 0 单位的披萨生产转向 1 单位的披萨生产的机会成本是 3 单位的汽水。从 1 单位披萨到 2 单位披萨,以及从 2 单位披萨到 3 单位披萨也同样具有 3 单位汽水的机会成本。在这种情况下,从生产 0 单位披萨到 1 单位披萨的机会成本和从生产 2 单位披萨到 3 单位披萨的机会成本是一样的。这说明了机会成本不变的情形。

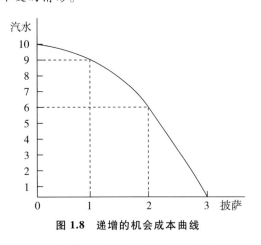

图 1.8 递增的机会成本曲线

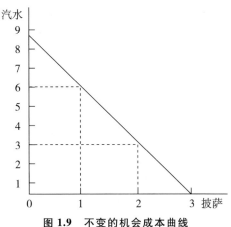

图 1.9 不变的机会成本曲线

上述分析表明:选择就有结果。有时结果至关重要,有时则微不足道。如果学习 5 个小时能使你的考试成绩从 F 提高到 B,那么按你损失的看电视时间来计算,这一成绩提高的机会成本就比较低。反过来,多看 5 个小时电视(而不是用来学习以取得更好的成绩)的机会成本可能相当大。机会成本时时刻刻都存在,而且是你每一个决策的结果。

本章小结

在本章中,我们已学习了经济学的定义,认识到选择就有结果以及这些结果就叫作机会成本。我们学习了如何利用生产可能性边界来对选择进行模型化分析。我们还学习了根据不同的假设,机会成本可能是递增的或不变的。我们还通过建立一个社会中各种各样的市场、个人、企业和政府部门之间互动关系的循环流量图,从而创建了一个贯穿并涵盖整个经济和本书其余部分的蓝图。最后,我们通过考察边际分析、实证分析、规范分析、激励,以及一些妨碍我们准确地用经济学方式思考的逻辑陷阱,探讨了运用经济学来思考问题的重要意义。

关键词

经济学	稀缺	资源	机会成本
生产可能性边界	模型	简化假设	失业
可达到的	不可达到的	循环流量模型	市场
要素市场	外汇市场	产品和服务市场	最优化假设
边际收益	边际成本	净收益	实证分析
规范分析	激励	合成谬误	直接相关
因果关系	逆相关		

你现在可以阅读的章节

第 11 章　联邦政府开支

第 29 章　贫困与福利

第 32 章　如果我们建造体育设施会有观众来吗？兼论其他体育问题

自我测试

1. 稀缺性表明在社会所选择的分配方案中_____。

   a. 不能增加任何一种商品

   b. 可以增加任何一种商品

   c. 若增加一种商品通常要以减少另一种商品为代价

   d. 可以同时增加所有的商品

2. 生产可能性边界这个简化模型阐述了_____之间的关系。

   a. 稀缺和分配　　b. 价格和产出　　c. 生产和成本　　d. 投入和产出

3. 下面所列出的原因中可以解释在生产可能性边界中有不可达到的点的是_____。

   a. 因为政府的存在　　　　　　　　b. 因为总是需要做出选择

   c. 因为资源是稀缺的,同时技术是固定的　　d. 因为有资源未被使用

4. 下面列出的理由中可以作为生产可能性边界向外弯曲(而不是线性的)的原因是_____。
   a. 选择总有结果
   b. 总是存在机会成本
   c. 有些资源和人力用来生产一种商品比生产另一种更有效率
   d. 总是存在不充分就业

5. 最大化假设认为人们_____。
   a. 总是做出非理性的决定　　　　　　　b. 总是做出不可预测的决定
   c. 总是做出可以使自己尽可能好的决定　　d. 不用很费力就能做出决定

6. 想象一个经济学家在一片一片地订披萨。当她在决定订多少的时候,会令她所买的_____所带来的快乐和把这笔钱用于买其他东西时所带来的快乐一样多。
   a. 第一片　　　　b. 最后一片　　　　c. 平均每一片　　　　d. 总的片数

7. 诚然,所有的学生都会因为得到更好的成绩而更快乐。如果你因此就得出每个学生都应该获得 A 的成绩,那么你_____。
   a. 成了稀缺谬误的受害者　　　　　　b. 是正确的
   c. 成了合成谬误的受害者　　　　　　d. 就颠倒了结果和原因

8. 如果你仔细地验证数据并用了恰当的评估技术,得出结论:税收抵免比课税扣除能为穷人上大学带来更多好处(在政府的成本相同的情况下),那么你就是在进行_____分析,并得出结论。
   a. 负的　　　　　b. 实证　　　　　c. 规范　　　　　d. 有创造力的

简答题

1. 假设你买了一辆新汽车,这样做的机会成本是什么?

2. 假设你决定要把整个周末的时间用在准备这门课的考试上而不是娱乐上,这样做的机会成本是什么?为什么机会成本(以失去的乐趣来度量)可能会增加?

3. 假设你听到一个政治候选人褒奖或者批评一个经济状况,你要怎样区分他说的究竟对不对?你需要知道哪些信息才能作出评判?

4. 如果你的工资涨了 25%,你的经济境况变好了。解释一下为什么有些人即使得到 25% 的加薪,境况也不会变得更好?

5. 假设你现在要分析国家和经济状况。你对你的朋友说:"经济在过去 10 年里的增长要比过去的 20 年里增长得慢,所以政府应该采取减税政策来刺激经济增长。"在这段陈述中哪些部分是规范分析,哪些部分是实证分析?

思考题

你上大学的机会成本是什么?

你买过的最贵的东西是什么?你可以用这笔钱来做什么?你曾经做出的什么决定使你的境

况变得更好？

想一想你最近一次在短时间内参加大量考试的经历（高中或者大学的期末考试）。你如何决定在每个学科上分配的学习时间？经济学的学习会如何帮助你以后做出类似的分配决定？

讨论题

讨论一下你是否相信人们会基于最大化假设做出决定。

讨论一下什么样的非经济权衡（通常你认为与经济毫无关系的）可以用生产可能性前沿边界来解释。

附录 1A
作图：你也做得到

不管你喜欢与否，作图都是你"掌握"经济学需要学习的一个重要部分。如果你已经大胆地学习了这个附录的内容，你的老师可能会对你表示赞赏，并希望你为以后的学习打下更坚实的基础。本附录适合那些以前不理解图表含义的学生，以及那些一面对复杂图表就只看到纷繁杂乱的一团线条而一筹莫展的"可怜虫"。在电影《甜心先生》中，汤姆·克鲁斯突然出现在家里，向妻子致以感人肺腑的歉意，她最后打断他说："你只说'嗨'就行了。"很多传授经济学的老师往往还在说"嗨"时就把学生弄迷糊了，至少当我们走到黑板前画图的时候是如此。让我们开个好头，了解图表是什么以及它能告诉我们什么吧！

笛卡尔坐标

"笛卡儿坐标"作为小标题多少有点令人不快，它是以其发明者——法国人勒奈·笛卡儿的名字来命名的。据说，当时他正盯着天花板，跟踪苍蝇的飞行路径。他发现自己可以用两个数字来精确地找到苍蝇每次在天花板上停歇的地点。

因此，你不妨在椅子上倚靠一会儿，并盯着天花板，选择房间的两面墙壁相交的一个角点，那就是你的参照点（在数学上我们称之为原点）。假定墙壁与墙壁之间成直角，将你左侧的那面墙壁称为 y 轴，右侧的墙壁称为 x 轴。在天花板上找到一个突出的点：一只蜘蛛、一小块污点、一个通风孔等，从该点到你右侧的墙壁画一条尽可能短的想象中的直线，将那点称为 A。同样在左边找到这样一个点，称为 B。用这两个数字你就可以确定天花板上的点。第一个数字是沿 x 轴从角点（原点）到 A 点的距离，第二个数字是沿 y 轴从角点到 B 点的距离。在图 1A.1 中，该点在 x 轴上的标志是 9 单位，在 y 轴上的标志是 11 单位，因此显示为 (9,11)。

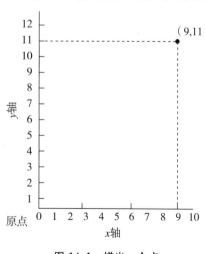

图 1A.1 描出一个点

并不是 $y=mx+b$，抱歉

不管你是否想要回忆那段经历，在你的第一次代数课堂上，你首先都要接触直线的斜率、X 截距、Y 截距这些概念，以及直线的表达形式 $y=mx+b$。不管在 7 年级、8 年级、9 年级或 10 年级的课堂上，都需要足够的时间来让学生了解这些内容。等式 $y=mx+b$ 是一条直线，是因为如果你对 x 和 y 随机取值而得到 x 和 y 的组合，将它们画出来，最后就成一条直线。这条直线会在 Y 轴上穿过点 b，因为如果在等式中 x 取 0，mx 就是 0（因为任何数乘以 0 都是 0），因此最后只剩下 b，所以 b 是 Y 截距。这条直线会在 $-b/m$ 穿过 X 轴，因此，X 截距是 $-b/m$。斜率是 y 增加的量除以 x 增加的量的值。假定 x 从 3 增加到 4，如果这样，那么 y 会从 $3m+b$ 变成 $4m+b$，因此 y 增加了 m 个单位。x 变动一个单位，y 增加 m 个单位，因此斜率是 m。3 只是任意挑选的一个数字，我们可以选择任何一个数字来得到同样的结果：斜率都是 m。

如果 m 和 b 是正值，你会得到像图 1A.2 这样的一个图；如果 m 是正值，b 是负值，你会得到像图 1A.3 这样的一个图；如果 m 是负值，b 是正值，你会得到像图 1A.4 这样的图；最后，如果它们都是负值，你会得到像图 1A.5 这样的图。如果 m 的取值很大且为正，那意味着直线是向上倾斜而且陡峭的；如果 m 取值小且为正，那意味着直线是向上倾斜但相对平坦的。如果 m 为较大的负值，那么直线是向下倾斜而陡峭的；如果 m 是不大的负值，则直线是向下倾斜而平坦的。

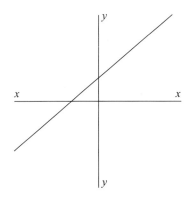

图 1A.2 描出一条直线 $y=mx+b$，$m>0$，$b>0$

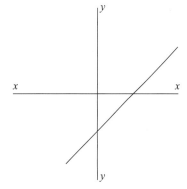

图 1A.3 描出一条直线 $y=mx+b$，$m>0$，$b<0$

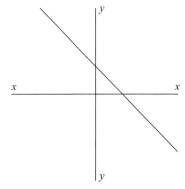

图 1A.4 描出一条直线 $y=mx+b$，$m<0$，$b>0$

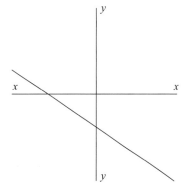

图 1A.5 描出一条直线 $y=mx+b$，$m<0$，$b<0$

这些东西到底与经济学有何关系

为简化起见,我们的图表只考虑第一象限(x 和 y 都为正)。我们会有下斜和上斜的直线。有些直线陡峭,有些直线平坦。通常,我们所画出的图形不完全是直线而是曲线(如图 1.5 和图 1.8)。但这些远不如下面这一点重要:一条上斜的直线或曲线意味着,随着 x 轴变量的增加,y 轴变量也相应增加;一条下斜的直线或曲线意味着,随着 x 轴变量的增加,y 轴变量会减少。

在我们讨论第 2 章的供给和需求以及第 4 章的生产成本时,这一点会非常明显。正如你会在第 2 章看到的那样,经济学家们把价格视为纵轴(y 轴),而把人们想要买入或企业想要卖出的产品数量视为横轴(x 轴)。供给曲线是上斜的直线,表示如果你为每单位的产品支付更多的价格,企业会生产得更多;需求曲线是下斜的直线,表示如果每单位产品的价格上升,消费者会购买得更少。

我们还能对两条直线或曲线相交做大量文章。第 2 章中的供给曲线和需求曲线相交,第 5 章中的边际利润曲线和边际成本曲线相交,第 8 章中的总需求曲线和总供给曲线相交,都有很重要的意义。当你学到这些地方,但不理解为什么两条线相交这么重要时,一定要多问问,这非常重要!

第 2 章
供给和需求

> **学习目标**
>
> 学习完本章，你应该能够：
> 1. 理解并能阐明供给和需求的经济模型。
> 2. 定义供给、需求、供给量、需求量等名词。
> 3. 通过利用供求关系背后的直觉感应以及那些能改变供求关系的变量，来掌握供给和需求模型。

这是本书关键的一章：如果你不理解供给和需求的含义，就不可能弄懂经济学。只有在弄清楚这个复杂的理论模型之后，你才能对本书后面现实热点问题的分析有更好的理解。

之前，你可能通过电视、报纸或交谈中对"供给和需求"这个短语有些许了解，也可能对它很熟悉。但是，人们平常对这个短语的使用方式跟经济学家有所不同。本章试图带你走出大众固定的思维模式，帮助你深入了解供给和需求模型，使我们在以后讨论不同经济学问题时，能够运用它。

但是，达到这样一种理解水平是需要时间的。那么，首先我们需要定义一些将来要用的词汇。你可能会迫不及待地想要一目十行，或者跳过一些你认为自己以前早已了解了的这些词汇的内容。如果是这样，我就要警告你，千万别这么做！正如我们在第 1 章所说，这些词汇对于经济学家来说有着精确的定义，未必与你以前所理解的词汇一样，所以掌握好经济学家的语言是极其重要的。

接下来就是介绍供给和需求模型。我们先来简单地介绍"需求"和"供给"两个词，然后在同一图表中画出需求和供给的图形，并找到经济学家所说的均衡点。之后，我们回到供给和需求本身来仔细考察与学习它们。

当我们对供给和需求有了初步印象之后，接下来需要探索的就是当需求和供给变化时会发生什么。最后,我们将会阐述为什么供给或需求的变化必然会导致均衡变化。

2.1 供给和需求的定义

2.1.1 市场

供给和需求(supply and demand)是经济学中最重要的模型。经济学家用它来洞悉**价格**(price)和**产出**(output)规律。第1章说过,模型就是对复杂的现实生活现象的一种简化。供给和需求模型假定存在一个**市场**(market),它是买者和卖者的交易场所。假设**消费者**(consumers)把货币带入市场,同时**生产者**(producers)把商品或服务也带入市场,消费者想要用他们的货币换取商品或服务,而生产者则想要卖出商品或服务以赚取货币。

对于我们来说,理解好经济学家对于"市场"一词的精确定义是十分必要的,经济学中"市场"(market)的含义与商业名词"营销"(marketing)的含义大相径庭。只要是买卖双方讨价还价并进行交易的地方都存在市场。因此,就必须有供他们沟通和交易的场所,即市场的存在。例如,在二手车市场上,有人想要买车,也有人想要卖车。在互联网没有普及之前,由于人们受地域的限制,买方只能更多地去二手车市场或在报纸广告上了解车市的信息。卖方通过口口相传或在报纸上刊登广告,抑或直接卖给经销商。有了互联网之后,市场急速扩大,因为沟通更方便了(如 autotrader.com、ebay.com 等)。但是,假如你住在迈阿密,你仍然不大可能去买一辆西雅图的车,因为这样做的成本太高。最后,所谓商业中的"营销"是二手车的销售员为了劝服你购买他们的车而采取的手段。千万别把这两个词的概念混淆了。

供给和需求模型假设存在许多消费者和生产者,他们数量如此之多以至于他们中任意一方都不能操纵价格。同时,存在一个价格,消费者和生产者谁都不能偏离这个价格而买到或者卖出商品或服务。经济学家们称这个价格为**均衡价格**(equilibrium price),在均衡价格下,消费者从生产者手中所购买的商品数量称为**均衡数量**(equilibrium quality),而把这个模型用图形表示就是供给和需求曲线。其中需求曲线表明消费者必须支付的价格与他们"想要购买的产品数量"之间的关系,而供给曲线表明厂商实际得到的价格与他们"想要卖出的产品数量"之间的关系。经济学家将消费者在任意特定价格想要购买的数量称为需求数量,将厂商在任意特定价格想要卖出的数量称为供给数量。

人们之所以参与市场上各种经济活动,是因为市场可以改善参与者的经济状况。市场在过去也不断地演化,因为我们的祖先意识到自给自足的经济虽然可以维持,但并不能让人们发挥特定的技能优势。人类的一项社会创造(即市场)已经形成了,市场让人们聚集起来交换各自所需的商品或服务,并且这些行为都是自发的,参与者总是会对市场中获得的商品感到满足。因此,市场作为一种社会机制,因其不断改进个人和社会的生活水平而被一直延续了下来。

2.1.2 需求数量和供给数量

在这里,所有你在报纸上读到的、在广播中听到的和在电视里看到的事件都会让你感到困惑,因为经济学家使用这些词汇的方式和在经济学之外的方式完全不一样。经济学家一直坚持强调需求和需求数量之间的差异。如果你仔细读了上面两段,你就知道**需求数量**(quality demanded)是指在特定时期内,消费者以特定价格愿意且能够购买到的商品数量。而需求指的是消费者在任意的价格上想要购买的商品数量。在供给与供给数量之间也存在类似的差异。**供给数量**(quality supplied)指的是在特定时期内,厂商以特定的价格愿意且能够出售的商品数量,而供给表明的是厂商在任意价格下想要出售的数量。

2.1.3 其他条件不变

一般的社会学家特别是经济学家都相信一种"科学方法",这种方法要求,当考虑一个变量对其他变量的影响时,必须把其他一切可能影响结果的因素排除。与化学家或者生物学家不同,经济学家很难把实验对象(即人们)放到实验室里对他们做实验。例如,经济学家不可能在一个城镇内创建一套资本主义体制,而在另一个城镇内创建一套社会主义体制,然后比较哪种体制能更好地为社会服务。经济学家必须在他们的模型所处的环境中进行考察。因此,即使现实当中没有出现某种变化,我们也可以在模型中考虑这种变化。这就是大多数经济学家都熟知的拉丁语:Ceteris Paribus,意味着"其他条件不变"。

2.1.4 需求和供给

对于需求曲线,我们想知道,究竟价格和需求数量之间有什么关系。想要确定这层关系是件困难的事情,因为这取决于人们是否富裕、所考察的商品是否过时或者其替代品价格的高低等因素。为了得到答案,假设我们是在其他条件不变的情况下来处理价格和需求数量之间的关系。因此,所谓的**需求**(demand)指的就是在其他条件不变的情况下,价格和需求数量之间的关系。

对于供给,也有着相似的逻辑。有很多因素决定着价格和供给数量之间的关系,例如工人工资的高低、原材料的成本、技术的应用程度等。我们再次假设这些条件不变,**供给**(supply)就是指在其他条件不变时,价格和供给数量之间的关系。

2.2 供给和需求的模型

2.2.1 需求

前面已经说了这么多,下面就不卖关子了,现在就让我们一起来看看模型。为了绘制需求曲线,我们要事先虚构一个合理的例子,并在一张表格中列出相关信息。我们可以看到,在许多城市的中心地区都有商贩在自己的货摊上售卖食物和饮料。为了简化真实世界,假设我们现在看到的市场只是瓶装橙汁饮料的交易市场——由街边的商贩作为供给者,由在附近地区工作的人充当消费者,这二者组成了市场。很显然,现实中有很多因素会影响饮料的供给和需求,但此时我们假设那些因素都不变。

我们从假设橙汁的价格为零开始研究,看看此时需求量是多少,也许会很大,但也可能没有你想象中那么大。人们如果总是喝同一种饮料的话,就会对其感到腻烦,即使他们一下子得到一大堆并稍后将其储存起来,也只能将饮料放在办公室中。现在我们用数学方式将其简化一下。假设这个地区仅有10 000人,在饮料价格为0时,人们愿意每天购买5瓶橙汁。这也就意味着,当价格为0时,人们对橙汁的需求量有50 000瓶。

假设橙汁价格上升至50美分一瓶,每个人可能会权衡是否应该花费50美分来购买一瓶。我们假设此时人们只愿意每天购买4瓶橙汁。价格上升使得市场需求数量变成了40 000瓶。假设价格再上升50美分,会导致每个人每天对橙汁的需求降至3瓶,此时市场对橙汁的需求数量是30 000瓶。不用过多说明,我们可以看到,价格的上升会减少每人购买的橙汁数量,直到每瓶2美元时,平均每人每天只需要一瓶就够了。并且若其价格上升到每瓶2.5美元时,就没有人愿意再去购买橙汁。表2.1以**需求表**(demand schedule)的形式,描述了刚才我们作出的一系列假设。需求表以表格的形式表示了商品价格和需求数量的对应关系。

表 2.1 橙汁需求表

价格(美元)	个人需求数量(瓶)	市场需求数量(1万人)(瓶)
0.00	5	50 000
0.50	4	40 000
1.00	3	30 000
1.50	2	20 000
2.00	1	10 000
2.50	0	0

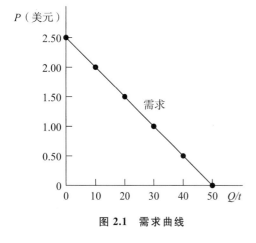

图 2.1 需求曲线

表中的信息也可以用图形的形式显示出来。实际上,从现在开始,你将经常看到这样的图。如图2.1就是一幅描绘需求曲线的图形。注意到,纵轴P表示价格,横轴Q/t表示每单位时间内的需求数量。可能你已经猜到了第一个符号的含义,但是第二个符号或许需要一些解释才能让你明白。每单位时间需求数量表示每天10 000个人对橙汁的需求量(以瓶为单位),所以考察需求量和供给量总要有个时间参考。图中黑圆点是取自需求表中的点,我们把这些点连接起来,就得到了需求曲线。

2.2.2 供给

现在,同样利用上面这个例子,让我们来考虑一下关于卖方的情况。假定在本案例中,存在10家完全独立的售卖橙汁饮料的商贩,并且卖方所销售的橙汁完全相同,也不存在品牌问题。那么,现在问问你自己,在不同的价格水平下,卖家想要卖出多少橙汁呢。很显然,他们不会愿意将橙汁白送给消费者,所以在饮料价格为0时,供给量也会为0。甚至在一个相当低的价格水平下(例如50美分一瓶),他们可能也不会愿意卖出多少橙汁,因为雇用一个卖饮料的工人和制作饮料本身的成本可能就不止50美分一瓶。随着价格的上涨,他们会愿意付出更多的努力来赚取更多的钱。本例中,我们假设在每瓶橙汁1美元的情况下,每个商贩都愿意把橙汁卖给任何一个来买他们饮料的人,而且他们不会特意主动地卖更多,他们会选择一个人口密集并且方便出售饮料的地方来兜售饮料。

假设人们愿意支付更多的钱去买橙汁,商贩们就会雇用工人去推销以招揽生意。我们假设橙汁价格为每瓶1.5美元,那么他们愿意雇用足够多的工人来卖2 000瓶橙汁,并且如果其价格上升为每瓶2美元,他们愿意每天卖出3 000瓶橙汁。最后,假定每瓶售价2.5美元,那么他们愿意卖出4 000瓶橙汁。表2.2显示的信息,我们称之为**供给表**(supply schedule),它以列表的形式表示商品价格和其供给数量之间的对应关系。

表2.2 橙汁供给表

价格(美元)	每个商贩的供给数量	市场供给量(所有10家许可商家)
0.00	0	0
0.50	0	0
1.00	1 000	10 000
1.50	2 000	20 000
2.00	3 000	30 000
2.50	4 000	40 000

表中的信息也可以用图形的形式显示出来,图2.2就向我们展示了如图2.1所示的有着相同含义坐标的供给曲线,它表示随时间变化的商品价格和供给数量。此处的黑圆点取自供给表中的点,当我们把这些点连在一起便得到了供给曲线。

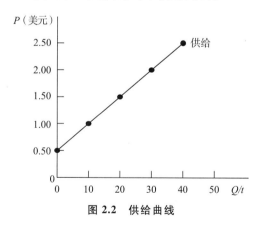

图2.2 供给曲线

2.2.3 均衡

表2.3将供给表和需求表放在一张表格中,而图2.3则将供给曲线和需求曲线放在一张图中。它们都向我们展示了当橙汁价格低于每瓶1.5美元时,消费者想要更多橙汁,而供给者却不那么乐意提供。当橙汁价格高于每瓶1.5美元时,消费者对橙汁的需求会减少,而供给者则会乐意提高供给数量。当供给曲线和需求曲线相交时,消费者想购买的数量与供给者愿意提供的数量恰好相同。此时,也就达到了我们所谓的**均衡**(equilibrium)。

表 2.3 短缺和过剩的供给和需求表

价格（美元）	个人需求数量	市场需求数量	每个商贩的供给数量	市场供给数量	短缺（超额需求）	过剩（超额供给）
0.00	5	50 000	0	0	50 000	
0.50	4	40 000	0	0	40 000	
1.00	3	30 000	1 000	10 000	20 000	
1.50	2	20 000	2 000	20 000		
2.00	1	10 000	3 000	30 000		20 000
2.50	0	0	4 000	40 000		40 000

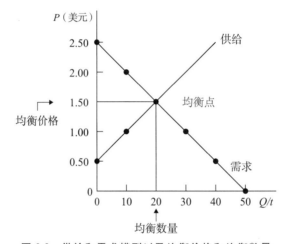

图 2.3 供给和需求模型以及均衡价格和均衡数量

2.2.4 短缺和过剩

当价格太低时，就存在**短缺**（shortage），即企业不愿意卖出消费者想要的商品数量。当价格太高时，就存在**过剩**（surplus），即企业想要卖出的商品数量超过消费者想要购买的商品数量。

想象一下商贩一开始就卖光了所有的饮料，显然之后就会出现短缺的情况。根据供给和需求模型可知，当价格太低时，短缺就会出现。当许多人排着长队想要购买饮料时，卖家就会面临短缺或者说**过度需求**（excess demand），这时卖家就可以提高价格来出售商品。如果存在过剩或者说**过度供给**（excess supply），那么情况则刚好相反。即如果价格太高，卖家会想要多卖出自己的商品，而超过了消费者的需求。这样一来，取而代之的不是排着长队的顾客，而是大量堆积的存货。此时，企业就会面临过剩的窘境，它们应该降低价格来摆脱过剩。

出于对自身利益的考虑，企业不会让短缺和过剩现象长期存在，而会通过调整价格来改变存货量。更进一步说就是，它们通过提高价格来应对短缺，通过降低价格来应对过剩，而结果就是每种情况都是暂时的。

2.3 关于需求

2.3.1 需求定律

从本节的定义部分,我们了解到需求是在其他条件不变的情况下,描述价格和需求数量之间的关系。我们已经看到上面所说的橙汁的例子。这一案例暗示我们,在价格和需求数量之间存在负相关关系。由于这种关系,需求曲线是向下倾斜的。价格和需求数量之间的这种负相关关系,我们把它叫作**需求定律**(law of demand)。这一"定律"不是真正意义上的定律,而是通过经常观察总结出的常识:价格越高,我们想要购买的商品数量就越少。

2.2.2 为什么需求定律有意义

为什么我们总能看见这种负相关关系?有三个显而易见的原因:第一,当你走进一家商店,发现你想要的商品定价太高,这时你会寻找一个花费更少并且可接受的替代品。如果你购买了其他商品,那么你用这种商品代替了你原先想要购买的商品。经济学家们称之为**替代效应**(substitution effect)。当你原先想要购买的商品价格太高时,你就会减少对它的购买,因为这时你会选择购买其他商品来替代它。

第二,假设你找不到替代品。在这种情况下,你会购买更少的该商品,因为你承担不了这么多花费。实际上由于价格上升,你的实际购买力是下降的(即使你钱包里的钱还是跟以前一样多)。这当然未必对所有商品都能解释得通(特别是一些基本必需品像水),但是通常经济学家称之为**实际货币余额效应**(real-balances effect),因为当一种商品的价格上升意味着你的购买力会下降,从而导致你购买商品的减少。

第三个关于价格和需求数量之间呈负相关关系的原因,要么可以对其详细解释,要么认为它是一个善意的谎言。你会学习这门课以及你的教授会选这本教材,是因为你不需要了解一些细枝末节,因此你将会得到一个善意的谎言。① 我们知道,你所能够支付的商品取决于你的收入所得。利用这一思想,我们来看看接下来这个多少有些无聊却很有说服力的例子。假设我给你 10 美元,并且我想知道你会拿多少来支付午餐时的披萨费用。再假设作为实验的一部分,你吃了一颗会让人说真话的药丸,所以你会诚实地告诉我两件事情:(1)在 1 到 10 的程度范围内,你的肚子得到了多少程度的满足感;(2)你会用多少钱来衡量每块披萨的价值。如果一开始你的肚子感到饥饿,那么此时认为你肚子的满足感为 1。假定你吃了一块披萨并告诉我它值 3 美元,同时让你感到指数为 5 的满足感。现在你又吃了一块,而你告诉我现在它不值这么多钱了,因为你没有那么饿了,你说它现在值 2 美元,此时它让你感到指数为 8 的满足感。接着,你吃了第三块披萨,告诉我说,因为这时已经有些饱了,所以肚子的满足感只上升到 9,现在这块披萨对于你来说只值 1 美元了。

---

① 在你对"善意的谎言"一词感到困惑之前,想想我们对孩子们所讲的一些话。对 3 岁的儿童,我们会说"如果你不上床睡觉,圣诞老人就不会来了";对 8 岁的小朋友,我们会说"你总是要用大数来减小数";对 15 岁的孩子,我们会说"你不能对负数开平方根"。

在这种情形下,你每吃一块披萨,对下一块的评级就会下降。这也就意味着,你对于某一物品的评级取决于你已经拥有的数量。经济学家们把你每多消费一件物品所给你带来的额外满足感[1]称为**边际效用**(marginal utility),并解释为:随着你消费某一物品数量的增多,边际效用就会减少。**边际效用递减规律**(diminishing marginal utility)表明你每多消费1单位商品,你从这1单位商品中得到的满足感会随之减少。简单来说,由于你每多吃一块披萨,你所增加的满足程度比前一块有所下降,你愿意为每块披萨支付的价格也会下降。总之,对于需求曲线为什么向下倾斜的最后一个原因就是,对于多数商品而言,都存在边际效用递减规律。

理解这一点对我们很有帮助:需求曲线并不仅是寻求某一个人对于某一件商品在特定价格水平上的需求数量。此外,你可以用它来弄清楚一个人"愿意支付"的特定数量商品的价格。无论何时你遇到这个词,想想"他们愿意支付的最高价格"。当然,你总是希望能够花费更少一些,但如果以这种方式来看需求曲线的话,在其他条件不变的情况下,它也能够表示你愿意为不同数量商品所支付的最高价格。

2.4 关于供给

2.4.1 供给定律

从本节的定义部分,我们也了解到供给是在其他条件不变的情况下,描述价格与供给数量之间的关系。并且从同一个例子也可以知道卖家想要卖出多少瓶橙汁。同样,这个例子也暗示价格和供给数量之间存在一种正相关关系,所以我们所画的供给曲线是向上倾斜的。价格和供给数量之间存在的这种正相关关系,我们把它叫作**供给定律**(law of supply)。和经济学中的其他定律一样,这个定律并不是一个真正意义上的定律,它更像一种可以被证实的假设。简单来说就是,价格越高,企业就愿意卖出越多的商品。

2.4.2 为什么供给定律有意义

尽管在直觉上是可信的,但从技术上分析供给曲线上斜的原因占据了第4章和第5章的大量篇幅。下面是一些简单的解释(尽管可能没有这么简单),我们会在第4章和第5章会对此做出重复并扩展说明。

假设,在商贩出售橙汁的市中心,可以根据不同的人口密度分为许多区域。显然,在人口多的地方进行销售会相对容易,如在地铁站出口;而远离那些人口中心的区域,生意就会冷清许多,也比较难做。结果就是,即使卖家雇用工人去外面销售橙汁,生意也会越来越难做。但当价格上升时,仍然有可能或者说很有可能对于卖主来说,雇用工人是有利可图的。

---

[1] 这里也存在善意的谎言。大多数经济学家并不认为你能像测度距离或温度那样来测度满足感。这意味着尽管你能说,在一种情况下你会觉得比另一种情况下更满足,但你不能说你有多大的满足。我们也能用无差异这一概念表达类似的意思。之所以没有哪一本一学期课程的教科书用无差异这一概念来解释需求曲线下斜的原因,是因为这样做太耗时间了,而且也并不能加深你对上文中最后两段话的理解。这一关于边际效用的谎言能以较少的时间得到相同的结果,大多数教一学期经济学课程的老师都认为这很有用。

即使当最后一名雇员卖出的橙汁比原先那些人卖出得少,卖主也会雇用他们,因为他们可以赚钱。所以当价格下降时,那些高成本的销售方式并不值得去选择;而当价格上升时,它们反而就变得值得选择。但也存在这种情况:橙汁的价格足够高,高到卖家很乐意只向个别的公司提供。相比在地铁站出口出售饮料,这种方式将会是非常低效率的。如果卖家能用这种方式卖完他们所有的橙汁(当然,此时橙汁的价格也是足够高的),那么对于卖家来说用这种方式来出售也是有利可图的。

这意味着,以及第4章和第5章中试图详细论证的是,供给曲线向上倾斜的原因是,要想卖得更多,那么你为每单位商品所支付的成本也要更高。在这个例子中,虽然橙汁的价格不能再高了,但雇用工人和运输它们的成本会因为在更远更偏僻的地区售卖而变得更高。

另外,当企业决定生产哪种产品时,它们考虑的是赚取更多的钱。假设卖橙汁的商家在手推车上的冰箱只有有限的空间,本案例中我们不考虑他们卖的是水还是橙汁,他们只是想赚取更多的利润。如果消费者愿意为水支付更多的钱,商家会更乐意在手推车上装载瓶装水。若橙汁的价格升高,商家就会把水替换成橙汁来卖;当橙汁的价格下降时,商家的做法则相反。

2.5 需求的决定因素

在前面的内容中,我们所讨论的都是在其他条件不变时的问题。现在是时候考虑一下当其他条件改变时将会发生什么。本章节定义中我们提到过,存在许多因素能影响到商品的需求关系,包括人们对商品的喜好程度、人们的收入水平、其他商品的价格、潜在购买者的人数以及人们对未来价格的预期。这些变量会改变人们对商品的需求量,同时也会改变人们愿意支付的价格。再次强调一下,"愿意支付的价格"是大多数人愿意支付的最高价格的缩写。如果人们想要更多的商品,也可以理解为,人们现在愿意支付过去不愿意支付的更高的价格。

需求的决定因素

偏好
某种商品是否流行,或者说对于大多数人来说是否具有想要某种商品的条件。

收入
劣等品:随着收入的增加,你会减少购买的商品。
正常品:随着收入的增加,你会增加购买的商品。

其他商品的价格
替代品:可以用来取代另一种商品的商品。
互补品:必须和某种商品一起使用的商品。

潜在购买者的人数
潜在的对某一种商品感兴趣的人的数量。

预期价格

你预期商品在未来的价格。

消费税

消费者消费某种商品或某项服务必须按单位或者按百分比缴纳的税款。

补贴

对消费者消费某种商品或某项服务按单位或者按百分比给予的补贴。

2.5.1 偏好

偏好一词被经济学家用来描述一种商品是否流行，或者对大多数人来说是否具有想要某种商品的条件。高偏好意味着该商品很流行或被高度需要，而低偏好则意味着很少有人想要它。它以一种明显的方式对需求产生影响：人们越喜欢某种商品（对该商品的偏好越高），就越愿意为任何特定数量的该商品支付更高的价格，并且他们想要的数量也会越多。回到之前橙汁的例子中，在寒冷并且流感盛行的季节，人们为了提高免疫力，相信橙汁能够帮助他们抵御病毒的干扰，所以对于橙汁的偏好自然而然会上升。

2.5.2 收入

人们收入的多少对于商品的购买也有重要的影响，但不总是有正面的影响。考虑大学食谱中常见的几种食物：方便面、通心粉和奶酪，不管选择其中哪一种，你都可以花不超过50美分就填饱肚子。如果你的祖母去世并留给你25 000美元的遗产，现在问问你自己，你会买多少盒或多少袋这样的食物。答案是，不会很多，特别是如果你因承担不起其他食物的费用而不得不吃这些食物时。这个例子告诉你并不是你赚得越多，就买得越多。当你收入越高并对某一商品的购买数量越少时，经济学家称这些商品为劣等品。如果商品是劣等品并且你的收入增加时，虽然你能够买得更多，但是你会减少对该商品的购买。只有当该类商品的价格更低时，才可能诱使你购买。

另一方面，对于大多数商品来说，收入的增加会导致消费的增加。当你收入越高并对某一商品的购买数量越多时，在此情况下，经济学家称此种商品为正常品。如果一种商品是正常品并且你的收入增加，那么你将会有能力购买更多，而且你也愿意为该类商品支付更多的钱。

回到我们的橙汁例子中来。如果人们收入增加后增加了对橙汁的购买，那么它就是一种正常品；如果人们收入增加后减少了对橙汁的购买，那么它就是一种劣等品。

2.5.3 其他商品的价格

同样，没有一个直接的答案可以回答"当另一件商品的价格上涨时，你将会对某件商品的购买做怎样的改变？"。但存在一种可能，如果百事可乐的价格上升，你会更愿意购买可口可乐，并且买得更多。同样，如果热狗的价格上涨，你会决定少买一些热狗。对于热狗面包而言，除了能包在热狗外面，几乎没有其他用处，因此你也会减少对热狗面包的需求。经济学家称替代另一种商品使用的商品(如可口可乐和百事可乐)为替代品,而匹配在一起使用的商品(如热狗和热狗面包)为互补品。

替代品和互补品的例子有很多,花生酱和果冻经常被看作互补品,因为它们总是被一起用来制作三明治。意大利辣香肠和腊肠被视为替代品,因为它们都可以作为披萨的肉料。尽管事情会更加复杂,但一些商品对不同的人来说,可以是替代品,也可以是互补品,没有绝对的定论。我的岳父认为花生酱和果冻就是同样好的面包酱,所以它们是替代品。必胜客餐厅推出的一款适合肉食爱好者的披萨,同时包含辣香肠和腊肠,因此对喜欢这种披萨的人来说,它们就是一对互补品。

我们再一次回到橙汁的例子中去,橙汁和西柚汁很可能作为替代品,而橙汁和伏特加酒很可能成为互补品,因为人们(到了法定饮酒年龄)喜欢将它们混合在一起调制成一种叫"螺丝刀"的酒。

2.5.4 潜在购买者的人数

对某种商品潜在感兴趣的人的数量会对该商品的需求产生影响,因此当市中心人口增加时,更多潜在人口可能会对橙汁感兴趣。无疑,一个城市越大,就有越多的人在市中心工作和购物,同时也有更多的人可能会买橙汁。再如,在20世纪70年代的黑暗时代,当时只有很少人懂计算机,也只有很少人对购买计算机感兴趣。后来,学生们尤其是大学生开始用计算机来完成作业,他们毕业后成为一群对计算机感兴趣的潜在购买者。经济学家将对某种商品感兴趣的人的潜在数量简称为总人数。

2.5.5 预期价格

当一种商品的预期价格上升时,会导致"囤积"效应。让我们来假设一下,一场严寒摧毁了大量的橙子树,有前瞻性眼光的消费者会预见橙子价格即将上涨,并且有动机在其价格上涨之前立即囤积它们。同样,当预期到烟草税的增加时,烟民们会囤积烟草。当周末汽油价格将统一上调时,节俭的司机会在周三购买汽油。如果价格上涨的预期迫近,消费者会购买更多预期到的商品,并且现在就购买,而不会等到以后。

2.5.6 消费税

有时,政府希望抑制人们对某种商品的消费而对该种商品征税。这种税意味着消费者购买某种商品的同时不得不缴纳钱给政府,结果他们会减少对该商品的购买数量。假设一座城市想要鼓励人们循环利用塑料瓶而令人们必须支付1美元的橙汁瓶的额外费用。这将意味着一条新的需求曲线将产生,并相对于原来的曲线向左平移,因为每瓶橙汁比原来贵了1美元。

2.5.7 补贴

有时,政府想要鼓励人们对某种商品的消费,因而对该种商品施行补贴政策。这种补贴就是消费者购买某种商品时,可以用比他们原来支付的价格更低的价钱购买到该种商品,结果就是会增加消费者对该商品的购买数量。假设佛罗里达州的一个城市想要外来旅游的人们看到本地市民都喝佛罗里达的橙汁，为了鼓励消费者消费，他们将能够以低于原价 1 美元的价钱购买到橙汁。这也就意味着一条新的需求曲线将产生，并相对于原来的曲线向右平移，因为每瓶橙汁比原来便宜了 1 美元。

2.5.8 需求决定因素的变化对供给和需求模型的影响

表 2.4 和表 2.5 总结了需求决定因素会如何影响供给和需求。表 2.4 指出了上述几种变量增加的影响，而表 2.5 指出了上述几种变量减少的影响。每张表格的最后一列都表明了相对应的图形。图 2.4 显示的是需求增加的影响，而图 2.5 显示了需求减少的影响。在每个图中，原先的供给和需求曲线为细线表示，而新的需求曲线为粗线表示，原先的均衡点用小黑点表示，而新的均衡点则用大黑点表示。

表 2.4 需求曲线的变动：决定因素值的增加

某决定因素的增加	致使需求变化	需求曲线的移动方向	如图所示
偏好	增加	右	图 2.4
收入，正常品	增加	右	图 2.4
收入，劣等品	减少	左	图 2.5
其他商品的价格以及互补品	减少	左	图 2.5
其他商品的价格以及替代品	增加	右	图 2.4
潜在购买者人数	增加	右	图 2.4
预期价格	增加	右	图 2.4
消费税	减少	左	图 2.5
补贴	增加	右	图 2.4

表 2.5 需求曲线的移动：决定因素值的减少

某决定因素的减少	致使需求变化	需求曲线的移动方向	如图所示
偏好	减少	左	图 2.5
收入，正常品	减少	左	图 2.5
收入，劣等品	增加	右	图 2.4
其他商品的价格以及互补品	增加	右	图 2.4
其他商品的价格以及替代品	减少	左	图 2.5
潜在购买者人数	减少	左	图 2.5
预期价格	减少	左	图 2.5
消费税	增加	右	图 2.4
补贴	减少	左	图 2.5

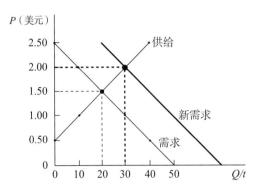
图 2.4 需求的增加对供给和需求模型的影响

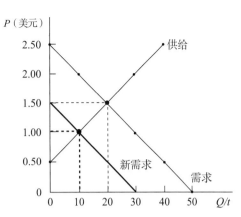
图 2.5 需求的减少对供给和需求模型的影响

2.6 供给的决定因素

我们再来看供给。同样,在定义部分中,我们曾间接提到一些能改变供给关系的因素,包括投入品的价格、技术、其他潜在产出的价格、卖方的数量、预期价格等。同样,我们假定其他条件不变。

 供给的决定因素

投入品的价格
企业生产商品所必需的所有物品的成本。

技术
将投入转化成产出的能力。

其他潜在商品的价格
当企业决定生产一种商品时,它们想要生产能使得自己赚钱最多的那种商品。

卖方的数量
在同一市场上竞争的企业的数量。

预期价格
企业试图抑制销售以等待高价,并且会在价格下降前清空存货。

消费税
消费者消费某种商品或某项服务必须按单位或者百分比缴纳的税款。

补贴
对消费者消费某种商品或某项服务按单位或者百分比给予的补贴。

2.6.1 投入品的价格

投入品的价格是指企业生产产品所必需的所有物品的成本。生产产品是需要投入品的,而投入品是要花钱的,所以它有价格,即使它的叫法可能有所改变。很典型的投入品包括原材料、劳动力和设备。原材料的价格简单来说就是其价格。(尽管这句话听起来像一个循环定义,想一想我们的橙汁的例子,橙汁和冰箱本身都有各自的价格。)劳动力的价格是雇主雇用一个员工所支付的工资加福利(福利被定义为雇主没有直接支付给工人的东西,包括医疗保险、失业保险、工伤保险等)。设备的价格能够影响供给,但是通常起作用的是租借设备的租金成本,或用借来的钱购买设备所必须支付的利息和折旧率(利息是借入货币的价格,折旧率是机器由于磨损而损失的价值的速度)。

2.6.2 技术

在经济学界,"技术"一词指将投入转化成产出的能力。在我们之前橙汁的例子中,假如技术的进步使得商家不用冰块或冰箱就可以使橙汁保鲜,那么这一技术的进步会增加产出而降低成本。正如我们把技术用在例子中一样,技术之所以能够变化,是雇员更加卖力、更加灵巧地工作的结果,或者是新的设备使雇员变得更有效率。

另一个由于技术提高而改变市场的例子,我们可以在非法的学期论文交易中找到。在20世纪60年代,如果你想购买到学期论文,你不得不付费请专人进图书馆,同时还要按字母索引卡和期刊编号来寻找原始材料。由于复印受到限制,他们还得在图书馆阅读这些材料,随后他们会用打字机把论文敲出来,如果出现错误,只能用修正液修正。找人做这些事情可是要花费大价钱的。

到了20世纪70年代,以上的程序大致都相同,除了复印机的出现。由于有了复印机,你雇用的人可以在家里读完那些原始材料。在80年代,早期电脑的出现使得他们可以在电脑上搜集一些有限的资料信息,并通过一种使用不是很灵活且十分笨拙的文字处理器来撰写论文。到了90年代,这些学期论文的"枪手"们可以在互联网上浏览、打印、阅读资料和写论文,而这一切都可以舒舒服服地在卧室里完成。以上的每一个阶段,这些违法交易卖家必须找到一个方式将论文卖出去,通常要建立起一种非正式网络,并且用现金支付。今天,你可以进入所有学期论文的地址,只要简单地输入信用卡号就可以下载。当然你可能不会这么做,因为你的大学可以很容易抓到你并把你逐出学校。但是由于这些论文"枪手"们能以更少的时间制作出论文,因此他们会以更低的价格卖出更多的论文。

2.6.3 其他潜在产出的价格

了解其他产出的价格,我们可以参考供给曲线上斜的原因来对其进行解释,但这并不是指现在我们要关注的当其他产品价格改变时,当前的供给曲线会发生怎样的变化。正如我们所说,商家们手推车上的冰箱的储存空间有限,正值炎热的夏季,他们会发现可能卖光所有的水却卖不动橙汁。如果消费者愿意为水支付更多的钱,那么商家会储备更多的瓶装水。他们也可能通过将水与橙汁数量的组合来赚更多的钱。在这种组合中,当水的价格上升时,橙汁的供给就会减少,因为商家们想要储备更多的水。

2.6.4 卖方的数量

卖方的数量,即同一市场上竞争企业的数量。这个概念是很重要的,因为企业的数量越多,市场上的产品总量也就越多。利用橙汁这个例子来看,假设有 10 个不同的商家。如果这些商家都会获得利润,那么很可能其他人会想要建立售卖点,这样一来就增加了市场的总供给。同样,如果商家们存在亏损,那么他们中的一些可能会退出市场,从而市场的总供给会减少。

2.6.5 预期价格

预期价格听起来很熟悉,因为它也会改变需求。在供给方面,它指的是企业通过抑制销售来等待高价的决策,以及在降价之前销售产品的决策。不管什么时候,企业都想要更多地卖出它们的产品以赚取更高的利润。飓风将至的预警会抬高当前汽油发电机的价格,因为企业想要保留库存以便在飓风过境之后以高价卖出。相反,如果企业预期存货在很短时间内将要过时,那么它们就会即刻削价处理存货。

让我们回到那个由于寒冷而使橙子产量大幅削减的例子中去。不仅是买者有动机去存货来避免其价格上涨,卖者也会知道橙汁的涨价将至而继续存货不售。结果,预期价格不仅改变了消费者对商品的需求,同时也改变了卖者的供给。当然,这一规律对其他方面也适用。如果橙子丰收被预期到,橙汁的价格就被看跌,而那些有存货的商家就会着急,希望在其价格没下跌太多之前将库存消化掉。

2.6.6 消费税

正如我们在需求部分提到的,有时政府想要抑制某种商品的销售,因此会向生产者或消费者征税。如果政府欲向产品生产方征税,它会强制要求企业支付税款。在这里无论向需求方还是供给方征税都没有关系,因为影响将会是一样的,而这种影响取决于我们将在第 3 章所要学习的弹性这一概念,而不是取决于政策制定者的意图。在任何情况下,税收都会使供给曲线向上移动,而移动的幅度要根据税收的高低来决定。因此,一个城市能够鼓励人们循环利用塑料瓶是通过向企业征收额外的每瓶橙汁 1 美元的税收才得以实现的。这就意味着,一条新的供给曲线将产生,并相对于原先的向右平移,因为每瓶橙汁贵了 1 美元。

2.6.7 补贴

同样,补贴更适用于企业生产而不是消费者。1 美元的补贴会使模型中的供给曲线向左平移。

2.6.8 供给决定因素的变化对供给和需求模型的影响

表 2.6 和表 2.7 总结了供给决定因素对供给和需求模型的影响。表 2.6 指出以上这些变量增加的影响,而表 2.7 则指出了这些变量减少的影响。从供给方面来看,供给的增加表现为供给曲线向右移动,供给的减少则表现为供给曲线向左移动,理解这一点很重要。和表 2.4 和表 2.5 一样,表 2.6 和表 2.7 中的最后一栏表示与供给曲线移动相对应的图形。表 2.6 显示了供给增加的影响,而表 2.7 显示了供给减少的影响。正如表 2.4 和表 2.5 以及图 2.4 和图 2.5 那样,原来的供给和需求曲线用细线表示,而原来的均衡点用小黑点表示。新的供给曲线用粗线表示,同时新的均衡点用大黑点表示。

表 2.6 供给曲线的变动：决定因素值的增加

某决定因素的增加	致使供给变化	供给曲线的移动方向	如图所示
投入品的价格	减少	左	图 2.7
技术	增加	右	图 2.6
其他潜在产出的价格	减少	左	图 2.7
卖方的数量	增加	右	图 2.6
预期价格	减少	左	图 2.7
消费税	减少	左	图 2.7
补贴	增加	右	图 2.6

表 2.7 供给曲线的变动：决定因素值的减少

某决定因素的减少	致使供给变化	供给曲线的移动方向	如图所示
投入品的价格	增加	右	图 2.6
技术	减少	左	图 2.7
其他潜在产出的价格	增加	右	图 2.6
卖方的数量	减少	左	图 2.7
预期价格	增加	右	图 2.6
消费税	增加	右	图 2.6
补贴	减少	左	图 2.7

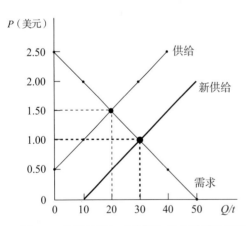

图 2.6 供给的增加对供给和需求模型的影响

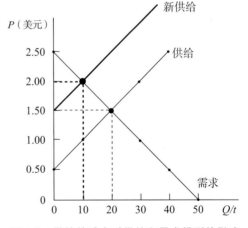

图 2.7 供给的减少对供给和需求模型的影响

2.7 预期价格变化对供给和需求模型的影响

要注意，预期价格在需求和供给的决定因素中都出现了。这意味着如果预期价格改变了，供给和需求曲线也会同时改变。即若预期价格上升，消费者就会想要存货，因此会增加需求;另一方面,企业想要抑制销售而存货以等待高价,因此会减少供给。在此情况下,我们并不知道均衡数量会发什么变化,因为需求自身的变动会增加需求量,而供给的变动会减少供给量。那么此时均衡的数量究竟是净增加还是净减少,取决于哪一方移动得更多。另一方面,价格的影响是已知的,它会产生自我实现的结果,因为对未来价格上涨的可靠预期会导致当前价格的上升。

当预期价格上升时,我们知道当前价格也会上升,但是不知道对于数量来说会发生什么变化,这是因为我们不知道企业等待价格上涨的意愿是否比消费者试图囤货的意愿更强烈。当预期到价格要下降时,企业想要处理掉存货,而消费者则想等待更低的价格。

当预期价格下降时,我们知道当前价格也会下降,但同样不知道数量会发生什么变化。这是因为我们不知道企业想要处理存货的意愿是否比消费者等待更低价格的意愿更强烈。

深入学习 LEARN MORE

为什么会出现新的均衡

不管是需求曲线还是供给曲线发生了移动,均衡都会随即发生改变。如果均衡没有发生改变,那可能出于两种情况:消费者想要购买的数量超过企业所供给的数量即短缺的情况;企业想出售的数量超过了消费者想要购买的数量即过剩的情况。

为了表明事实确实如此,假设消费者对于某种商品的需求增加了,而企业没有提升价格。如图 2.8 所示,把价格控制在和旧均衡一样时,会产生这样的情况:消费者希望购买的数量(40 单位)多于企业乐于提供的数量(20 单位)。除非价格有所上升,否则这样的短缺是不会消失的。

当企业面对需求的减少而不降低价格时,另一个稍微不同的问题会发生。图 2.9 表明,如果企业在面对下降的需求时仍保持旧均衡,那么它的价格就会使市场上的消费者想要购买的数量(0 单位)低于企业乐于提供的数量(20 单位)。除非企业降低价格,否则这种过剩不会消除。

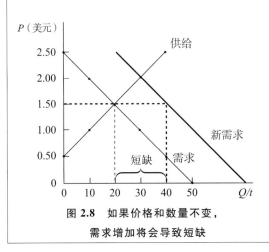

图 2.8　如果价格和数量不变,
需求增加将会导致短缺

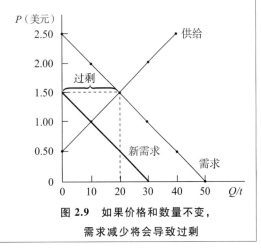

图 2.9　如果价格和数量不变,
需求减少将会导致过剩

当需求变化时,我们得到一个新的均衡;当供给变化时,同样我们也会得到一个新的均衡。图2.10显示了当供给增加时,保持旧均衡下的价格会导致消费者想要购买的数量(20单位)少于企业想要卖出的数量(40单位)。除非价格下降,否则这种过剩不会消除。

最后,面对供给减少,如果企业不愿意提高价格,这时就会出现短缺。图2.11显示了当供给减少时,保持旧均衡下的价格会导致消费者想要购买的数量(20单位)多于企业想要卖出的数量(0单位)。除非价格有所提高,否则这种短缺不会消除。

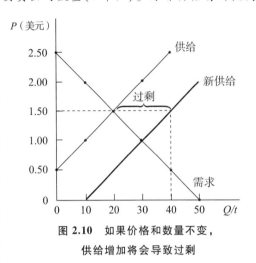

图2.10　如果价格和数量不变,
供给增加将会导致过剩

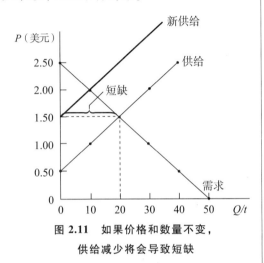

图2.11　如果价格和数量不变,
供给减少将会导致短缺

从上述几段分析中,你能学到什么呢?不论是供给曲线还是需求曲线的变动,都会得到一个消费者购买数量与企业出售数量正好相等时的价格水平。如果价格不发生变化,则要么出现过剩,要么出现短缺。

在有些情况下,并不会达到新的均衡。例如,被冠以**价格欺骗**(price gouging)的情形就是如此,它是指需求的快速增加伴随着价格的快速上升这一情况。当需求增加时,企业其实没有必要通过提高价格来收回成本;它们之所以提高价格,只是因为能够这么做。通过法律来阻止价格欺骗一般来说还是比较普遍的。

假如你卖冰激凌和其他多种冰镇食品,在很多州,若你所在的社区停电了,你的提价也不能超过规定的百分比。经济学家将这种法律规定的最高价格称为**最高限价**(price ceiling)。一旦价格达到了那个水平,就不能再进一步提价了,而这时产品就会出现短缺的情形。另一个最高限价的例子涉及租金控制和阻止倒票的法律。

类似地,若存在**最低限价**(price floor),也无法达到均衡。这种情况存在于当价格不得低于法律规定的某一特定水平的时候。在这种情形下,就存在商品过剩。这类例子还包括农作物定价以及最低工资。

本章小结

供给和需求模型是经济学中最重要的模型。在本书后面的章节中你将看到,一半以上问题的解决都有赖于你将经济学问题转换为这种模型加以分析的能力。在本章中,我们通过介绍最前沿的经济学词汇解释了供给和需求模型,并且先分别解释了供给和需求,然后将它们放在一个统一的模型中分析。接下来,我们讨论了哪些变量可能会改变需求,哪些变量可能会改变供给。我们还论证了价格和供给数量必须发生变化才能维持均衡不变。

关键词

供给和需求	价格	产出	市场
消费者	生产者	均衡价格	均衡数量
需求数量	供给数量	其他条件不变	需求
供给	需求表	供给表	均衡
短缺	过剩	超额需求	超额供给
需求定律	替代效应	实际货币余额效应	边际效用
边际效用递减规律	供给定律	价格欺骗	最高限价
最低限价			

你现在可以阅读的章节

第 16 章　国际金融和汇率

第 24 章　经济学中的种族歧视与性别歧视

自我测试

1. 供给和需求模型揭示了价格与数量是通过_____决定的。
   a. 市场　　　　b. 政府　　　　c. 教会　　　　d. 垄断

2. 按照传统基金会制定的"经济自由"等级划分,下列哪种经济体制是最不自由的?
   a. 资本主义　　b. 社会主义　　c. 中央集权　　d. 共产主义

3. 当一位经济学学生绘制一个供给和需求图形来为收入增长建模,那么她应该假设这种增长的发生_____。
   a. 保持不变　　　　　　　　b. 保持其他条件不变
   c. 基于事实本身　　　　　　d. 实际上已经存在

4. 如果供给和需求曲线相交于价格为 2 的点,那么在这个价格以上的任何部分都会存在_____。
   a. 均衡　　　　b. 过剩　　　　c. 短缺　　　　d. 危机

5. 如果供给和需求曲线相交于数量为 100 的点,那么企业想要出售更多商品的必需价格应该_____均衡价格。
   a. 高于　　　　b. 等于　　　　c. 低于　　　　d. 在 10% 以内上下浮动

6. 以下哪种需求决定因素的增加会对价格产生不确定的影响?
   a. 偏好　　　　b. 互补品的价格　　c. 收入　　　　d. 替代品的价格

7. 以下哪种变化既能影响供给又能影响需求?
   a. 价格变化　　b. 数量变化　　c. 预期价格变化　　d. 收入变化

8. 消费者收入的增加会导致_____。

    a. 所有商品供给的增加

    b. 所有商品需求的增加

    c. 所有商品供给的减少

    d. 一些商品需求的增加而另一些商品的需求减少

9. 在不引起价格上升的情况下,需求的增加会导致_____。

    a. 短缺　　　　　　b. 过剩　　　　　　c. 社会主义　　　　　　d. 均衡

10. 供给曲线向上倾斜的潜在原因是_____。

    a. 多数商品的生产都伴随边际收益的递增

    b. 多数商品的生产都伴随边际成本的递增

    c. 多数商品的消费都伴随边际效用的递减

    d. 多数商品的消费都伴随边际效用的递增

简答题

1. 利用你自己对披萨的需求来解释边际效用递减这一概念,并解释为什么这一概念意味着你对每片披萨的需求曲线是向下倾斜的。

2. 假设你朋友给了你一笔钱让你去买些饮料参加派对。利用你对饮料的需求来解释为什么"收入效应"这一概念意味着你的需求是向下倾斜的。

3. 如果某一商品的互补品价格发生改变,为什么当该商品本身价格发生改变时,需求的变化就是需求量的变化?

4. 如果生产某一商品的投入品价格发生改变,为什么当该商品本身价格发生改变时,供给的变化就是供给量的变化?

思考题

利用简单的供给和需求分析,思考一下人类肾脏销售体制。法律禁止售卖人类器官,但是允许人们自愿捐赠,这也就意味着肾脏这种器官是存在严重短缺的。那么,这种事实能够改变你对禁止人类器官售卖法律的看法吗?如果换作血液,你又是怎么想的呢?

讨论题

市场始终是对的吗?列出你能想到的一些商品的产量和价格在市场上出错的情况。这些商品都有什么相同之处?

第3章
弹性、消费者与生产者剩余

> **学习目标**
>
> **学习完本章,你应该能够:**
> 1. 理解"弹性"指的是价格发生改变时数量对价格的反应,它是经济学的一个重要概念,并将概念运用于真实世界的商品和服务。
> 2. 把弹性的概念和需求曲线的形状联系起来。
> 3. 理解市场均衡可以为买者和卖者双方都提供好处:消费者实际支付的比他们愿意支付的少,生产者也可以赚取利润,经济学家把前者称为"消费者剩余",把后者称为"生产者剩余"。
> 4. 理解"无谓损失",这是指当价格太高或太低时生产低效率的情形。

现在,我们再来看看个体的供给和需求曲线。我们的焦点是消费者和生产者对于价格改变的反应能力,即他们会改变愿意购买或销售的产品数量。这种反应能力被称为"弹性",这一概念对于我们使用供给和需求模型来分析问题非常重要。我们会看到对于不同形状的需求曲线,价格的变化对数量的影响程度也不一样。

本章的最后 1/3 内容是对这些问题的讨论分析。我们会了解到需求和供给模型是如何解释为什么市场能够有效地同时满足消费者和生产者的。尽管我们也知道消费者希望价格低,而生产者希望价格高,但我们会看到当消费者从生产者那里购买商品时,双方可能对结果都感到满意。我们还会说明,价格非均衡时的社会净福利比价格均衡时的低。

3.1 需求弹性

3.1.1 直觉判断

在前一章中,我们已看到需求或供给的变动会改变均衡的价格-数量组合,但我们并没有讨论哪一个会变动得更多。例如,如果企业的成本上升,我们很自然地会问,企业究竟是通过价格上涨将这种成本转移到消费者身上，还是宁愿接受利润的下降。对这一问题的探讨也就引出了弹性这一重要概念。

如果一件商品是你为了生存而必需的，而且没有好的替代品，或者如果你只花很少的钱就能买到这种商品，那么企业可能就会以更高的价格将增加的成本转嫁给你。另一方面，如果一件商品是奢侈品，也就是说，是你可有可无的商品，而且还有很多其他物品能起到同样的作用，或者你对该商品的支出已经占了收入相当高的比例，而且不能承担价格的上升时，那么你可能就会减少购买量。在这种情况下，企业的利润就会被上升的成本所侵蚀。

3.1.2 弹性的定义和公式

弹性的定义有很多种。总的来说，**弹性**（elasticity）是对另一种变量变化的数量反应。我们通常所指的弹性有两种：**需求价格弹性**（price elasticity of demand）和**供给价格弹性**（price elasticity of supply）。二者分别是需求数量对价格变动的反应和供给数量对价格变动的反应。其他弹性包括**需求收入弹性**（income elasticity of demand）和**需求交叉价格弹性**（cross-price elasticity of demand）。前者测度的是需求数量对收入变动的反应，后者测度的则是需求数量对其他商品价格变动的反应。需求价格弹性通过考察价格变动的百分比如何影响需求数量变动的百分比来测度。其弹性公式是

$$弹性 = \frac{\%\Delta Q}{\%\Delta P} = \frac{\Delta Q/Q^*}{\Delta P/P^*}$$

其中：
$\% =$ 百分比
$\Delta =$ 变化率
$P^* =$ 价格（读作"P 星"）
$Q^* =$ 数量（读作"Q 星"）

其他弹性的测度也是类似的，用需求数量或者供给数量的变动的百分比作为分子，用价格、收入或其他商品价格变动的百分比作为分母。因为与弹性相关的大量问题涉及需求价格弹性，因此我们在此重点考察需求价格弹性。

我们有两种学习方式：第一种方式是用大量的数学方法来详细解释所有的细节，我猜大家会异口同声地大叫"不"。所以我们会跳过数学，选择第二种方式，即用通俗的语言来描述有关弹性的种种结论。

当你使用需求价格弹性公式时，你总会得到负值。为了使用方便，我们会把符号忽略。之所以会出现负号，是因为需求曲线是向下倾斜的，价格的上升会相应导致数量的下降。举个例子来说明，如果价格上升 5% 导致数量下降 10%，则弹性分数为 -0.10/0.05。因为有关弹性最重要的事情是分数值本身，所以忽略掉负号是可以接受的，而且也不会那么复杂。

3.1.3 弹性的分类

当我们考虑需求是否有弹性（例如，提高烟草税是否会导致年轻人的吸烟量下降等问题）时，弹性的分类具有重要意义。当需求数量变动的百分比大于价格变动的百分比时，经济学家说需求是**富有弹性**（elastic）的；当需求数量变动的百分比小于价格变动的百分比时，需求是**缺乏弹性**（inelastic）的。看看公式，如果计算出来的弹性大于1，那么需求是富有弹性

的;如果弹性小于1,则需求是缺乏弹性的。当需求数量变动的百分比正好等于价格变动的百分比时(计算出来的弹性正好等于1),需求是**单位弹性**(unitary elastic)的。

3.2 理解弹性的不同方式

为了理解得更清楚,让我们用三种不同的思维过程来看待这一问题。首先,我们通过需求曲线图来看弹性,然后用文字来叙述,最后从在商品上花费了多少钱来理解弹性。

3.2.1 图形解释

我们首先使用图形来看弹性现象。图3.1展示了一条较为平坦的需求曲线,弹性也较大。这并不是说,斜率和弹性是一回事;它只是表明弹性与斜率有关系。为了弄清楚斜率是如何与弹性相关的,看一下图3.1和图3.2。尽管它们在不同的图中,但两者都穿过 $P=8$ 和 $Q=4$。假定你问为了使需求数量下降3个单位,价格应该上升多少。在图3.1中,你会看到价格会上升到9,而在图3.2中,价格要上升到12。这意味着更为陡峭的需求曲线(见图3.2)更缺乏弹性,而平坦的需求曲线(见图3.1)更富有弹性。在图3.1中,价格上升12.5%导致数量下降25%。① 在图3.2中,价格要上升50%才导致数量下降25%。

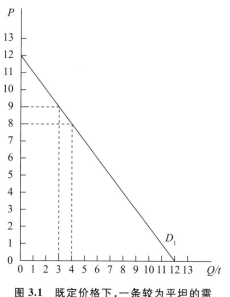

图3.1 既定价格下,一条较为平坦的需求曲线比一条较为陡峭曲线的弹性要大

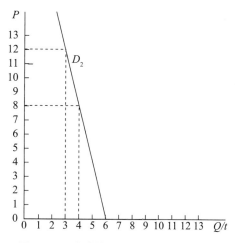

图3.2 既定价格下,一条较为陡峭的需求曲线比一条较为平坦曲线的弹性要小

图3.3表明,价格越高,弹性越大。价格从2上升到3,导致数量从11下降到10;而价格从8到9同样幅度的上升,导致需求量从4到3同样幅度的下降。这是因为这条需求曲线的斜率在所有点都是一样的。回头再看看弹性公式,我们会看到是变化的百分比而不是那些变动的幅度在起作用。即便价格的上升幅度和数量的下降幅度是一样的,百分比的变化却不同。

---

① 价格从8上升到9上升了12.5%。数量下降了25%,因为它从4下降到了3(下降了1/4)。

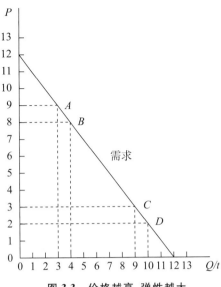

图 3.3　价格越高,弹性越大

从 D 点到 C 点,即价格从 2 上升到 3 的百分比变化是 50%,而需求数量从 11 下降到 10 的百分比变化却是微不足道的,只有 10%。由于价格变动的百分比大于数量变动的百分比,此处的需求是缺乏弹性的(弹性值小)。另一方面,从 B 点到 A 点,即价格从 8 上升到 9 的百分比变化只有 12.5%,然而需求数量从 4 下降到 3 的百分比变化却很大(25%,直觉上看来是 33%)。因此,此时需求是富有弹性的(弹性值大)。

3.2.2　字面上的解释

尽管对弹性的图形解释很精确,但如果你不能理解,那也是徒劳无功。回想一下我们对弹性的原始定义(数量对价格变动的反应)。在没有好的替代品的情况下(如胰岛素对糖尿病患者而言),如果你真的需要一件产品,即便价格发生变动,你也不会改变购买的数量。这时,即便存在需求数量对价格变动的反应,这种反应也很小。你所"需要"的这件商品的需求曲线会相当陡峭。如果该商品是一件奢侈品,它的价格大幅度上升,那么你很可能会从你的预算中取消这一项支出。在这种情况下,存在需求数量对价格变动之间的替代反应。奢侈品的需求曲线会更平坦一些。

此外,只花费你很少收入的那些商品(例如饮用水)的价格变动不太可能导致大幅度的数量变动。这是因为,即使它们的价格显著上升,你也能很轻松地承担。占你收入比重较大的商品可能具有弹性,因为你可能承担不了价格的大幅上升。在这种情况下,低价格商品的需求可能缺乏弹性,而高价格商品的需求更可能富有弹性。

需求弹性的决定因素

替代品的数量和贴近度:

如果你有更多的选择,那么你花更多的钱在一个商品上的可能性会更小,而且你会做出充分的选择。

预算占比:
当一件商品占据了消费者预算的一大部分时,会更有弹性。
时间:
用越长时间来为一个高价产品找出替代品,就越有可能选择这些替代品。

3.2.3 从总支出的角度来看弹性

只要我们愿意,就可以用数学方法来证明:如果价格和支出同方向变动,那么需求是缺乏弹性的。如果它们反方向变动,则需求是富有弹性的。这一弹性的**总支出原则**(total expenditure rule)也能使我们很快判断出需求是否具有弹性。例如,当香烟的价格上升时,吸烟者通常要支出更多。当奢侈品的价格上升时,我们很多人会在这些商品上支出更少(因为我们没有它们也行)。通过这种方式,我们可以发现我们对某些商品的需求到底是富有弹性还是缺乏弹性的。我们所需要做的事情就是,问问自己,价格的增加是否会导致我们在该商品上的花费增加。

3.3 有关弹性的其他方面

3.3.1 弹性的决定因素

在这三种弹性的解释中,有一些关键因素决定了一件商品是否具有弹性。首先是替代品的数目和其相似性。当存在很多替代品与我们所考虑的商品具有相似功能时,需求可能会更有弹性,因为价格的上升会引起消费者的需求向其他商品转移。消费者能否很轻松地把价格的上升吸收到消费预算中也很重要。如果价格的上升不能被吸收,很可能此时会出现数量大幅度下降的情况。尽管上文并没有提及时间问题,但是在既定时间内,我们可能找到或发明相近的替代品,或者找到能避免价格上升的方法。

3.3.2 弹性和需求曲线

弹性概念很重要,因为随着需求弹性的不同,供给的变化也有迥异的结果。同样的供给变化可能只影响价格(见图 3.4),或者只影响数量(见图 3.5),或者价格的变动大于数量的变动(见图 3.6),或者数量的变动大于价格的变动(见图 3.7)。

在图 3.4 中,需求曲线是**完全无弹性**(perfectly inelastic)的,因为价格的变动对需求数量不造成任何影响。在图 3.5 中,需求曲线是**完全弹性**(perfectly elastic)的,因为价格不能变动。正如我们在图 3.2 和图 3.3 中所看到的那样,一条线性需求曲线在较高价格的点富有弹性,而在价格较低的点缺乏弹性。在图 3.6 中,需求在整条曲线都缺乏弹性,因为每一点的价格变动百分比都大于数量变动的百分比。这无疑是正确的,因为需求曲线几乎是垂直的。在图 3.7 中,需求在整条曲线都富有弹性,因为每一点的价格变动百分比都小于数量变动的百分比,因为需求曲线几乎是水平的。

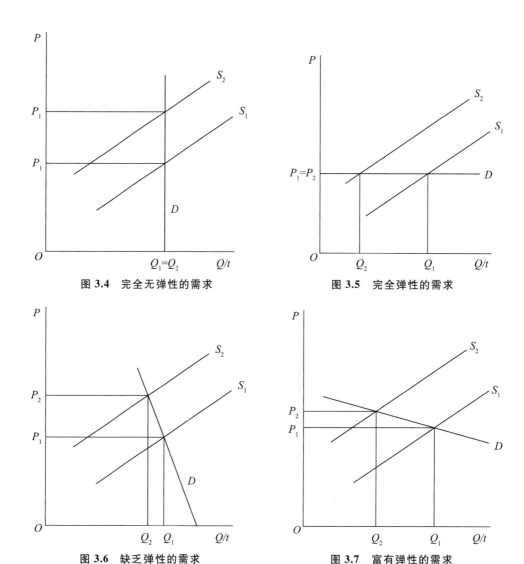

图 3.4 完全无弹性的需求

图 3.5 完全弹性的需求

图 3.6 缺乏弹性的需求

图 3.7 富有弹性的需求

如果我们回过头来看弹性公式,就能为每一种弹性类型计算出适当的弹性值大小。对完全有弹性的需求来说,计算出来的弹性值趋近于无穷大,而对完全无弹性的需求来说,计算出来的弹性值是 0。请记住,单位弹性计算出来等于 1,因为富有弹性的需求计算出来的结果会大于 1,而缺乏弹性的需求计算出来的结果会小于 1 但大于 0。

弹性:一些例证

有时人们很容易看到弹性对特定商品的重要性。有些经济学家花费大量时间估算特定商品的需求弹性的大小。这并不是因为他们没有其他事情可做,而是因为,如果你对某件商品价格或税收的上升所产生的影响感兴趣的话,商品的需求弹性是很重要的信息。如果你阅读本课程后面有关烟草、酒精、毒品和色情的章节,你就会发现烟草税的增加能减少多少吸烟者的人数这一问题在很大程度上依赖于对烟草的需求弹性。

考虑下面所列的商品及它们的弹性。你应该能举例说明为什么短期的汽油需求会比长期的需求更缺乏弹性。你应该能理解为什么对国外旅游的需求相当有弹性,而对食物的需求则缺乏弹性。一件商品是否具有弹性这一问题的关键在于是否存在可接受的替代品。

商品类型	价格弹性
无弹性商品	
消费者弹性(短期)	0.13
蛋类	0.06
食物	0.21
健康保健服务	0.18
汽油(短期)	0.08
汽油(长期)	0.24
路桥费	0.10
单一弹性商品(或接近于它)	
贝类	0.89
汽车	1.14
高弹性商品	
高档轿车	3.70
跨国航空旅行	1.77
餐厅食物	2.27
消费者弹性(长期)	1.89

资料来源:作者收集整理。

事例1

驾车上下班的替代品很少。不管你能否搭乘公交工具或和邻居拼车,也不管你可否把运动型多功能车(SUV)换成节油型汽车,在汽油价格上升后要促使你立即寻找替代的交通方式。除非汽油价格发生大幅度的变化,尤其在你原先没有预想到价格会一直维持在较高水平时更会如此。另一方面,如果你事先已经预料到汽油价格会一直持续高价,你可能会在下一年里就考虑把高油耗的车换成更节油的车。

事例2

假定你想和家人度过一个有意义的假期。进一步假设你们的选择限于在大峡谷旅行和巴黎观光之间。考虑到替代品的可接受性,航班价格和法国旅途膳食的相对微小价格变动都会对你的选择产生重大影响。

3.3.3 供给弹性

在继续进行下去之前,我们需要暂停一下。我必须要说,我们之前所说的有关需求价格弹性的每一点都可以应用在供给弹性上。有时,企业所销售的可能是易腐坏的产品,因此不管价格是多少,它们都必须尽快将其卖出;有时,只有价格大幅上升,才能促使企业进行更多的生产;而有时,并不需要价格的很大提升,就可以引起供给量很大程度上的增加;最后,可能在现有的价格下,企业卖出的商品和消费者想购买的商品数量是一样的。在第一种情况下,供给曲线是垂直的;在第二种和第三种情况下,供给曲线是向上倾斜的,其中,第二种情况是一条陡峭的供给曲线,而第三种情况的供给曲线会相对平缓一些;而最后一种情况下会出现一条水平的供给曲线。一些有不同弹性的物品在这里都可以作为例子帮助理解。在较短的时间里,农产品市场里的新鲜水果如果不尽快卖出去就会腐烂,所以它的供给是无弹性的。在相对短的时间里,美国汽油的供给也是无弹性的,因为大多数炼油厂都无法轻易地增加或减少自己的产量,它们一天工作24小时,一周工作7天,只有需要维护时才会暂停生产。因为生产者可以让新的产品上线,所以在长期,会有无数新的产品。即使边际利润只增加了一点点,也可以使生产者提升很大的产量,但是在现实中很少有供给完全弹性的例子。

从图3.4到图3.7,我们有一个持续的供给变化,从而可以观察到在不同的需求弹性下会发生什么。图3.8到图3.11显示了当需求改变时,不同的供给弹性会如何变化。在图3.8中供给曲线是垂直的,并且是完全无弹性的。当需求增加时,价格会大幅上升,但是供给数量根本不会发生任何改变。在图3.9中,供给曲线是缺乏弹性的,并且陡峭地向上倾斜,所以需求的变化会导致价格大幅上升,而供给数量却变化不多。如果供给像图3.10中那样富有弹性,那么需求的增加导致价格仅仅上升一点,而供给数量会大幅上升。最后,在供给是完全弹性的这种情况下,就像图3.11中那样,需求的增加仅仅会使供给数量上升,对于价格则无任何影响。

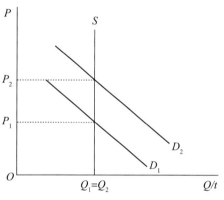

图3.8 完全无弹性的供给

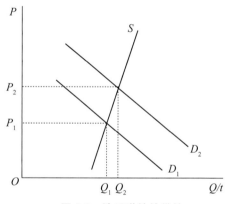

图3.9 缺乏弹性的供给

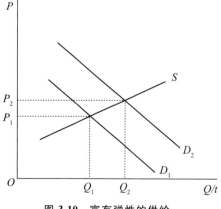

图3.10 富有弹性的供给

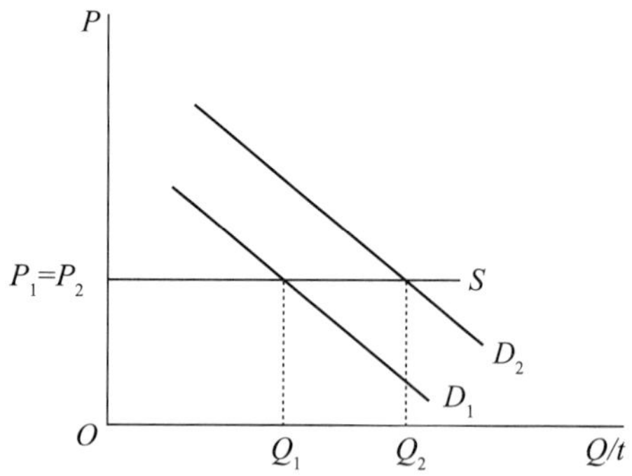

图3.11 完全弹性的供给

> **比较获利者的所得和亏损者的损失**
>
> 当存在双赢的局面时,如上文所列出的案例,经济学家总是喜欢不受限制的交易。当存在亏损方时,经济学家会转向利用消费者-生产者剩余分析来权衡获利者的所得与亏损者的损失。对你来说,自由贸易是不是一件好事,取决于你是一位每年能在汽车上节省几千美元的起亚车主还是一名美国汽车工人联合会的失业工人。一家新开的沃尔玛购物中心对你所在的社区是否有好处,取决于你是一位想要买低价牛排的消费者,还是食物连锁店克罗格倒闭而失业的工人。总的来说,经济学家喜欢市场,是因为他们计算出来的获利者的所得总是超出亏损者的损失,但这绝不是放之四海而皆准的真理。不管是美国和韩国之间的交易,还是沃尔玛战胜了克罗格,坚持自由贸易的经济学家坚持认为低价格所产生的消费者剩余总会大于生产者剩余的净损失。

3.4 消费者剩余和生产者剩余

3.4.1 消费者剩余

大多数人认为消费者在购买商品时,只有企业从交易中得到了好处,他们并不总是认可消费者同时也得到了好处。但结果表明,消费者总是能得到比他们所放弃的商品更高的价值。回顾第 2 章中"关于需求"的内容和需求曲线代表商品的边际效用,从需求曲线上,我们可以计算出消费者每额外消费的 1 单位商品的价值。

图 3.12 解释了消费者在交换中是如何获利的,并提供了一个尺度来衡量他们的利得。消费者对每 1 单位商品做的价值评估就是他们从那 1 单位商品中所获得的边际利益,这也是他们会为之付出的价格。所以,对消费者来说,总的价值就是简单地把每个单位的边际利得加总,也就是说图中需求曲线下面从 O 到 Q^* 的区域,即四边形 $OACQ^*$。总支出就是价格 P^* 乘以他们所买的数量 Q^*,也就是四边形 OP^*CQ^*。这两个区域之间的差别就是那个三角形,代表对消费者来说的价值减去他们付给生产者的价值。经济学家把这个三角形(P^*AC)称为**消费者剩余**(consumer surplus)。

3.4.2 生产者剩余

同样,企业也能从交易中获利。在第 2 章"关于供给"那部分中,供给曲线是向上倾斜的,因为它是边际成本曲线,而边际成本是递增的。正如我们在图 3.12 中把边际利益加起来就能得到消费者剩余一样,我们现在来把图 3.13 中的每 1 单位的边际成本加起来,从而得到生产者的可变成本(可变成本与全部成本以及进行这项商业活动所必须花费的成本是不一样的)。所以,我们可以用图中的供给曲线下面的从 O 到 Q^* 的区域来表示总的可变成本,也就是看起来像正方形的区域,用字母表示是 $OBCQ^*$。消费者付给生产者的是和图 3.12 中一样的矩形 OP^*CQ^*,不同的是被经济学家们所称的**生产者剩余**(producer surplus),在图中是三角形 BP^*C。

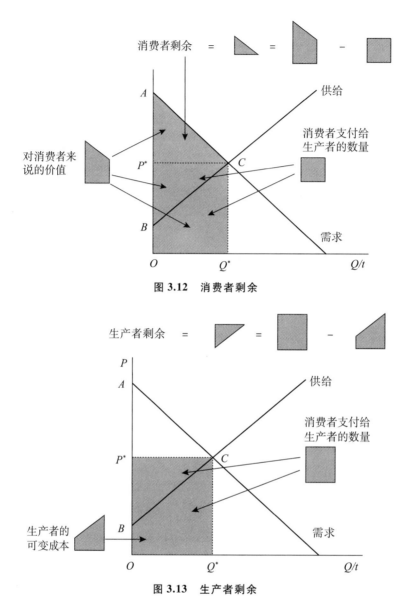

图 3.12 消费者剩余

图 3.13 生产者剩余

在图 3.14 中,对社会来说的净收益是消费者剩余加上生产者剩余。正因为如此,如果市场不存在,消费者就会失去他们的消费者剩余,生产者也会因此而失去他们的生产者剩余。因为市场的存在,双方都变得比以前更好了。

3.4.3 市场失灵

重新阅读前一段的最后一句话,它似乎表明市场是完美的,并且永远也没有政府干预的理由。不过从直觉上,你应该能想到这种判断是有问题的。一个市场可以因为多种原因而失灵:生产者或消费者的行为可能会伤害无辜的第三方;一种商品可能不会使企业获利,即使社会能因其获利;由于选择的复杂性,一个买者可能不能做出一个信息完备的选择。这些问题中的任意一个都可能导致**市场失灵**(market failure)。市场失灵时,市场的结果并不是最有经济效率的结果。在接下来的章节中,你会发现多种类型的市场失灵。

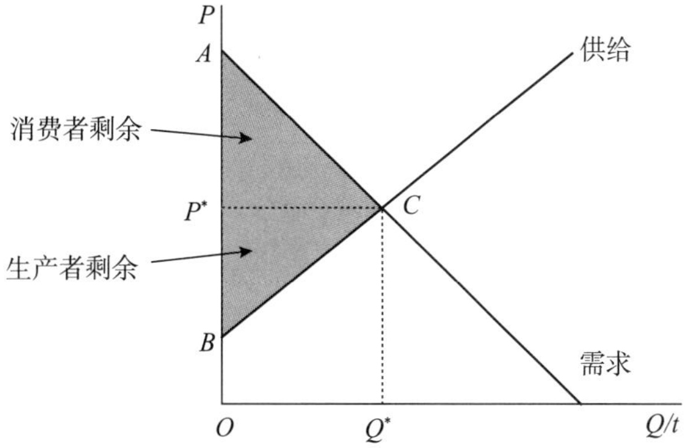

图 3.14 社会的净收益

市场失灵时,经济学家用消费者剩余和生产者剩余来分析其程度,并且向我们说明如何通过适当的课税、管制或补贴政策来解决问题。增加课税是否会减少一种商品的生产或消费,补贴是否会鼓励生产和消费,管制是否可以阻止垄断定价,对于这些问题经济学家不会总是持同意或反对意见。大多数经济学家偏向那些可以最大化生产者和消费者剩余总合的政策,不论它是怎么出现的。

3.4.4 商品分类

概括地说,根据**排他性**(exclusivity)(卖者可以限制只让那些付了钱的消费者使用商品的能力)的程度和**竞争性**(rivalry)(一个消费者的使用会使这种商品对下一个消费者的价值下降)的程度可以把商品分为四类。一块披萨同时具有这两种特性:对披萨进行切割可以轻松地阻止你去吃那些你没付钱的部分;并且,只要你吃了披萨,别人就不能吃你吃掉的那块了。所以,经济学家把披萨列为**纯私人物品**(purely private good)。相反,对于军队来说,不论军队消耗了多少税收收入,它们都要保护公民不受侵犯;也不管军队能否成功保护好全体公民,它们不随着要保护的人增加而增加。经济学家把国防列为**纯公共物品**(purely public good),因为它既没有竞争性,也没有排他性。

除了那些极端情况之外,还有一些商品在一种特性上的程度很高,而在另一种特性上的程度很低。Cable 公司可以轻易地阻止他们的消费者看美国家庭影院,然而,一个消费者观看美国家庭影院并不会影响其他人的观看。美国家庭影院是排他性的,但并不是竞争性的。经济学家将这种商品称为**俱乐部产品**(excludable public good)。类似地,城市的一条马路是另一种商品的极好例子,你几乎不可能阻止公民们使用马路,但竞争性仍然存在(例如交通拥堵)。① 这种商品就是经济学家所说的**拥挤性公共产品**(congestible public goods)。

---

① 或许你会认为车牌具有排他性,它们并没有发挥全部功能,因为当你使用别人的车牌违法时,人们往往很难去处罚你。随着科技发展,不管何时何地驾驶,GPS 接收器和传导器都可以让按照车牌处罚成为可能。

深入学习

无谓损失

当市场处于非均衡状态时,消费者剩余与生产者剩余之和不会达到最大化。ABC 这个三角形是最大的可能值。如果消费超过 Q^*,则消费者要为产品支付超过他们愿意支出的货币量,或者生产者所得无法弥补其边际成本,或者两者都有可能。如果消费少于 Q^*,则消费者希望购买得更多(他们能得到更多的消费者剩余),或者企业希望他们能卖出更多(他们能得到更多的生产者剩余),或两者都有可能。如果剩余之和小于三角形 ABC,则存在**无谓损失**(deadweight less)。当存在诸如空气污染等问题,或政府制定了最低工资等妨碍价格自由浮动的障碍时,经济学家们用无谓损失这一概念来度量市场的无效率。

为了搞清楚无谓损失如何在我们的供给和需求图形中表示出来,假定因为某种原因价格不是 P^* 而是 P'。图 3.15 显示了当 P' 大于 P^* 时的影响,图 3.16 显示了当 P' 小于 P^* 时的影响。在两种情况下,新的数量都会少于均衡数量,因为在图 3.15 中较高的价格处消费者不愿意购买超过 Q' 的数量,而在图 3.16 中较低的价格处生产者不愿意出售超过 Q' 的数量。

在图 3.15 中,价格高于 P^*。在这一较高的价格水平下,尽管生产者想要卖出比先前均衡数量更多的数量,但消费者想购买的数量却更少。除非强迫消费者购买他们不想要的东西,否则他们只会购买 Q' 的数量。

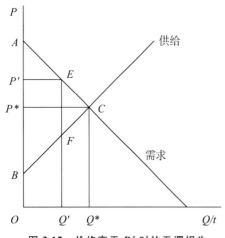 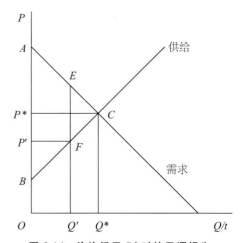

图 3.15 价格高于 P^* 时的无谓损失　　　图 3.16 价格低于 P^* 时的无谓损失

假设我们能在这个市场上找到消费者剩余和生产者剩余,并将之与图 3.14 进行对比。需求曲线之下的区域代表 Q' 数量的商品对于消费者的价值,为 $OAEQ'$。价格 P' 乘以数量 Q' 是消费者为得到 Q' 数量的商品而愿意支付的货币数量,用区域 $OP'EQ'$ 来表示。两者之间的差三角形 $P'AE$ 是消费者剩余。相对地,企业生产这些产品的可变成本为 $OBFQ'$。消费者支付的金额和企业花费的成本之间的差额 $BP'EF$ 是生产者剩余。在这种情形下,消费者剩余和生产者剩余之和为 $BAEF$,小于图 3.14 中的总和 ABC。这意味着区域 FEC 是价格在 P' 而不是 P^* 时的损失,这就是经济学家所说的价格在 P' 而不是 P^* 时的无谓损失。

在图 3.16 中,价格低于 P^*。在这一较低的价格水平,生产者想要卖出比先前均衡数量更少的商品,而消费者想要购买的数量却更多。除非强迫生产者卖出他们不想卖的商品,否则他们只会生产 Q' 数量的商品。同样,我们能在这一市场上找到消费者剩余和生产者剩余,并将之与图 3.14 进行对比。需求曲线之下的区域 OAEQ′ 仍代表 Q' 数量的商品对于消费者的价值。价格 P' 乘以数量 Q' 仍然是消费者为得到 Q' 数量的商品而愿意支付的货币数量,此时用区域 OP′FQ′ 来表示。两者之间的差即消费者剩余现在是 P′AEF。而生产者的成本还是 OBPQ′,由于现在收入下降了,因而生产者剩余减少到 BP′F。在这种情况下的消费者剩余和生产者剩余之和还是 BAEF,它仍然小于图 3.14 中的总和 ABC。无谓损失同样用区域 FEC 来表示。

本章小结

本章对供给和需求模型进行了扩展,说明了数量对价格变动的反应程度的重要性,并解释了如何用模型来说明市场交易使消费者和生产者都得到了好处。

在讨论弹性时,我们最开始引入了弹性公式,定义了富有弹性和缺乏弹性两个专业术语,并探讨了为什么有些商品的需求富有弹性而有些商品则可能缺乏弹性。然后,我们考察了需求弹性是如何由相近替代品的数量和得到这些替代品的时间来决定的。

在本章结论部分,我们讨论了如何使用供给和需求模型来说明消费者与生产者都能从市场交易中获利,并且通过定义消费者剩余和生产者剩余,我们说明了如何测得他们各自所得到的好处。最后,通过定义和说明无谓损失的概念,我们说明了如何对偏离均衡的无效率进行测度。

关键词

弹性	需求价格弹性	供给价格弹性	需求收入弹性
需求交叉价格弹性	富有弹性	缺乏弹性	单位弹性
总支出原则	完全无弹性	完全弹性	消费者剩余
生产者剩余	市场失灵	排他性	竞争性
纯私人物品	纯公共物品	俱乐部产品	拥挤性公共物品
无谓损失			

你现在可以阅读的章节

第 15 章　国际贸易:会危及美国的就业吗
第 18 章　合法商品与非法商品之间的界限
第 20 章　医疗保险
第 25 章　最低工资制度

自我测试

1. 需求弹性除了与需求曲线的斜率相关还和别的变量有关吗？
   a. 只与需求曲线的斜率有关
   b. 还与需求曲线上的价格和数量的取值有关
   c. 还与供给曲线的斜率有关
   d. 还与商品是正常的还是劣质的有关

2. 假设一家企业不知道它所销售的商品的需求是富有弹性的还是缺乏弹性的，但是它发现每当它提高价格，总收入都会下降。那么商品的需求是_____。
   a. 单位弹性　　　b. 富有弹性的　　　c. 缺乏弹性的　　　d. 完全无弹性的

3. 假设你发现供给的一个很小的变化总是能带来价格巨大的波动，那么你可以总结出_____。
   a. 需求是单一弹性的
   b. 需求是富有弹性的
   c. 需求是缺乏弹性的
   d. 需求是完全无弹性的

4. 鸡蛋的需求是缺乏弹性的，这是因为_____。
   a. 它们是便宜的商品
   b. 几乎所有食品的需求都是缺乏弹性的
   c. 鸡蛋的供给是缺乏弹性的
   d. 它们很贵

5. 达到均衡时的生产者剩余和消费者剩余总和_____。
   a. 少于价格低于均衡时的总和
   b. 少于价格高于均衡时的总和
   c. 通常是负的
   d. 尽可能大

6. 在图中，如果供给曲线和需求曲线都是直线，那么当达到均衡时，消费者和生产者剩余_____。
   a. 是相等的　　　b. 表现为矩形　　　c. 表现为梯形　　　d. 表现为三角形

7. 当考察贸易政策改变对经济的影响时，经济学家会用消费者剩余和生产者剩余来判断赢家与输家。自由贸易经济学家坚持_____。
   a. 没有人会损失
   b. 每个人都会遭到损失
   c. 有赢家和输家之分，赢家所得的利益要大于输家的损失
   d. 有赢家和输家之分，赢家所得的利益要小于输家的损失

8. 当一家卫星电视接到一份新的订购时，并不会影响到原来用户的使用。也就是说，对他们的服务的消费是非竞争性的。这是一个很好的_____。
   a. 纯私人物品的例子
   b. 纯公共物品的例子
   c. 拥挤性公共物品的例子
   d. 排他性公共物品的例子

9. 政策制定者认为在汽车里装上电脑芯片可以帮助他们对那些在高峰期驾驶的车主进行课税。这些政策制定者把公路看作_____。
   a. 纯私人物品　　　b. 纯公共物品　　　c. 拥挤性公共物品　　　d. 排他性公共物品

简答题

1. 给出一个你认为会被大多数人看作完全无弹性的商品的例子,并解释为什么。
2. 给出一个你认为会被大多数人看作缺乏弹性(不是完全无弹性)的商品的例子,并解释为什么。
3. 给出一个你不愿做的事情的例子,并想象你可以雇用一个人帮你完成,并解释你们都会因这个交易而受益。
4. 给出一个政府要求你去做你不愿意做的事情的例子。为什么政府这样的要求可能是合理的?什么时候是不合理的呢?
5. 假设你听见了以下的言论:"他们只是提高了高价雪茄和香烟的税。"利用弹性的概念来描述谁会因课税而受到伤害。一个商品的价格改变一定会改变商品的供给量吗?

思考题

假设汽油的供给与需求都非常具有弹性。在这样的情况下预期的汽油价格变化会导致供给和需求同时改变。结合上述事实,解释一下为什么会有广泛的汽油价格的波动。

讨论题

说一说你备选的有哪几所大学。你考虑过哪些学校?学费是考虑因素之一吗?你的大学同其他学校的类似程度表明了它以提高学费来提高收入能力吗?

第4章
企业的生产、成本和收入

> **学习目标**
>
> 学习完本章,你应该能够:
> 1. 解释生产和成本之间的关系以及销售和收入之间的关系。
> 2. 明白生产模型是建立在企业寻求利润最大化这一基础假设之上的。
> 3. 理解利润最大化是如何令企业把产量确定在边际成本等于边际收益这一点上的。

企业存在的目的就是赚钱,而所赚得的钱被称为**利润**(profit)。因此把商品价格卖得比生产成本高就是它们的生财之道。对于本章(以及本书的大部分)我们做此简化假设:除了利润最大化,没有什么会影响到企业的运作和决策。虽然这样做有一定的夸张之处,但是把这个假设作为近似的现实还是合理的,如果接受把它作为现实的话,可以使我们的工作简化很多。虽然本章的内容一点也不简单,但是想到它们原本可能更复杂一些,你恐怕会感觉舒服一点(当然你可能也不会这么想)。

在利润最大化这一简化假设条件之下,我们能把所有的事情归结为对**成本**(cost)和**收入**(revenue)的分析。成本是企业为了生产并销售产品所必要的花费。收入是企业从产品的销售中所得到的钱。

为什么经济学家更加关注已经产生的成本,而不仅是那些必须付出的成本?理解这一点很重要。会计师仅仅关注一项业务所必须花费的支出,但经济学家还考虑各种选择的机会成本。为了充分理解**经济成本**(economic cost)和**会计成本**(accounting cost)这两个不同的概念,我们可以假设为了一项即将启动的业务,其所有者放弃了一份年薪5万美元的工作以及10万美元的现金存款的利息(利率为6%)。会计师不会考虑与此项工作相关的被放弃的5万美元收入,以及作为业务成本所放弃的每年6 000美元的利息,而经济学家却要考虑所有这些成本。在本章和本书的剩余部分,所有的成本概念都是指经济成本。

既然利润是收益和成本之间的差额,我们就能用在这一领域所学到的东西,找出追求利润最大化的企业会选择的产量。然后我们会探讨生产过程及其所产生的成本,接下来再转向对收益的分析,最后将两者结合起来,说明在不同的情况下企业如何选择它们的产量水平。为了清楚起见,我们始终采用同一个例子。假定我们所谈论的行业是计算机内存行业,该行业制造的芯片使得计算机能使用并快速存取信息。假设计算机内存的生产要求三个必备条件:价格高昂的机械设施、接受过高强度培训的人员以及用来制造芯片的很便宜的塑料和金属。为了简化,假定这些的塑料和金属是免费的。

迄今为止,在有些章节中我们设有一个叫作"深入学习"的部分。本章的问题是所提供的素材早已被大量"深入",而更复杂的是,有些学生需要文字的解释,有的学生需要以图表的形式分析,而还有些则需要具体的数例才能找到他们的方向。为了解决这个问题,我会分别使用文字解释、图形解释以及数例解释这三种方式加以阐述。

4.1 生产

4.1.1 文字解释

为了掌握成本,我需要知道生产产品究竟花了多少钱。首先,我们需要知道生产所必需的资源,然后,我们可以构建一个叫作**生产函数**(production function)的投入-产出关系,我们会以图表的形式描述出来,图表会显示出生产不同数量的产品各自需要多少资源。从生产函数中我们能找到不同的产量需要多少的成本。从得到的**成本函数**(cost function)中,我们能计算出平均每单位产出的成本和每额外生产 1 单位的成本。

当然,这有点本末倒置了。在企业决定它们要生产多少之前,它们首先要决定生产什么。在我们的例子中,存储芯片公司并不是为了好玩儿而去生产芯片。早期的计算机设计师们认为,如果有一个可以快速存储和提取信息的地方,就可以让电脑更好地运转。然后做芯片的公司开始出现,并给计算机行业提供这部分原件,这使得资料的临时储存成为可能。在本节和本章余下的部分,我们假设企业已经成立并开始运转,而且可以轻易地得出在给定的时间内可以做出的芯片数量。

你通常需要**固定投入**(fixed inputs)和**可变投入**(variable inputs)来生产产品,也就是你有不能改变的资源,还有一些可以改变的资源。在我们的例子中,工厂和工厂里的设备被称作固定投入,因为它们无法轻易地改变、增加或减少。另一方面,操作机器的人力是可以轻易改变的,你可以很容易、很迅捷地雇用或解雇工人,但不能随便更换机械。员工和其他一些能很容易改变的资源叫作可变投入。

要找出到底需要生产多少储存芯片,第一步是要知道需要多少资源才能生产出不同数量的芯片。当然,如果没有人从事生产,就不会有产出。如果只有少数几个工人,正如图 4.1 中的 B 点所示,产量就不会很大,因为每个工人不能同时专心于生产过程的各个特定部分。他们在从一个部分转向另一个部分的过程中耗费了时间,并花时间渐入佳境,在每个生产阶段工作后,他们会发现,一旦他们对该阶段熟悉了,也就到了进入下一个阶段的时候。

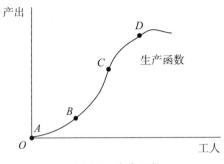

图 4.1 生产函数

多增加一些工人可以解决这一问题,产量水平能大大提升。工人们分解任务,这样能够达到一定的熟练程度,并且不需要转换工作。这种专业化叫作**劳动分工**(division of labor),它的作用在于劳动力人数的少量增加就会使产出急剧增加。

在一些类似于 D 点的点上,虽然有足够的工人去做工作,但是更多的工人并不会为产量的增加作出很大的贡献,有些工作也无法轻易地被分割。尽管在一般的情况下更多的工人可以增加产量,但一些情况下工人们会发现,现有的工厂和设备不足以让新成员充分发挥生产能力。结果是产出虽然增加了,但增加幅度并没有以前那么大。这一现象被经济学家称为**边际报酬递减**(marginal diminishing returns),它是本章乃至本书其余部分的一个重要假定。

4.1.2 图形解释

让我们用以前用过的方法来看一下图 4.1。A 点在原点上,因为如前面一节所说,如果没有工人,就不会有产出。当工人人数很少时,他们不得不在从一个生产阶段转向下一个阶段时花费时间,因而与第一组工人相联系的产量增加得相对较少。图中的 B 点可以表示这种情况。在 A 点与 C 点之间,由于分工曲线是向右边弯曲的,所以当你增加同样数量的工人时,你从专业化的工人身上得到的利益和从产量增加得到的利益是递增的。一旦达到了 C 点,就没有更多的工厂和设备来有效率地容纳更多的工人了。由于现有的工厂和设备的回报是递减的,所以曲线是向左边弯曲的。

4.1.3 数例解释

现在我们用表 4.1 中的数字来解释同样的概念。让我们继续说存储芯片的例子,假设第一列代表工人的数量,第二列代表总产出量,第三列代表由于每单位工人的增加而新增加的产量。因为存储芯片不会自己把自己做出来,0 劳动对应 0 产出。假设第一批雇用的工人可以生产 100 单位的产品,而当第二批工人加入之后,总产量变成 317 单位,即第二批工人的加入增加了 217 单位的产品。假设第三批工人的加入带来的产品增加量变少了,为 183 单位,所以总产量变成了 500 单位。如果 5 批工人可以生产 700 单位的产品,9 批工人可以生产 900 单位,13 批工人生产 1 000 单位,我们就可以得到一个和图形的解释中相似的结论了,即产量随我们增加的工人量而增加。第一批工人由于没有形成专业化,他们的工作效率并不高,相比之下,由于第二批工人的专业化,他们的工作非常有效率。而在以后的每种情况下,每当增加工人时,效率都会下降,这是因为受到现有的工厂和设备的限制。

现在,我们已经通过解释不同数量的工人如何与固定数量的工厂和设备结合来生产计算机存储芯片的方法说明生产。下面我们要来解释雇用这些工人以及购买机械设备要花费多少。

表 4.1 数例:生产函数

劳动力	总产出	1 单位劳动力的额外产出
0	0	—
1	100	100
2	317	217
3	500	183
4	610	110
5	700	90
6	770	70
7	830	60
8	870	40
9	900	30
13	1 000	—

4.2 成本

4.2.1 文字解释

一旦知道要多少工人来制造我们需要的存储芯片,也就能知道制作这些芯片需要多少成本了。首先,我们要考虑的是有很多生产成本是我们不能改变的。在我们的例子中,**固定成本**(fixed costs)是我们所拥有的工厂和机械设备。那些我们可以改变的成本,比如工厂所雇用的工人的数量,被称为**可变成本**(variable costs)。现在的工作就是比较生产芯片的数量和生产芯片的成本。

为了完成这个工作,我们需要四种成本的概念:边际成本、平均总成本、平均可变成本和平均固定成本。

边际成本(marginal cost, MC)是随着单位产量的增加而增加的成本量。因为总成本总是在增加的,所以边际成本一定是正的。因为总成本在低产量水平下增加得很快,所以边际成本在低产量水平下是较高的;在中等的产量水平下,总成本增加得要慢得多,所以在这个阶段边际成本比较低;最后,由于在高产量水平下,总成本有一个快速的上升,所以在这个范围内边际成本是相当高的。因此,边际成本开始很高,下降一段然后又会升高。

平均总成本(average total cost, ATC)是每单位产品的成本。因为这包括可能很高的固定成本,在产量水平较低时,平均总成本会很高。而当生产变得更加有效率之后固定成本会被更多的产出所分摊掉,这时平均总成本会较低。随着产量的提高,边际成本开始递增,两种效应会开始相抵,平均总成本的下降就会变慢了。最后,边际成本的递增会盖过固定成本的分摊效应,平均成本又会开始再次升高。

平均可变成本(average variable cost,AVC)和边际成本一样,随着生产效率的变化而变化。因为它是一个平均值,这样的变动是令人扫兴的,高的时候不是那么高,低的时候也不是那么低。

平均固定成本(average fixed cost,AFC)会因为被递增的产量水平分摊而持续下降。另外,在图上,平均不变成本是平均总成本和平均可变成本之间的垂直距离。这些成本概念会成为本章剩下的和后面我们要学的问题的基础。

回顾一下图4.1,你可以看到,在A点上我们不必付给工人任何报酬(因为我们没有工人可付),但我们还是需要付出固定成本。所以,图4.1中的A点对应图4.2中的A点。在B点我们需要支付给一定数量的工人工资,但他们的生产并不是很有效率。记住这并不是他们的过错,因为工人数量太少以至于不能达到分工协作。因此图4.2中B点比A点高,但又不会很靠右(因为他们没有生产多少芯片)。

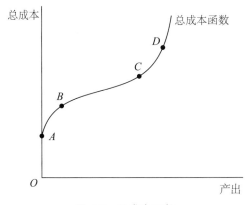

图 4.2　总成本函数

图4.1中的C点表示工人的生产效率是相当高的。因此对于同等量成本的增加,我们看到明显的产量的增加。这样图4.2中的C点也比B点要高,但明显在右边更远一点的位置。图4.2中的D点要高于C点,但只在右边不太远的地方。将这些点连接起来,我们就得到一条总成本函数曲线。我们的图表说明成本函数有助于我们理解生产成本和生产数量并做出决策。

迄今为止,我们一直在寻找与不同产出相对应的总成本,当我们得到总收益后,就能计算出利润。但是在此之前,我们还需要其他四个成本函数:边际成本、平均可变成本、平均固定成本和平均总成本。高级经济学课程还要求学生从总成本函数中得到这些成本的函数。当你从一个函数中得到另一个函数时,从图形上看,你是根据母函数(这里是总成本)画出其衍生函数(边际成本、平均可变成本和平均总成本)的图形的。

4.2.2　数例解释

当一些概念附带数字说明时,我们可能更容易理解一些。在表4.1中所使用的数例基础上,我们来考虑表4.2。第一列表示产出;第二列表示总可变成本,是基于表4.1中为了生产所必须承担的2 500美元每单位的劳动力成本;第三列表示总固定成本,是工厂和设备的成本,并且不发生变化;第四列表示总成本,是总可变成本与总固定成本之和;第五列表示边际成本,是不同层次的产量水平所带来的总成本的增加;第六列表示平均总成本,是单位产出的成本;第七列表示平均可变成本,是单位产出的可变成本;第八列表示平均固定成本,是单位产出的固定成本。

在经济学专业的课程中,这些推导一般要占去几节课的时间。所以在这里,我们略过不加以细说,而只是简单地说明为什么图4.3看起来是这样的。我们从最简单的开始,平均固定成本(AFC)是递减的,因为固定数量的成本会被越来越多的产量所分担。边际成本(MC)、平均总成本(ATC)和平均可变成本(AVC)开始都很高,然后减少,继而又增加,它们的变化方式确实有些复杂。

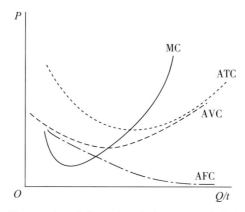

图4.3 边际成本、平均总成本和平均可变成本

边际成本是1单位产量的增加而带来的成本的增加,这意味着它是总成本曲线的斜率。在图4.2中可以看到,总成本在开始时上升很快,然后平坦一些,之后又开始快速上升。

表4.2 数例:成本函数

单位:美元

产出	总可变成本	总固定成本	总成本	边际成本*	平均总成本	平均可变成本	平均固定成本
0	0	8 500	8 500				
100	2 500	8 500	11 000	25	110	25	85
200	3 800	8 500	12 300	13	62	19	43
300	4 800	8 500	13 300	10	44	16	28
400	6 000	8 500	14 500	12	36	15	21
500	7 500	8 500	16 000	15	32	15	17
600	9 500	8 500	18 000	20	30	16	14
700	12 500	8 500	21 000	30	30	18	12
800	17 000	8 500	25 500	45	32	21	10.6
900	22 500	8 500	31 000	55	34	25	9.4
1 000	32 500	8 500	41 000	100	41	32.5	8.5

注:*代表总产量的变化。

平均总成本和平均可变成本都呈 U 形，因为它们都是开始很高然后下降，这两条曲线之间的距离就是平均固定成本。因为平均固定成本随着产量的增加而减少，因而这两条曲线之间的距离也在缩小。边际成本曲线在它们各自的最低点穿过，这是因为，在规模报酬递减的作用下，边际成本会增加到平均可变成本和平均总成本开始上升的那一点。

为了弄清楚表 4.2 中每一栏的结果是如何计算出来的，让我们看看产量从 400 个单位增加到 500 个单位的情况。生产 400 个单位产品的可变成本为 6 000 美元，当产出增加到 500 个单位时，可变成本上升到 7 500 美元。两种情况下的固定成本都是 8 500 美元。也就是说，400 个单位产出的总成本为 14 500 美元（6 000 美元+8 500 美元），而 500 个单位产出的总成本为 16 000 美元（7 500 美元+8 500 美元）。产出增加 100 个单位导致成本增加了 1 500 美元，因此每增加 1 单位产出使得成本增加了 15 美元，因此边际成本为 15 美元。400 个单位的平均总成本约为 36 美元（14 500 美元/400），而 500 个单位的平均总成本为 32 美元（16 000 美元/500）。400 个单位产出的平均固定成本约为 21 美元（8 500 美元/400），500 个单位产出的平均固定成本为 17 美元（8 500 美元/500）。

如果你按照产出画出最后 4 列，你会看到边际成本曲线实际上是钩形，而平均总成本和平均可变成本都是 U 形，平均固定成本平稳下降。你还能看到在 300 单位的产出水平下，边际成本达到最低。而且边际成本曲线与平均可变成本曲线相交于平均可变成本曲线的最低点（500 个单位的产出水平），边际成本曲线与平均总成本曲线相交于平均总成本曲线的最低点（700 个单位的产出水平）。这是因为完全竞争的第一个特征：没有企业对价格有控制权，没有农民和农业企业家可以在批发市场上控制价格。

ATC 曲线和 AVC 曲线之间的垂直距离在圆的左边要比右边长，当你倾向于使用数学时，如果你有一个三次总成本函数，就会得到想要的结果。

画出 ATC-AVC-MC 图

如果你要复制图 4.3，可以按照以下步骤来：

1. 画一条连续的钩形边际成本（MC）曲线。
2. 画一条对称的 U 形平均可变成本（AVC）曲线，它的最低点经过 MC 曲线。
3. 画一条非对称的 U 形平均总成本（ATC）曲线，它的最低点也经过 MC 曲线（比 AVC 曲线高）。

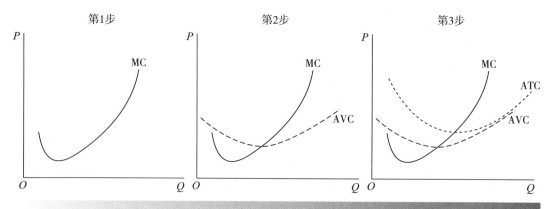

4.3 收入

4.3.1 文字解释

决定产量的另一方面因素是销售商品所收入的货币量。为了搞清楚这一问题,我们需要知道企业是否存在竞争对手;如果存在,有多少个。例如,如果一家企业面临很多其他的竞争对手,它们生产的产品都与该企业的产品类似,如果放任市场自由运作,该企业的行为就会有所不同。

在一些行业中,例如农业,不管产品卖价多少,企业收购价格始终不变。在其他一些行业,例如电力供应行业,销售量就会影响价格。为了探讨其中的区别,我们先假定存储芯片制造商是很多芯片制造商中的一个,然后我们再来看,如果假定只有这一家企业,会出现什么样的情况。

如果芯片制造商有很多竞争者,那么此时它并不能控制市场上芯片的价格,芯片的市场供给和需求一起决定了其价格。为了弄清楚企业试图自行决定价格是无用的,让我们假定它制定了一个高于市场价的价格水平,如果它这么做,计算机制造商可能会从企业的竞争对手那里购买芯片。当然,企业也能制定一个低于市场价的价格,如果它这么做,它会卖出所有的产品。另一方面,它也能以市场价格出售所有产品。因为企业是想要最大化利润,既然以市场价格或低于市场价格水平都能卖出所有产品,那么企业总是会操纵市场价格。

图 4.4 显示了市场是如何为企业制定价格的。这一价格也是企业从每单位产出的销售中能得到的额外收益。为了清楚为什么**边际收益**(marginal revenue,MR)等于价格,考虑一个实验:如果市场价格是 5,企业卖出 1 单位产品会得到多少收益?答案是 5。如果企业卖出 2 个单位呢?答案是 10。与任何销售量相联系的收益增加量都是 5,这就是说,不管你的价格是 5、10 还是 600,价格都是边际收益。

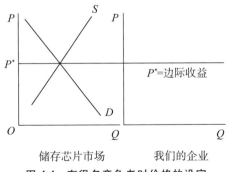

图 4.4 有很多竞争者时价格的设定

从另一方面看,如果我们是电脑芯片的唯一卖方,计算机制造商必须得从我们的企业购买存储芯片。这一情形和有很多竞争者的情况完全不同。企业这时不是被动地接受市场决定的价格,而是自己制定价格。企业不是市场的一个无关紧要的小部分,它就是整个市场。遗憾的是,为了能卖出更多产品,企业别无他法,只能降低它操纵价格。例如,假设它一周只能卖出 100 万美元的芯片,如果想将销售额增加到一周 200 万美元,就必须对所有人降低价格,甚至那些愿意以高价购买 100 万美元价值的芯片的人。这意味着在图 4.5 中,边际收益不是一条水平的直线,它随着销售的增加而下降。

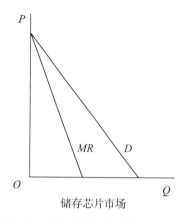

图 4.5 当没有竞争者时的边际收益

4.3.2 数例解释

用之前相同的例子:假设我们是市场上许多企业中的一家,对价格没有控制力。进一步假设市场上存储芯片的价格是 45 美元,这意味着每多售出 1 单位产品收入增加 45 美元,即边际收入为 45 美元,如表 4.3 所示。

表 4.3 数例:当竞争者很多时的收益

单位:美元

数量	价格	总收益	边际收益
0	45	0	
100	45	4 500	45
200	45	9 000	45
300	45	13 500	45
400	45	18 000	45
500	45	22 500	45
600	45	27 000	45
700	45	31 500	45
800	45	36 000	45
900	45	40 500	45
1 000	45	45 000	45

然而如果没有竞争者,那么存储芯片的市场需求就是我们单个企业的需求,这意味着我们必须降低产品价格以吸引更多的消费者来购买。相反,一个没有竞争者的企业也可以通过抑制产出来提高商品的价格。正如前面所说,企业的收入是价格乘以数量,但是由于价格会变动,因此边际收入会下降。表 4.4 说明了这一点。

表 4.4　数例：当没有竞争者时的边际收益

单位：美元

数量	价格	总收益	边际收益
0	75	0	
100	70	7 000	70
200	65	13 000	60
300	60	18 000	50
400	55	22 000	40
500	50	25 000	30
600	45	27 000	20
700	40	28 000	10
800	35	28 000	0
900	30	27 000	−10
1 000	25	25 000	−20

4.4　利润最大化

4.4.1　图形解释

正如我们前面所提及的，能实现利润最大化的产量水平，在很大程度上取决于企业是**完全竞争的**（perfect competition）（即很多类似的企业生产同类产品）还是**垄断的**（monopoly）（即没有竞争者）。无论企业是具有多个竞争者还是独占市场，我们都假定企业有固定的产量，并且这个产量能使它的利润最大化。用经济学术语来说，就是每个企业都要生产边际收益等于边际成本（MR=MC）时的数量。回忆一下我们在第 1 章中边际分析的概念，这是我们初次看到它的实际运用。

这其实并没有看上去那么难。记住边际收益是企业从多销售 1 单位产品中得到的收益，而边际成本是它多生产 1 单位产出的成本。为说明这一点，假定一开始时出售固定的数量，例如 10 个单位。如果你卖出第 11 个单位，并从中获利（MR>MC），那么你就应该这么做，至少要多卖 1 个单位。如果你卖出第 11 个单位，但从中亏损（MR<MC），那么你至少应该减少 1 个单位的销售——既然第 11 块芯片的边际收益小于边际成本，你就不应该生产它。为了最大化利润，就要不断重复这种逐一比较的过程，直到你发现能让你赚到最多的钱的那个产量为止。另一方面，你现在知道了，只有当边际成本等于边际收益时，你才能从你所销售的商品中挖掘出所有的潜在利润。

当然企业也可能亏损。在有了文字处理器和廉价个人电脑的时代，做手动打字机的生意必定会失败，即使我们的企业是这个行当中的唯一一家。只有当企业最好的选择是什么都不生产时，企业必须要生产使边际成本等于边际收益的产量的这个规则才会被打破；也就是说，有时企业的最佳选择是停产。这发生在你卖出 1 单位的产品还不足以弥补生产该产品的可变成本时。如果产品价格低于平均可变成本（$P<AVC$），企业就应该关门。

4.4.2 数例解释

为了说明存在很多竞争者时的利润最大化问题,我们需要将表4.1和表4.3中的信息结合起来分析;而当不存在竞争者时,我们要将表4.3和表4.4结合起来分析。在两种情况下,我们都需要选择一个数量来使企业利润最大化。我们可以在边际成本等于边际收益时实现这一目标。表4.5显示了存在很多竞争者的情况,而表4.6显示了没有竞争者时的情况。在表4.5中,我们看到拥有很多竞争对手的企业在利润为10 500美元时实现了利润最大化,此时产量为800单位。① 在表4.6中,我们看到没有竞争对手的企业在利润为9 000美元时实现了利润最大化,此时产量为600单位。

生产法则:

① 一家公司应该生产的产品数量是当边际收益等于边际成本时(MR=MC)。
② 如果 P<AVC,当 MR=MC 时,那么这家公司应该停止生产。

表4.5 数例:当有很多竞争者时利润最大化

数量	价格(美元)	总收益(美元)	总成本(美元)	边际收益(美元)	边际成本(美元)	利润(美元)
0	45	0	8 500	0	0	−8 500
100	45	4 500	11 000	45	25	−6 500
200	45	9 000	12 300	45	13	−3 300
300	45	13 500	13 300	45	10	200
400	45	18 000	14 500	45	12	3 500
500	45	22 500	16 000	45	15	6 500
600	45	27 000	18 000	45	20	9 000
700	45	31 500	21 000	45	30	10 500
800	45	36 000	25 500	45	45	10 500
900	45	40 500	31 000	45	55	9 500
1 000	45	45 000	41 000	45	100	4 000

表4.6 数例:当没有竞争者时利润最大化

数量	价格(美元)	总收益(美元)	总成本(美元)	边际收益(美元)	边际成本(美元)	利润(美元)
0	75	0	8 500	0	0	−8 500
100	70	7 000	11 000	70	25	−4 000
200	65	13 000	12 300	60	13	700

---

① 在下一章,我们将会研究有许多竞争对手的公司,随着新公司的进入,它们的利润是如何慢慢消失,然后不得不降低价格、增加产品供给的。

（续表）

数量	价格（美元）	总收益（美元）	总成本（美元）	边际收益（美元）	边际成本（美元）	利润（美元）
300	60	18 000	13 300	50	10	4 700
400	55	22 000	14 500	40	12	7 500
500	50	25 000	16 000	30	15	9 000
600	45	27 000	18 000	20	20	9 000
700	40	28 000	21 000	10	30	7 000
800	35	28 000	25 500	0	45	2 500
900	30	27 000	31 000	−10	55	−4 000
1 000	25	25 000	41 000	−20	100	−16 000

■ 本章小结

本章阐释了生产、成本、收益、利润最大化等概念。并且，对每个概念和每种关系，我们都用图形和数例进行了分析。我们假定企业会选择利润最大化时的产量，结果它们会将该产量确定在使边际成本等于边际收益处。

■ 关键词

利润	成本	收入	经济成本
会计成本	生产函数	成本函数	固定投入
可变投入	劳动分工	边际报酬递减	固定成本
可变成本	边际成本	平均总成本	平均可变成本
平均固定成本	边际收益	完全竞争	垄断

自我测试

1. 当企业增加工人数量时，可以更有效率地生产，这是因为_____。
   a. 劳动分工　　b. 递减的回报　　c. 大数定律　　d. 边际效用递减

2. 当企业增加工人，但额外的工人的对产量带来的增加没有上一批工人带来的增加量多，这意味着他们正在经历_____。
   a. 劳动分工　　b. 收益递减　　c. 大数定律　　d. 边际效用递减

3. 假设一个企业要支付 1 000 000 美元的固定成本和每单位产品 100 美元的可变成本，则_____。
   a. 边际成本是递减的　　　　　b. 固定成本是递减的
   c. 平均成本是递减的　　　　　d. 边际成本是递增的

4. 平均总成本曲线会在下面与边际成本相切的充分条件是_____。
   a. 固定成本递增　　　　　　　　b. 平均成本递减
   c. 边际成本最终会递增　　　　　d. 边际成本持续递减
5. 边际收益是不变的还是递减的取决于_____。
   a. 企业是否受益于劳动分工　　　b. 企业是否在经历收益递减
   c. 企业的销售额　　　　　　　　d. 企业是否面临竞争
6. 当一家企业选择关门时，_____。
   a. 由于它应该始终维持着令边际成本等于边际收益的产量，所以它做出了一个糟糕的决定
   b. 因为它始终应该生产使得平均成本高于平均收益的产量，所以它做出了一个糟糕的决定
   c. 只要价格比平均成本还低，它就算是做出了一个很好的决定
   d. 只要价格比平均可变成本还低，它就算是做出了一个很好地决定
7. 除了在企业面临关闭的境况下，企业都会选择让 MC = MR 的结果是建立在_____的假设之上的_____。
   a. 利润最大化　　　　　　　　　b. 市场份额最大化
   c. 边际成本最小化　　　　　　　d. 平均成本最小化

简答题

1. 完全竞争市场的什么样的关键假设使得你相信快餐市场并不是完全竞争的行业？为什么？
2. 假设你最喜欢的体育队伍经历了压倒性的失败。他们应该选择停业、不再参赛吗？为什么？
3. 一家企业提高价格总是会提高其收入吗？
4. 如果你所在的大学的领导征求你关于学费的建议，为什么就算你所在的大学是附近的唯一一所大学，这样的问题也是至关重要的？

思考题

为什么当一个公司没有竞争时，它也会向所有的消费者降价以达到扩大销售的目的？当它可以只向新的消费者降价时，会发生什么？

讨论题

我们假设对所有的消费者来说价格都是一样的，有没有消费者们会面临不同价格的情况？企业为什么要这么做？

第 5 章
完全竞争、垄断、经济利润和正常利润

> **学习目标**
>
> **学习完本章，你应该能够：**
> 1. 区分完全竞争和垄断、正常利润和经济利润。
> 2. 阐述和解释为什么经济利润在完全竞争的状态下会消失，而在垄断的状态下不会。
> 3. 解释为什么在完全竞争的状态下，第 2 章的供给曲线就是边际成本曲线。

本章建立在第 4 章的基础之上，旨在描述不同的竞争状态下的企业；说明为什么存在很多的企业相互竞争时，企业不会出现可观的利润；最后解释为什么第 2 章画出的供给曲线是向上倾斜的。

有些企业，类似于家庭农场，是一个行业中数百万计的企业中的一个，而其他行业的企业则是控制着市场。介于两者之间的情形则是有着非常明确的竞争对手的企业。有一些行业会自发产生很多竞争对手，而其他一些行业则只有少数几个。我们会分别探讨不同情况下的例子。

在第 4 章，我们假设企业的目的是追求利润最大化。我们现在要做的事是确定不同规模的企业的经营情况。例如，我们很想了解为什么家庭农场不能一直维持高利润，而微软却可以做到。为了解释这个问题，我们把利润分为两个部分：一是为了维持企业生存而必需的利润，二是高于这一层次的利润。

最后，我们会看到，第 2 章的供给曲线向上倾斜是有原因的。我们将说明在完全竞争的状态下，一条向上倾斜的供给曲线源于第 4 章中的边际成本曲线。

5.1 从完全竞争到垄断

正如我们在第 4 章所谈到的，边际收益曲线的形状取决于是有很多竞争者，还是没有竞争者。图 5.1 列出了这些极端的情况。左边的图中，图 4.3 中的成本曲线被运用到了有很多竞争者的边际收益曲线中。右边的图中,可以看到没有竞争者的情况。在任何一种状况下,他们所选择的数量都被标成了 Q^*,他们所接受的价格则被标成了 P^*。

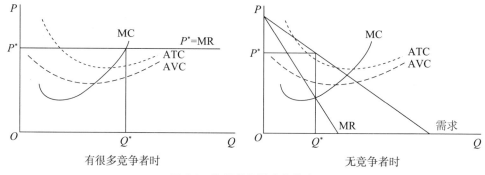

图 5.1　选择利润最大化的点

5.1.1　完全竞争

在本章学习目标中列出的情况的主要区别就在于竞争者的数目。当竞争者的数目很大时,企业(例如牛奶场)只需要接受市场价格,就能在该价格水平下卖出自己想要卖出的数量。当不存在竞争对手时,企业(例如微软)会制定自己的价格,但只能卖出消费者在该价格水平下愿意购买的数量。当然并不是所有的企业都面临这两种局面。一些企业(例如埃克森)在市场上只有少数几个具有相似或相同产品的竞争对手,其他一些企业(例如麦当劳)在市场中有很多竞争对手,每一个都有其独特的品牌。

当一家企业面临大量竞争对手,以至于没有哪一家企业能够影响价格时,当企业所销售的产品与其竞争对手没有差别时,当企业具有良好的产品销路和成本预期时,当不存在进入或退出市场的法律或者经济壁垒时,那么我们就找到了经济学家所说的完全竞争市场。这也许是个古怪的名字,因为这一名称最好的例子是有关生产者的,但这些生产者在市场上的"竞争"并不像非经济学家的大众眼里的"竞争"。不管是中西部的农民、西部大农场主、佛罗里达或加利福尼亚的蔬菜种植者,威斯康星、纽约或佐治亚的牛奶场主,相同的竞争概念都是适用的。作为个体,他们从来不打广告。从与这些农民中的任何一个人的谈话过程中我们都可以发现,他们最好的朋友是他们邻近的农民。当任何一个农场的设备坏掉或者农民在播种或收获的关键季节身体有恙时,他们的邻居就会来帮助他们。这听起来更像是合作而不是竞争。那么什么经济学家会把这种看起来怎么也不像竞争的现象称为竞争呢?之所以被称为"完全",是因为完全竞争的第一个特征:没有一个企业对价格有控制权,没有农民和一个农业企业家可以在批发市场上操纵价格。

> **完全市场的特征**
>
> - 竞争者非常多,从而其中任何一个都不能影响价格。
> - 竞争者生产的商品之间无差别。
> - 企业具有良好的产品销路和成本预期。
> - 不存在进入或退出市场的法律或经济壁垒。

5.1.2 垄断

垄断存在于另一个极端,当我们的市场中只有一家企业时,这种情形就被称为垄断。如果我们要了解垄断,需要从这样的一个事实入手,那就是有很多公司存在,并不一定意味着这些公司在竞争。例如,爱迪生联合公司是为纽约民用电力的唯一供应者,同时也是芝加哥民用电力的唯一的供给者。在美国有着数以百计的电力公司,但是它们很少会相互竞争,这是因为它们不能在其他公司的区域兜售自己的电力,所以相互之间并不存在竞争关系。另一种看这个问题的方式是尽管有许多的竞争者,但是它们并不在一个市场中相互竞争。原因就是如果这些公司想为远距离的市场供电就会损耗大量的电力。就好像阿肯色州的小岩城的水泥承包商由于运费过高而不会同南佛罗里达州的迈阿密的水泥承包商竞争一样,由于运费的存在,电力公司不会与另一家相竞争,因为它们不能接近同一组购买者。对完全垄断而言,最为必要的一点是,在一个既定市场上有且只有一家企业对消费者销售产品。

一些企业之所以得到完全垄断权力,是因为法律阻止了其他企业进入该市场。专利权就是一个合法进入壁垒的很好的例子。例如,地氯雷他定的制造商是唯一一家可以制造并销售这种药物的企业。另一方面,有些企业通过扩张至足够大的规模,使得别的企业无法与之抗衡,从而取得垄断力量。消费者由于垄断受到的不利影响是由于只有一个卖者,他们不能拥有更多的选择。当销售的商品有用而且其生产的固定成本很高时,人们还是可以接受的,当然专利权也同样可以让人接受,因为它可以推动创新。但是,那些仅仅是因为公司的规模而形成的垄断往往只会招致愤怒和抱怨。想象一下个人电脑的操作系统业务。在20世纪80年代早期,微软发明了DOS操作系统,并在之后推出了各代的Windows操作系统。那时至少有两个操作系统的派别(IBM的OS2和Linux)被认为更稳定、更安全,并且比它们的竞争对手Windows的漏洞更少。毫无疑问的是,如果微软没有成为市场的统治者,它的任意一个竞争对手进入市场都可以击败微软从而成为更好的个人电脑的平台。因为微软在市场中有领导地位,所以它可以维持这种地位。微软的策略是否合法当然受到过质疑,但是它确保人们购买其产品的能力确实毋庸置疑。因为它有统治地位,所以能维持它的统治地位。

5.1.3 垄断竞争

在完全竞争和垄断之间的一块中间地带的区域就是**垄断竞争**(monopolistic competition),在这样的市场上企业出售有细微差别的产品。在快餐市场上有不少的企业(麦当劳、Wendy's汉堡、汉堡王等做汉堡,肯德基、Taco Bell做各式各样的小吃),但它们并不出售完全一样的产品。麦当劳在巨无霸和开心乐园餐上占有垄断地位,但是它们的产品的需求曲线是比较富有弹性的(回忆一下第3章,相近的替代品的数量会决定弹性)。

5.1.4 寡头垄断

另一个处于完全竞争和垄断之间的中间地带就是**寡头垄断市场**(oligopolistic markets),在这个市场中只有少数几家相互竞争的企业。例如,在移动电话行业只有几家主要的公司,它们是Cingular/AT&T和Sprint/Nextel和Verizon Wireless。在汽水行业中有可口可乐和百事可乐。在有些市场中,企业卖的是完全一样的东西;而在另一些市场中,企业卖相近的替代品。无论哪一种情况,企业都以寡头垄断的方式行动,而被视作寡头。

5.1.5 哪一种模型最贴近现实

通过提供事例并区别各种类型的特征,表5.1和表5.2总结了这些市场形态。这并不表示我们会在后面的讨论问题的章节中,花费大量的时间探讨市场形态。回忆一下第2章,我们简单地假设了市场是完全竞争的。结果是很少有市场可以符合完全竞争市场所必需的各种极端标准。符合完全竞争市场标准的大多数产品都是农产品;很少有农业领域之外的产品符合这一标准。我们在后面分析问题时,往往假定大多数市场都是完全竞争的,这可能令你感到惊奇,或者有些好奇。之所以这样,是因为简单的供给和需求模型易于说明。你的老师和我(作者)所作的这一简化的假设尽管有些勉强,但是是有意义的。

表5.1 不同的市场结构的例子

完全竞争	垄断竞争	寡头垄断	垄断
农产品	快餐	小汽车和卡车	操作系统
木材	远程服务	软饮料	当地民用电力

表5.2 区分不同的市场结构的特征

特征	完全竞争	垄断竞争	寡头垄断	垄断
企业的数量	很多(常常数以千计甚至百万计)	若干*	很少的几家(通常为2—5家)*	一家
进入壁垒	无	很少	大量	至少短期内不可逾越
产品的相似度	完全一样	相似但不完全一样	相似或完全一样	无

注:*表示垄断竞争和寡头垄断的企业数目存在争议。

最后,你要准备好如何更加模棱两可地把特定的市场归为某种市场形态。例如,长途电话服务曾经是垄断的,20世纪80年代变为寡头垄断市场,90年代出现了企业数量明显的扩张。也许现在它更适合垄断竞争。与长途电话服务相似,个人电脑行业在很长一段时间内只有IBM一家公司,但是今天有一打或者更多的企业在出售笔记本电脑和台式电脑。它们出售的都是本质上相同的商品,但在品牌上享有垄断权。相似地,如果你想从纽约飞往洛杉矶,你会有一连串的选项,虽然还没多到足以将这个市场算作完全竞争市场,但是多到足以归为垄断竞争了。另一方面,如果你想直接从印第安纳波利斯飞到亚特兰大,你就只有两个直达航班的选项(AirTran公司或Delta公司)。若你想直接从锡拉库扎直接飞到底特律,则只有一种选择(Delta公司)。到底航空旅行算作哪种市场在很大程度上取决于你要从哪儿飞到哪儿。尤其是,它取决于各个机场里谁拥有运输枢纽。

进一步来说,也不存在一条"魔力界限"能将寡头垄断和垄断竞争区分开来。研究这一问题的经济学家总是喜欢用"**集中度**"(concentration ratio)来度量几家主要公司(从4家到100家不等)的销售额占全部市场销售额的比例。因此,尽管有多家烟草公司在销售香烟,但是Philip Morris一家就占到了市场上一半以上的份额,而最大的4家公司占了市场99%的份额。有几家差不多的竞争公司就可以被认为是垄断竞争,但是从集中度的数据看来,它们作为寡头垄断更加适合。表 5.3 给出了特定行业中的前 4 家、8 家和 50 家的企业的集中度。

表 5.3 几个制造行业的集中度（2002 年）

产业组	集中度		
	4 个最大的企业	8 个最大的企业	50 个最大的企业
早餐谷物	78.4	91.1	100.0
冰激凌	48.0	64.4	93.1
啤酒	90.8	93.8	98.1
衣服	17.3	21.3	38.7
电脑及其外部设备	40.5	65.2	88.3
家具	11.0	18.0	30.6
远程服务	59.7	80.9	92.5
手机服务	61.7	81.7	90.0

资料来源：www.census.gov/econ/concentration.html。

另外一个度量指标，特别是在司法部发布的反托拉斯部门中，经济学家常用的是 Herfindahl-Hirschman 指数（HHI）。它是把市场份额的平方加总，而不是简单地把那些最大的公司的市场份额加总。之所以这么做，是为了把五家公司拥有相等的份额的情况，与一家大公司占有一大部分的份额而其他公司只是瓜分剩下的一小块市场的情况区分开来。如果市场份额在 0% 到 100%，并有 N 家公司，HHI 的范围就是 $10\,000/N$ 到 $10\,000$。一个 1 000 和 1 800 之间的数可以被认为是适中的集中，而 1 800 以上的数字就可以被认为是高度的集中了。早餐谷物的 HHI 达到了 2 500，而啤酒的 HHI 达到了 3 500，但是统计局（平时发布这些数据的组织）必须压制这些真实的数字，从而"保护市场的特征"。本质上，新闻报道所爆出的行业集中度才最有效地提供了市场的信息。

5.2 完全竞争下的供给

5.2.1 正常利润和经济利润

让我们回忆一下第 4 章用过的例子：销售存储芯片的业务。如果我们是众多在这个行业中竞争的公司之一，我们就有理由相信赚钱是很困难的。由于我们假定企业能自由进出这一市场，任何时候只要出现非正常的大量盈利，其他企业也会开始制造存储芯片。记住第 2 章中我们已经证明了：卖方数量的增加会导致供给曲线右移，从而降低市场价格。如果发生这样的情况，我们的边际收益曲线会下降。事实上，它会一直下降直到利润恢复正常。**正常利润**（normal profit）是企业所有者能从次优投资中获得的利润水平。这种次优的投资机会可能是，当企业所有者决定不再从事该项经营时，他可能会选择的任何其他类型的投资。任何超过正常水平的利润都叫作**经济利润**（economic profit）。

表 5.4 汇总了各个不同行业的利润水平。需要注意的是，这些利润水平是会计利润，而不是经济利润，尽管这些收益率仅仅是 2005 年一年的数据，但确实反映了在诸如农业这种

完全竞争主导的市场上的会计利润要低于其他市场上的会计利润。

表 5.4　在不同行业中的几家企业的收益率（2005 年）

行业	收益率（%）*
农业	3.1
制造业	21.8
交通和公共设施业	8.2
零售交易业	16.0

注：* 收益率＝净收益／（资产－债务）

资料来源：Statistical Abstracts of the United States。

如果企业所有者不能获得正常利润，他们会退出经营而转向其他领域。这就是说，我们可以将正常利润视为企业主支付给自己的薪水，因此它也是经营业务成本的一部分。如果他们赚不到正常利润，就是说他们支付给自己的薪水太低了，以至于不能让他们继续留在这个行业。另一方面，如果利润总是高于正常水平，其他人会想进入这一行业。这意味着从长期来看利润会降到正常水平。

5.2.2　何时以及为什么经济利润会变为零

幸运的是，对我们的芯片制造商来说，尽管企业不能获得长期经济利润，但也不会亏损。当企业的损失金额超过其固定成本时，企业会关闭停产。在短期内，当损失额低于固定成本时，企业会继续生产，但随着时间的流逝，这些企业也想停产。因此，尽管芯片制造商能在短期内获得经济利润或亏损，自由进出市场的效应会导致边际收益曲线停在 U 形平均总成本曲线的最低处。简单地说，这表示任何短期利润或亏损在长期都会消失，因为新的竞争者会进入，旧的竞争者会退出。这会使得价格等于平均总成本的最低值，此时企业获得正常利润。

尽管在垄断竞争下利润也会收缩到正常水平，但是在寡头垄断或完全垄断的情况下，不存在一个使得利润恢复到正常水平的机制。这是因为收缩利润的机制是新厂商的进入。由于在完全垄断的情况下进入几乎是不可能的，在寡头垄断下也相当困难，新的企业不能进入，就不能形成促使价格下降的压力。

这里我们需要暂停讨论，先来更清楚地界定一下经济学家所说的短期和长期的含义。对经济学家来说，这两者之间的区别就在于企业改变其固定投入的能力。我们一直假定，我们不能改变诸如工厂和设备之类的投入，从我们所说的**短期**（short run）来看，这是正确的。从**长期**（long run）来看，我们有足够的时间来改变工厂和设备设施。我们能修建更多的工厂，购买更多的设备，也能卖出这些工厂和设备。这不是一个时间问题，而是一个灵活性问题；在长期内我们更加灵活，而短期内则不那么灵活。

5.2.3　为什么在完全竞争条件下供给曲线就是边际成本曲线

在完全竞争条件下，供给曲线和边际成本曲线是可以互换的概念，这一认识对我们随后几个问题的分析很重要，但是也的确难以理解。因此我们要回头采用第 4 章中用过的三种方式。首先我们会用文字和数例来进行解释,然后用图形来作出解释。

5.2.4 文字解释

为了了解在完全竞争的状态下,供给曲线和边际成本曲线是可以相互交换的,你必须想一下第 4 章的两个关键的事实:(1)所有利润最大化的企业都会选择边际成本等于边际收益时的产量(只要价格高于平均可变成本);(2)在完全竞争条件下,竞争价格和边际收益是一样的。记住这两点后,想象一家企业正要做出生产多少的决定。它会接受市场给定的价格(这也是企业的边际收益),并确定价格等于边际成本时的产量。如果价格上升或下降,它会重新做出产量选择。不管在哪种情况下,边际收益等于边际成本时的产量与价格等于边际成本时的产量是相同的。这意味着生产的产量和生产的边际成本(边际成本曲线)之间的关系,与生产的产量和销售价格(供给曲线)之间的关系是相同的。因此,在完全竞争条件下,供给曲线和边际成本曲线是可互换的。

5.2.5 数例解释

再次使用记忆芯片的例子,你可以从表 4.2 中看到,当数量是 500 个单位时,平均可变成本达到了最低的 15 美元。这一点非常重要,因为在任何低于 15 美元的价格水平下,企业会选择不生产。为了更清楚地说明这一点,假定价格为每单位 12 美元。在产量为 400 个单位时,边际成本等于边际收益(12 美元),但在这一产量下,企业的总收益为 4 800 美元(12×400 美元),而总成本为 14 500 美元,相对于停产的损失(8 500 美元)而言,企业会亏损 9 700 美元(= 14 500 美元 - 4 800 美元)。

在高于 15 美元的任何价格水平下,企业要么赚钱,要么亏损至少低于 8 500 美元,因此对企业来说,生产边际成本等于边际收益时的产量是明智的选择。如果价格正好是 15 美元,企业会生产 500 个单位,总收益达到 7 500 美元(15×500 美元),总成本为 16 000 美元,亏损额正好为固定成本(8 500 美元)。如果价格为 20 美元,企业会生产 600 个单位,带来 12 000 美元的总收益和 18 000 美元的总成本,亏损额为 6 000 美元。企业宁愿选择亏损 6 000 美元而不是 8 500 美元,因此它会生产 600 个单位。

随着价格上升到 30 美元,企业会生产 700 个单位,收益和成本都达到了 21 000 美元,实现了盈亏平衡。在 45 美元的价格下,企业生产 800 个单位,具有 36 000 美元的收益和 25 500 美元的成本,因此企业此时赚钱了。在价格为 55 美元时,企业生产 900 个单位,收益为 49 500 美元,成本为 31 000 美元,其利润增加了。最后,在价格为 100 美元时,企业生产 1 000 个单位,拥有 100 000 美元的收益和 41 000 美元的成本,利润进一步增加。归总起来,企业的供给曲线就是其边际成本曲线(超过平均可变成本的最低点),因为企业根据价格和边际成本来制定产量。因此,边际成本和产量之间的关系(边际成本曲线)就是企业接受的价格和其产量之间的关系(供给曲线)。

5.2.6 图形解释

图 5.2 显示了 ATC-AVC-MC 成本曲线,以及四条潜在的边际收益曲线。对每一条边际收益曲线,如果存在对短期价格变动的压力,这种压力的方向就在图形中用短箭头指示出

来。在第一条价格-边际收益曲线(MR_1)上,亏损如此之大,以至于无论长期还是短期,企业都想离开。这会减少卖方的数量,从而推动短期和长期价格的上升。在 MR_2 上,芯片制造商虽然在亏损,但不至于到关闭的程度。因此,尽管在短期企业不想停产,但它不会在旧设备老化的情况下继续投资购买新设备。因此,长期压力使价格上升。在 MR_4 上芯片制造商赚取了经济利润。如果发生这种情况,其他人也会加入芯片制造行业,从而形成对价格短期和长期下降的压力。只有当价格在 MR_3 时,才不存在对价格的压力。

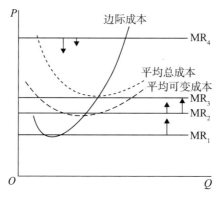

图 5.2 完全竞争市场下 MC=MR 的点

现在我们来看看,为什么在完全竞争条件下,企业的供给曲线是边际成本去掉超过平均可变成本最低点的部分。图 5.3 中去掉了图 5.2 中的箭头,重点突出了企业会从事生产的那些点。这些点出现在边际成本与边际收益相交的地方,只有在企业不停产的情况下,这种情形才会出现。

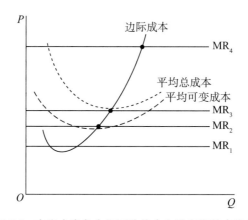

图 5.3 在完全竞争市场下价格会向零利润的点移动

最后我们在对图形的处理中,得到了完全竞争的一个最重要的含义。把图 5.3 中的点连起来会清楚地解释企业愿意出售的价格和愿意生产的数量之间的关系。如果这听起来很耳熟,是因为它正好是供给的定义。结果,我们现在知道了在完全竞争条件下,供给曲线就是边际成本超过平均可变成本最低点的部分。当然,这也证实了为什么供给曲线是向上倾斜的:因为边际成本是递增的。

尽管不值得那么大费周章地说明，但还是有必要指出，在垄断竞争、寡头垄断或完全垄断情况下都不存在供给曲线。要弄清楚缘由，请注意图 5.4 中是通过确定不同价格水平的产量来产生供给曲线的。从图 4.4 中我们知道，对特定企业的产品而言，这些水平价格线也代表具有完全弹性的需求曲线。这种推导不适合其他市场形式，因为在其他市场上，企业产生出的需求弹性并不是完全富有弹性的，而不同弹性的需求曲线会导致追求利润最大化的企业的不同产出水平。

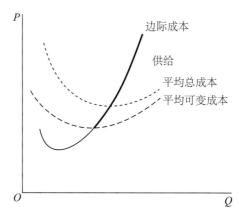

图 5.4　供给曲线的推导：边际成本超过平均可变成本最低点的部分

本章小结

本章的分析是建立在先前所定义和说明的成本和收益的基础之上的。我们看到了完全竞争和垄断的区别，而且它们是两种极端。可以说大多数市场都位于这两种极端之间。此外我们区别了正常利润和经济利润，说明了为什么在完全竞争而不是完全垄断下经济利润会消失。最后，我们看到在完全竞争下，第 2 章中的供给曲线是第 5 章中边际成本曲线中超过平均可变成本最低点的部分，因而是向上倾斜的。

关键词

| 垄断竞争 | 寡头垄断市场 | 集中度 | 正常利润 |
| 经济利润 | 短期 | 长期 | |

你现在可以阅读的章节

第 31 章　能源价格

第 21 章　处方药经济学

第 34 章　沃尔玛：总是低价（低工资）——总是如此

第 26 章　票务代理与倒票

第 27 章　为什么大学教科书那么贵

自我测试

1. 一个行业有很多竞争者,并且每个竞争者都有自己特定的营销方式,该行业的市场形态很可能是_____。
   a. 垄断　　　　　b. 寡头垄断　　　　c. 垄断竞争　　　　d. 完全竞争

2. 一个只有很有限的几家大公司的行业的市场形态很可能是_____。
   a. 垄断　　　　　b. 寡头垄断　　　　c. 垄断竞争　　　　d. 完全竞争

3. 由于供需模型的有效性和其简单的特性,其常常被人们使用_____。
   a. 这是因为美国的所有主要行业几乎都是完全竞争的
   b. 这是因为美国的所有主要行业几乎都是垄断的
   c. 严格地说,在美国几乎没有行业是处在完全竞争的市场形态下的
   d. 它和经济没什么关系

4. 一家企业是继续营业还是关闭,在很大程度上与_____的概念有关。
   a. 经济利润　　　b. 实际利润　　　　c. 市场份额　　　　d. 集中度

5. 经济理论认为一个行业的收益率_____。
   a. 与一个行业中的竞争企业的数量呈正相关
   b. 与一个行业中的竞争企业的数量呈负相关
   c. 与一个行业中的竞争企业的数量没有关系
   d. 在不考虑市场结构的前提下,在长期是等于0的

6. 在完全竞争的市场形态下,供给曲线_____。
   a. 的所有的部分都是边际成本曲线
   b. 只有向下倾斜的那一部分是边际成本曲线
   c. 只有向上倾斜的那一部分是边际成本曲线
   d. 只有高于平均可变成本的那一部分是边际成本曲线

7. 一个市场的竞争程度的指标是集中度,它测度的是_____。
   a. 最大的公司在一个市场中所占的份额
   b. 最小的公司所赚取的利润在整个市场中的百分比
   c. 一个行业的销售额占整个美国消费的百分比
   d. 行业的盈利率

8. 电话服务一度是一种消费者没有什么选择的领域。现在很多年轻人不再使用座机,而是使用手机,这意味着这个市场向_____移动。
   a. 垄断　　　　　b. 寡头垄断　　　　c. 完全竞争　　　　d. 买方垄断

9. 在完全竞争的图中,边际成本曲线会随着退出和进入分别向上或向下移动,这是因为_____。
   a. 随着企业的退出和进入,市场对商品的需求会分别上升和下降
   b. 随着企业的进入和退出,市场对商品的需求会分别上升和下降
   c. 随着企业的退出和进入,市场对商品的供给会分别上升和下降
   d. 随着企业的进入和退出,市场对商品的供给会分别上升和下降

10. 如果 MR>MC，每当卖出额外 1 单位产品，企业的利润_____。
    a. 会是正的　　　　b. 会增加　　　　c. 会是负的　　　　d. 会减少

简答题

1. 想象一下一位企业的老板正在盘算着提高价格。分别描述一下垄断者、寡头、处在垄断竞争市场下的企业和处在完全竞争市场下的企业这样做的后果。
2. 垄断竞争和完全竞争之间关键的区别在于哪些？
3. 解释一下为什么当 $P>ATC$ 时价格会有下降的压力。对于这个问题分别从长期与短期两个方面来考虑会得到不同的答案吗？
4. 解释一下为什么当 $P<ATC$ 时价格会有上升的压力。对于这个问题分别从长期与短期两个方面来考虑会得到不同的答案吗？

讨论题

在 20 世纪 90 年代后期，人们对于沃尔玛进入零售行业的担心是它会制定低价，把小商店逐出这个市场，从而消灭自己的竞争者，然后做出垄断定价。这样的担心并没有成为事实，但是这并不意味着它没有成为事实的可能性。在什么样的情况下以及在什么样的行业里，这样的战略会起到作用？

讨论题

在你成长的过程中，有哪些行业曾经是垄断的而今却有越来越多的企业加入其中，并且竞争越来越激烈？把这些行业的清单列出来，并和你的导师（应该会比你年长）所列出的清单做个对比。现在的垄断行业中有哪些在未来会受到其他企业进入的威胁呢？

第6章
常见的宏观经济学词语：国内生产总值、通货膨胀、失业、衰退和萧条

学习目标

学习完本章，你应该能够：
1. 对基本的宏观经济学词汇作出详细说明。
2. 描述如何测度经济体的状态。
3. 描述国内生产总值对国民产出的测度是如何计算的。
4. 用价格指数计算通货膨胀。
5. 明白实际国内生产总值会随通货膨胀而调整，而后评判其能否作为衡量经济健康与否的标准。
6. 理解如何测度失业，并列举经济学家所认可的几种失业类型。
7. 定义并应用商业周期词汇。

我们现在转而讨论作为一个整体的经济体，而不是讨论特定商品的消费和生产。从第2章到第5章所涉及的问题被称为**微观经济学**（microeconomics），因为它讨论的是独立的市场和企业。"micro"这个前缀意味着小，用在此处是指微观经济学的研究范围狭窄。其反义的前缀"macro"意味着大，因此**宏观经济学**（macroeconomics）指整个经济体。你阅读或听闻的"经济新闻"，指的是宏观经济方面的新闻。在那种背景下，你会反复听到一些词汇，本章试图定义并解释这样一些宏观经济学的词汇。

在本章的开始，我们考察了用以测度宏观经济的方法。在这一过程中，我们定义并解释了国内生产总值、通货膨胀，以及国内生产总值为什么和怎么样随着通货膨胀进行调整。然后解释如何测度失业，最后讨论经济周期。你会看到所有的经济测量指标都有经济学家已经认识和研究到的缺陷，尽管实际国民生产总值是一个可接受的对经济健康程度进行测量

的指标,但它不是一个完美的指标。

本章是所有理论章节中最容易理解的章节,但是你应该确定你完全理解其中的术语和概念。第 8 章和更多有关宏观经济问题的章节都以此为基础。

6.1 测度经济

6.1.1 测度名义产出

为了记录经济运行状况的好坏,我们对一年时间内全国生产的最终产品和服务的货币价值总和进行汇总,并以此测度经济活动。这一**国内生产总值**(GDP)是经济健康状况的最主要的测度指标,对这一定义还需要重视几点:

1. 这一测度是货币测度,它受价格变化的支配。
2. 只有"最终"产品才计算在内。
3. 所研究的产品必须是在一国境内生产出来的。

一定要认真对待 GDP 受价格变化的影响这一事实,但是我们会在详细讨论了通货膨胀之后再来讨论这一问题。而且,除了通货膨胀,还要强调其他两个简单问题。第一个问题是中间品的重复计算;第二个问题是如何计算跨国公司的产品。

为了避免对特定经济活动的重复计算,只有最终产品才计算在 GDP 之内。假设你所讨论的是两片面包的生产和销售。假定第一片面包是由一位妇女生产的,她种植和碾磨小麦,搅拌生面团,烘烤并自己销售。假定另一片面包最先由一位农夫种出小麦,将小麦卖给磨坊主,磨坊主将之磨成面粉,然后卖给面包师,再由面包师将面粉搅拌成生面团,烘烤并卖给零售商,零售商再卖给消费者。如果两片面包具有同等的质量,那么它们应该卖相同的价格,比如 1 美元。很显然,这两片面包对社会的贡献是一样的,因此在我们测度经济活动时,它们应该具有相同的价值。如果你将所有的销售环节都计算在内,第二片面包的价格就会高于第一片面包。

这种测度的另一个层面的问题是它只计算发生在一国境内的生产活动。这意味着福特公司在墨西哥生产的汽车不会记录在美国的 GDP 中,而本田在俄亥俄州生产的汽车则会计算在内。

GDP 的实际计算有两种不同的方式。一种是按人们为物品所进行的支付来计算。这种方法被称为支出法。支出法把以下的各项加总:消费、投资、政府对商品和劳务的购买以及出口,然后还要减去进口。另一种是按照人们所能挣得的钱来计算的,被称为收入法。这种方法将雇员收入、利息、租金、利润和折旧汇总,然后扣除其他国家的收入和间接商业税(例如销售税)。两种方法会得到相同的结果,因为按照定义,买方所"支付"的钱就是卖方的"收入"。因此,将每个人的支出汇总可得到相同的结果。

政府用于计算 GDP 的信息来源广泛而多样。众所周知的有国民收入和产品账户,编制这一账户是一项复杂而耗时的工作。例如,虽然政府能及时可靠地知道它在商品和服务上支出了多少,包含在 GDP 内的几乎每一条信息都是通过人们上交给政府的各种表格所获得的,例如税收表、失业保险表、销售和销售税的报表以及其他文件。因此,很显然但也值得注意的一点是,要很快统计出最终 GDP 是很困难的。实际情况是,政府的经济学家采用样本法进行初步估算,随着更多信息的提交,再不断地更新数据。有时,将所有信息包含进来是在第一次初步估算一年多之后,这时最终 GDP 的数值才能发布。①

6.1.2 测度价格和通货膨胀

正如我们在之前的部分说过的,测度价格的变化是非常重要的。究竟是价格的变化导致了 GDP 的变化,还是产出的变化导致了 GDP 的变化,对于我们衡量一个时期的生活状况是否比以前一个时期更好是很重要的。由价格的上升所导致的 GDP 数值的增加,不如由于人们能够购买更多数量的产品所导致的 GDP 增加那么令人满意。例如,我们假设社会上只有奶酪这一种商品,我们每年生产 10 万亿吨,每吨奶酪卖 1 美元。这总比我们只生产 1 吨奶酪而卖 10 万亿美元要好得多。很显然,要讨论产品的价值,我们必须先讨论对价格的测度。

政府经济学家测度价格的方式是十分复杂的。按照他们的方法,美国劳工统计局(BLS)的员工要尽力购买一个**市场篮子**(market basket)的商品和劳务,以对比当前年份购买该市场篮子内物品的总成本比起前一年是否发生了变化。为此,他们必须先经过一个程序,挑选一般老百姓会购买什么以及购买多少,然后决定哪些商品该进入这个市场篮子中。因而,这一市场篮子由一系列"货物清单"构成,政府人员去寻找和了解这些商品的价格。随着可用产品不断扩张,劳工统计局(BLS)会每两年升级一次市场篮子。旧有的每十年升级一次市场篮子的方法会导致很严重的问题。②

在采用某个既定的货物清单的年份里,政府雇员每个月都要外出,找到单子上物品的价格。这个清单非常具体,不仅说明了要寻找的型号或条形码,还确定了这些商品所在的特定店铺。通常,尤其是在电子设备方面,政府人员所要找的产品已经不存在或在特定店铺里找不到了。在这种情况下,政府人员一定要运用他们最好的判断力找到一个适合的替代品。③

对于采用某个清单的每一个月份,包括被称为**基年**(base year)的第一年的第一个月,美国劳工统计局的工作人员要找到清单里每一件物品的价格。在他们的工作完成之后,可以计算出一份全国的平均数据。最后的结果构成了将来计算通货膨胀所必需的一项关键信息:市场篮子的全国平均总成本,也称作**基年市场篮子价格**(price of the market basket in the base Year),在接下来的月份里会根据新的价格信息制作一份修订版的全国平均价格。

为了利用这些信息来测度任何既定年份的通货膨胀,我们必须经过三个步骤:

1. 找到相关年份的市场篮子价格。
2. 计算出相关年份的价格指数。
3. 计算出相关年份的价格指数的变化的百分比。

---

① 即便到那时,有些部分仍是估计值。
② 在 1996 年,波斯金委员会确定了传统的测度通货膨胀的方式会比真实的通货膨胀率高估 1.1%。认识到这个问题,并且为了应对这种指责,劳工统计局通过两年更新一次市场篮子来弥补这种缺陷。
③ 美国劳工统计局建立了一个"特征价格"。特征价格指的是一种合理猜测,它对一种商品的某个特征赋予一个价格。劳工统计局为之建立特征价格的商品有:干衣机、微波炉、摄像机、消费音频产品、DVD 播放机和大学课本。

在我们得到基年市场篮子的价格之后,同样要得到其他年份的市场篮子价格。例如,如果你最终想知道 2010 年的通货膨胀率,就需要知道基年(1998 年)的市场篮子的价格、2010 年年初的市场篮子价格,以及 2011 年年初的市场篮子价格。

然后,将市场篮子价格的基准定为 100,以便计算 2010 年年初和 2011 年年初的**价格指数**(price index)。例如,2010 年的**消费者价格指数**(consumer price index,CPI)是

$$2010 \text{ 年 CPI} = \frac{2010 \text{ 年市场篮子的价格}}{1998 \text{ 年基年市场篮子的价格}} \times 100\%$$

这个公式可以被看作基年的 CPI 是 100,在其他时间里,当价格上升,CPI 就会上升得高于 100。如果最终价格变为基年价格的 2 倍,则 CPI 就会变成 200。

最后一步就是计算价格指数的百分比的改变。为了达到目的,你首先要知道当年和下一年年初的 CPI,然后把它们代入公式中:

$$2010 \text{ 年的通货膨胀率} = \frac{2011 \text{ 年 1 月 1 日的 CPI} - 2010 \text{ 年 1 月 1 日的 CPI}}{2010 \text{ 年 1 月 1 日的 CPI}}$$

作为一个实际问题,CPI 之所以重要还有另外一个原因。对经济学家而言,它的重要性在于它不仅能用来计算**通货膨胀率**(inflation rate),CPI 的百分比变动还能被用来进行**生活费用调整**(cost-of-living adjustment,COLA)。由于通货膨胀率的变化同时改变了人们的购买能力这一事实,这项调整对人们可以有所补偿。对于社会保障金的领取者和其他靠养老金(支付 COLA)生活的人,以及签订了与 COLA 挂钩的合同的工会成员来说。这意味着他们每年能得到额外收入来补偿通货膨胀带来的损失。① 表 6.1 给出了美国 CPI 的历史数据。

表 6.1 特定年份的美国 CPI 和通胀率(1920—2008);基年(1982—1984)

年份	CPI	通胀率(%)	年份	CPI	通胀率(%)	年份	CPI	通胀率(%)
1920	19.4		1986	110.5	1.1	1999	168.3	2.7
1930	16.1		1987	115.4	4.4	2000	174.0	3.4
1940	14.1		1988	120.5	4.4	2001	176.7	1.6
1950	25.0		1989	126.1	4.6	2002	180.9	2.4
1960	29.8		1990	133.8	6.1	2003	184.3	1.9
1970	39.8		1991	137.9	3.1	2004	190.3	3.3
1979	76.7	13.3	1992	141.9	2.9	2005	196.8	3.4
1980	86.3	12.5	1993	145.8	2.7	2006	201.8	2.5
1981	94.0	8.9	1994	149.7	2.7	2007	210.0	4.1
1982	97.6	3.8	1995	153.5	2.5	2008	210.2	0.1

---

① 社会保障利用 6 月末的 CPI 来计算 COLA。根据法律,社会保障开给个人的支票不能下降,这意味着,当价格下降时,社会保障的管理当局会停止增加救济,直到价格上涨到比之前的等级更高的水平。因为 2008 年 6 月到 2009 年 6 月的 CPI 一直在下降,而 2010 年 6 月的 CPI 没有高过 2008 年 6 月的水平,所以社会保障的接受者长达两年没有领到 COLA。

(续表)

年份	CPI	通胀率(%)	年份	CPI	通胀率(%)	年份	CPI	通胀率(%)
1983	101.3	3.8	1996	158.6	3.3	2009	217.2	3.3
1984	105.3	3.9	1997	161.3	1.7	2010	221.1	1.8
1985	109.3	3.8	1998	163.9	1.6			

注：CPI 是年末数据。

资源来源：ftp://fop.bls.gov/cpi。

6.1.3 测度通货膨胀时存在的问题

我们现在对通货膨胀的测度，给了我们有关既定市场篮子的总价格如何变化的有用信息。然而，出于几个其他方面的原因，它并不能较好地测度出通货膨胀的真正影响。

首先，CPI 不能准确估算通货膨胀，因为市场篮子很少发生变化。具体来说，一件产品在被引入的头两年价格会发生大幅降低，但是这个变化却被忽略了。有些产品在引入市场篮子之后的最初两年里所发生的大的价格变动都被忽略了。例如，iPhone 刚开始的市场价格是 600 美元，但是在销售了两年之后，它在沃尔玛的销售价格还不足 200 美元。市场篮子的更新一般是以 10 年为周期的，VCR、个人电脑、手机、DVD 播放器、iPod、平板电视和 TiVo boxes/DVR 都是在生产了若干年之后才进入市场篮子的。在所有这些例子中，价格的明显下降和质量的显著提升都没有及时被收录。2009 年的"必需产品"——上网本，以及其他 2010 年和 2011 年的"必需的小玩意"——iPad 和其他平板电脑在价格降下来之前，也没有被及时囊括进市场篮子。平板电视曾经定价超过 10 000 美元，但我们现在可以以不到 500 美元的价格买到。尽管一旦这些产品被收录，CPI 的测度方法会把它们的最终降价囊括进来，但是没能把最初价格的下降记录在内。

其次，由于无法对电子产品的质量的提升做出准确的反应，所以 CPI 无法准确地估计通货膨胀。这些产品更新换代如此之快，以至于在市场篮子确定之后的第三年或第四年，原先包括在市场篮子里的这些商品已经不复存在了。最好的例子就是个人电脑。在认识到这一点之后，从 2006 年开始美国劳工统计局会对特定商品的质量进行调整。

再次，人们总是在改变他们购买物品的地点。例如，在 20 世纪 50 年代，绝大多数的电视机都是人们在百货商店或小型家电商店购买的。尽管那时客户们得到的服务等级无疑要比现在我们从折扣店或者是量贩批发店得到的好，但是我们现在可以得到低得多的价格。如今，我们从一些服务较差但是价格也很低的店里购买我们要的商品。如果你还记得，你会知道政府的雇员，就是那些去看价格的人，会在市场篮子制定之初所指定的那些商店做这些。这是因为，只有当市场篮子改变时，他们才会改变商店，去迎合消费者的行为，他们可能会因此而错过价格下降的信息源。

最后，当价格剧烈变化时，人们总是会竭力地寻找替代品。因为市场篮子在两年期内是固定的，这就含蓄地假定了人们盲目地购买和原来一样的每件商品而不顾价格。考虑到第 2 章中所指出的人们会如何对价格进行反应后，我们就知道这的确是经济学家所做的一个愚蠢的假设。例如能源价格，如果不考虑替代品的选择，就会夸大能源价格上升的效应。在2008年汽油的价格从每加仑2美元上升到超过每加仑4.2美元。许多人就卖掉了他们的SUV，而买了其他更加省油的汽车，或者只是减少驾驶时间。

由于认识到了这些问题并为了应对这些批评，美国劳工统计局开始努力修正这些缺陷。第一，如上面所提到的，他们做了直接的努力来统计电子消费品的质量。第二，他们现在每两年更新一次市场篮子，而不是十年一次。这使得新的商品可以更快地进入市场篮子，而且至少一部分的首次降价可以被囊括进来。这同样使得美国劳工统计局可以在发生长时间的价格变化时估计商品之间的替代性，例如，从1998年开始并在2008年达到顶峰的汽油价格上涨。按照经济学家所想，这种**链式指数**（chain-based index）代表了进步。

这些努力仍然不能完全地解决问题。在这些问题的一个总结中，David Lebow 和 Jeremy Rudd 报告说，CPI 的误差程度已经被降低到少于1个百分点了。尽管比以前要好，但他们得出的0.8%的高估已经够显著的了。每经过30年，税收和CPI调整的收益就会被高估27%。

通货膨胀的赢家和输家

通货膨胀的一个有趣的方面就是，它创造了自己的赢家和输家。依靠固定收入生活的人可能对通货膨胀更加敏感，因为那些借钱的人此时返还的美元价值比当初借钱时更少了，这些人和他们借款的信贷机构会从通货膨胀中得到好处。

通过投资或者由于拥有一笔延续很长时间的固定数量的现金而得到固定月收入或年收入的人，毫无疑问会受到通货膨胀的伤害。他们会看到，随着时间的流逝，购买力在下降。为了说明这一点如何重要，假定一位65岁刚退休的人设立了一份年金，以便在她去世之前每年能拿到2万美元。如果再活20年，每年的通货膨胀率为5%，这笔钱的购买力会下降62%。即便每年的通货膨胀率保持在2%的适度水平，她的购买力也会下降33%。好的理财专家在为客户制订这样的年金计划时会考虑到这一点，而那些不理会投资建议的退休者就会陷入困境。

在信贷领域，同样会有赢家和输家。在这里的一个重要问题不是是否有通货膨胀，而是对于各个团体来说通货膨胀是否会超过他们的预期。在贷款利率已经定下之后，如果通货膨胀大于预期，则借方就是赢家，因为他们用于还款的美元的价值要低于他们所预期的价值。如果借方是赢家，则贷方显然就是输家，因为他们收到的还款的价值变低了。当然，1美元始终还是值1美元，但是通货膨胀高于预期的情况下，每1美元能够买的物品少于发生贷款之时的预期。

另一方面，如果通货膨胀低于预期，则贷方就是赢家，而借方则是输家。借方所还款的购买力会比预期的高，而贷方收到了更有价值的那些美元。

6.2 实际国内生产总值以及为什么它不是社会福利的同义词

6.2.1 实际国内生产总值

在考察了通货膨胀以及其测度之后，我们可以回到国内生产总值上来了。正如我们所说，GDP 测量的问题之一是价格的变化会像产出的变化一样轻易地干扰到 GDP。为了剔除价格变化的影响，我们使用一个叫作 **GDP 平减指数**（GDP deflator）的价格指数。这个经过通货膨胀调整的 GDP 度量被称作**实际 GDP**（RGDP）。实际 GDP 的计算采用当前的商品和劳务并乘以它们前一年的价格，然后将不同的商品和劳务价值汇总，再把当前生产的新物品和劳务增加进去。这一过程和创造 CPI 的过程是不一样的，创造 CPI 的市场篮子会一年年地改变，所以基年的选定可以随意一些。在消除了通货膨胀的影响之后，它仍然让我们对两年的总产出进行比较。更进一步来说，许多经济学家感觉用 GDP 平减指数方法（GDP 的年度百分比增长）比用 CPI 方法（CPI 的年度百分比增长）更好。图 6.2 向我们展示了以 2005 年为基年、自第二次世界大战以来美国实际 GDP 的轨迹。

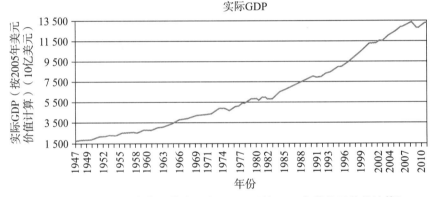

图 6.2　第二次世界大战后的美国实际 GDP（按 2005 年的美元价值计算）

资料来源：www.bea.gov。

其他价格指数

由于通货膨胀会对经济造成伤害，并且极端的通货膨胀非常危险，美联储委员会对其保持密切关注。如我们将在第 8 章和第 12 章所看到的，美联储会在短期内调整短期利率，来保持对通货膨胀的控制。如果你看看 CPI 的数值，你会发现它们是高度易变的。这就是为什么美联储会考察两个更为稳定的价格指数。两者都被称为核心比率，因为它们去除了高度不稳定的食物和能源价格。核心 CPI 是基于传统 CPI 的，而核心 PCE 将食物和能源价格指数剔除，被称为个人消费支出平减指数。你可以从图 6.1 中看出核心 CPI 和核心 PCE 要比 CPI 本身稳定得多。因为美联储不想对那些不稳定部分的快速变化有过度反应，它把精力集中在这些核心测度上。

最后,还有一个企业投入品的价格指数,被称为生产者价格指数。这些企业会把这些投入品转化为商品并销售,所以这个指数被看成有效的未来预测。

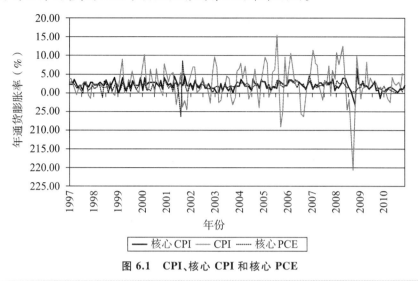

图 6.1　CPI、核心 CPI 和核心 PCE

6.2.2　关于实际 GDP 的问题

即使有这样的调整,实际 GDP 仍不是全对的。除了 GDP 平减指数具有的很多与 CPI 类似的问题,实际 GDP 还存在其他几个方面的问题。

第一,它并没有包含你父母所作出的许多贡献。当另一个人在家里做这些事情——洗衣服、做饭、清理后院和其他时,在这些过程中所产生的价值并未被计入 GDP 中。之所以没有被囊括是因为它们没有被在市场上售卖。许多工作是在没有售卖的情况下被完成并产生价值的。例如,我在我的后院安装一个大型的围墙。如果我找一个承包商来做,则它的成本是 8 000 美元。而如果我自己做,就只有 3 000 美元用来购买材料的成本,这样一来,GDP 就少了这项活动所创造的 5 000 美元的价值。

第二,实际 GDP 并未把休闲看成有价值的。如果我们成天工作,从来不休息,我们会使 GDP 上升,但是这样会把我们累坏的。很显然,在一个充分就业的社会中,那些自愿退休的人会使得 GDP 下降,下降的数量正好是他们的工作量。人们之所以自愿退休则是因为,他们喜欢钓鱼、打高尔夫球、消遣、做志愿者而不是工作。

第三,在 GDP 的计算中,人们究竟购买了什么并不受重视。自 2001 年后,恐怖袭击所导致的政府对国家安全支出的大量增加在面临威胁的情况下或许是很必要的,但作为一个社会来说,这些支出并没有使我们的生活得到改善。这些支出是为了恢复我们原有的安全感。在过去不需要花钱的东西上作更多的支出并不能使我们的状况更好。

第四,美国的人口一直在增长。如果实际 GDP 不随着人口的增长率而增长,则人均实际 GDP(每个人所获得的消除通货膨胀影响后的商品和服务)就会下降。

第五,我们可以以牺牲环境质量为代价来促进经济增长,但是我们的情况并不一定会因此有所好转。在佛罗里达的海岸边的珊瑚礁和阿拉斯加北部的广袤的冻土下有未开采的原油。正如在2010年夏天确定在环境敏感地带钻取石油,这样会带来成本。在2008—2011年间,当"水力压裂"工程在宾夕法尼亚州西部开采出了大量的可使用天然气时,GDP受到了显著的、正向的影响。然而,如果环境问题(比如地下水污染)被证明是有根据的,则这样带来的GDP的增长会被环境的冲击所抵消。在政府里没有人会做这样的调整。如果我们把这些油和气开采出来,实际GDP就会上升,但是这样做的代价会同样计入环境里。

第六,就好像你父母做的洗衣服、打扫庭院的工作不能算在GDP中一样,那些地下交易也没被算入GDP。人们买的那些非法毒品的购买记录无从所查。类似地,如果你是一个修理草坪或当保姆的青少年,你不太可能会向政府汇报你从这些工作中所得的收入。如果你不去为你的收入报税,你的雇主也不太可能会有工夫去给你报税,这些经济活动就不会表现为GDP的一部分。这样的遗漏在税率高的时候显得尤为重要。研究显示的结果非常明显:当税率变高时,人们会选择更多的地下工作。

出于所有这些原因,实际GDP并不能作为一个完美的社会福利的测度指标。但它仍然是一个国家的经济健康程度的主要测度指标。在试图解决上述问题时存在的一个问题是,对特定商品的真实价值的评断很少存在共识。因此,经济学家一般来说还是接受实际GDP这一测度指标,但同时也告诉我们这一指标存在局限性。

6.3 测度和描述失业

6.3.1 测度失业

一个人失去自己挚爱的工作是一件极为惨痛的事情,因此经济学家认为失业率同时是经济和社会福利的重要指标。当那些想找工作的人们找不到工作时,他们失去的不仅是收入,还有他们的自尊。经济学家的问题是,要找到一种有意义的方法区分那些如果给他们一年50 000美元就会外出工作的全职家庭父母,以及那些拒绝从每小时20美元的组装汽车的工作岗位转到每小时7.25美元的翻烤汉堡的岗位上的失业汽车工人。失去工作的责任到底应归结于政府不能创造良好的工作岗位,还是个人不能做出现实的预期?这是一个重要的问题,但是很难给予回答。

政府对失业的测度通常使用电话调查的方式。做这种调查的第一件事情就是确定电话的另一头是否为一个16岁及以上的人(因为16岁以下的人不管有没有工作,都不参与统计)。第二,他们会确认与他们对话的人不在军队中服役(这样的人也不参与统计)。最后,要询问这些人是否从事有偿性工作,或者在家族企业中一周工作超过15个小时。如果对这个问题的回答是肯定的,则这个人就算作处在就业状态。如果回答是否定的,接下来会问他本周是否在找工作,也就是他是否在填写求职申请或岗位咨询。如果答案是肯定的,则这个人就被算作处在失业状态。

从这些调查中,政府创造了两个数字:**劳动人口**(work force)和**失业率**(unemployment rate)。劳动人口等于就业人口加上失业人口。失业率是失业人口除以劳动人口的商,它应该被解释为劳动人口中那些没有工作并在努力寻找工作的人的百分比。这两种数字都会在每个月的第一个星期五公布。

6.3.2 测度失业时存在的问题

这种对失业率的测度有其缺陷。第一,它没有把那些由于丧失信心而放弃找工作的人统计为失业。第二,它会把那些由于听说某些正面的经济新闻(不管正确与否)而积极寻找工作的人算作失业人口。第三,它没法统计出那些有工作但是未尽其才的人,有些人想要全职工作,却只能做兼职工作。存在最后两个问题的劳动者都称作**就业不足**(underemployment)。

以上前两个缺陷都很重要,因为它们会引导对失业率做出错误解释。例如,如果有 10 个人,其中 8 个人有工作,2 个人正在寻找工作,那么失业率 = 20%。如果情况恶化,其中一个人决定停止寻找工作,失业率下降到 11%(1/9)。这样一来,坏消息反而使得失业率下降。这被称作**工人丧志效应**(discouraged-worker effect)。这一过程也可以反过来说,好消息会促使一些人变得更积极地寻找工作,失业率会上升到 20%。这被称作**工人励志效应**(encouraged-worker effect)。图 6.3 提供了美国失业率的历史数据。

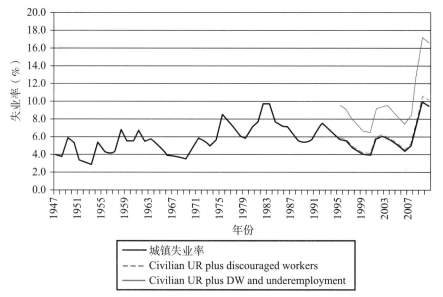

图 6.3 第二次世界大战以后的美国失业率:平民失业率和把丧志工人算在内的失业率

资料来源:http://data.bls.gov/cgi-bin/srgate。

这两种效应在 2007—2009 年的衰退中显得尤为突出。工人丧志效应的最清楚的例子发生在 2011 年 1 月和 2 月的报道中(分别指的是 12 月和 1 月的失业)。在这两个月中,75 万人离开了劳动力大军,其中很大一部分原因是他们的失业补助用完了。只有当一个人积极地寻找工作时,才会有领取失业补助的资格。一旦这种好处用完了,由于没什么机会可以寻觅,他们就会直接放弃寻找。当他们这样做时,失业率就会急剧下降(从 9.6%降到 9%)。

当漫长的就业旱季结束时,我们可以预测到一个现象的发生,那就是,好的新闻会导致大量找工作的人产生。在 2003 年 5 月,当经济刚开始复苏时,有 50 万人加入了劳动力大军,但是其中只有 25 万人找到了工作。结果就是,尽管这是一个新增工作岗位高于平均水平的月份,但是失业率还是从 6.1%上升到了 6.3%。

6.3.3 失业的类型

经济学家进一步根据失业原因将失业分为几个类型。如果人们是由于经济短暂的低迷而失去工作的,经济学家们把这种失业称为**周期性失业**(cyclical unemployment)。而**季节性失业**(seasonal unemployment)指的是那些每年在同一时期都可以被预料到的失业,例如密歇根的救生员。①

失业的第三种类型更加麻烦以及持久。由于经济的变化(要么是这种行业不复存在,要么是转向了其他国家)而导致人们的特定技能被废弃而造成的失业被称为**结构性失业**(structural unemployment)。这一类型的人很难再就业,因为他们的预期工资高于现有经济中适合他们的工作岗位的工资。

相反,第四种失业类型通常是经济中出现了好的迹象而导致的。如果一切都向好的方向发展,人们可以得到更好的工作,或者,至少他们能受到激励而出去找更好的工作,有时他们会提高失业率。例如,当一些人得知有更好的工作时,他们可能会辞掉现在的工作,并投入时间去找这样的工作,当他们接受失业调查时,就可能被统计为处在失业状态。还有一些人可能是双职工家庭的一部分,当其中一个人得到晋升需要举家迁徙到另外一个城市时,没有得到晋升的配偶也只好放弃原来的工作,去另外一个城市寻找工作。在这期间,这些寻找工作的人可归类为**摩擦性失业**(frictional unemployment)。这些人会在短时间内失业,但是他们拥有雇主所期望的技能。他们只需要花一点时间,就可以找到适合的工作。因此,只要为了寻找一个相似或者更好的工作需要花费时间,那么在任何平滑运行的经济中就都会存在这样的失业。

通常来说,有1/4到1/3的失业人员是被解雇并可能召回的(周期性失业),差不多同样数量的人是自发地离开岗位的,即摩擦性失业,剩下的则是非自发地离职,且不会被召回(后一种失业并不指的都是结构性失业)。

6.4 商业周期

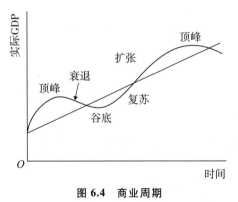

图 6.4 商业周期

很多年来经济体中一直存在这一种规律性的上下波动的模式,经济学家们将之称为"**商业周期**"(business cycle)。图 6.4 显示了经济随时间变化的总体形式。尽管总的趋势是向上的,但你可以看到这条路径很少是线性的。在图中实际 GDP 在一条轴上,时间在另一条轴上,你可以看到商业周期有五个主要的组成部分。**谷底**(trough)是商业周期的最低点。**复苏**(recovery)是实际 GDP 从谷底走向前一个经济高峰的增长阶段,也就是说,实际 GDP 回

---

① 因为救生员只有在炎热的夏季人们下水游泳时,才会被需要。所以在人们不下水游泳时,必然会因此失业,这可以随着气候变化而预料到。——译者注

到复苏开始之前的状况的阶段。**扩张**(expansion)是商业周期中从前一个顶峰向下一个顶峰演变所经历的增长时期。**顶峰**(peak)是实际GDP增长缓慢并最终停滞的那个阶段。**衰退**(recession)是商业周期中至少连续两个季度实际GDP下降并最终回到另一个谷底的阶段。有时这个定义会被美国国家经济研究局的商业周期测定委员会所无视,因为他们想要建立一个更常识的方法来测定衰退的开始和结束。例如,尽管2008年的第一季度有轻微的向好趋势,第二季度有明显的向好趋势,2007—2009年的经济衰退还是被认为是从2007年年末开始的。这是因为低迷时期显然是从2007年年末开始的,而2008年的前半年之所以经济状况不错是因为有经济刺激计划的帮助,上百万美国人接收到了退税支票。在这段时间里,不管是对于整个经济系统还是对于2008年秋季的金融危机来说,退税确实起到了作用。

从1950年到2011年一共有9次经济衰退,平均每次经济衰退的时间为9.5个月。有些经济学家认为除去某些严重的不利事件(例如"9·11"事件),美国经济衰退的力量已经被全球化减轻了很多了。通常经济衰退会伴随失业率的急剧上升、适度的通货膨胀率,以及一个2%到3%的实际GDP的下降。在过去的半个世纪里,经济学家好几次都想搞明白经济周期是否根本无法被消除。除了2007—2009年的经济衰退,第二次世界大战以来最糟糕的经济衰退发生在20世纪80年代早期。那段时间里失业率从大约7%上升到11%,通货膨胀率从13%下降到不到4%。由于伊拉克入侵科威特而在1990年发生的衰退只造成了轻微的影响,它大约持续了8个月。它对失业、通货膨胀和产出的影响并不像1981—1982年的经济衰退那样突出。2001年的经济衰退源于2000年总统选举的不确定性,结束于2001年11月。在我写这本书时,2007年末发生的经济衰退的影响的广度和深度还没有被确定。不过,显然它突破了短而浅的经济衰退的界限。图6.5显示了1981—2008年的三次经济衰退。

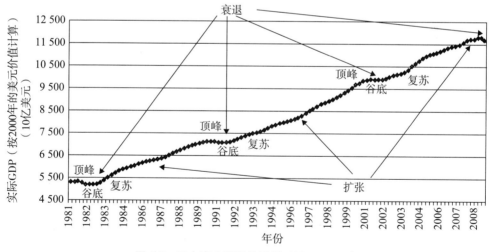

图 6.5　三个商业周期的例子:1981—2008 年

资料来源:www.bea.gov。

如果通货膨胀是不好的,通货紧缩为什么会更糟呢

从1970年开始到整个20世纪90年代末,人们对价格问题的主要关注是它上升得太快了。在70年代末和80年代初,通货膨胀达到了顶峰,价格以每年10%或接近10%的速度攀

升。考虑到这一点,为什么价格下降也会是一个问题呢？事实上,答案听起来可能有一点简单。如果人们有耐心的话,当他们确信大件商品的价格会更便宜一些时,会推迟购买时间。

当通货膨胀率在每年1%到2%运行时,没有人在购物时会指望价格下降,因为它不会下降。另一方面,如果价格下降,人们就会有这样的动机。如果人们出于期望商品价格下降的原因而不买商品,那么制造商就会发现需求下降了。他们会削减工资和福利,或更糟糕地——通过解雇工人来削减成本。当利润下降时,股票的价值也会减少。随着财富的减少,那些股票持有者会削减在消费品上的开支。最后的结果是,房价也会开始下跌。当这样的事情发生时,人们由于他们的房屋所欠下的钱很有可能比他们的房屋的价值更高,这会导致人们对于拥有房屋的意愿下降以及抵押资产来借贷的能力消失(因为他们本身已经没有资产了)。

从20世纪80年代到2003年,日本在资产价格方面经历了严重的**通货紧缩**(deflation)。日本的股票市场,按其主要指数来衡量,Nikkei225股票指数(东京证券交易所指数)从40 000点跌到不到8 000点。从2003年开始,这个指数开始恢复,直到2007年年初,它恢复到了18 000点以上。在这13年间,日本的不动产价值也直线下跌。尽管日本曾经遭到西方世界的嫉妒,但是它的通货紧缩带来的衰退比一个典型的经济衰退持续的时间长得多。举一个更近的例子,2007年美国房地产泡沫爆发之后,商业不动产市场的萧条以及从2008年中期到2009年的石油价格的剧烈下跌使得许多经济学家担心,美国会重蹈日本的覆辙。

这样的担心使得美联储对2010年到2011年的脆弱的复苏时刻保持关注。美联储最主要的担心是通货紧缩的漩涡几乎不可能停止。这导致了美联储政策的出台,例如第二轮量化宽松政策(QE2),在正常的情况下这样的政策无疑会导致灾难性的通货膨胀。这些政策的目标是防止通货紧缩。

在一些经济学家眼中,经济衰退的影响由于美国的经济全球化而被减缓了。那些持此种观点的人认为,随着国际贸易的扩大,进入衰退期的国家的经济会受到国际上对其产品需求的拉动。相反,那些处于强势的经济复苏期的国家可能会受到一些负面的影响,因为原来在国内的购买可能会转移到国外。

另一方面,另一些经济学家提醒道,20世纪90年代后期的亚洲—俄罗斯—拉丁美洲的金融危机表明,一个地区的经济是如何产生不稳定的多米诺骨牌效应的。正如在多米诺骨牌之间设置障碍可以使之更稳定一样,如果一个国家的麻烦可以与另一个国家的麻烦相互隔离,经济则会更稳定。在20世纪90年代,美国经济的健康最终稳定了世界经济。

不幸的是,全世界没有哪个国家可以阻止2007—2009年的经济衰退。刚开始,美国的需求下降,然后是能源价格的快速上涨、不动产市场的崩塌,以及后来的2008年的金融危机。究竟全球化是抑制了还是扩大了经济衰退,会由未来的宏观经济史学家来决定。

在最近的60年,美国还没有出现**萧条**(depression)这种现象。尽管没有正式的对经济衰退和萧条之间的经济学区分,但确信无疑的是,美国自20世纪30年代以来还从未出现过萧条。萧条是严重的经济衰退,下列问题都是其特征的表现：金融恐慌和银行倒闭,失业率超过20%,实际GDP下降10%或更多,显著的通货紧缩。

可以用现在大多数经济体都具备的经济和社会安全网(例如失业保险和福利)来降低萧

条发生的可能性。政府可以通过调整利率和政府支出政策来防止那些由于消费者缺乏购买信心而导致的经济衰退演变为萧条。更进一步,现存的失业保险及其政策可以应对失业率的上升以及更坏的情况,因此,21世纪初的失业者拥有比20世纪初的失业者高得多的购买力。这也会降低衰退演变为萧条的可能性。

国民收入和生产核算

本章出现的所有数据都来自不同的数据源,并且可以从很多政府和学术的网站上查到。不管是税收报告还是销售税记录、调查还是报告,这些数据都是由政府来收集、分析并公布的。正如我们在本章的前面看到的,我们可以通过支出法和收入法两种方式来得到GDP。对于我们这样的一本书,GDP的计算公式是复杂的、不必要的、冗长的,但是你可以了解下面表中的哪些东西对于计算GDP来说是必要的。同时,你应该知道,由于很多的统计和测度方法的原因,这些数字的相加并不总是准确的,所以"统计误差"总是存在的。

GDP的算法

支出法	金额(10亿美元)	收入法	金额(10亿美元)
个人消费	10 001.3	薪资	7 819.5
国内私人投资	1 589.2	总利润	3 294.9
政府投资和消费支出	2 914.9	企业直接税	964.4
净出口	−386.4	折旧	861.1
国内生产总值	1419.0	统计误差	179.1
		国内生产总值	14 119.0

资料来源:www.bea.gov。

本章小结

本章我们介绍了宏观经济学的一些基本词汇,并探讨了一些测度指标,尽管这些测度方法并不是完美无缺的。我们看到产出的测度指标是国内生产总值(GDP),价格和通货膨胀用价格指数来测度,最常用的是CPI。而且,我们讨论了为什么GDP要经过通货膨胀调整成实际GDP,而且,尽管存在缺陷,实际GDP仍是对经济健康状况的一个主要测度指标。此外,本章解释了如何测度失业以及这一测度如何受相关问题的影响,经济学家如何根据失业原因来划分失业类型。最后我们讨论了商业周期的概念。

关键词

| 微观经济学 | 宏观经济学 | 国内生产总值 | 市场篮子 |
| 基年 | 基年市场篮子的价格 | 价格指数 | 消费者价格指数 |

通货膨胀率	生活费用调整	链式指数	GDP 平减指数
实际国内生产总值	劳动人口	失业率	就业不足
工人丧志效应	工人励志效应	周期性失业	季节性失业
结构性失业	摩擦性失业	商业周期	谷底
复苏	扩张	顶峰	衰退通货紧缩
萧条			

自我测试

1. 在测度国内生产总值时,国外公司在美国生产的产品_____。
   a. 可以算入,并且美国公司在其他国家所生产的商品也可以算入
   b. 可以算入,但是美国公司在其他国家所生产的商品不能算入
   c. 不能算入,但是美国公司在其他国家所生产的商品可以算入
   d. 不能算入,并且美国公司在其他国家所生产的商品也不能算入

2. 可用两种方式来核算国内生产总值:人们_____的钱并且把人们_____的钱算入其中。
   a. 挣得,支出   b. 支出,储蓄   c. 挣得,储蓄   d. 贷出,借入

3. 通货膨胀通常用价格指数的_____来测度。
   a. 绝对增加量   b. 多年平均的增加
   c. 年的增加百分比   d. 对数调整的绝对增加

4. 在 2005 年年初,通货膨胀出于油价上涨而出乎意料地上涨,这帮了_____。
   a. 借款人   b. 贷款人   c. 拿固定收入的人   d. 工人

5. 消费者价格指数是一种应当受到严厉批评的通货膨胀的测度方法,这是因为_____。
   a. 政府没有做任何努力来调整它的缺陷   b. 它一贯地低估生活费用的增加
   c. 它一贯地高估生活费用的增加   d. 政府毫无理由地持续地对它做出调整

6. 把实际 GDP 作为衡量社会福利的一个标准的问题是_____。
   a. 它无法统计到家庭的生产
   b. 它无法统计到作为经济增长的一部分的劳务
   c. 它会两倍、三倍甚至有时会四倍地计算所统计的产品
   d. 它无法统计到作为经济增长的一部分的进口

7. 2005 年,通用汽车宣布裁减其 20% 的雇员,并且关闭其很多装配厂。这些行动所导致的解雇被列为_____。
   a. 季节性失业   b. 周期性失业   c. 摩擦性失业   d. 结构性失业

8. 在一张实际 GDP 随时间变化的图上,衰退表现为_____。
   a. 在另一个增长路径上的"短而浅"的下降
   b. 在另一个增长路径上的"长而深"的下降
   c. 路径上的下沉,增长和下降的量相同
   d. 一个增长率虽然为正但是很低的时期

9. 经济学家认为以下哪种情况最坏？
   a. 5%的通货膨胀   b. 经济衰退   c. 5%的通货紧缩   d. 大萧条

简答题

1. 解释一下，为什么经济学家会把注意力集中在实际GDP而不是名义GDP上呢？
2. 假设你走进了一个就业办公室并且找到以下这些人：一个被解雇的商业街圣诞老人，一个被解雇的汽车工人（会被原公司召回），一个因公司搬迁至墨西哥而失业的女人，还有一个由于其妻子刚找到一份新工作而刚来到这座城市的护士。把以下的标签和这些人对号入座：周期性失业、摩擦性失业、结构性失业和季节性失业，然后解释你为什么要这样分配。

思考题

经济学家为CPI会夸大生活费用的问题已经讨论了数年之久。这种夸大的程度已经成为很多经济研究的重要课题。解决这样一致同意的问题所造成的一部分问题是任何纠正都会使得社保支票减少或税收增加。经济测度应当服从于政治辩论吗？

讨论题

经济学家约瑟夫·熊彼特（Joseph Schumpeter）一度认为当人们被持续地雇用时，他们会很容易进入一种非生产性的舒适状态（unproductively comfortable state）。他的结论是经济衰退是好的，因为它可以促使人们变得有创新力并且更具有企业家精神。他把这称为"创造性破坏"。你同意他的观点的前提吗？你同意他的结论吗？

进一步阅读

Hausman, Jerry. "Sources of Bias and Solution to Bias in the Consumer Price Index." *Journal of Economic Perspectives* 17, no.1, pp.23—44.

Lebow, David E., and Jeremy B. Rudd. "Measurement Error in the Consumer Price Index: Where Do We Stand?" *Journal of Economic Literature* XLI, pp.159—201.

第 7 章
利率和现值

> **学习目标**
>
> 学习完本章,你应该能够:
> 1. 理解利率是什么,区分名义利率和实际利率。
> 2. 理解现值对计算现金流的重要作用。
> 3. 理解为什么在不同时间进行有关成本和收益的经济决策时,现值是一个有用的工具。

我们总是要在很多不同的时间下做出经济决策。也就是说,一个既定决策得到收益的时间不同于该决策的成本发生的时间。例如,当你存钱的时候,你放弃了现在的购买商品的能力,以便将来有更多的钱可以支配。假如你去借钱,你就可以在有足够的钱支付之前进行消费。因而,我们现在同意放弃一笔钱是为了以后得到得更多,而在另一些时候,我们愿意在几个月时间里每个月支付特定金额,而不愿意现在一次性付清。在任何市场上,都存在价格和数量,存在买方和卖方。本章我们要探讨借款、放贷、投资和储蓄决策。

我们首先讨论利率、货币的价格以及如何确定它们。我们要看到决策过程中预期通货膨胀的重要性,以便在名义利率和实际利率之间做一个划分,这一划分对经济学家很重要。

最后我们讨论了金融决策。我们会看到任何借款、储蓄、放贷或投资等特定决策都取决于经济学家所说的现值。我们会考察一些情景,在这些情景中,我们现在储蓄或借钱是为了以后得到更多的钱。我们还会提供更为复杂的跨时期进行收支决策的案例。

7.1 利率

7.1.1 货币市场

当人们借出或借入钱时,我们把借钱的价格称为**利率**(interest rate)。想象货币市场的一个常用方法是,假定你自己租了一辆搬运车,在你租车时,车主让你在事先确定的时间期限内,以事先确定的价格来使用它。现在,想象租的是钱。钱的主人以事先确定的价格让你在一段时间内使用这笔钱。这段时间一般以年来表示，因而价格也是年利率。这意味着你借钱买车、买房或寻求投资者的支持时，必须支付利息。

当然你也可以想象自己处在对方的位置，你是钱的主人，你要么把钱存入银行，要么购买债券。你其实是将钱"租给"其他人使用。无论是哪一种情况，利率都是你的交易的重要构成部分。在我们所讨论的市场上，卖方是有钱的一方，买方是需要钱的一方。

图 7.1 描述了一个类似于我们在第 2 章和第 3 章看到的市场。在此处价格是利率，数量是贷方（储蓄方）提供给借方的数额。供给曲线是上斜的，因为如果贷方（储蓄方）能得到更高的回报，他借贷的动机就会更强；需求曲线是下斜的，因为在更高的利率水平下，借方会认为借钱不那么有利了。正如在任何其他市场上一样，该市场会产生一个借贷的均衡利率和均衡数量。

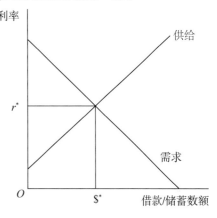

图 7.1 货币市场

均衡利率依赖于几个因素。例如，有良好信誉历史的人的利率一般低于哪些信誉不佳的人。银行对汽车贷款的利率通常比对房屋贷款的利率要高。信用卡的利率很高，原因在于风险的程度不同。贷方不能保证借方会全额返还每一笔贷款。贷方要冒风险，而决策过程中要考虑的部分风险是借方返还贷款的可能性，以及如果他们不返还，会有什么样的后果。信用卡通常得不到任何保障，因此信用卡的利率要比房屋贷款的利率高。如果买方拖欠房屋贷款，贷方能取得房屋所有权，最后还能出售房屋。

7.1.2 名义利率和真实利率

那些公开的广告上所指的大额可转让存单（CDs）和汽车贷款的利率就是经济学家所指的**名义利率**（nominal interest rate）。尽管这是图 7.1 中所指的利率，但并不是经济学家所指的**实际利率**（real interest rate）。实际利率指的是已经将通货膨胀率剔除的利率。在第 6 章中解释过的通货膨胀率是以百分比计算的价格上涨。通货膨胀对我们的有关利率的讨论是十分重要的，因为借贷双方都要考虑决策的成本和收益，它们按得到和失去的消费来衡量。由于假定借方是为了现在能购买物品而借钱，以后再返还给贷方，贷方届时再用那笔钱进行购买，因而价格的变化很重要。让我们来考虑一个例子。

假设你的朋友同意在下一年以 10% 的利率还钱给你，你同意借给他 500 美元。这意味着下一年你会得到 550 美元。假设你们两个人最后都会用这笔钱购买 iPad，现在它的价格为 500 美元。如果当你拿回这笔钱时，它的价格上涨到 600 美元，你就亏了。你的朋友得到了 iPad，但是就算等一年，你的钱也不够买一个 iPad。另一方面，如果 iPad 的价格只是上涨到了 525 美元，那么当你拿回钱时，你就可以付得起这笔钱了，而且你还可以因为这一年的等待得到额外的 25 美元。这说明通货膨胀在借贷决策中十分重要，尤其是我们知道通货膨胀率是多少的时候。

尽管没人能确切知道来年的通货膨胀率会是多少，但人们却可以利用近几年的经验作为指导。结果，借贷双方都形成了对通货膨胀的预期。如果你要求得到 25 美元的补偿才愿意等待一年再买 iPad,你就预期 iPad 的价格会上涨 25 美元,那么你会要求 550 美元的返还金额。第一个 25 美元是补偿当你买时的更高价格的,第二个 25 美元是补偿你等待的这一年时间的。这对经济学家们意味着,名义利率等于通货膨胀预期加上真实利率。①

7.2 现值

100 美元当然要比 50 美元多,但是要比较现在的 50 美元和从现在开始算起的 6 年之后的 100 美元就难说了。为了将货币放在同一个平台上比较,我们使用**现值**(present value)这一概念来比较货币。尽管在使用合适的利率的情况下,你也能比较不同时点支付的货币。如果现在支付的一笔钱在合适的利率下进行投资,并在以后能产生一笔更高数额的回报,我们说这两笔不同时点货币的现值是相等的。

7.2.1 简单的计算

充分理解现值概念的数学公式有点复杂,列示如下:

$$现值 = \frac{支付}{(1+r)^n}$$

其中,

支付 = 将来得到的支付

r = 利率

n = 得到支付之前的年限

幸运的是,概念和结论并没有数学公式这么复杂。将来得到的支付需要用一个因子来调整,这个因子等于 1 加上做出支付之前每年的利率。如果利率是 10%,10 年之后支付,则支付额需要用 1.10 的十次方来调整。

利用一个特定的例子,如果利率为 10%,想想从现在算起,10 年之后的 200 美元的支付额的现值是多少。为了计算这个,我们需要用 1.1 和它自己相乘 9 次。结果是 2.5937,所以这笔钱的现值是 200/2.5937 美元,约等于 77.11 美元,这意味着,如果你现在有 77.11 美元,你把它以 10% 的利率投资出去 10 年,你会有 200 美元。换一种说法,如果从现在开始,10 年之后你想得到 200 美元,而且你想通过借钱来得到它,在现有 10% 的利率水平下,你只需借 77.11 美元。

正如我们所提到的,2.5937 这个因子是通过将 1.1 和它自己相乘 9 次得到的。表 7.1 提供了不同利率和贷款期限下的因子。最上面一行是利率,左边一栏显示的是从借方借钱开始到归还之日的年限。该表显示了借方为每 1 美元借款所必须偿还的金额。例如,你的信用卡透支,在 20% 的利率水平下,所借的每 1 美元在 5 年内都要花费你 2.49 美元,也即原来的 1 美元加上 1.49 美元的利息。

---

① 当通货膨胀和实际利率都很低时,存在一个非常小的交叉乘积项。

表 7.1　在不同的时间里要为借出的每 1 美元付出的利息

单位：美元

期限（年）\利率（%）	20	10	5	2	1
30	237.38	17.45	4.32	1.81	1.35
10	6.19	2.59	1.63	1.22	1.10
5	2.49	1.61	1.28	1.10	1.05
1	1.20	1.10	1.05	1.02	1.01

7.2.2　抵押贷款、汽车支付和其他分期支付的例子

我们可以使用这样的概念来计算我们可以负担得起多少钱的房子和汽车。在这里，我们不考虑单笔总额的借或还，我们一次性借入一笔钱，然后分批偿还。当然，我们也能想象每次存一点，然后积累一大笔钱的情况，例如为休假所做的储蓄；或者我们每次存一点，然后得到其他增量的情况，例如为退休进行储蓄，然后每个月从退休金中得到一张支票。这些都是同一原理的简单扩展。

每一个例子都有一个优美的公式，这些公式使得我们能代入不同的数字并得到结果。研究财务管理问题的人可能会对这些公式感兴趣。但是对我们理解如何在其他情形下应用现值的思想而言，这些公式并不是非要不可的。

对此，让我们转而看看表 7.2，通过这个表，我们想评估一项特定的商业交易是否为一项好的交易。假定一项持续 5 年、每年 100 美元的投资，会在第 6 年开始产生持续 7 年、每年 100 美元的回报。

表 7.2　在不同的利率水平下成本的现值和收益

单位：美元

期限(年)	成本	收益	成本现值@5%	收益现值@5%	成本现值@8%	收益现值@8%	成本现值@10%	收益现值@10%
1	100		100.00		100.00		100.00	
2	100		95.24		92.59		90.91	
3	100		90.70		85.73		82.64	
4	100		86.38		79.38		75.13	
5	100		82.27		73.50		68.30	
6		100		78.35		68.06		62.09
7		100		74.62		63.02		56.45
8		100		71.07		58.35		51.32
9		100		67.68		54.03		46.65
10		100		64.46		50.02		42.41
11		100		61.39		46.32		38.55
12		100		58.47		42.89		35.05
合计	500	700	454.59	476.04	431.20	382.69	416.98	332.52

尽管有时总收益大于总成本,要评估一项交易是否为一项好买卖,还要看利率。如果利率是5%,收益的现值就比成本的现值要大。当利率为8%或10%时,收益的现值就比成本的现值要小。这意味着,一桩以利润最大化为目的的生意会在利率为5%时继续进行投资,而当利率为8%或10%时,其投资就会停止。当利率使得成本和收益的现值相等时,我们就把这个利率称为**内部收益率**(internal rate of return)。在这个例子中,内部收益率大约为5.8%。通常来说,当必须负担的利率低于内部收益率时,收益的现值会大于成本的现值。

所有的抵押贷款和汽车支付都可以进行相似的计算,尽管这些比较简单。为了让你对每月不同类型的贷款要做多少支付有更直观的印象,让我们看看表7.3,它提供了一套非常简洁的现值因子。同样,最上面一行是年利率,左边一栏是不同的贷款期限。用信用卡以20%的利率透支购买一台价值1 000美元的电脑,在未来的5年里,每个月会花费购买者26.49美元。这一五年期贷款的总支付额达到1 589.63美元。

表7.3 在不同的期限下每个月要为1 000美元贷款付出的利息

单位:美元

期限(年) \ 利率(%)	20	10	5	2	1
30	16.71	8.78	5.37	3.70	3.22
10	19.33	13.22	10.61	9.20	8.76
5	26.49	21.25	18.87	17.53	17.09
1	92.63	87.92	85.61	84.24	83.79

利用表7.3中的数字,能计算出你所购买的物品在以后的年份中需要每月偿还的金额。我们刚才看到了,如果你使用信用卡购买价值1 000美元的电脑,在未来5年你需要每月偿还26.49美元的贷款。如果你在5年的偿还期内购买价值30 000美元的汽车,并得到10%的银行贷款利率,你每个月需要偿还637.5美元(30×21.25美元)。如果你在一个融资方案中购买一辆同样的汽车,汽车公司给你的贷款利率为2%,你每月的支付只有525.9美元(30×17.53美元)。最后,如果你以5%的利率购买价值100 000美元、为期30年的抵押贷款房子,会花费你每月537美元(1 00×5.37美元)。

7.3 终值

现值公式可以从代数上重新排列为一个终值的公式。**终值**(future value)是通过利息调整的过去的支付的价值。利用现值公式中同样的变量,我们可以得到终值的公式:

$$终值 = 支付 \times (1+r)^n$$

当你在考虑储蓄一笔钱以预防未来可能会出现的支出时,这样的计算就显得十分有用了。例如,如果你有10 000美元,并且想将其储蓄起来,等你刚出生的女儿高中毕业时再给她,你可以把它存在大额可转让存单中18年,并赚取4%的利息。如果你把这些数字($n=18, r=4\%$)代入公式,你就可以得出结论,她可以得到20 258.17美元的现金。

现值和终值的计算在商业问题尤其是金融问题上很集中。它们需要一个公式或者电子表格来做指数计算。在计算器和电脑普及之前,汽车销售商和不动产经销商都用一个简便的方法,叫作 **72 原则**(rule of 72),它可以帮助他们快速地估计脑中的相关的计算。还记得前面的 10 000 美元的大额存单以 4% 的利率存 18 年就会翻番。72 原则可以帮你估计,用多长时间可以让你的投资翻倍,它的使用方法是用 72 除以年利率(72/4 = 18)。

深入学习 LEARN MORE

风险和回报

投资是一项充满**风险**(risk)的生意。有些投资项目无法像预期的那样带来收益。经济学家把风险看成投资者无法得到预期收益的可能性。有两种基本的风险类型:一种是**违约风险**(default risk),指的是借方不还债;另一种是**市场风险**(market risk),指的是股票或者债券的价格以意想不到的方式改变了。为了补偿投资者,回报则是巨大的。经济学家把这种巨大的回报称为**风险溢价**(risk premium)。由于长期的预言通常没有短期的那么准确,所以投资者获得的回报会与其为拿到回报所必须等待的时间之间有一定的联系。经济学家把这种回报与你必须等待的时间之间的关系称为**收益曲线**(yield curve)。图7.2 显示了向联邦政府贷款的收益曲线的例子。

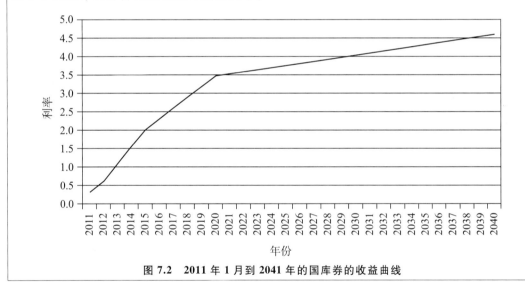

图 7.2 2011 年 1 月到 2041 年的国库券的收益曲线

本章小结

本章介绍了利率的概念,并且说明了货币市场在概念上与其他商品的市场没有什么区别。利率被解释为借钱的价格。我们又解释了实际利率与名义利率之间的区别,并且强调了实际利率的概念考虑了通货膨胀。通过扩充这些概念解释了现值,以及当收支需要跨越一段时间进行时,如何应用这些概念来评价经济决策。

关键词

利率	名义利率	实际利率	现值
内部收益率	终值	72原则	风险
违约风险	市场风险	风险溢价	收益曲线

你现在可以阅读的章节

第23章　犯罪经济学

第28章　教育

第30章　社会保障

自我测试

1. 当评价一个商业决策时,一个经济学家经常会诉诸现值,这是因为_____。

   a. 利润可能不能保证时间和投资者的注意力

   b. 投资和利润会在不同的时期实现

   c. 投资和利润会以不同的通货实现

   d. 投资和利润会在不同的经理手中实现

2. 在资本市场中,一项投资的总的盈利性的增加会表现为_____。

   a. 可贷资金的供给的增加　　　　b. 可贷资金的需求的增加

   c. 可贷资金的供给的减少　　　　d. 可贷资金的需求的减少

3. 当评估是否要做出一项投资时,我们应该着眼于_____,因为这样可以考虑通货膨胀率。

   a. 名义利率　　　　　　　　　　b. 实际利率

   c. 汇率　　　　　　　　　　　　d. 垃圾债券利率

4. 假设你的曾祖母(今天)告诉你她要在一个储蓄账户里以3%的利率存一笔钱,到你毕业的时候(准确地说是4年之后)足够取出5 000美元给你作为毕业礼物,她现在应该存多少钱?

   a. 5 000美元　　　　　　　　　　b. 5 000×(1.03)^{4}美元

   c. 5 000/(1.03)^{4}美元　　　　　d. 5 000/(1+0.034)美元

5. 在5%的利率下,下面哪个数字具有最大的现值?

   a. 5 000美元　　　　　　　　　　b. 2年后收到的5 050美元

   c. 3年后收到的5 075美元　　　　d. 10年后收到的5 500美元

6. 在5%的利率下,下面哪个数字的现值最小?

   a. 5 000美元　　　　　　　　　　b. 2年后收到的5 050美元

   c. 3年后收到的5 075美元　　　　d. 10年后收到的5 500美元

7. 在5%的年利率下,从现在算起的2年后收到的1 000美元的现值比现在的900美元要少,这是由于_____。

   a. 税收　　　b. 复利　　　c. 扣缴税款　　　d. 两方面都有

8. 一个期限为60个月(无首付)、利率为6%、每个月还款500美元的汽车贷款,允许借款者买一辆什么样的车?

    a. 35 500美元的汽车　　　　　　　　b. 30 000美元的汽车

    c. 25 863美元的汽车　　　　　　　　d. 28 200美元的汽车

简答题

1. 为什么未来支付的钱的现值要比这笔钱本身少,但是现在投资的钱以后取出来会比原来多?

2. 为什么5年内每个月付400美元却不能支付一辆24 000美元的车?

3. 为什么通常债券投资者为了取回钱所必须等待的时间与债券的利率有着正相关的关系?

思考题

在抵押贷款市场中的早期阶段对本金的支付是相对来说较少的。在一笔100 000美元、利率为6%、360个月偿清的贷款中,首次还款大约是600美元,其中500美元是利息,而100美元是用来支付本金的。在2008年的金融灾难之前,许多新房购买者都有"只有利息"的按揭(他们在开始的5年每月支付500美元,在那之后每月支付644美元)。你认为这是一个好主意吗?

讨论题

大学生和毕业不久的年轻人经常会身陷信用问题,因为他们不完全明白借钱和高估他们还款能力的后果。你的审查员应该在校园里通告并收走你在学生宿舍里收到的信用卡吗?

破产法保护那些拖欠学生贷款的人们,这意味着即使你宣布你因信用卡的欠款破产,你还是不能不还你所欠的学生贷款。当你借出一笔学生贷款的时候,你知道这些吗?或者这会影响到你借学生贷款的决策吗?

第 8 章
总需求与总供给

> **学习目标**
>
> **学习完本章,你应该能够:**
> 1. 理解并能够运用宏观经济学的总供给和总需求模型。
> 2. 解释为什么总需求曲线是向下倾斜的,为什么对总供给曲线的形状有争议。
> 3. 列举导致这些曲线移动的变量,并且理解这些移动如何转化成对价格和产出的影响。
> 4. 辨别需求拉动型通货膨胀和成本推动型通货膨胀。
> 5. 理解供给学派的经济学含义。

既然我们已经了解了一些宏观经济学语言和一些测度方面的问题,现在是时候将注意力转向对宏观经济模型的分析了。正如我们在第 2 章中利用供给和需求模型帮助我们理解当特定变量发生改变时,会对一些特定的行业有怎样的影响一样,现在我们利用总供给和总需求模型来帮助我们理解其他变量如何影响总体经济的运行。

要记住,模型并不是完美的。它们依靠一些简单的假设,而这些假设能够帮助我们以一种更清晰的方式来把握所研究问题的实质。在微观经济学中,供给与需求是很好理解的,也是我们研究某一行业时相对容易理解的分析框架。但是遗憾的是,在宏观经济学中不存在这么一个具有可比性的模型。

这样,我们找到了一个最为接近可行的,使用起来也相对简单、灵活,能包容不同观点的模型,那就是总供给和总需求模型。它也具有我们在第 2 章学习过的供给和需求模型的优点,因此很多概念不会像在一个全新的模型中那样陌生,而是比较容易理解。

对于宏观经济模型要谨慎处理的原因在于,不像微观经济模型那样只有一个市场,它是把很多种相关的商品和服务都整合在一个模型中。尽管我们很容易能将五种影响苹果价格的要素列举出来,但是我们很难将整个经济中的所有影响苹果价格的要素列举出来,如果真的要这样做,估计至少需要5页纸才可能完成。宏观经济相对于某一特定的市场来说更大,同时也更为复杂。在理解这些之后,我们要学习本章的总供给-总需求模型,并且意识到,尽管这一模型不完美,但它已经相当满足了我们所要达到的目的。

按照第2章对模型的介绍方法,我们先分别介绍总需求和总供给,然后将它们整合在一个模型中来研究。正如第2章中我们考察的为什么供给和需求会发生改变一样,我们也来考察为什么总供给和总需求会发生改变,以及如果它们改变会对经济造成什么影响。最后,我们利用总供给-总需求模型来简单解释一下供给学派经济学。

8.1 总需求

8.1.1 定义

总需求(AD)是对不同价格水平下,消费者购买的商品和劳务数量的测量。它表示国内消费者、企业、政府和国外购买者在每一可能价格水平下所想要购买的实际国内产出的数量。我们绘制了图8.1来说明实际情况,在横轴上用实际国内生产总值(RGDP)来衡量所销售的实际商品和劳务,在纵轴上用价格指数(PI)来衡量所有价格。

正如第2章所阐述的那样,我们认为需求曲线是向下倾斜的并且讨论为什么会这样,现在我们依旧这样来做。如图8.1所示,事实上,总需求曲线反映了所有价格和真实产出之间呈负相关关系。其实这是由于三方面原因:实际货币余额效应、国外购买效应和利率效应。

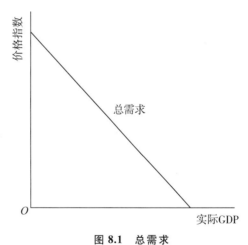

图8.1 总需求

8.1.2 为什么总需求是向下倾斜的

实际货币余额效应(real-balances effect)的意思是随着价格的不断上升,任何你以现金或证券形式拥有的财富都会变得越来越没有价值。同样,如果当价格不断升高时,你购买真实商品和劳务的能力下降,那么两者之间就呈现出负相关关系。

第二个造成总需求向下倾斜的原因是**国外购买效应**(foreign purchases effect)。可以这样说,在美国,随着商品价格的上升,美国人更乐意购买进口商品而不愿意购买美国制造的商品。外国人同样也不愿意购买美国商品,因为这样会减少他们国家商品的出口。如果你还记得第6章的支出法,你就会知道进口的增加会导致美国 GDP 的下降。

利率效应(interest rate effect)是指高价格会导致通货膨胀,反过来会导致借贷和实际 GDP 的下降。总需求的定义有助于解释利率的重要性,因为它们与总需求曲线向下倾斜的性质有关。回顾第6章的内容,利用支出法,总需求曲线可以通过加总消费、企业投资、政府对商品和劳务的支出、出口,然后减去进口得出。其中的两项消费和企业投资都对利率敏感。当人们购买房屋、汽车、家具或者任何使用时间超过三年之久的商品(经济学家称之为耐用品)时,他们通常会通过借贷来消费。当利率比较高时,人们所预期的对这些商品的支付额要比利率低时的支付额高。若企业要通过借贷来建造新厂房或者购置新机器设备,它对债权人所支付的利息依旧要靠利率来决定。任何时候只要利率上升,大额物品的消费和企业投资就会下降,因为利率的上升使得人们和企业面临更大的成本。回顾第7章所学的内容,我们知道通货膨胀会导致利率的上升,因此如果价格上升,通货膨胀也会增加;如果通货膨胀增加,那么利率会上升;如果利率上升,消费和投资就会下降;如果消费和投资下降,那么实际 GDP 就会下降。

8.2 总供给

8.2.1 定义

总供给(AS)是指每一可能的价格水平下一国所能提供的实际国内产出水平。对于总供给曲线,人们存在不同观点,分歧之处在于对充分就业的理解。大多数经济学家认为,当周期性失业为零时就存在充分就业,因此当充分就业存在时,仍然伴有失业人口,特别是所谓的"结构性失业人口",即由于所在行业迁移或者不再存在而被迫失去工作的人。此外,摩擦性失业人口指那些想要找到更好工作的人,以及那些因为配偶在新的地方找到了更好的工作而在所谓的"充分就业"时期放弃了现有工作的人。这些不同的观点都已经在图 8.2 的总供给曲线中展现出来。

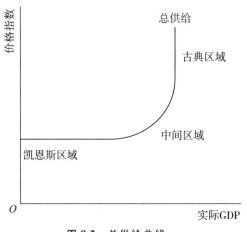

图 8.2 总供给曲线

8.2.2 关于总供给曲线形状的观点

宏观经济学家对几个重要的定义有着十分不同的观点,这些观点可是说是针锋相对。对接下来的两个问题的争论将经济学家分为两大阵营:什么是充分就业?怎样定义自愿失业和非自愿失业?接下来的讨论有点"家丑外扬"的感觉,但同时它也为你的通识教育课程提供了一个绝佳的"教育时刻"。其实,每个学科领域都会产生观点分歧,而宏观经济学领域中影响最深远的分歧就在于刚刚提到的这些问题。你要接受,对于每一个问题都不存在一个唯一确定的答案,这样你才迈出了成为一个有素养的人的重要一步。所以,要对此十分谨慎……

古典经济学家相信,即使没有政府的干预,所有的市场也能够运行良好。他们认为,如果最低工资的工作岗位被允许存在,那么失业的钢铁工人会选择不接受它们,所以他们不是非自愿失业,仅仅是感到前景黯淡,没有前途。结果,古典经济学家认为周期性失业为零,因此根据定义,我们总是会处于充分就业状态,因为劳动力市场的变化会确保每一个想要工作的人都会拥有一份工作。如果人们不愿意接受市场均衡工资水平,那么无论如何他们都不能算入失业人口——至少在古典经济学家定义的"充分就业"中是如此。

凯恩斯主义经济学家则持相反观点。这些经济学家追随20世纪初期的经济学家约翰·梅纳德·凯恩斯的经济学说,认为总是存在比现有工作岗位更多的愿意工作的人,至少在现实中,我们从未达到真正意义上的充分就业状态。对凯恩斯主义者来说,充分就业的概念是不切实际的。因此,即使很多人都有工作,凯恩斯主义者还是认为需要更多的就业来满足总需求的增加。

为了在图形中描绘出这些不同的观点,古典经济学家相信总供给曲线总是垂直的。他们认为价格和工资在所有市场中总能保持均衡,因此总需求的增加只能导致价格的上升,并且潜在的实际GDP会保持不变。例如,回顾我们在第4章和第5章学习过的芯片制造商的例子。假设这家企业存在很多竞争对手生产相同的产品。如果总需求的增加导致对计算机进而对芯片需求的增加,那么,我们的企业将会扩大生产。古典经济学家认为,既然所有的市场在开始时就处于充分就业状态,那么企业就会提高工资来吸引更多的工人从而进行扩大生产。但是无论企业能否成功地从竞争对手处吸引更多的工人,行业的总产出依然保持不变,因为工人的总数目保持不变。如果古典经济学家的观点是正确的,最终唯一发生的变化就是价格的上升。

另一方面,凯恩斯主义经济学家认为价格和工资是刚性的,而失业正是由于这一事实的存在而产生的。进而凯恩斯主义者认为,雇用这些工人的唯一方法就是增加总需求。并且,由于价格保持不变,总供给曲线被认为应该是水平的。我们再次引用芯片制造的例子,如果能够雇用到很多工人来芯片制造厂工作,那么增加的需求被增加的产出满足后并不会使工资上升。

一个比较合理的区域是位于这两个模型之间的中间位置,一些行业处于充分就业状态,而另一些行业则没有。如果实际情况果真如此,一些行业的总需求的增加就会导致价格上升,而另一些行业则会引起产出的增加。因此,总的来看,实际GDP和价格都会上升一点。如果一些行业(如计算机芯片制造业)处于充分就业状态,而另一些行业(如钢铁业)没有处于充分就业状态,那么对这两种产品的总需求的增加,会使芯片制造业产生通货膨胀,而会使钢铁业出现产出增加。

经济学家之间在总供给曲线观点上的差异都显示在图8.2中。正如你所见的那样,垂直区域对应着古典经济学家的观点,之所以这样表示,是因为古典经济学家认为总需求的增加只会导致价格的增加而不会导致产出的增加。同样,水平区域对应着凯恩斯主义经济学家的观点,之所以这样表示,是因为他们认为总需求的增加只会导致产出的增加而不会导致价格的上升。中间区域则将两种极端的观点连接起来,其假设是,古典经济学家的观点可能对一些行业适用,而凯恩斯主义者的观点可能对另一些行业适用。

你应该已经理解图8.2所示的供给曲线在大多数经济学家看来并不是完美的。但就我们的目标而言,它让我们以一种相对简单的方式去分析和处理宏观经济学领域中的意见分歧(这并不是说你一定会觉得它不那么复杂)。

8.3 总需求曲线和总供给曲线的移动

8.3.1 使得总需求曲线移动的变量

正如我们在第2章中所看到的那样,总是存在一些使得需求曲线和供给曲线发生移动的因素。如果你去观察一下总需求曲线的构成要素,你可能会发现一些线索。任何影响人们的消费意愿、政府对商品和劳务的支出意愿、企业对新工厂和新设备的投资意愿以及净出口(出口减去进口)的因素都会影响到总需求。

例如,个人所得税和企业所得税分别会影响到消费和投资。税率越高,消费者就只能有越少的税后收入来作为消费支出。随着行业或者公司税率的上升,一些可能有前景的投资也变得不这么有吸引力了。因此,任何个人税率或企业税率的上升都使总需求降低,同时使得总需求曲线向左移动,相反,税率的下降则会使得总需求增加进而使总需求曲线向右移动。

任何利率的上升也会有类似的影响。正如我们在图7.1中所看到的,还有在前面讨论有关利率效应的影响时所描述的那样,利息成本的增加会降低个人和企业借贷的意愿,结果导致总需求的减少,表现在图形上,就是总需求曲线的向左移动。

企业和消费者信心的增加会使得总需求增加以及总需求曲线向右移动。之所以会出现这种情形,是因为消费者对自身的财务状况更有信心,他们更愿意举债去购买耐用品。企业对其销售产品能力信心的增强,会使得它们更愿意追加投资。当然,任何这种信心的下降都会带来相反的影响。它的减少会使得总需求曲线向左移动。

外汇汇率对总需求的影响有些复杂,尽管汇率广为公布,但是它们公布的方式总是令人感到困惑。日元的汇率总是按照购买1美元需要花费多少日元来表示,而英镑的汇率总是以购买1英镑需要花费多少美元来表示。就好比你走进一家面包店想要买一打甜甜圈,店里按照1美元你能够购买多少甜甜圈来计价,而另一家面包店则以你购买一个甜甜圈所花费的钱来计价。稍稍计算一下,你便可以对两种方式加以比较,当然,也许这只需要一分钟。另外,我们说如果美元变得更为强势,出口会下降,而进口则会上升。因此,强势的美元减少了总需求,使得总需求曲线向左移动。当然,疲软的美元会造成相反的影响,这时总需求会增加,在图形上表示为总需求曲线的向右移动。

唯一一个直接影响总需求的变量是政府支出,这个需要我们稍加解释一下。由于政府对商品和劳务的支出是构成总需求的一个直接部分,其影响当然也是直接的。政府支出的增加会引起总需求的增加,政府支出的减少会引起总需求的减少。进而可以理解为,政府支出的增加会使总需求曲线向右移动,而政府支出的减少会使总需求曲线向左移动。

这些影响在表 8.1 中做了总结。总需求的增加效应在图 8.3 中显示,而总需求的减少效应在图 8.4 中显示。

表 8.1 总需求的决定因素

变量	总需求受影响部分	变量的增加对总需求移动的影响	变量的减少对总需求移动的影响
税收	消费 投资	总需求减少 因此曲线左移	总需求增加 因此曲线右移
利率	消费 投资	总需求减少 因此曲线左移	总需求增加 因此曲线右移
信心	消费 投资	总需求增加 因此曲线右移	总需求减少 因此曲线左移
美元力量	出口 进口	总需求减少 因此曲线左移	总需求增加 因此曲线右移
政府支出	政府支出	总需求增加 因此曲线右移	总需求减少 因此曲线左移

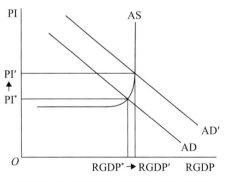

图 8.3 总需求增加,导致曲线向右移动

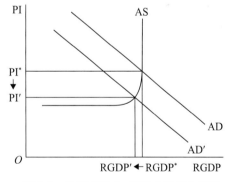

图 8.4 总需求减少,导致曲线向左移动

为什么美元的强势并不必然是好事

对于美国人来说,说起"强势美元"存在一些问题似乎感觉不那么"爱国"。但是,事实确实如此。我们以欧元和美元的关系作为例子分析一下,将它应用到假想的一个德国人和一个美国人购买汽车的案例中去。假设每个人都想购买一辆中等大小的轿车,并且都在德国制造和美国制造之间进行比较。在进行广泛调查之后,每个人都感觉两种车的质量和总体性能差不多,购买与否取决于哪种车更便宜。

注意到欧元是在20世纪90年代才被应用,以取代欧洲各地区之间不同货币的货币,最初的欧元价值固定等于1美元,那么如果它们具有相同的价值,则汇率就为1∶1(1欧元兑换1美元)。也就意味着,每一种车在美国和德国都具有相同的价格,两种车在美国都要花费3万美元,而在德国都要花费3万欧元。

现在假定德国车的美国经销商以25 000欧元的价格从德国购买这些轿车,而美国车的德国经销商以25 000美元的价格从美国购买这些车。这意味着美国经销商要支付给银行25 000美元以兑换25 000欧元,而德国经销商要支付给银行25 000欧元以兑换25 000美元。

如果美元持续变得强势,以至于汇率变为1∶0.75(1欧元兑换75美分),那么美国车的德国经销商需要支付33 333欧元给银行以兑换25 000美元,然后从美国购买车辆。为了维持以汇率为基准的5 000欧元的利润,他们不得不将进口的美国车的价格抬高至38 333欧元。德国车的美国经销商现在只需要18 750美元就能兑换到25 000欧元,因此,只需要对德国车标价为23 750美元就能维持原来5 000美元的利润。现在,这样一来,美国人更喜欢购买进口(德国)车,德国人更喜欢购买本国(德国)车。因此,强势的美元增加了美国的进口,而减少了美国的出口。

在美国之前,还有世界上的其他国家都深陷于2007—2009年的衰退中,美元相对于欧元来说大幅贬值(1美元只兑换约0.64欧元),直到2008年秋,这也可能成为美国躲过这场衰退的原因之一。美国出口的快速增长似乎也带领美国走出已经在欧洲开始的衰退。但当2008年秋,金融危机来临时,这种希望也破灭了。尽管危机始于美国银行扣住大量房屋抵押品赎回权,但是美国仍然被看作一个相对能安全度过危机的国家。外国投资者看准了美元去投资美国国债,结果是快速加强了美元和欧元的关系。从8月到11月的80天内,美元大幅升值近25%,1美元可以兑换0.81欧元。这可能鼓舞了美国的士气,但是对美国的出口没有一点帮助。

在2010年至2011年的两年时间里,欧洲国家和美国开始了艰难的经济复苏,美元对欧元的汇率也在一直波动。希腊债务危机期间,美元走低,美元对欧元的汇率在1∶0.68至1∶0.81的范围波动,即1美元最低兑换0.68欧元,而最高兑换0.81欧元。直到2010年年底,汇率才稳定在两者之间。而每一次美元的削弱,都刺激了美国的出口。

8.3.2 使得总供给曲线移动的变量

正如存在一些能够改变总需求的因素一样,也存在一些重要的因素能够改变总供给。这些因素对于企业来说非常重要。任何企业成本的增加都会对总供给产生重要影响。当然还有其他一些因素,如政府的管制和一些影响生产率的因素。

任何能够使得产品成本增加的因素都会损害总供给。也就是说,劳动力成本的增加或者其他投入成本的增加都会减少总供给,即使得总供给曲线向左移动。相反,这些成本的减少会增加总供给,使得总供给曲线向右移动。利率也和企业的其他运作成本一样影响着总供给曲线,它影响着企业的信贷成本,而这些信贷是为了确保企业拥有最低限度的现金流。

同样,如果政府管制以某种形式增加了生产成本,那么总供给也会减少,曲线会向左移动。撤销管制则会对总供给产生相反的影响,因为企业遵守这些管制的成本降低了。最后,企业的生产率可能因为利用更先进的技术而有所提高,这时就会导致总供给的增加,曲线向右移动。

表 8.2 总结了这些影响;图 8.5 和图 8.6 总结了这些移动对总供给-总需求的影响。图 8.5 展示了总供给增加的影响,图 8.6 展示了总供给减少的影响。

表 8.2 总供给的决定因素

变量	变量的增加对总供给移动的影响	变量的减少对总供给移动的影响
投入品价格	总供给减少 因此曲线左移	总供给减少 因此曲线右移
生产率	总供给增加 因此曲线右移	总供给减少 因此曲线左移
政府调控	总供给减少 因此曲线左移	总供给减少 因此曲线右移

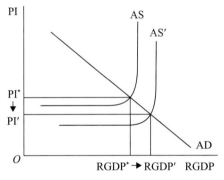

图 8.5 总供给增加,导致曲线向右移动

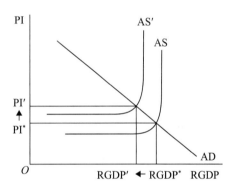

图 8.6 总供给减少,导致曲线向左移动

8.4 通货膨胀的成因

依照图 8.3 和图 8.6,我们可以看到价格的上升可能带来需求方面或者供给方面的影响。任何导致总需求曲线向右移动的因素都会使价格上升。经济学家将由于这种原因导致的通货膨胀称为**需求拉动型通货膨胀**(demand-pull inflation)。任何导致总供给曲线向左移动的因素同样也会使价格上升。经济学家将由于这种原因导致的通货膨胀称为**成本推动型通货膨胀**(cost-push inflation)。

许多使得总需求曲线向右移动的因素都来自政府方面。如果政府支出增加或者税收减少,那么总需求会增加,需求拉动型的通货膨胀也就出现。另外,货币政策——政府有关货币供给的政策——总是有目的性地影响利率。如果该政策使得利率降低,那么对利息敏感的消费和投资就会增加,进而使得总需求增加。

在20世纪60年代,当林登·约翰逊同时发动越南战役和国内反贫困战争之时,很多人一直都担心需求拉动型通货膨胀的产生。政府支出迅速增加,尽管在那个时期税收也增加了,但通货膨胀还是从1965年的1%上升到了1970年的6%。

投入成本对总供给曲线有着极为重要的影响。例如,由于市场行为或立法引起的工资的增加,会使得总供给曲线向左移动,因而引起价格的上升。类似地,石油类商品价格的增加会对总供给曲线有着相似的影响。

20世纪70年代末的通货膨胀很大程度上归因于石油价格的上涨。石油是一种贯穿经济生产的重要投入品,它的价格从1973年的每桶5.21美元上升到1981年的每桶35.15美元。这使得通货膨胀率从1972年的3%上升到1980年第一季度的18%。同样,2007年至2008年年初,一场短期且快速的通货膨胀被预期,很大一部分石油的价格是同期世界石油价格的3倍。2011年年初,位于中东地区的突尼斯、埃及、利比亚和其他由于石油引起通货膨胀的地区拖慢了在美国和欧洲国家的经济复苏进程。

8.5 政府如何影响(而不是控制)经济

在考察总需求和总供给的决定因素时,我们可以很清楚地认识到政府可以通过多方面的手段影响经济。税收、利率、美元的力量和政府支出,就占据了表8.1中五项中的四项,这些手段都是政府可以发挥影响力的领域。投入品价格和政府管制在表8.2中作为总供给的决定因素被列举出来。后者显然是在政府的控制之下,当然政府也可以对前者的某些方面施加影响。

8.5.1 需求方面的宏观经济学

即使我们将会在第9章和第10章提供关于政府的政策制定者如何通过给需求方面施加影响进而影响经济的详细介绍,在此还是有必要简单提及一下。通过提高或降低税收,增加或减少支出,国会和总统能够影响总需求,进而影响价格和产出。同样,通过提高或降低目标利率,美联储能够影响总需求。对于规模小一些的政府而言,通过买卖世界货币也能够影响到自身货币的价值。这些也是政府引导经济走出萧条的手段。发生在2001年1月和2003年夏季的利率快速下调;还有短期利率在2008年年末下调接近为零;美联储在2008年大规模购买住房抵押贷款证券,在2010年和2011年又再次大规模购买住房抵押证券;2001年、2003年和2008年退税支票产生,2008年奥巴马时代应对需求方的经济刺激计划也正式启动。

8.5.2 供给方面的宏观经济学

20世纪70年代末,一种新的关于政府影响经济的想法出现了。这一想法的主要思路涉及政府的一些政策行动会影响总供给曲线。我们已经知道政府支出和利率政策会影响总需求曲线。图8.3和图8.4表示了任何总需求曲线的移动要么在导致RGDP增加的同时增加通货膨胀,要么在导致RGDP减少的同时降低通货膨胀。总供给曲线的向右移动只会产生好的结果:通货膨胀的降低和实际 GDP 的增加。

供给学派经济学(supply-side economics)通过降低投入成本、减少管制、增加对努力工作者的激励和革新技术来达到影响总供给曲线的目的。尽管供给学派经济学的倡导者提倡改变税收法则,但这些改变并不是必要的。只有里根政府执政时期(1981—1989)的政策才被认为是供给学派经济学的主张:针对企业的减税(投资税的抵减和累积折旧项目),税收法则的重大改变即边际税率的减少,试图撤销政府管制和放松现有的强制性规则,并且否决了对最低工资的增加,以上这些都是供给方面的政策。倡导者还指出这些政策增加了某些方面的激励,分别是对技术革新,敢于承担风险,以及通过增加税后奖励或者移除障碍对努力工作者进行鼓励的激励机制。另一方面,批评者认为对个人税收的大部分削减和对国防开支的增加应该归为典型的需求方面的政策。

20 世纪 80 年代最大的一场来自供给方面的影响源于石油价格从每桶 40 美元跌至每桶不足 10 美元。最近,一项由布什总统在 2003 年提出的减税以消除公司分红税的方案被认为是供给经济学。他的意愿是要消除对公司红利的双重征税,进而刺激企业对那些能提高生产率的资产进行投资。不论他的逻辑正确与否,2003 年的减税政策并没有消除双重税收,尽管它的确降低了资本利得的最高税率,这也是供给经济学的一个目标。这些减税政策的重点与 2008 年总统奥巴马和参议员麦凯恩所倡导的主题不同。2010 年,当共和党赢了大选时,奥巴马同意 2012 年全年推出减税政策,因为他相信,在那时如果提高税收只能对供给和需求产生消极影响,有百害而无一利。

本章小结

在讨论宏观经济和微观经济问题时,本章引入了总需求和总供给模型。首先,我们分别研究了总需求和总供给,解释了为什么总需求曲线是向下倾斜的。我们也在古典经济学和凯恩斯主义经济学两种不同的观点下考察了总供给曲线的形状以及充分就业的问题。然后将两条曲线整合到一起,就可以知道某一特定的宏观经济学变量发生变化时会产生什么影响。我们利用这种方式去解释成本推动型和需求拉动型的通货膨胀以及供给学派经济学的概念。

关键词

| 总需求 | 实际货币余额效应 | 国外购买效应 | 利率效应 |
| 总供给 | 需求拉动型通货膨胀 | 成本推动型通货膨胀 | 供给学派经济学 |

你现在可以阅读的章节

第 9 章 财政政策
第 10 章 货币政策
第 12 章 房地产泡沫

自我测试

1. 任何产生"信心危机"的事件可能会导致_____。
   a. 更高的价格　　b. 更高的产出　　c. 更低的价格　　d. 通货膨胀
2. 利用总供给-总需求模型来分析下列哪种情况会导致价格的上升。
   a. 税收的增加　　　　　　　　b. 世界性的石油价格下跌
   c. 利率的升高　　　　　　　　d. 政府支出的增加
3. 利用总供给-总需求模型来分析下列哪种情况会导致总产出的增加。
   a. 税收的增加　　　　　　　　b. 世界性的石油价格暴涨
   c. 利率的下调　　　　　　　　d. 政府支出的减少
4. 国会和总统控制着税收系统和政府支出。它们的政策会直接影响下面哪一个?
   a. 总供给　　　　　　　　　　b. 总需求
   c. 剩余需求　　　　　　　　　d. 可贷出的美元需求
5. 联邦储备系统可以间接控制短期利率,那么它可以通过调节什么来控制经济活动?
   a. 总供给　　b. 总需求　　c. 剩余需求　　d. 外汇汇率
6. 一位经济学家非常担心环境管制的经济影响,那么他可以用下面哪个模型来分析环境管制的经济影响?
   a. 总供给的减少　　b. 总供给的增加　　c. 总需求的减少　　d. 总需求的增加
7. 对于总供给曲线的形状而产生的分歧源于对经济生活中哪种问题的认识?
   a. 失业　　b. 通货膨胀　　c. 欺骗　　d. 信心
8. 利用一个反向"L"形的总供给曲线,在某种程度上可以让我们了解到其他形状不可行,是因为_____。
   a. 考虑到不同的价格水平　　　b. 考虑到不同的宏观经济学观点
   c. 处理曲线的移动　　　　　　d. 创建一个均衡点

简答题

1. 考虑到总需求曲线和需求曲线都向下倾斜的原因,每一个都有各自的"货币余额效应"。它们有什么不同?
2. 如果我们想要我们的总统对经济做些什么,通常你会想到哪些?我们怎样利用总需求-总供给模型去分析我们所想的手段是如何起作用的?
3. 假设总统说:"我们处在危机之中并且濒临另一次大萧条,我们需要增加政府支出去帮助经济复苏。"总统是依靠总需求的什么决定因素来带领我们走出萧条的?总需求的什么决定因素让总统不希望你做出否决?
4. 利用利率效应解释从总体价格的增加到总需求的减少这一连串事件的发生。
5. 定义总需求的含义。然后列出并凭你的直觉解释出总需求曲线下降的原因。
6. 在解释总供给曲线分为不同区域的原因的基础上讨论其形状。

7. 列出并解释三种联邦储备系统控制货币供给的方式(也就是货币当局的工具)。

思考题

杜鲁门总统感慨道他想要一个"单手经济学家"(one-handed economist),因为我们的经济学家总是倾向于说"一方面……另一方面"(on the one hand…but on the other hand…)。经济学家从来没有成为一个总统的好助手,因为他们尊重事物的无常;我们很少给出直接的答案,因为这样实在太难给出准确无误的答案了。一般来说,宏观经济学,特别是总供给-总需求模型,非常尊重事物的无常。如果你是一个政治领袖,你是否也想要一个"单手"经济学家?

讨论题

总供给-总需求模型对于预测宏观经济政策的结果是很有帮助的(像减税政策、政府支出的增加和调控行为,以及利率的调整)。但它并没有告诉你关于政策行为分配方面的问题。例如,一项政府管制要求所有雇主提供医疗保险,这可能会使总供给曲线向左移动,提升价格以及减少实际 GDP。但是提供医疗保险是一个不好的想法吗?你觉得像这种在医疗保险可得性方面的管制带来的影响会抵消那些宏观经济结果吗?

第 9 章
财政政策

> **学习目标**
>
> 学习完本章,你应该能够:
> 1. 利用总供给和总需求图形来描述并理解相机抉择与自动调节的财政政策的作用机制。
> 2. 辨别总需求和总供给冲击。
> 3. 认识并列举相机抉择的财政政策存在的一些问题。
> 4. 理解自动调节的财政政策作为稳定现有的宏观经济系统的一种主要的财政政策。

当你希望政府能够为经济"做点什么"时,一般都是指**财政政策**(fiscal policy),它一度被认为是宏观经济的重要工具。财政政策是一种有意通过政府支出或者税收政策而影响经济的手段。在美国,财政政策的施行由国会和总统来决定。

财政政策并不只有一种,而是有两种。**相机抉择的财政政策**(discretionary fiscal policy)是指根据当时的具体问题而采取的相应行动。**自动调节的财政政策**(nondiscretionary policy)是指由一系列政策建立起一套体系,当经济增长过快或者过慢时起到自动稳定经济的作用。

我们首先来介绍相机抉择和自动调节的财政政策,然后介绍自动调节的财政政策能给经济带来的收益,并解释为什么有一些人会认为相机抉择的财政政策无法带来同样的收益。在此基础上我们来考察为什么政策制定者这么多年来舍弃了相机抉择的财政政策。最后,我们在相机抉择的财政政策复兴的背景下,讨论布什总统的两次减税政策,特别是儿童抵减退税问题。

9.1 自动调节的财政政策和相机抉择的财政政策

9.1.1 作用机制

自动调节的财政政策和相机抉择的财政政策之间的区别在于：一个是自动的，而另一个不是。例如，自动调节的财政政策包括政府政策，它能够在经济需要刺激的时候给予刺激，需要抑制的时候给予抑制。而相机抉择的财政政策是国会和总统统一采取一系列政策，使得在特殊时期给予经济刺激或抑制。

自动调节的财政政策作为一种有效的财政政策，很早就制定了。每当你升职，或是得到一份更好的工作，又或者在股市猛赚一笔时，政府都会以税收的形式拿走一部分你增加的收入。当你晋升了税收等级时，税收对你财产的影响会更大，也就意味着你在赚了更多钱的同时也要缴纳更多的税，即你的税金占你收入的百分比会更高。如果碰巧你接受了福利同时也找到了一份工作，这种影响就会更大。政府不仅不会再给你钱，还会要求你缴税。从这两个例子，我们可以了解到自动调节的财政政策是在抑制你收入的增加。

当然，自动调节的财政政策也有相反的作用。如果你丢了工作，或者降职，或者在股市上亏了一大笔钱，此时你的税收负担就会减轻。如果你失业了并接受福利救济，那么这种政策的影响会更大。政府不会再从你身上拿走你的钱，还会给你钱。这在某种程度上刺激了经济，因为这种政策可以抵消你的损失。

由于累进税税收制度的存在，当你赚的钱越多时，你所缴纳的税金占你收入的百分比就越高。又由于联邦政府和州政府当你需要救助的时候会适时给予你经济援助，所以自动调节的财政政策能够持续对稳定经济发挥作用。无须有人去做判断——即做决定——政策可以自动发挥作用。因此，它被叫作自动调节的财政政策。由于一系列行动规则内嵌在一套自动调节的财政政策体系内，所以它又被称为内在稳定器。

另一方面，相机抉择的财政政策需要国会和总统的统一抉择。当双方决定需要采取一些合适的措施来刺激或抑制经济时，他们通常会考虑改变税收政策和政府支出来达到目的。历史上，财政政策通常在经济萧条时候被运用，但很少被用来抑制过热的经济。①

过去常常使用的财政政策是减税和发放失业救助基金。例如，在 20 世纪 70 年代中期，福特总统就力图为每个纳税人提供 50 美元的税收抵免。在大萧条期间，许多失业者都在政府的公共建设项目找到了工作，如修建公路、水坝以及大桥。

在 2008 年奥巴马总统竞选活动期间，他曾承诺，废除上届执政府通过的减税政策，并对中产阶级施行减税政策，但这一政策使得美国年收入在 25 万美元以上的富人的利益受到限制。在 2008 年秋金融危机中的总统选举后，紧接着就是 40 年来最惨淡的一次假日购物期。在这种大环境下，即将上任的奥巴马执政府花费了大量的时间去拟订一揽子财政刺激计划。这套计划包括对个人税收的削减，扩大并增加对失业者的福利，帮助州政府和地方政府计算预期的医疗补助计划登记的增加，同时防止州政府和地方政府对重要财政预算的

---

① 在林登·约翰逊时期，每年 10% 的附加税被加到收入所得税上。许多人认为这一政策是为了抑制通货膨胀。

削减,以及增加对于民主党人士来说优先的一系列项目计划和谓的"万事俱备,只欠动工"的基础设施建设项目的支出。

对个人税收的削减政策与2001年、2003年和2008年的部分退税政策在结构上有差别,当年的部分退税是通过对代扣所得税一览表短期内的改变来实行的。布什总统的退税政策一开始用纸质支票支付,后来纸质支票支付和银行将退税款直接存到个人账户两种方式相结合来实行。每种退税政策的顺利实施都存在这样一段时期,那就是从计划的策划到退税款实实在在到达消费者手中的这段时期。经济学家建议奥巴马总统意识到布什时期的退税政策存在的两个重大问题。他们花了太长时间才使得退税款到达纳税者手中,并且这笔钱中的大部分被用来储蓄而不是消费。他们相信通过改变代扣所得税一览表能够加速进程,并且能够通过每周支付给纳税人少量的退税款而不是一下子支付大量退税款来减少更多的政府开支。

9.1.2 利用总供给和总需求模型来分析财政政策

我们的总供给和总需求模型是一个用来考察两种财政政策运作机制的非常有用的工具。无论是相机抉择的财政政策还是自动调节的财政政策都能够使得总需求曲线发生移动。如图9.1显示了扩张性财政政策的影响,而图9.2显示了紧缩性财政政策的影响。对于扩张性财政政策的选择,如增加政府支出和减少税收,会使总需求曲线在图形中向右移动。而对于紧缩性财政政策的选择,如减少政府支出和增加税收,这会使总需求曲线在图形中向左移动。

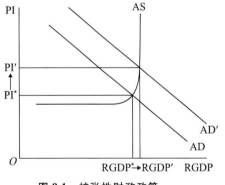

图9.1 扩张性财政政策

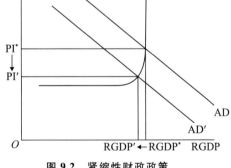

图9.2 紧缩性财政政策

需要注意的是,关于"财政政策能否对经济产生实际影响"这一问题一直存在争议。分析这一问题存在一个相对简单但是很有用的方法,那就是根据总供给曲线所处的位置来分析。那些相信经济处于总供给曲线的垂直区域的人认为:任何扩张性的财政政策都是完全无效的,它只会造成通货膨胀而不会增加产出。

值得一提的是,用于实施扩张性财政政策的货币不会凭空产生。政府支出的增加和税收收入的减少所产生的缺口,必须通过借贷或者发行更多的货币来弥补。经济学家通常认为后一种选择不可取,因为这可能引起通货膨胀。因此,由于借贷而产生的财政赤字通常是扩张性财政政策的必然结果。

9.2 利用财政政策抵消"冲击"

9.2.1 总需求冲击

无论是扩张性的财政政策还是紧缩性的财政政策都不是凭空产生的。它们之所以产生,是因为经济中无法预期的变动会使得实际 GDP 比政策制定者当初认为的正常水平要低很多或者高很多。图 9.3 和图 9.4 显示了这些**冲击**(shock)(或者说是不可预期的变动)的影响。在这两个图中,我们假设总需求的变动是无法预期的,且每幅图中需求曲线的初始位置均为 AD_1。由于不可预期的冲击,使得总需求曲线移动到 AD_2。如果总需求的下降引起了经济衰退,像图 9.3 那样,那么总需求曲线从 AD_1 移动到 AD_2。如果有人失业,社会的福利支出会增加,而税收收入减少。如图 9.5 所示,自动调节的财政政策会使总需求曲线适当地移动到 AD_3。扩张性的财政政策(即增加社会福利支出或者减少税收)能够使总需求曲线恢复到 AD_1。

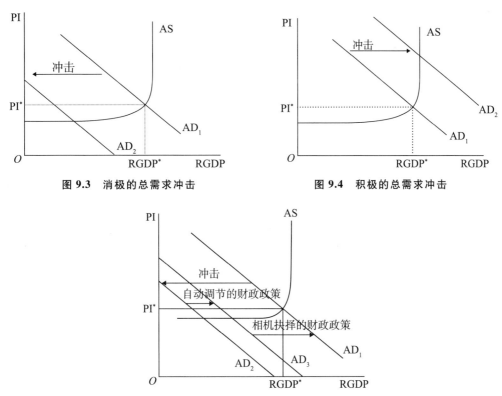

图 9.3 消极的总需求冲击　　图 9.4 积极的总需求冲击

图 9.5 自动调节的财政政策和相机抉择财政政策抑制经济萧条

如果总需求的突然增长使得经济过热,如图 9.4 所示,总需求曲线从 AD_1 移动到 AD_2。如果人们得到了更好的工作或者升值,社会的福利支出会减少而税收收入会增加。如图 9.6 所示,自动调节的财政政策会使总需求曲线适当地移动到 AD_3。紧缩性的财政政策(即减少社会福利支出或者增加税收)能够使总需求曲线恢复到 AD_1。

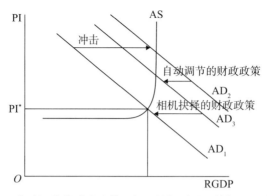

图 9.6　自动调节的财政政策和相机抉择财政政策抑制经济过热

自动调节的财政政策使总需求曲线从 AD_1 移向 AD_3，而相机抉择的财政政策使总需求曲线完全恢复到 AD_1 位置。理论上，无论经济受到积极的还是消极的冲击，政府都能够用相机抉择的财政政策和自动调节的财政政策使得经济回归正常。

我们需要弄明白总需求曲线为什么会发生不可预料的移动，这里存在很多因素，每个因素都涉及人们对未来预期的反应。如果人们对未来经济的预期很乐观，那么这就可能使他们购买新车或者新家具，进而总需求曲线会向右移动。如果相反的情况发生，由于消极的预期，人们会决定推迟购买那些大额消费品的打算，进而总需求曲线会向左移动。想要弄清楚人们对未来经济的预期并不是件容易的事情，因此大量的、不可预期的波动会对经济产生影响。经济学家把这种波动称为**总需求冲击**（aggregate demand shock）。

9.2.2　总供给冲击

了解了总需求冲击，我们也需要来了解**总供给冲击**（aggregate supply shock）。通常，总供给冲击涉及一些重要的自然资源。众所周知，最近的供给冲击与石油的价格有关。例如，在 1973 年阿拉伯-以色列战争期间，石油价格急剧上升。而在伊朗-伊拉克战争期间，由于双方通过增加石油产出来支付战争费用，反而使得石油价格下跌。从 2007 年至 2008 年中期，世界石油价格增长了两倍，而从 2008 年年夏至 2009 年年初，世界石油价格大幅下降。这两种情形都会对总供给产生巨大的影响。

即使在近期，2011 年年初席卷中东地区的暴动就表明了石油供给冲击的影响。2011 年 1 月，原油价格在每桶 80 美元以下，而随着利比亚的暴动，原油价格涨至每桶 100 美元以上，尽管利比亚只是一个小的石油输出国（利比亚的石油产出占全世界的 3%）。此刻，我们无法知道像沙特阿拉伯、科威特、伊朗或者是伊拉克这样的石油输出大国如果遇到此种情形，会不会比利比亚对世界石油价格有更大的影响。但是如果上述情形真的发生，你可以想象一下这将会对石油总供给造成何种剧烈的冲击。

无论这种剧烈的变化是积极的还是消极的，政策制定者总是希望能够做些什么来缓解总供给冲击造成的影响。并且，因为他们通常对这些引起冲击的问题也束手无策，所以他们希望利用相机抉择的财政政策来缓和冲击对经济造成的影响。

9.3 评价财政政策

9.3.1 自动调节的财政政策

自动调节的财政政策使得产出回到理想的水平,但是比起应对总供给冲击的影响来说,它应对总需求冲击进而对经济产生的影响所发挥的作用要更大些。此外,即使上届国会和总统为了使经济走出衰退制定了税收和支出政策,相机抉择的财政政策的效果仍然比不上自动调节的财政政策。

从20世纪30年代的大萧条以来,美国经济就成功避免了19世纪周期性出现的繁荣和萧条的困境。经济史学家一直争论这样一个问题:由福利国家和累进税制产生的内在稳定器究竟有多大的调节能力。两个重要的事件是,1982年的萧条是自第二次世界大战以来最糟糕的一次,更为糟糕的是从2007年年末到2009年中期的全球性金融危机,但是这两次远远没有19世纪的财政恐慌严重。

9.3.2 相机抉择的财政政策

你可能会认为相机抉择的财政政策也能发挥作用。如果你真这么想,那你就错了,但是很可能有很多人跟你一样也是这么想。20世纪50年代到60年代,大多数经济学家都坚信相机抉择的财政政策能够从本质上消除经济衰退所带来的不稳定性。直到20世纪80年代,大多数经济学家放弃了这种相机抉择的财政政策。无论是不是巧合,在接下来的20年里,美国经济发生萧条的数量只是以往的一半。

由于20世纪70年代相机抉择的财政政策的表现不尽如人意,所以60年代的拥护者转而在80年代彻底地否定了它。先前对总需求和总供给的分析使我们可以很清楚地看到,自动调节的财政政策如我们所说的那样确实在起作用,但是相机抉择的财政政策更像是经济学家的幻想。在20世纪50年代和60年代,经济学家认为国会能够准确把握当经济恢复到正常水平时,对经济予以刺激或是抑制的量。然后,国会提交议案,由总统签字就可以实施这项政策。但是在实践中,政策并没有如经济学家料想的那样对经济发挥作用。

相机抉择的财政政策并没有像料想的那样发挥作用(或者可能完全不起作用)的原因有三个。首先,这种失败可以归因于认识时滞、行政时滞和操作时滞。其次,是因为政治动机压过了经济上的原因。最后,对总需求和总供给来说都存在及时的反作用效应,也就是说,这种反作用能够部分或完全地消除政策的积极影响。

提到时滞问题,首先我们来了解**认识时滞**(recognition lag),它指总体经济状况(特别是实际GDP)的测量需要经过很长时间。其次是**行政时滞**(administrative lag),它指国会和总统需要时间去通过某项政策。最后是**操作时滞**(operational lag),它指政府的福利政策或税收变动需要一定时间才能对经济产生影响。

由于GDP不能轻易且迅速被计算出,所以就产生了认识时滞。每一季度的GDP在这个季度结束不久,先利用合理的运算预测器估算出来。然后,在收集更多数据后,对GDP进行重新估算。只有在几个月后,最终的GDP值才会被公布出来。因此,我们不能准确知道现在我们是否处在衰退中,只有在衰退开始几个月后,我们才能知道。类似地,我们也无法知道我们是否已经走出萧条,只有几个月后,我们才能知道。这个问题在 2007—2009 年的经济衰退中愈加凸显。直到 2008 年深秋,国家经济研究局商业周期测定委员会(National Bureau of Economic Research Business Cycle Dating Committee)才定义出 2007 年秋是此次经济衰退的开始。我们很清楚在 2008 年夏,经济已经在戏剧性地走下坡路,但是经济衰退持续了整整一年才被人熟知。2001 年经济萧条临近尾声,整个经济才开始出现缓慢增长,但是直到 2003 年夏,有关部门才宣称经济衰退事实上于 2001 年秋已经结束了。这就意味着当人们认识到经济萧条时,实际上它几乎已经过去了,而当人们认识到经济萧条已经过去时,实际上它已在一年半以前就结束了。2007—2009 年的金融危机直到 2010 年 9 月才被宣称结束,实际上它早在 2009 年 6 月就已经过去了。然而此时,经济刺激计划还没有用到拨款的 10%。

　　行政时滞是由于美国民主行政的内在非效率。我们拥有两个立法机构:首先,一项财政政策必须先得到政府内部的同意,然后必须经过总统的同意。总统、白宫或参议员可能会延迟或者是搁置某项财政政策。即使他们选择立刻要处理某个问题,国会也会存在分歧。比如,他们可能会认同我们现在的经济不景气,但是在对这种情形到底是该用相机抉择的减税财政政策还是该用政府支出政策,国会通常都会存在分歧。即使他们再次统一意见,他们可能会继续在减何种税,谁应该受益,采取何种政府支出才合适以及哪个国会选区应该受益等方面争论不休。当然,等到他们所有意见达成一致时,时间已经过去一大半了。

　　我们可以用 2008 年的金融系统拯救计划和 2009 年的经济刺激计划这两个政治争端来很好地阐明行政时滞的问题。其中两任总统都认为问题资产救助计划(Troubled Asset Relief Program)很有必要,但是这项计划需要将近一个月才能通过。即使参议院和众议院的大多数重要议员和两个半月来支持他选举的人都赞同这一计划,奥巴马总统也需要五周时间来使得国会批准这项计划。关于这项计划的结构和组成有太多的分歧。保守的经济学家和一些国会成员比较关心的是这项计划所造成预算赤字的影响;而乐观的经济学家和一些国会成员所关心的是这项计划对预期影响有多大规模的无效性。当然,这些不同的观点都是合理的,但是这种争论会消耗时间。

　　影响相机抉择的财政政策效力的最后一个障碍是操作时滞。即使国会和总统就某项政策的实施时间和政策的类型达成一致,也需要几个月甚至几年才能对经济产生预期影响。

　　如果相机抉择的财政政策采取增加修建高速公路的形式,且该项目能增加就业,联邦政府通常不会提前支付全部款项。工程承包者只有在一定的工程进度下才能拿到某一进度的款项,而像这样大的建设项目,通常需要相当长一段时间才能竣工。为了避免这种拖延,就希望一些"万事俱备,只欠动工"的基础设施建设计划包括在奥巴马的经济刺激计划中。这个想法在其设计阶段就已经被采用。这样,在启动某项工程的同时项目拨款可以到位了。相机抉择的财政政策总是遭遇这样的尴尬:比如,在 2007—2009 年的经济萧条中,到 2009 年 6 月经济萧条结束时,经济刺激计划还没有用到拨款的 10%。

　　至于在财政政策的税收方面,绝大部分要退回给纳税人的税款都能及时地在纳税人需要时到他们手中。2001 年、2003 年和 2008 年夏天的税款回退支票和 2009 年的代扣所得税一览表的改变都表明了减税政策能够更快地对经济产生影响。我们来看一下 2009 年之前的一个例子:产生回退支票的相关法律在被通过至少 6 个月之后,退税款才完全落实到消费者手中。对于这些相关的快速减税政策当然也有不利方,就是当有人将那些退税款用于储蓄或者支付债务时,减税政策对经济的影响就会被削弱。

9.3.3 财政政策的政治问题

关于反对相机抉择的财政政策的另一个争论是,即使它是有效的,那些热衷于竞选的政治家也不能恰当地利用它。这些政治家们都会在政治宣言中提及采取扩张性的财政政策,除此之外,他们还会提到一个问题,就是谁将会受到税收变化或者财政支出政策的影响。另外,政治家们的连任也使问题变得更加复杂。他们通常会在总统选举年采取扩张性的财政政策,以表示他们履行了当初的承诺。

首先,这会引发政治动机问题的产生。这些大规模、政府出资建设的项目是否真正必要是一个问题;这些资金被用到哪里去又是另外一个问题。举个例子来说,对波士顿主运输干道的修补(也被称作"大挖掘")来说,这项工程的启动到底是由于纯粹的工程学原因,还是由于议会中有一些议员住在那片区域的原因,这是存在争议的。类似地,批评者控诉是单独的政治原因导致了 20 世纪 90 年代初期大部分高速公路都建在弗吉尼亚。民主党通常致力于通过控制税收收入来影响经济,而共和党人则更倾向于这种实际工程建设。1995 年至 2001 年,共和党的大多数领导人和美国参议院拨款委员会主席在他们的家乡投入了不成比例的资金。一座建在阿拉斯加的、名声不太好听的"无用之桥"(Bridge to Nowhere)是一个有关于政治动机基础设施工程很好的例子。著名的经济学家詹姆斯·布坎南和其他一些经济学家指出,所有的政府支出,特别是冠以财政政策的政府支出,很容易受政治动机的影响。

还有一个问题是**政治经济周期**(political business cycle)。它指政治家,特别是总统,通常会在选举前一年的预算中增加支出和减少税收来促进经济的繁荣,从而使得他或他的党派在选举中再次获胜。表 9.1 就说明了这种情况,在美国总统任期内的第四年平均年增长率都要略高于其上任的第一年。

表 9.1 美国总统任期内的实际经济增长率

单位:%

总统	第一年	第二年	第三年	第四年
杜鲁门	−0.5	8.7	7.7	3.8
艾森豪威尔 I	4.6	−0.7	7.1	1.9
艾森豪威尔 II	2.0	−1.0	7.1	2.5
肯尼迪/约翰逊	2.3	6.1	4.4	5.8
约翰逊	6.4	6.5	2.5	4.8
尼克松 I	3.1	0.2	3.4	5.3
尼克松 II/福特	5.8	−0.5	−0.2	5.3

（续表）

总统	第一年	第二年	第三年	第四年
卡特	4.6	5.6	3.2	0.2
里根 I	2.5	-1.9	4.5	7.2
里根 II	4.1	3.5	3.4	4.1
布什	3.5	1.9	-0.2	3.3
克林顿 I	2.7	4.0	2.5	3.7
克林顿 II	4.5	4.2	4.4	3.7
小布什 I	0.8	1.9	3.0	4.4
小布什 II	3.2	3.3	2.2	-2.8
奥巴马	0.2	2.8		
平均	3.1	2.8	3.7	3.6

资料来源：www.bea.gov。

9.3.4 左右两派经济学家的批评

有许多经济学家（主要都是极端保守派）反对以任何形式实行财政刺激，同时认为等到得出2009年的经济刺激计划对经济的影响比奥巴马政府预期的影响要小时，这些人就会高兴地说"我早就告诉过你事情会这样"。约翰·科根、约翰·泰勒和其他经济学家认为如果经济刺激计划对经济有影响的话，也是小的、暂时的，甚至可能是消极的。他们觉得真正能够刺激消费和投资的只有税率在长期内的、结构上的改变，这样消费者和企业才能较准确地预测在未来他们的税后收入会增加。

自由派经济学家（诺贝尔奖获得者）保罗·克鲁格曼正如嘲笑经济刺激计划一样嘲笑那些保守派经济学家，他攻击的关键点是保守派认为这样的计划对经济的预期影响太小以至于不会产生任何影响。克鲁格曼瓦解了保守派对他所谓"信心神话"（the Confidence Fairy）重要性的估计，他和其他经济学家认为早在2008年12月，政策制定者就保守地说过至少有两种因素是必要的。自从那时，克鲁格曼就一再强调，政府总支出在2010年和2011年会下降，因为州和地方政府对财政支出的削减已经大于联邦政府对财政支出的增加。

9.3.5 相机抉择的财政政策的兴起、衰落和复兴

很明显，在20世纪70年代，政策制定者就发现相机抉择的财政政策不能达到稳定经济的目标。时滞问题很重要并且不容忽视，20世纪70年代的经济萧条持续时间很短以至于政府没有及时认识到，也没有及时制定相关政策，也没有扩大支出来缓解萧条。

尽管对相机抉择的财政政策的有效性还存在诸多顾虑，但是它还是被建议用来支持一些特殊的项目。1993年，克林顿总统就曾利用相机抉择的财政政策来支持一个160亿美元的投资项目。批评者反对这项决策，他们认为美国经济已经走出了萧条，并且萧条的规模非常小以至于不会对经济产生影响。

一个奇怪的巧合使得相机抉择的财政政策再次兴起。2001年5月,布什总统的减税政策被通过,当时我们并不知道美国处在经济萧条中。另外,该措施并不是对未来减税,而是在年初就开始实行减税。同时随即寄出了退税支票,而不是等到纳税人在2002年提交了纳税表格后才寄出退税支票。这些支票在2001年的8月和9月就开始陆续到达纳税人手中,9月11号恐怖袭击发生时已经全部发放完毕。伴着一系列利率的下降,很幸运,这些减税政策碰巧在经济需要刺激时刺激了经济。

2003年年初,美国经济复苏缓慢,在此情况下,布什总统又提出了另一项减税计划。该计划并没有全部通过,但是已经通过的部分与2001年的减税内容大同小异。2003年夏末,退税支票再一次被送达纳税人的邮箱中。

9.4 奥巴马的经济刺激计划

对于相机抉择的财政政策,作为最明确的财政工具标志的是由当选为美国总统的奥巴马提出的经济刺激计划,且该财政政策正在运行之中。在这之前,政策制定者积极地力图通过增加政府支出而不是通过退税政策来增加总需求已经有超过30年的历史了。

正如表9.2所示,这项政策本身有四部分内容。第一部分是用来支撑国家失业补助、社会福利和美国医疗补助计划系统。尽管项目拨款需要通过国会批准这道程序,但是它正如自动调节的财政政策一样,是联邦政府应对经济困境的一部分。该计划中的第二部分内容并不是简单地被分类的,因为尽管它被称作"相机抉择的财政政策",但是最终联邦政府还是会自行选择某种方式让国家安全渡过危机,2009财年和2010财年并没有通过削减预算和增加税收来使国家经济成功渡过危机。其实,这部分内容是为各州(通常不允许借贷)采取适合于其自身的自动调节的财政政策而设计的。很清楚,剩余部分是用来加速经济恢复,而不仅仅是用来减轻经济萧条的影响的。无论2009年的经济刺激计划是否被通过,对于它的规模是大是小,是解决了问题还是又产生了其他的问题,我们拭目以待。当然同样令我们拭目以待的是,在2010年政治季度之后,当"刺激"对于在众多政治领域变成了脏话时,相机抉择的财政政策是否又会将经济带回到1980—2000年那样的困境中去。

表9.2 最初颁布的奥巴马经济刺激计划内容

单位:百万美元

经济刺激计划内容	支出金额
自动调节的财政政策:失业、社会福利、医疗补助	135 832
为各州实行援助	53 600
相机抉择的财政政策:削减税收	301 135
相机抉择的财政政策:增加政府支出	300 047

资料来源:www.recovery.gov/Transparency/fundingoverview/Pages/fundingbreakdown.aspx。

深入学习 LEARN MORE

总供给冲击

在图 9.7 和图 9.8 中,我们将 AS_1 与 AD_1 的交点作为起点,此时的价格水平为 PI^*,产出水平为 $RGDP^*$。假设某一冲击使得总供给曲线移动到 AS_2。如图 9.7 所示,如果该供给冲击是消极的,使得投入品价格持续上升,随着 RGDP 的下降,人们将会失业。自动调节的财政政策此时就会发挥作用,因为失业意味着社会福利支出的增加和税收的减少。这会使得总需求向右移动至 AD_2。如果总统和国会决定进一步采用相机抉择的财政政策来让产出回到 $RGDP^*$,他们就不得不采取减税或增加社会福利支出的手段来达到目的。问题是冲击本身和自动调节的财政政策已经导致了很严重的通货膨胀,而相机抉择的财政政策只会使问题变得更严重。

另一方面,如图 9.8 所示,如果供给冲击使得投入品价格下降,那么产出则会增加。自动调节的财政政策就会使税收收入增加和社会福利支出减少。当这种情况发生时,总需求就会下降到 AD_2。在这种情况下不需要采取相机抉择的财政政策,因为即使存在冲击,也是积极的冲击,对经济发展是有利的。无论是冲击还是自动调节的财政政策都会缓和通货膨胀。

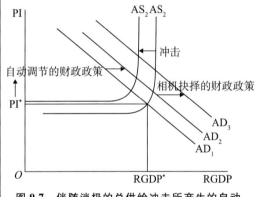

图 9.7 伴随消极的总供给冲击所产生的自动调节的财政政策和相机抉择的财政政策

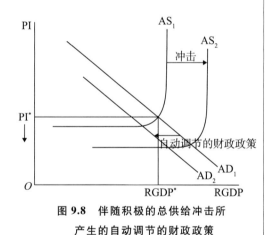

图 9.8 伴随积极的总供给冲击所产生的自动调节的财政政策

本章小结

现在你已经了解了相机抉择的财政政策和自动调节的财政政策之间的区别,以及如何运用总供给和总需求模型来分析其作用机制。同时你也知道了可以利用不同的政策来抵消总需求和总供给冲击。你还应该知道,尽管相机抉择的财政政策存在诸多问题,但是最近它又开始再度盛行。无论怎样,自动调节的财政政策仍然是当今宏观经济系统运用的主要手段。

关键词

财政政策　　　相机抉择的财政政策　　　自动调节的财政政策　　　冲击
总需求冲击　　总供给冲击　　　　　　认识时滞　　　　　　　　行政时滞
操作时滞　　　政治经济周期

自我测试

1. 联邦税收收入和社会福利系统的存在是作为下列哪种政策的主要因素？
   a. 相机抉择的财政政策　　　　　b. 自动调节的财政政策
   c. 货币政策　　　　　　　　　　d. 汇率政策

2. 调整税收和支出的政策是作为下列哪种政策的主要手段？
   a. 相机抉择的财政政策　　　　　b. 自动调节的财政政策
   c. 货币政策　　　　　　　　　　d. 汇率政策

3. 相机抉择的财政政策是_____的权限。
   a. 仅仅是国会　　　　　　　　　b. 仅仅是总统
   c. 国会和总统共同通过法律来制定　d. 联邦储备系统

4. 自动调节的财政政策通过_____对经济施加影响。
   a. 放大已经存在的经济起伏　　　b. 有目的地调整利率
   c. 国会对经济保护关注　　　　　d. 抑制已经存在的经济起伏

5. 总需求和总供给模型通过_____的移动来检验相机抉择的财政政策和自动调节的财政政策对经济产生的影响。
   a. 利率　　　b. 总供给　　　c. 总需求　　　d. 监管政策

6. 对于那些热衷于相机抉择的财政政策的人来说，应对经济萧条的方式是_____。
   a. 增税和削减财政支出　　　　　b. 减税和削减财政支出
   c. 增税和增加财政支出　　　　　d. 减税和增加财政支出

7. 对于那些热衷于相机抉择的财政政策的人来说，应对经济过热的方式是_____。
   a. 增税和削减财政支出　　　　　b. 减税和削减财政支出
   c. 增税和增加财政支出　　　　　d. 减税和增加财政支出

8. 相机抉择的财政政策作为一种工具是为了使经济变得更好，它_____。
   a. 普遍被人们所称赞并认为其有作用
   b. 普遍被人们所反对并认为其无效
   c. 很多人对认为该政策是有效的，但是主要的还是关注于该政策对时机的把握和政策制定动机方面的问题
   d. 与总需求和总供给模型不一致

9. 2002—2005 年的油价上涨是_____的例子。
   a. 积极的总需求冲击　　　　　　b. 消极的总需求冲击
   c. 积极的总供给冲击　　　　　　d. 消极的总供给冲击

简答题

1. 本章中描述的哪种时滞是"万事俱备,只欠动工"?
2. 解释内在稳定器是如何作用于美国经济的。
3. 正确分类下列对应于 2007—2011 年的事件/政策行动。
（分类：相机抉择的财政政策和自动调节的财政政策）
事件/政策行动：TARP（问题资产计划），2009 年的经济刺激计划，2010 年的布什延期减税行动，对大多数美国人纳的税给予减税因为他们的收入减少

思考题

考虑到存在认识时滞、行政时滞和操作时滞问题,同时也考虑到相机抉择的财政政策可能受到政治偏见的约束,这将会使得一些经济学家认为国会和总统在经济萧条面前无力而为。即使他们是正确的,公众会接受那些什么都做不了的官员吗？这样现实吗？

讨论题

总统任期内的第三和第四年比其任期内的第一和第二年的平均实际经济增长率要高。你是否认为这是一个偶然现象或者说是一种政治映射,而这种政治映射是指比起创造长期的经济增长,政治家们更关心的是关于他们连任的事情？

进一步阅读

Journal of Economic Perspectives 14，no.3（Summer 2000）.参见 Alberto Alesina、John B. Taylor、Alan Auerbach 和 Daniel FeenBerg, and Doulas Elmendorf and Louise Sheiner 撰写的文章。

任何一本名为 *Intermediate Macroeconomics* 的教材都会有一章关于财政政策的内容。

第10章
货币政策

> **学习目标**
>
> **学习完本章，你应该能够：**
> 1. 理解美联储在美国所扮演的角色。
> 2. 认识到美联储的主要任务是维持宏观经济的稳定，并且将控制通货膨胀作为衡量其效果的一种方法。
> 3. 整体把握对货币政策工具的理解，并且能够利用总供给和总需求模型对其进行分析。
> 4. 了解近期的货币政策的历史和美联储在 2007—2009 年的经济萧条中起到的作用。

通过 2007—2009 年的经济萧条，再加上一些政治家、媒体和关注政策行动的普通人的参与，美国联邦储备系统——通常被称作美联储——在美国经济中的作用由神秘且重要的位置发展为如今绝对重要的中心地位。我们日常生活中的最重要的部分由美联储的高级官员所掌控。美联储始建于 1913 年，当初是为了应对 19 世纪末 20 世纪初金融界的繁荣与萧条。然而现在，它已经成为一个政府机构，与我们在学校所了解到的政府的三大分支机构一样，在人们的生活中起着非常重要的作用。美联储主席在几个小时里，就能够影响股价，使其波动 5%，进而引起抵押贷款利率上涨或者下跌足足一个百分点，并且美联储主席可以采取一系列措施，使得失业率上升或者下降一个百分点甚至更多。美联储主席可以不经过总统的许可就进行决策，甚至不需要和任意参选人商量。但幸运的是，由总统任命、参议院批准的美联储主席都具有无可挑剔的特点。即使他们的智慧在某些方面有所欠缺，但是在政府领域细微的腐败迹象，都将能够对世界金融市场以及整个世界的经济造成破坏。

我们以 2007—2009 年的经济萧条以及经济从中缓慢的恢复为背景，来解释货币政策的目标，并且进一步来讨论美联储如何利用这些工具达到这些目标。我们以讨论这些政策工具作为开始，首先我们聚焦于传统普通的工具——货币政策，然后再来讨论一个货币政策引用案例,就是2008年美联储力图稳定金融市场和世界经济的例子。当你浏览本章时,你会考虑美联储为什么会存在,以及为什么在政治风波中,美联储的独立性会如此重要。接下来,我们要回顾2008年以前的运用货币政策的历史,然后检验在2007—2009年的经济萧条中美联储政策的有效性。

10.1 目标、工具和货币政策模型

美联储从来没有一种工具能够直接对经济施加影响。它的目标是这样实现的:首先设立中间目标,这种目标对最终目标的实现有指导意义,是以最终目标的实现为依据所设立的,然后达到中间目标后便对最终目标产生了一种预期,利用这种预期再去指导实现最终目标。接下来,我们描述的是货币政策的目标。直到2008年,货币政策工具才被充分考虑到去实现这些目标,并且货币政策模型向我们解释了在特定环境下它的作用机制。我们会继续解释为什么这些工具的使用在2008年失败了,接着讨论在本·伯南克任职主席期间美联储的政策工具的使用,如何有助于应对2007—2009年的经济萧条并使得经济在2010年和2011年得到微弱的恢复。

10.1.1 货币政策的目标

对于货币政策和它的实施制度来说,美联储最重要的历史使命是通过调控银行和其他金融机构来防止经济周期性的繁荣和萧条。虽然调节经济的繁荣和萧条是美联储的首要任务,但是其运行机制却发生了戏剧性的改变。首先,美联储只是确保金融机构的合理健全,现在它仍然直接通过控制利率来改变银行、企业和消费者的借款习惯。利用这种方式,美联储保证了通货膨胀处在一个较低的水平并且保持了实际GDP的持续增长。

10.1.2 传统的普通货币政策工具

在过去的50年里,美联储和世界上其他类似的中央银行一样,通过设定中间目标变量并利用一些基础的工具来施行货币政策以实现最终目标。如果目标变量偏离了预期的范围,美联储会利用相应工具将其拉回到某一特定的范围之内。有时,美联储也不得不放弃它的目标,因为即使在预期范围内的政策也有可能达到与预期相反的效果。

20世纪70年代的目标变量是**联邦基金利率**(federal funds rate)——这种利率是指为满足准备金需求,银行同业间拆借的利率。20世纪70年代末,通货膨胀不断升温,事实证明了联邦基金利率对此无能为力。人们那时认为,如果想使利率保持在一个较低的水平,就要不断地增加货币供给量。但是随着更多的货币去追逐有限的商品,这种增加引发了更严重的通货膨胀。这样一来,反而导致了利率的升高而不是下降。1979年10月,随着通货膨胀率的不断上升,美联储正式宣告放弃联邦基金利率,取而代之的是以货币总量**M2**作为其目标变量。M2是对**货币总量**(monetary aggregate)的一个大概度量,包括现金、活期存款、定期存

款和大额定期存单(CDs)。而 **M1** 仅仅包括现金和活期存款。① 由于 M2 不稳定且很难调控,直到 1982 年夏天,通货膨胀才有所缓解。因此,美联储又重新将联邦基金利率作为目标变量。

当前,欧洲中央银行瞄准的是通货膨胀,而不是货币总量或者是利率。**通货膨胀目标制**(inflation targeting)是一个新的相关概念,它是指对当局将所要达到的目标通货膨胀率的预测对外公布,并利用货币政策工具对现行的应对通货膨胀措施加以控制和调整,以达到预期的通货膨胀率。很多人争论道,自从 2006 年伯南克接管美联储到 2007 年秋的金融危机开始以来,美联储一直致力于实行通货膨胀目标制。通过定期公告,我们可以很清楚地知道,美联储已经对我们在第 6 章所描述的核心个人消费支出平减指数进行了严密的监控。

无论以哪个变量作为目标变量,美联储日常使用的工具都是**公开市场业务**(open-market operations)。公开市场业务是指美联储对政府债券的买卖。美联储拥有约 5 000 亿美元的政府债券,当它想要减少流通中的货币总量时,就会出售债券;当它想要增加流通中的货币总量时,就会买进债券。

商业银行同样直接从美联储借贷而不是同业拆借。有着良好信誉的银行能够无限地以**一级信用利率**(primary credit rate or discount rate)从美联储借贷。一级信用利率或者**贴现率**(primary credit rate or discount rate)是指通常比联邦基金利率高 1 个百分点的利率。而信用等级低的商业银行将面临更高的利率。②

美联储最后一种能够对利率施加影响的方式是通过改变商业银行能够借出的资金比率来实现目的。这种比率就是**存款准备金率**(reserve ratio),2011 年的存款准备金率是 10%,它要求商业银行每存 1 美元,这 1 美元中就有某一特定比率的钱将被存入联邦储备银行中。如果存款准备金率被调低,银行将会有更多的钱可以贷出,但是若存款准备金被提高,银行可以贷出的钱则会减少。

10.1.3 货币政策的模型化

货币政策之所以能够对经济产生影响,是因为有货币传导机制的存在。美联储能够利用任何一种货币政策工具对经济施加影响,如图 10.1 和图 10.2 的左半部分所示。也就是说,通过对可贷资金供给的增加或者减少,美联储能够绝对性地影响短期利率。而存在的一个问题是其中的因果关系能否将这两张图的左右部分串联起来。

让我们来看一看美联储的各个工具是如何作用于利率的。如果美联储利用公开市场业务操作购买了债券,就会增加商业银行或者其他金融机构能够借贷的货币总量,进而会带来可贷资金供给量的增加,如图 10.1 所示,同时市场中的利率会降低。同样,美联储能够很容易地采取相反的操作以提高利率。图 10.2 左半部分显示了当美联储卖出债券时,对利率提高起到的作用效果。当美联储降低了可贷资金的供给时,提高利率的目标也相应完成。

---

① 2006 年,美联储放弃了利用 M3 来作为货币总量的测度,因为美联储认为 M3 值变得越来越不稳定,同时也不可信。

② 2003 年之前,美联储利用另一种重要的利率来表明它的意图,那就是贴现率。贴现率是指美联储自身借贷给经常购买部分银行贷款资产组合的商业银行的利率。贴现率低于联邦基金利率,但是商业银行对此利用得十分谨慎,因为这将会带来潜在的额外审计监察。

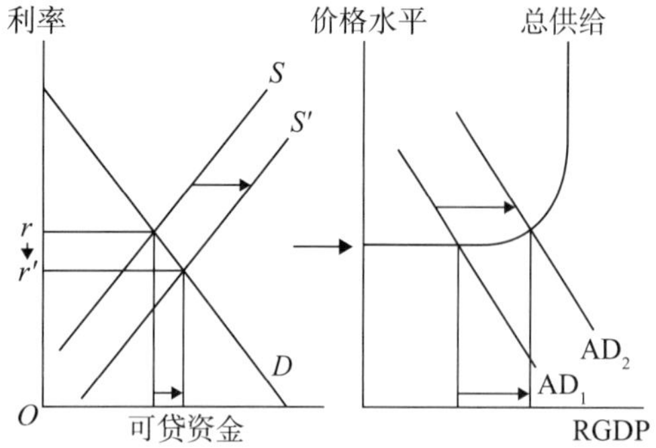

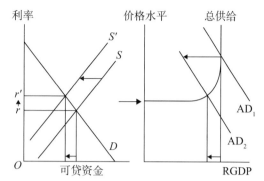

图 10.1 扩张性的货币政策：购买债券、降低贴现率或者降低存款准备金率

图 10.2 紧缩性的货币政策：出售债券、提高贴现率或者提高存款准备金率

因为联邦基金利率取决于商业银行的市场力量，并不直接取决于美联储，美联储之所以能够影响利率，是通过对可贷资金供给量的调节来实现的。这种行为能够间接地对联邦基金利率产生影响。由此可见，可贷资金的数量和利率之间有着密切的关系。

正如我们所注意到的，美联储能够通过对准备金率的调整来对利率施加影响。如果准备金率降低，银行就会有更多的资金可以贷出，同时可贷资金的供给曲线就会向右移动，如图10.1左半部分所示。如果准备金率升高，银行可以贷出的资金就会减少，此时可贷资金的供给曲线则会向左移动，如图10.2左半部分所示。

货币创造

按照惯例，经济学家会为经济学专业和商学专业的学生讲授"货币创造"的课程。除了铸币和现金之外，银行系统能够创造出更多其他形式的"货币"，这从货币总量（M1、M2 等）的定义就可以看出来，因为如果只有通货是货币，那么就没有必要增加支票账户和 CDs 了。

银行系统通过一系列贷款来创造货币。为了弄清楚如何创造货币这一过程，我们先假定几个人，如约翰（John）、保罗（Paul）、乔治（George）、林格（Ringo）、西蒙（Simon）、兰迪（Randy）和保拉（Paula）以及几家银行，如第一国民银行、第二国民银行、第三国民银行和第四国民银行（印第安纳波利斯实际上有一家银行叫作"第五—第三"银行）。假定约翰在第一国民银行存入 1 000 美元，而该银行向保罗贷款 900 美元（10%或者说 100 美元必须作为法定存款准备金）。接着假定保罗利用这笔钱到乔治那购物，而乔治又将这 900 美元存入了第二国民银行。然后假定林格从第二国民银行借入 810 美元（同样是 10%或者说 90 美元必须作为法定存款准备金），到西蒙那购物，而西蒙将这笔钱存入了第三国民银行。如果兰迪从第三国民银行借入 729 美元（10%或者说 81 美元必须作为法定存款准备金），并到保拉那购物，同时保拉将这笔钱存入第四国民银行……如此重复，你会找到问题的核心——此过程可以一直继续下去。最后，存款总数由最初的 1 000 美元增加到最后的 10 000 美元（1 000+900+810+729+…）。

我们在第 8 章认识过，总需求的决定因素之一是利率。利率之所以能够对总需求产生影响，原因在于当利率较低时，投资者希望能借更多的钱购置厂房和机器设备。另外，消费者也更愿意购买大额耐用品,像汽车和家具。对于支付现金的人来说,较低的利率会对他们产生间接影响,因为他们将钱取出来购买商品,只会牺牲较少的利息收入。由于较低利率的存在,那些得到新的款项的购车者更可能去买车,同时也更可能购买一辆更高档、更昂贵的车。

放松货币供给、降低联邦基金利率或贴现率都能够使得商业银行发放更多的贷款。当然,只有降低普通借款人的贷款利率时,银行才能成功发放更多贷款。如图10.1右半部分所示,利率的降低使得投资增加以及对利率敏感的消费增加,进而引起了总需求曲线的上升。如果紧缩货币供给的话,就会出现完全相反的情形。如图10.2右半部分所示,由于可贷资金的减少,在这种情况下,银行就会提高向普通借款人货款的利率。利率的提高又会使得投资和对利率敏感的消费减少,这反过来又会引起总需求的下降。

10.1.4　货币传导机制

现在,我们回到这个问题上来:是否改变了短期利率就能够对整体经济产生影响? 也就是说,图10.1(以及图10.2)左半部分的变化能否真的引起右半部分的变化? 货币政策工具对整体经济施加影响的过程被称作**货币传导机制**(monetary transmission)。

经济学家对货币政策的有效性,特别是在长期的经济运行中和一些极端的经济不确定情形下的货币政策有效性,没有达成一致意见。让我们先来看看两个被人们所关注的问题。一些经济学家对美联储是否有能力在正常经济环境下改变短期经济运行结果心存怀疑,更进一步怀疑的是通过持续地增加货币供给来增加长期的经济产出。对于那些怀疑主义者,根本原因在于投资者会将货币供给的连续增加作为一个考虑因素,他们会预期这种货币政策会导致严重的、持续性的通货膨胀。因此,尽管看上去好像能够按照图10.1不断促进经济的长期快速增长,但是很少有经济学家相信美联储有这种能力。所以图10.1和图10.2仅仅在短期内有效。

通常货币政策缺乏有效性的原因是一些极端经济不确定性的存在,而不是图10.1和图10.2所指的借款人的信心由于实际的失业现象而动摇所产生的不确定性。失业的威胁,或者由于借贷成本的很小变化而导致的需求疲软相比于一些潜在的问题,都显得没那么重要。一个很清楚的例子是,就在大萧条期间,经济学家发现了**流动性陷阱**(liquidity trap)这一现象。由于流动性陷阱的存在,即使利率为零或者接近于零都无法刺激经济增长。

2008年和2009年,随着全球性的经济增长放缓,企业有足够多的资金去生产消费者欲购买的但是减少的商品和服务。在2006年,利率的降低本应该促进它们去借款购置更多的资产,但是2007年,事实证明这丝毫没有影响企业的行动。更进一步,那些本应该借款去购置汽车、房屋和家具的消费者更多的不是考虑消费,而是关心如何保住他们的工作。并且,房地产泡沫的爆发,使房屋均价降低了20%,同时也引发了更多的债务,使得经济某些环节停止运行。

10.1.5　2008年创造的货币政策工具

货币的角色

想象一下没有货币的世界会是怎样。你可能会认为那里将是一个乌托邦,但是实际上这会让人非常头疼。货币可以让我们通过提供自己的商品和服务来交换自己需要的商品和服务。没有货币的存在,我们就不得不进行物物交换,所以,货币很好地充当了交换的媒介,避免了物物交换的尴尬。

货币还具有价值。假设你的商品会被贱卖:如果你无法在短期内找到你所需商品或者无法出售你的商品,那么你的商品将会贬值。但是有了货币的存在,情况就会截然不同,彼时,你就可以先通过出售商品换取货币,再用货币来随时购买所需商品。

在 2008 年金融危机对经济造成猛烈冲击之前,美联储已经意识到问题的严重性,并且在它蔓延到其他领域和地区之前,美联储已经开始审视其他可能利用的工具去应对全球性的经济下行。首先,对于投资银行设立贴现窗口;其次,在这些窗口可以购买公司债券,这样可以高效率地直接向非银行企业借钱;最后,美联储还设想通过这些窗口可以购买长期债券(如 30 年的国债),来自银行以及其他一些试图降低利率和阻止房屋市场下滑机构的抵押贷款支持债券。

投资银行是在大萧条之后的政策中被创立的,该政策旨在分离出那些吸收存款并往外放贷的商业银行,而投资银行是能够充当起投资者的角色并服务于大型的金融事务的。这些投资银行通过本身银行股东的股本投资以及借贷来募集资金,它们并不会吸收存款。专为投资银行所创立的贴现窗口,允许它们从美联储借钱,商业银行也会以差不多的方式通过某一贴现率或者一级信用利率从美联储借钱。当 2008 年的金融危机使雷曼兄弟陷入破产清算境地以及威胁到其他两个仍然正常运作的银行——摩根士丹利和高盛投资公司时,这些事实显示出了以上种种应对措施的徒劳。最后,美联储需要使这些投资银行变成商业银行,为的是它们可能帮助美联储挽救其他商业银行。

另外,当资本雄厚且运行良好的公司在寻找短期债券买主遇到瓶颈时,美联储就会开始购进该公司债券。**公司债券**(corporate paper)指的是大型公司发售的短期债券。按照惯例,这些公司会借入数十亿美元以达到建立库存的目的,或者在它们知道可以轻易通过未来销售还清债务时就会去解决债券的不均匀销售。没有这种市场,许多公司可能都无法运转。2008 年秋,由于金融系统没有正常发挥作用,美联储介入其中使得这些贷款的实现成为可能。

在 2008—2009 年期间,美联储有两次开始购进长期债券,这一过程被称为**量化宽松**(quantitative easing)的货币政策。它是指通过购买 20 年至 30 年的长期美国国债和抵押贷款支持证券来释放更多的货币。**抵押贷款支持证券**(mortgage-backed security)是一种金融资产,这种资产是抵押贷款的总和,它对证券持有者的支付是房屋所有者通过联合支付来实现的。被冠以 QE2 之名的第二次量化宽松政策,是通过直接影响长期利率来刺激商业投资以及重新激活房地产市场的。

10.2 中央银行的独立性

美联储对经济的影响力是巨大的,因为它能做它自认为最合适的决策,同时不用担心有人会提出反对意见。它独立于政府的控制,这样赋予了它令人敬畏的力量和明确使用这种权力的责任心。美联储如此独立以至于它能够减缓经济增长速度,甚至消除通货膨胀而使经济衰退。通常,经济学家大多认为美联储必须独立于政府,为的是采取必要的行动治理通货膨胀。20世纪后半叶的国际经验为此提供了相当有力的证据。

长期经济增长要求金融市场给予投资者对该国货币的足够信心,相信该国货币不会因为过度的通货膨胀而贬值。当人们担心通货膨胀发生时,利率就会上升,而更高的利率会使得投资者的投资成本上升。因为只有当未来投资存在时,经济增长才会出现,而长期的经济增长取决于是否存在可信赖的货币当局。顺便提一下,货币当局是类似美联储等机构的总称。如果货币当局从未因潜在的不受欢迎的政策而举棋不定,那么由政府控制的货币当局也是值得信赖的。然而经验告诉我们,与那些历史上没有独立货币当局的国家相比较,那些有独立货币当局的国家的通货膨胀率较低,利率也低,且实际经济增长率较高。美国、德国、瑞士、日本、加拿大和荷兰就是一些拥有独立货币当局的例子,而西班牙、意大利则没有独立的货币当局。为了我们所喜欢的经济稳定,我们愿意接受独立货币当局所带来的风险。

很值得回顾一个历史插曲。美国国会很容易通过一项法律,就能重新获得对美联储的控制。美国宪法第8部分第1项条款赋予了国会铸造货币的权力。然而,国会却从来没有真正履行货币政策的职责。在美国南北战争之前,纸币只是一种银行票据,通常以私人银行的黄金作为支撑。南北战争期间和之后,美国政府授权国会印刷货币,在此期间价格波动十分快速,导致了在60年的时间里发生了3次严重的金融恐慌,最后不得不建立联邦储备系统。如果国会有足够的动机,它可能重新控制货币供给,从而间接控制利率水平。2008年秋季,在美联储主席伯南克、财政部长保尔森和纽约联邦储备银行主席以及奥巴马任命的财政部部长盖特纳之间的连续磋商下,产生了一个问题,那就是对于这种独立性到底应该妥协到何种程度。很显然,这种情况很难用三言两语说清楚。

10.3 现代货币政策

10.3.1 最近30年

从20世纪下半叶的货币政策历史可以看出:货币政策的重要性和美联储对货币政策决策的自信心在不断增强,它对利率的影响如图10.3所示。20世纪70年代末,美联储试图通过增加货币供给来应对石油价格的冲击以及经济的停滞。遗憾的是,这些努力更加剧了通货膨胀。1981年,美联储改变了战略,在通货膨胀方面采取高风险的措施。这使得利率水平急剧上升。美联储对M2采取控制使得联邦基金利率达到接近20%,而贴现率达到13%。使用这些措施的结果导致了1981—1982年的经济萧条成为第二次世界大战以来最严重的一次:失业率达到顶峰,实际GDP也下降很多,并且通货膨胀下降的程度比1946年以后其他任何一次的经济萧条都要大。这次萧条与其他萧条有一个区别:它是唯一一次由美联储人为造成的经济萧条。

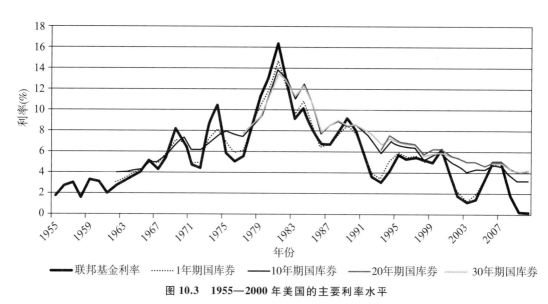

图 10.3　1955—2000 年美国的主要利率水平

资料来源：www.federalreserve.gov/releases/h15/data.htm。

从那以后,美联储吸取了一些教训,情况开始好转。一方面,自从 1982 年的经济萧条以来,已经不用和通货膨胀作斗争了,在某种程度上是由于美联储对于通货膨胀问题变得更加小心谨慎。1984 年以后,最高的通货膨胀率是 5%。美联储再也不用为两位数的通货膨胀率而苦恼了,它只需考虑是如何将通货膨胀率维持在一个较低的水平,这相对于前者要容易一些。1988 年、1995 年和 1999 年、2000 年,美联储通过迅速提高利率,先发制人地稳定了通货膨胀。1994 年,美联储通过迅速降低利率有效地防止了经济的衰退。

美联储对 1990 年的经济衰退反应比较慢,不过这也是可以理解的。因为伊拉克入侵科威特随后的几个月里,美国实际 GDP 增长缓慢,通货膨胀加速,消费者负债也开始攀升至顶峰。最重要的是,美联储决定先着手处理预算赤字的问题。当时,联邦赤字已经超过了 2 500 亿美元,并且这个数字有升至 4 000 亿美元的趋势,美联储希望能够强力说服老布什总统和国会的民主党领导人采取措施以弥补财政赤字。

遗憾的是,没能等到美联储解决财政预算赤字问题。在伊拉克入侵科威特后,油价开始迅速攀升,这种环境使得消费者信心猛然下降。如果美联储能够立刻采取行动,结果就可能使美国远离 1990—1991 年的经济衰退,但是美联储将精力集中在了解决财政赤字上。当然,它也很谨慎,为了避免重蹈 20 世纪 70 年代的覆辙,美联储通过不断增加货币供给量以抑制成本推动的通货膨胀(由于总供给曲线向左移动所引起的通货膨胀)。

无论是必然的还是偶然的,美联储都没能够阻止这场经济衰退的发生。这似乎可以表示美联储不能或者说不应该为防止经济衰退做点什么。然而,幸运的是,1990—1991 年的经济衰退是有记录以来历时最短且破坏性最小的一次。由于消费者的信用卡负债非常高,这在某种程度上也使得通货膨胀并没有成为一个很严重的问题。因此,除了油价的短暂飙升,通货膨胀问题可以被忽略。失业率虽然上升,但并没有达到 1982 年 11% 的记录。但是,从 1992 年 6 月到 1993 年年底,经济复苏的 18 个月里,经济整体很脆弱,以至于很难辨认那时的经济是否真的复苏了。1992 年和 1993 年,美联储开始干预经济,使得利率大幅降低,到

1994 年的最后一个季度,经济复苏已经小有模样。

从 1994 年开始,美联储对通货膨胀一直保持警惕状态。例如在 1995 年,只要有必要,美联储就会降低通货膨胀的警戒线,以此来防止经济下滑。直到 1998 年,美联储官员都感觉非常自豪。失业率 30 年来一直都保持在很低的水平,通货膨胀也不见了,并且美联储主席阿兰·格林斯潘提出了反对"非理性繁荣"的建议,成功地使股票市场得到控制。1998 年的经济运行良好,没有必要提高或降低利率。接着,亚洲金融危机爆发了。

亚洲金融危机是由于泰国、马来西亚、韩国、印度尼西亚等太平洋地区的国家和地区的一系列不良贷款,以及这些国家保持外汇汇率不变的失败决策造成的。

美联储对此次危机的第一反应就是警戒。它想要阻止这次危机的进一步蔓延,但是却不希望采取的行动对美国的进口产生影响。美国的股票价格在 3 个月内下跌了 20%,许多经济学家预言,不到一年美国经济也会衰退。美联储将利率整整下调了 1 个百分点,这足以增加美国对进口商品的需求。这一举措帮助亚洲稳定了经济。反过来,美元相对于亚洲货币而言更加坚挺,以至于美国人购买的进口商品的相对价格下跌,这种下跌足以补偿国内价格水平上涨而招致的损失。

2001 年的经济衰退是美国运用货币政策的另一个例子,从这个例子我们可以知道该政策的局限性。由于 2001 年总统选举局势的模棱两可,2001 年美国开始出现经济衰退,而且又恰逢美联储第 12 次降低利率。直到 2003 年,联邦基金利率达到了 40 多年来的最低水平。2003 年春,30 年期固定抵押贷款利率首次低于 5%。

如图 10.4 所示,1999 年到 2006 年是货币政策使用的顶峰时期。美联储公开市场委员会强力改变联邦基金利率,以此来抵御当前的经济形势。在 1999 年中期,美联储分别 6 次提高利率以抵御格林斯潘所认为的市场冲击下的"理性繁荣"。但是,这一系列行动对防止经济过热的作用却不大。2000 年,一些高科技股票泡沫破裂,这又不得不促使美联储开始降低利率。

2001 年 9 月 11 日恐怖袭击发生时,美联储正在放松信贷。在接下来的周一,当股票市场开盘时,美联储宣布强力调低利率。经过两年半的 13 次降低利率,到 2002 年,萎靡的经济开始缓慢反弹,并且 2003 年和 2004 年经济开始迅速上升。为了应对经济过热,在 2005 年中期,美联储进行了反常的并且多于历史水平的调息,10 次调高利率。正如本章我们重复提及的,美联储应对 2008 年的金融危机是快速的,但并不是全面有效的。它将短期利率降低为接近 0 的水平,以此想要先发制"人",或者至少说想要削弱经济危机所带来的影响。

经济学家会对利率的改变能否对经济产生预期的影响展开争论,但是请考虑一下:在 2003 年 6 月至 2004 年 6 月和 2008 年至 2009 年,美联储"弹尽粮绝"时,它无法让企业贷款投资购置厂房和机器设备,也无法让消费者贷款购买大额耐用品。一旦利率趋近于 0,这种贷款决策就取决于借款者对其还款能力的信心。

同样值得注意的是,2005 年,美联储在"抑制"飙涨的房价和可疑房屋贷款的实践中遇到了困难。2005 年期间,美联储通过提高短期贷款利率来对抵押贷款率施加影响,但是却鲜有成效,抵押贷款率在那一年仍然处在一个很低的水平。

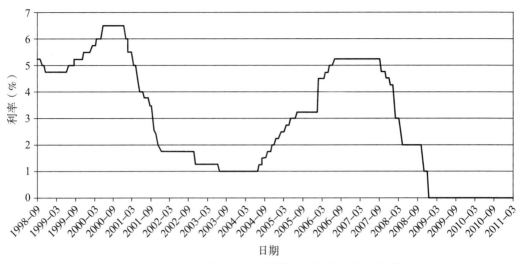

图 10.4　1999 年至 2011 年美联储实行的强力货币政策

资料来源：www.federalreserve.gov/fomc/fundsrate.htm。

尽管在图 10.3 中，短期和长期利率的走势好像一致，但是事实并不是这样的，尽管通常它们一起移动。记住第 7 章对于利率曲线的定义对我们理解这点很有帮助。图 10.5 显示了最近历史上不同时间区间的利率曲线。在这段时间里，利率曲线大部分呈上升状态，一部分较平坦，也有部分呈下降状态。

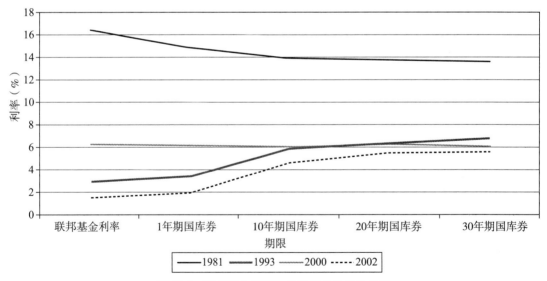

图 10.5　联邦基金利率和美国债务的收益曲线

资料来源：www.federalreserve.gov/release/h15/data.htm。

公敌：是通货膨胀还是通货紧缩？

20 世纪 80 年代末以及 90 年代的整个 10 年中，可以听到一些对美联储不满的声音，人们认为美联储过度担心通货膨胀会再次发生，而对于公众的利益关心甚少。无论是否已经公开承认,自20世纪70年代末80年代初以来,美联储一直认为通货膨胀是头号公敌。无论1979年到1980年的通货膨胀真的成为核心问题,还是在1988年、1995年以及1999—2000年通货膨胀出现的可能性成为问题,抑或是仅仅只存在理论上的通货膨胀的威胁,美联储都将通货膨胀作为工作的重心处理。

只有当国家经济或者国际经济处于困境且通货膨胀率低于3%时,正如1993年和2001年的美国以及1994年的国际经济状况那样,美联储才会放松对通货膨胀的警惕。由于集中精力防止通货膨胀,美联储会尽其所能地缩短经济复苏时间,或者投放不足量的现金于经济市场中。

2002年年末至2003年年初以及2008年年末和2009年,一个新的头号公敌出现在人们的视野中:通货紧缩。回顾第6章中我们所学习过的,通货紧缩是通货膨胀的对立面,但是同样不能予以忽视。通货紧缩会挫伤人们当前的购买欲,这是因为人们知道如果他们继续选择等待的话,可以将钱节省下来。因为消费者若持币待购,商家会被迫降价。这样一来就会导致商家的利润下降,同时解雇员工的现象也会存在,从而进一步挫伤消费。就凭这一点来说,即使是适中的通货紧缩对经济的损伤也要大于通货膨胀。日本在20世纪80年代末和90年代经历了一场通货紧缩,导致经济增长缓慢,就业不景气。美联储清楚地认识到了这一点,2003年,当美国发生通货紧缩时,它考虑到进一步削减利率。同样,在2008年秋天,当短期利率逼近0时,美联储再次认识到这一点。我们不知道美联储认识到这些威胁是否会太迟,2008年的通货紧缩,使房屋价格下降20%、能源下降60%并影响了一些生产性商品如玉米(下降40%)、大豆(下降40%)以及一些原始金属材料(下降20%—50%)的交易。核心PCE(核心个人消费支出)在此期间没有下降。

本章小结

有了这些新知识,现在你可以理解美国联邦储备系统在经济中所扮演的角色,以及它的首要任务是维持宏观经济的稳定。你知道美联储为达到这一目标使用的方法就是控制通货膨胀。你知道了货币政策工具以及它们的作用机制,而且能够运用这些知识来分析总供给-总需求模型。你明白了货币政策最近的历史,也知道了货币政策最近的历史是如何使得美联储紧盯通货膨胀的。最后,你理解了经济学家关于通货膨胀和通货紧缩哪个更值得关注的争论。

关键词

联邦基金利率	M2	货币总量	M1
通货膨胀目标制	公开市场业务	一级信用利率或者贴现率	存款准备金率
货币传导机制	流动性陷阱	公司债券	量化宽松
抵押贷款支持证券			

自我测试

1. 美国宪法第 8 部分第 1 项赋予了国会使用货币政策的权力。自 1913 年以来,国会_____。
   a. 小心翼翼地使用这项权力
   b. 允许总统使用这项权力
   c. 将这项权力委派给美联储使用
   d. 忽视了这项权力

2. 当使用货币政策时,在总需求-总供给模型实现扩张性的财政影响,是为了_____。
   a. 增加总供给   b. 增加总需求   c. 减少总需求   d. 减少总供给

3. 对于货币政策最准确的解释是_____。
   a. 联邦基金目标的一种调整
   b. 贴现率的一种调整
   c. 准备金需求的一种调整
   d. 公开市场业务的运用

4. 美联储的独立性是指_____。
   a. 完全虚构出来的
   b. 完全独立的
   c. 受到国会要求的管制,保持其独立性
   d. 受到最高法院的管制,保持其独立性

5. 货币的"创造"_____。
   a. 完全是国会的权限
   b. 完全是美联储的权限
   c. 形式上是美联储的权限,实质上是国会的权限,但是商业银行对货币的创造有着实用的方法
   d. 完全受银行系统的控制

6. 从 1999 年至 2006 年,美联储_____。
   a. 十分被动并且只是顺其自然
   b. 对平息潜在的通货膨胀的扩张反应迅速积极,但并没有解决经济萧条的问题
   c. 对经济萧条反应迅速积极,但并没有平息潜在的通货膨胀的扩张
   d. 对经济萧条反应迅速积极,并且平息了潜在的通货膨胀的扩张

7. 美联储控制利率的方式是_____。
   a. 几乎完全限制短期利率
   b. 几乎完全限制长期利率
   c. 几乎完全限制中间期利率
   d. 不做限制

8. 以下哪些工具最可能对短期利率的上升产生影响?
   a. 削减联邦基金的 1/4 个百分点
   b. 购买 100 万美元的债券
   c. 将存款准备金率从 8% 上调至 15%
   d. 上调 1 个百分点的个人所得税税率

简答题

1. 解释公开市场业务的运作机理。
2. 解释贴现率和联邦基金利率之间的区别。
3. 解释如何通过降低准备金率来影响经济。
4. 解释 2010—2011 年的美联储通过购买抵押贷款支持债券所实行的量化宽松政策与以往的形式有什么区别。

思考题

因为美联储委员会主席对其政策决定有很大影响力,进而能够影响到经济,他们的选择受很大的政治利益驱使。带有政治动机的货币政策可能对经济政策造成毁灭性的影响。前任美联储主席已经认识到美联储相对于国会的独立性是由于美联储的决策不受政治影响。如果这种平衡被打乱,而打乱这种平衡是由于总统任命的美联储主席拥护总统所在政党,那么,经济结果又会如何呢?

讨论题

美国总统倾向于在金融从业者建议的基础上来提名美联储主席。谁又能对美联储主席的任命有所影响呢? 具体要说的是,美联储的政策能够对金融权益或者从事金融的工作者有所帮助。那么,工会或者其他可以代表工人的组织会对美联储主席的任命有所影响吗?

进一步阅读

Colander, David, "The Stories We Tell: A Reconsideration of AS/AD Analysis," *Journal of Economic Perspectives* 9, no.3(Summer 1995), pp.169—188.

Ramo, Joshua Cooper, "The Three Marketeers," *Time*, February 15, 1999, pp.34—42.

Steiger, Douglas, James H. Stock, and Mark W. Wasto, "The NAIRU, Unemployment and Monetary Policy," *Journal of Economic Perspectives* 11, no.1(Winter 1997), pp.33—50.

第11章
联邦政府开支

学习目标

学习完本章,你应该能够:
1. 描述美国联邦预算的制定过程。
2. 了解强制支出(预算的一部分,用于不需要国会投票表决的项目)由于各种福利计划以及政府债务的利息而稳定增加。
3. 理解联邦政府如何将预算中的30%平均分配到国内开支和国防开支上,以及把相对较少的开支用于国外援助和国际组织上(例如联合国的会费)。
4. 解释如何在分析联邦政府开支时使用边际分析。
5. 区别当前服务和基准预算。
6. 理解机会成本是联邦政府开支的核心概念。

美国联邦政府每年花费超过3.7万亿美元用于从社会福利到国防的方方面面。本章致力于解释政府如何花这些钱,运用我们在第1章介绍的机会成本概念,我们将讨论一个完美的实例。

一开始,我们将初步探讨宪法是如何对政府支出做出限制的。然后,我们将讨论强制性支出和可自由支配支出的区别以及在这些年两者之间的平衡是如何转变的。随后,我们列举出在2012财政年度的预算计划,从这项预算计划中我们可以看出我们的优先考虑项目,以及这些年来预算分配的转变反映出的优先项目的变化。特别地,我们关注健康、社保、国防等占有很大比重的开支。我们将运用第1章的边际分析的概念讨论联邦政府开支的规模以及其在不同计划间的分配。最后,我们将描述基准预算和当前服务预算并运用医疗保险和国防开支的例子来讨论二者的不同。

如图 11.1 所示,联邦政府开支占 GDP 的比重在 22 年中保持在 18%到 22%。在 1952 年朝鲜战争造成的顶峰之后,这个数字从 1955 年的 16%上升到 1982 年由于社会项目开支增加造成的 23.5%的峰值。里根时代出现了小小的下降,到乔治·布什时代,由于花费数十亿美元救助失败的存贷款机构,这一数字出现反弹。从那时起,联邦债务占 GDP 的比重在随后的 25 年里一直下降到最低值。直到 9·11 事件以及随后的阿富汗战争和伊拉克战争以后,这一数值重新开始增加。2008 年 10 月通过的 750 亿美元的问题资产救助计划(TARP)以及 2009 年 2 月通过的 787 亿美元的奥巴马刺激法案大大地改变了这一数值。

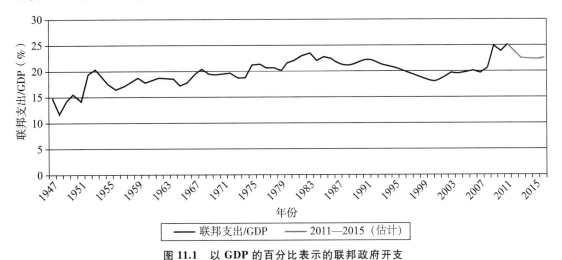

图 11.1　以 GDP 的百分比表示的联邦政府开支

资料来源:www.gpoaccess.gov/usbudget/fy11/pdf/hist.pdf。

11.1　初步认识宪法是如何规定联邦政府开支的

11.1.1　宪法如是说

根据美国宪法,"除根据法律规定的拨款外,不得从国库中提取款项"。这意味着除非国会通过预算法案,并且总统签署或否决,否则政府不能花一分钱。因此总统和国会必须在支出的优先项目上达成协议或相互妥协,这样国会才能通过预算法案,总统才会签署法案。

在一般情况下,总统在冬末或春初向国会递交计划预算。国会通常会将这一预算当成蓝本制定出自己的预算。国会使用它自己的版本同政府的行政部门讨论和协商。当双方达成一个最终的预算协议时,国会将通过预算法案,政府将能够执行预算。

这一切工作必须在 10 月 1 日之前完成,因为政府的一个财政年度从这一天开始到下一年的 9 月 30 日结束(因此 2012 财政年度从 2011 年的 10 月 1 日开始到 2012 年的 9 月 30 日结束)。当预算法案被通过并且经过总统签署时,它将成为法律,政府能够按预算的那样花钱。否则,政府不能支出一分钱。

11.1.2　"鬼把戏"

这个过程在无数的地方存在耍"鬼把戏"的可能。其中最主要的问题存在于各种各样的小组委员会、委员会主席、参众两院联席会议采取的行动中。拨款委员会以及全体委员会的主席对预算的多少和预算的用途有很大的影响。虽然社会保险项目例如医疗补助计划、医疗保险以及社会保险不能轻易改变,公路建设和国防开支更倾向于花费在有利于地区利益的项目上而不是花在有利于国家利益的项目上。小组委员会的主席,例如决定公路建设开支的主席能够比任何其他人更容易地拨款给在他自己的选区的桥梁和公路建设项目。与道路和桥梁项目相似,国防项目也是有权势的小组委员会或全体委员会的主席确保其开支在自己选区的领域。近年来美国历史上不乏为当地的制造企业或为国会中有影响力的成员而不是为军事目的而建造武器系统的例子。

更糟糕的是,那些负责制定折中的预算法案的委员会成员花更多的时间以确保钱花在他们所在的州或他们的选区,而不是确保法案本身是否对这个国家有利。国会中那些拥有老资格的成员将会被分配到这些委员会中。这样的任命是对其多年为国家服务的奖励。会议中最让人吃惊的结果是最终法案中的某些项目不在众议院或参议院的原始版本中。议会成员知道这些项目不能在自己所属的议会中通过,而且知道这些项目将会被委员会会议否决,他们会等到自己的支持法案能够通过时再将项目包含在法案中。

另一个预算制定过程中的"鬼把戏"是国会成员同意互相支持各自选区的支出计划。选票的交易,经济学家称之为**互投赞成票**(logrolling),会显著增加支出。一个来自佛蒙特州的参议员同他的同僚一起宣称尚普兰湖是五大湖的一部分,这样它将能符合环境项目的要求。"9·11"袭击之后通过的紧急支出立法包含数十亿美元的完全不相关的项目。臭名昭著的阿拉斯加"无用之桥"被塞进卡特里娜飓风之后的紧急支出中。桥梁、道路、大学研究还有纪念馆为了提高经费支出直接增长比例都需要借助于当地名人,以期撼动国会立法议员来快速通过支出立案,否则将面临大量的复审。要消除这种类型开支的承诺很少被保留。在2006年国会选举期间,民主党承诺支持宠物项目的立场只是为了使用这个诱因来巩固2007年的其他投票优势。

11.1.3 解决分歧

拨款程序很少顺利进行,特别是当白宫和国会分别在不同的政党控制下时。在这种情况下分歧常常存在,任何一个政党都不能完全按照自己的意愿决定预算。当奥巴马政府在参众两院都获得了大多数支持时,参议院关于预算法案的规定仍然要求奥巴马在他的一揽子经济刺激计划上获得60张选票。他只能寄希望于共和党议员的支持。虽然如此,同克林顿和布什相比,奥巴马显然处于一个更加有利的位置。他们两人都不能指望自己的政党有能力支持他们的预算计划,他们都必须面对国会处于另一个政党控制的局面。在当下的美国,总统在国会拥有足够的政治影响力和意识形态支持来实施自己的计划实在是很罕见的情况。因此在20世纪末,漫长而拖沓的预算辩论成为一种常态。

当国会没有通过总统支持的预算法案或通过了总统不同意的法案时,只有四种选择:

1. 国会屈服
2. 总统屈服
3. 政府关门

4. 国会通过一个持续决议,总统签署

如果任何一方屈服,法案将获得通过。关闭政府的过程成为一场拉锯战,直到双方达成妥协。持续决议构成一个面对分歧的协议,使得政府能够继续运转。

特别的是,**持续决议**(continuing resolution)是一个国会通过、总统签署的法案,它允许政府暂时按照前一年的方式支出。这通常在国会没有赶上10月1日的最后期限时发生。通常情况下,这只是13个预算法案中的很小一部分,也只持续几个星期。但在1983年,共和党总统里根和民主党控制的国会之间有太多的分歧,以至于整个1984财政年度的预算都是以持续决议的形式通过的。

11.2 运用机会成本的概念

美国联邦预算是运用机会成本概念分析问题的好例子。当一笔钱花在一个领域之后,就不能花在另一个领域。即使有更多的钱可以花在所有的领域,这也是有机会成本的。当纳税人的钱被政府拿走时,他们的私人消费能力将下降。赤字支出也存在机会成本。利息在将来需要支付,因此用于私人投资的钱将会减少。

一些经济学家认为,政府的赤字支出的机会成本在于政府借债并消费的每一美元都会等价地减少私人投资。如果这些经济学家是正确的,在政府只是支出这些钱但没有使得每个人的境况变好时,这种被称为**挤出效应**(crowding out)的现象起作用了。在这一过程中,有些人的境况变差了。另一些经济学家认为挤出效应并不是完全的。这意味着政府支出增加一美元,私人支出的损失少于一美元。无论在哪一种观点下,政府支出都有机会成本。

这一章节剩下的部分描述了国会和总统在制定支出计划时必须做出的选择。

11.2.1 强制支出和可自由支配支出

实际的总统预算法案超过1 000页,并且难以置信地详细、准确。图11.2展示了它的一个基本支出分配情况。可以看出,最大的区别是强制支出和可自由支配的支出。**强制支出**(mandatory spending)指的是已经通过的法律规定的支出,而**可自由支配支出**(discretionary spending)指的是取决于年度拨款决议的支出。举例来说,当前的法律表明,不管其他预算怎样,人们都享有获得特定支付的权利。未来的法律可以推翻现存的支出,但当前通过社会保障、医疗保障、医疗补助计划以及社会福利提供的权益不容侵犯,实际上花在这些项目上的预算是不可撼动的。预算中的这四个部分被称为**福利支出**(entitlement),因为这些支出面对的人群是那些贫困或年长的人。福利支出是强制支出的一部分,国债利息支付也是强制支出的一部分。

国防、学生贷款、法院支出都是年度支出。虽然这些支出同上一年相比不会剧烈变动,但预算法案没有通过将显著影响这些支出的实施。

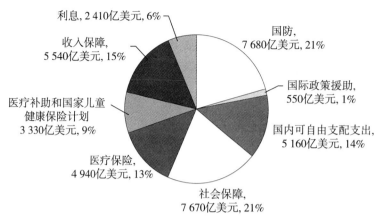

图 11.2 2012 年财政年度的分配

可自由支配支出的预算包括三个主要组成部分：国防、国际政策和国际援助、其他。最让人困惑和引发争议的项目是国际政策援助（在表 11.1 中被排除在外）。在其 550 亿美元的支出中，170 亿美元用于维持在其他国家的政府部门和大使馆的开销以及支付联合国和其他国际组织的会费，剩下的 380 亿美元用于对其他国家的国际援助。

表 11.1　2012 年除国防以外的可自由支配支出

国内可自由支配支出的目录	2012 年支出（10 亿美元）
科学和宇宙	33
自然资源/环境	37
农业	17
交通	144
教育和培训	102
退役军人	129
司法	56

从图 11.3 可以看出，可自由支配支出占预算的比重由 65% 降到 40%，与此同时，强制支出飞速增长。这促使克林顿总统谴责这种情况，并根据当时的有效信息，预测到 2010 年国会将会讨论少于 10% 的年度预算。这种令人担忧的趋势在 20 世纪 90 年代后期没有继续，但在 2008 年的金融危机以及随之而来的衰退之前恢复。2009 年经济刺激计划导致的自由支出的大量增长再次打破了这一趋势，但婴儿潮时期的人群开始老去，这将使社会保障和医疗保障的支出激增。2009 年到 2012 年的巨额赤字将会增加利息偿还的负担，克林顿总统的预测或许会在他认为发生的五年以后变成现实。

这带我们回到不能忽视的机会成本的概念上。每次新的福利计划实施（如处方药被列为医保报销药品）时，不仅现在和未来的支出增加了，同时今后国会和总统的政策灵活性也减少了，因为能被用于其他项目的预算越来越少。

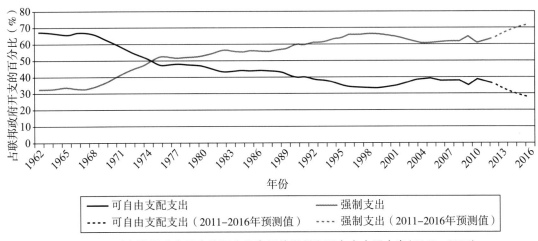

图 11.3　以占联邦政府开支的百分比表示的强制和可自由支配支出（1962—2016）

资料来源：www.gpoaccess.gov/usbudget/fy11/pdf/hist.pdf。

11.2.2　钱花在哪些地方

如图 11.2 所示，国防、社会保障、医疗保险、医疗补助以及净利息支出占了每年 3.7 万亿美元支出中的 2.3 万亿美元，剩下的支出不是花在其他的福利项目（如困难家庭暂时救助计划或食物券）上，就是花在表 11.1 中相对小额的支出上。其中最大的支出是教育部门以及教育和训练计划的支出。其中 1 020 亿美元花在教育和培训上，260 亿美元花在学生贷款、拨款，以及联邦工读计划项目上。剩下的预算作为联邦和地方在初级与中级教育上的补充。经过伊拉克和阿富汗战争，退伍军人福利支出增加到 1 290 亿美元。2009 年的一揽子经济刺激计划将交通建设支出增加到 1 440 亿美元，而将联邦司法系统花费增加到 560 亿美元。

图 11.4 表明近年来支出的组合显著地改变了。一半多的联邦预算曾经被国防占据；今天这一数字是大约 20%。曾经社会保障支出只占预算的 15%，今天占到大约 20%。净利息支出从不到 10% 增加到 15%，只在 20 世纪 90 年代后期以及 2001—2004 年的历史性的低利率下降到 9%。由于财政赤字在 2005—2007 年间的增长以及在 2007—2009 年经济衰退期间的爆炸性增长，利息负担很可能很快超过 10%。

自 1970 年以来联邦政府开支显著增长的一个领域是对医疗保险的支持。如图 11.5 所示，调整通货膨胀之后，在保险上的联邦政府开支增长了 1 000%。这是由于医保和医疗救助计划支出的惊人增长。当这些计划在 60 年代后期刚刚实施时，两者的支出都很小。在 2012 年的联邦预算中，超过 2 690 亿美元用于医疗救助和国家儿童健康保险计划，5 690 亿美元用于医保计划。这些支出的加总超过任何其他的社会保险计划。

同样，我们必须面对的状况是经常有权衡存在。而我们做出的权衡更倾向于福利支出。社会保障、医疗补助、医疗保险以及其他各种社会福利项目已经掌控了预算很多年。全部非国防项目的本地支出，从联邦司法开支到学生贷款，都没有社会保险项目所占的预算多。我们做出的保证老人和残障人士拥有稳定和有保证的收入的选择现在开始付出代价了。

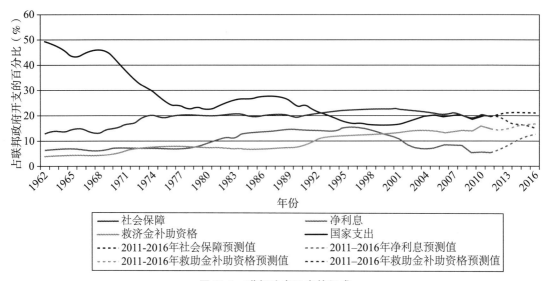

图11.4 联邦政府开支的组成

资料来源：www.gpoaccess.gov/usbudget/fy11/pdf/hist.pdf。

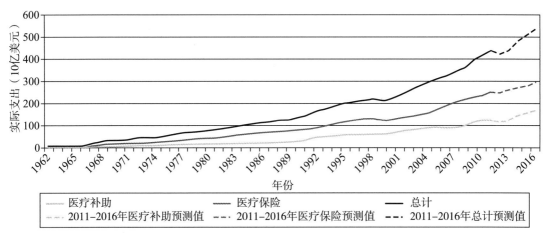

图11.5 以2000年美元计算的联邦政府实际健康支出

资料来源：www.gpoaccess.gov/usbudget/fy11/pdf/hist.pdf。

我们可以做的另外一个选择是在世界的其他地区训练我们的军事力量。有些人认为作为世界上唯一的超级大国，我们其实并不能选择。但这确实占用了资源，因而有机会成本存在。我们可以从表11.2中看出，同我们的盟国相比，我们的国防支出占GDP的比重更高。

表11.2 国际上国防开支占GDP的比重

国家	国防支出/GDP（%）
美国	4.0
英国	2.4
法国	2.6
德国	1.5
日本	0.8

资料来源：www.cia.gov/library/publications/the-world-factbook/rankorder/2034rank.html。

11.3 运用边际分析的方法

联邦政府开支是运用边际分析的初级舞台。我们可以运用这种思维方式讨论联邦政府开支是否太多或太少,联邦政府开支的分配是否合理。从第1章我们知道,边际分析是比较一个行为的边际成本和边际收益的大小。特别地,边际成本就是它的机会成本。

11.3.1 联邦政府的规模问题

在判断联邦政府的规模是否合适时,使用边际分析的经济学家会尝试权衡边际税收的收益和原本能够使用这笔钱的私人部门的边际收益。一个民有、民治、民享的政府应当想方设法只在那些边际收益大于或等于边际成本的项目上支出。仅仅说我们在使用3.7万亿美元的支出时获得了3.7万亿美元的收益是不够的,我们应当能说我们在使用3.7亿美元的最后1美元时,获得了这1美元应有的价值。

11.3.2 联邦政府开支的分配

同政府通过选择最优的政府规模以最大化净收益一样,政府必须保证支出在各种项目之间的分配是最优的。一旦最优的规模确定,机会成本就意味着一个项目使用的钱不能再用在另一个项目上。举例来说,选择建造一艘航空母舰的成本可以用于支付几千名大学生的补助金和贷款。因此,用在仅有少量收益的项目上的支出可以被视为失败,即使初衷是好的,因为这笔钱本可以使用在能获得更大收益的项目上。

11.4 未来的预算

11.4.1 基准预算与当前服务预算

华盛顿年度的预算辩论重复着谁制订什么样的减支计划的主张。例如1996年预算辩论期间,共和党主张医保支出以9%的年增长率增长,而不是克林顿总统要求的14%的增长率。由于这项计划的另一部分是全面减税,他们被指责为"减少医保支出,为富人减税埋单"。这种争论很让人厌烦,因为政客们往往基于自己的主张重新定义例如"削减""全面"这些词。不过,民主党主张更多的医疗保险而共和党主张更少的医疗保险则是显而易见的。此外,共和党想要减少那些高税收人群的赋税,而民主党不愿意。

如果双方使用直接、公认的定义,辩论就容易被理解了。例如,民主党人经常将全面减税的概念定义为每个人等量地减税,而共和党人则认为应该等比例地减少需要缴纳的所得税。共和党人认为最重大的减税应该是减少那些最高收入者的税收,因为他们支付着最多的税收(参见第29章关于个人所得税的讨论),而民主党人主张将税收减免等量发放到每个人的手中。

预算削减上的措词问题也是让人哭笑不得的。当你计划预算时,你会同上一年比较,问题在于如何比较。如果你查找上一年的预算数字,并简单地和今年的预算相比,你在进行被称为**基准预算**(baseline budgeting)的工作;如果你做的预算比上一年增加,则预算总额增加,如果你做的预算比上一年少,则预算总额减少。这是一种常识性的算法,共和党经常采用它。

然而,这种方法没有考虑到与民主党代表的选民的利益切身相关的重要问题。他们希望确保政府服务能提供给每一个有资格享有这些权利的人。但是他们却无法保证基准预算将会提供足够的资金。民主党派的人会趋向于去问在支出预算上的合理的问题:"如果以与去年完全相同的方式去提供服务,那今年需要多少支出?"这就涉及当前服务预算问题。**当前服务预算**(current-services budgeting)将通货膨胀、享受福利的人口增加等因素考虑在内。如果你想保证在未来提供同等福利的资金,仅仅根据从前的预算来制定当下的预算是不可行的。在医疗保险领域更是这样,因为现在更多的有效治疗方案可以运用在医疗过程中。因此,问题就在于,符合从前的医疗服务的标准能否代表其符合新的标准。

克林顿总统在1995年批评了共和党的削减医疗保险计划。共和党人从基准预算的角度反击,认为没有削减这回事。通过定义术语来支持他们的立场,两党都在陈述事实。在这种情况下,事实取决于设定的标准。如果设定的标准是基准标准,则共和党人是对的;如果设定的标准是当前服务标准,那么民主党人是对的。因为没有设定标准,则他们都是正确的,或者说他们都是错误的。

11.4.2 奥巴马的经济刺激计划

在2009年的经济刺激计划中,联邦政府支出是所有项目中的优先项目。在7 870亿美元的计划中,3 110亿美元是减税计划。剩下的4 790亿美元分散在未来十年的使用中,其中85%将在2009年、2010年、2011年三年支出。总计1 600亿美元的支出用于巩固社会保障网络。这些支出鼓励人们积累更多的失业时间以达到额外的33周时间,从而得到额外每周25美元的补贴。这些支出也支持了一个用于保障失业人员得到由其雇主提供的健康保险的基金。还有未明确的530亿美元的支出用于保证基本的教育、公共安全以及其他福利的正常运行。

剩下的2 860亿美元的预算用于奥巴马政府的许多其他项目。170亿美元用于国家健康档案的数字化项目,510亿美元用于能源和环境研究项目的补贴,620亿美元用于交通和住房基金。奥巴马政府表示,这些支出是为了将经济带回本来的面貌。在2010年的选举之后,奥巴马政府以及更加倾向于共和党的国会扩大了2012年的许多税收减免。关于这个计划的效率问题我们将在第13章更深入地探讨。

本章小结

现在,你明白了美国联邦政府制定联邦预算的过程。你知道按百分比计算,预算中的很大一部分用于不需要投票表决的项目,并且这一比例还在上升。你可以看到这部分强制支出大多用于社会保险、医疗保障、医疗补助以及其他各种福利项目,同时包括国债的利息支出。剩下的支出等量地花费在国内事务和国防支出上。相对较少的支出用于援助国外或者缴纳各种国际组织(例如联合国)的会费。你明白了当前服务预算和基准预算的区别,以及为什么它们是政治争论的焦点。最重要的是,你现在理解了机会成本的思想——选择必有后果,钱花在一个领域就不能再花在另一个领域,这是分析预算的核心。

关键词

互投赞成票　　　　持续决议　　　　挤出效应　　　　强制支出
可自由支配支出　　福利支出　　　　基准预算　　　　当前服务预算

自我测试

1. 联邦支出一般占 GDP 的_____。
   a. 少于 10%　　　b. 18%—22%　　　c. 25%—30%　　　d. 超过 30%
2. 2009 财政年度的联邦支出大约是_____。
   a. 350 万美元　　　　　　　　　b. 35 亿美元
   c. 3.5 万亿美元　　　　　　　　d. 3.5×1000^5 美元
3. 总统和国会之间关于联邦政府开支的争论经常发生,当他们不能达成一致但希望保证政府正常运转时,他们将会_____。
   a. 采用总统的预算　　　　　　　b. 采用国会的预算
   c. 采用其他独立委员会制定的预算　d. 通过持续决议
4. 强制支出指的是什么样的支出?
   a. 由从前通过的法律决定　　　　b. 由美国宪法决定
   c. 比可自由支配支出更需要　　　d. 任何时候都不能削减
5. 联邦支出中最大的单个项目是_____。
   a. 国际援助　　　b. 福利支出　　c. 国债利息支出　　d. 社会保障
6. 调整通货膨胀之后,用于保健的联邦政府开支_____。
   a. 增长了　　　b. 相对保持不变　　c. 缓慢下降　　d. 迅速下降
7. 在测定联邦政府的规模是否合理时,经济学家通常_____。
   a. 判断花费的第一美元是否达到一美元的社会价值
   b. 判断平均一美元是否达到一美元的社会价值
   c. 判断花费的最后一美元是否达到一美元的社会价值
   d. 判断 3.5 万亿美元是否创造了 3.5 万美亿元的社会价值
8. 在判断联邦支出在各种代理人之间的分配是否正确时,经济学家想要确定_____。
   a. 每一个代理人是否注意到当地的需要
   b. 最后一美元创造了同等的社会福利
   c. 平均每一美元创造了同等的社会价值
   d. 花在每个代理人那的钱的总和创造了同等的社会价值
9. 如果一个项目的支出增长仅仅由于通货膨胀以及项目内的支出增加,这代表了_____。
   a. 基准预算下的增长　　　　　b. 当前服务预算下的减少
   c. 当前服务预算下的不变　　　d. a 和 c 都是正确的

简答题

1. 解释强制预算和可自由支配预算的相对区别，分辨下列支出属于哪一种支出：国债的利息支出、国防支出、社会保障、食物券。

2. 从大到小将下列支出排序：社会保障，国防支出，医保支出，用于教育、空间探索、援助外国的联邦支出。

3. 解释为什么新的政府支出会挤出其他经济活动。

4. 一个政党认为政府支出太高了，另一个政党认为太低了。哪个政党认为应当采用当下服务预算制定联邦政府开支？为什么？

思考题

2003 年联邦政府通过将处方药包含在医保中，带来了显著的长期开支（十年至少花费 7 200 亿美元）。思考税收减少、赤字减少或者其他支出项目的机会成本。你是否支持这些联邦支出？

讨论题

当国会和总统不能在预算方案上达成一致，并且不能达成持续决议时，那么除了应急服务的政府部门都将会关闭。你认为哪些支出应当包含在紧急支出中呢？

进一步阅读

Lee, Ronald, and Jonathan Skinner, "Will Aging Baby Boomers Bust the Federal Budget?" *Journal of Economic Perspectives* 13, no.1（Winter 1999）.

Lynch, Thomas, *Public Budging in the United States*（Englewood Cliffs, NJ: Prentice Hall, 1979）.

第 12 章
房地产泡沫

> **学习目标**
>
> 学习完本章后，你应该能够：
> 1. 列举影响房价的决定性因素。
> 2. 比较传统抵押贷款、仅付息抵押贷款以及负摊销抵押贷款的组成部分。
> 3. 讨论在不现实的预期之下，市场中的泡沫是如何产生的。
> 4. 总结房地产泡沫破裂对于美国经济的影响。

本章你将学到美国的住房市场、抵押贷款以及借款操作。特别地，你将学到基本住房价格是如何被决定的，在有泡沫的市场上，又是如何被决定的。最后，你将了解到，2006年和2007年泡沫的破裂只是丧失抵押贷款赎回权的第一波浪潮，以及这一系列事件的组合是如何将经济拖入至少是27年以来最糟糕的境地。

12.1 一座房子的实际价值是多少

从图12.1中可以看出，1997年到2006年年中，主要城市地区的房价上涨速度远远超过通货膨胀率（用核心个人消费支出来衡量），也超过其他地区房价的涨幅。经济学家卡尔·凯斯和罗伯特·希勒创建的房价指数以2000年为基期，衡量了大都市区房价的上涨情况。2000年至2006年间，当整体物价水平（包括食物和能源）上涨了大约13%、达拉斯和克利夫兰的房价仅仅上涨了25%时，迈阿密以及洛杉矶的房价几乎上涨至原来的三倍。从2006年年中开始，许多大都市区的房价暴跌。凤凰城的房价下跌了41%，拉斯维加斯的房价下跌了39%，而迈阿密的房价下跌了38%。为了理解这些情况，我们必须牢记一些基础的概念：机会成本、供求、利率、现值。

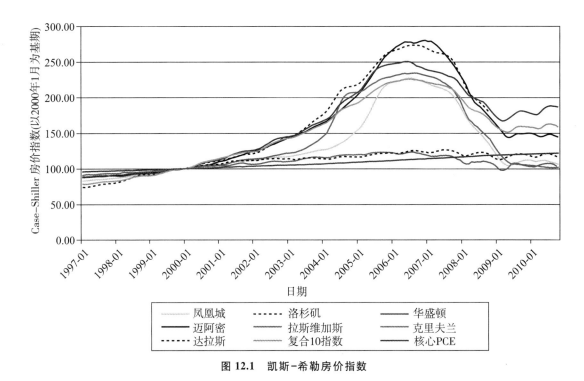

图 12.1　凯斯-希勒房价指数

房屋价值取决于以下几个因素：房屋坐落的地块机会成本是多少，周围社区的劳动力和材料的成本是多少，房屋自身的品质，潜在购买者的收入水平是多少。

回过头来看看图12.1，达拉斯的房价从不会以其他地区的速度上涨是因为得克萨斯州中北部有充足的建设用地。这一地区地势平坦，相对来说没有那么多的潜在使用者。不像洛杉矶、旧金山、迈阿密，达拉斯的土地供给十分充裕，这意味着建设用地的供应非常有弹性。这不是说土地被创造出来，而是说土地从牧场到家庭用地的转换很简单。因此，即使房屋的需求急剧增加，即使现存房屋的价格上涨超过新建房屋的价格，即使远离市中心的会由于更长的通勤时间而造成不便，大多数购房者还是愿意每天花10—20分钟的时间驾车以节约数以万计美元的购房费用。

洛杉矶、旧金山和迈阿密的建设用地的供给是相对无弹性的，因为那儿有海洋、沙滩、湿地以及山地，它们都无法为住宅建筑提供合适的条件。在这些地方，随着住房需求的增加，将不可避免地导致更高的房价。

下一个解释房价的重要因素是需求因素，例如房屋的品质和购买者的收入。配备现代设施的房屋比需要维修的旧房更值钱是显而易见的。同样显而易见的因素是潜在购房者的收入水平。住房和城市发展部估计了旧金山与华盛顿以及达拉斯与克利夫兰中产阶级的收入水平，前者接近10万美元的收入明显高于后者大约6万美元的收入。表12.1利用房价占中产阶级收入的比重这一指标将美国不同城市的住房支付能力进行了排序。很明显，这些城市在地理上的分布不是随意的。加利福尼亚州拥有20个最低支付能力的城市中的18个，而中西部地区拥有20个最高支付能力的城市中的17个。

人口增长也应列入等式中。底特律是世界上唯一一座由200多万人口变成不到100万人口的城市。这意味着每一座新房建成，就将会有超过一座的房屋空置。在人口增长地区，新的邻居持续涌现。亚特兰大都市区的房价上升几乎完全是由人口的增长带动的。

表 12.1 美国住房最贵和最便宜的地方

住房最贵的地方	住房最便宜的地方
1 纽约—白原—韦恩	1 埃尔克哈特—戈申
2 旧金山—圣马特奥市—雷德伍德城	2 兰辛—东兰辛
3 檀香山	3 科科莫
4 洛杉矶—长滩—格兰岱儿市	4 曼斯菲尔德
5 圣克鲁兹—沃森维尔市	5 海湾市
6 大洋城	6 坎伯兰郡
7 圣安娜—阿纳海姆—尔湾市	7 斯普林菲尔德
8 圣路易斯奥比斯波—帕萨罗布	8 弗林特
9 布里奇波特—斯坦福德—诺沃克	9 桑达斯基
10 圣地亚哥—卡尔斯巴德—圣马科斯	10 印第安纳波利斯
11 拉雷多	11 坎顿—马西伦
12 波士顿—昆西	12 扬斯顿—沃伦—博德曼
13 圣何塞—森尼维耳市—圣克拉拉	13 锡拉库扎
14 圣巴拉拉—圣马丽亚—戈拉塔	14 费尔班克斯
15 纽瓦克	15 卡森城
16 奥克斯纳德—千橡树市—凡吐拉	16 沃伦—特洛伊—法明顿
17 麦卡伦—爱丁堡—密森	17 谢尔曼—丹尼森
18 拿索—萨福克	18 宾仓姆顿
19 厄尔巴索	19 巴特克里市
20 波夕城—南帕	20 底特律—利沃尼亚—迪尔伯恩

12.2 抵押贷款

像我们在第 7 章学习的现值和利率,分期付款的计算也很直接。汽车贷款和抵押贷款就是每月按照特定利率在一定的时间内付清欠款。抵押贷款,除了是一张合同,还是用于在一定时间内还清欠款的支付计划。我们祖父母的时代抵押贷款就是现在的形式了。房屋购买者将要支付 20% 的房款,银行将提供剩下的 80% 的贷款。最重要的是,你的祖父母将要提供可证实的文件证明他们的收入、资产和负债。即使他们能支付 20% 的首付,如果他们抵押贷款的支付额、每年的财产税、住房保险超过他们可证实收入的 30%,他们的银行也不愿意借给他们钱。他们会建议你的祖父母买一套小一点的房子。"过时"的抵押贷款的最后一方面是银行必须持有抵押的住房。这意味着一旦你的祖父母违约,他们的银行将接手房屋。

为理解你的祖父母的抵押贷款是如何运作的,请看表 12.2。传统的抵押贷款持续 30

年。即使房价从他们买第一套房时实际上一直在增长,利率在 4.5% 和 12% 间徘徊,我们还是能对等比较原来的抵押贷款和新的抵押贷款。假定一笔 25 万美元、30 年期的贷款,利率为 5%。财务计算器或者电子表格软件将会帮助你计算出每个月的还款额是 1 342 美元。这是第一个月、最后一个月,以及中间每个月的还款额。

表 12.2 传统的、零利率的和分期偿还贷款(30 年,5%)

支付次数	传统按揭			仅付息抵押贷款,5 年			仅付息抵押贷款,10 年			负摊销抵押贷款,5 年		
	支付金额(美元)	利息(美元)	余额(美元)	支付金额(美元)	利息(美元)	余额(美元)	支付金额(美元)	利息(美元)	余额(美元)	支付金额(美元)	利息(美元)	余额(美元)
0			250 000			250 000			250 000			250 000
1	1 342	1 042	249 700	1 042	1 042	250 000	1 042	1 042	250 000	521	1 042	250 521
2	1 342	1 040	249 398	1 042	1 042	250 000	1 042	1 042	250 000	522	1 044	251 043
3	1 342	1 039	249 095	1 042	1 042	250 000	1 042	1 042	250 000	523	1 046	251 566
4	1 342	1 038	248 791	1 042	1 042	250 000	1 042	1 042	250 000	524	1 048	252 090
...	...	...	...	...	...	...	...	...	...	...	...	...
57	1 342	963	230 719	1 042	1 042	250 000	1 042	1 042	250 000	585	1 170	281 487
58	1 342	961	230 338	1 042	1 042	250 000	1 042	1 042	250 000	586	1 173	282 074
59	1 342	960	229 956	1 042	1 042	250 000	1 042	1 042	250 000	588	1 175	282 661
60	1 342	958	229 572	1 042	1 042	250 000	1 042	1 042	250 000	589	1 178	283 250
61	1 342	957	229 186	1 461	1 042	249 580	1 042	1 042	250 000	1 656	1 180	282 775
62	1 342	955	228 799	1 461	1 040	249 159	1 042	1 042	250 000	1 656	1 178	282 297
63	1 342	953	228 410	1 461	1 038	248 735	1 042	1 042	250 000	1 656	1 176	281 817
64	1 342	952	228 020	1 461	1 036	248 310	1 042	1 042	250 000	1 656	1 174	281 336
...	...	...	...	...	...	...	...	...	...	...	...	...
117	1 342	855	204 827	1 461	932	223 053	1 042	1 042	250 000	1 656	1 056	252 720
118	1 342	853	204 338	1 461	929	222 521	1 042	1 042	250 000	1 656	1 053	252 117
119	1 342	851	203 848	1461	927	221 987	1 042	1 042	250 000	1 656	1 050	251 512
120	1 342	849	203 355	1 461	925	221 450	1 042	1 042	250 000	1 656	1 048	250 904
121	1 342	847	202 860	1 461	923	220 912	1 650	1 042	249 392	1 656	1 045	250 293
122	1 342	845	202 364	1 461	920	220 371	1 650	1 039	248 781	1 656	1 043	249 680
123	1 342	843	201 865	1 461	918	219 827	1 650	1 037	248 168	1 656	1 040	249 065
...	...	...	...	...	...	...	...	...	...	...	...	...
358	1 342	17	2 667	1 461	18	2 905	1 650	20	3 279	1 656	21	3 291
359	1 342	11	1 336	1 461	12	1 455	1 650	14	1 643	1 656	14	1 649
360	1 342	6	0	1 461	6	0	1 650	7	0	1 656	7	0

现在让我们看看抵押贷款市场上发生的渐进的、革命性的变化。第一个重要的变化是1968年国会将联邦国民抵押贷款协会(房利美)分离出去,授权它作为政府资助的企业,购买银行或其他金融机构的住房抵押贷款。这样将**证券化**(securitize)这些贷款,因为它将这些抵押贷款捆绑销售,并且将自己的股票出售给投资者。通过这些举动,它分散了由于持有特定地区抵押贷款而导致的区域性风险。这降低了由于当地经济不景气而造成的银行破产的风险。这样的形式降低了投资者的风险,从而降低了抵押贷款的利率。它的姐妹机构联邦住宅贷款抵押公司(房地美)在1970年成立,同样做的是销售这些捆绑的抵押贷款支持证券给其他投资者。这两家企业的资本和利润都没有明确地得到联邦政府的保证,但投资者却默认为如果这两家公司有困难,联邦政府将救助它们。

20世纪80年代后期,抵押贷款不断涌现,因为首付只需要5%或10%。尽管他们必须支付保险(用来在买房者违约时赔付给银行),这还是为数百万美国人提供了买房的机会。在这个十年的早期,零首付变得寻常。买卖房屋时只需要缴纳文书费用。

2002年年初,**仅付息抵押贷款**(interest-only mortgage),甚至**负摊销抵押贷款**(negative-amortization mortgage)涌现出来。仅付息抵押贷款正如它的名字显示的那样,购房者在前几年(通常是5年或10年)只需支付利息,然后付清剩下的部分。负摊销抵押贷款与之类似,购房者开始选择在抵押贷款的前几年的还款金额。这些**选择性支付抵押贷款**(pick-a-pay mortgage)(也称为可调利率抵押贷款支付选项)很受买房人欢迎。仅支付一半的利息将不停积累未付的贷款,这意味着未付清的贷款会越来越多。几年之后,抵押贷款恢复到标准的类型,剩余的款项将在剩下的年限里付清。

同样,对比仅付息抵押贷款和传统贷款项目,假设房屋所有者货款250 000美元,期限为30年,利率为5%。从表12.2中可以看出,仅付息抵押贷款在仅付息的期限内为购房人每个月节约300美元,但实际上一旦恢复到传统的付息模式,支付的利息反而更多。在负摊销抵押贷款中,借款人选择开始支付的金额。假设他们选择支付应付金额的一半,这造成未付清的贷款余额增加,总的支付额也相应增加。在付款模式转变到传统模式之后,支付金额将是原来的三倍。

这些仅付息抵押贷款和负摊销抵押贷款很受购房者欢迎,因为这使得那些原本买不起房的人能够用最轻松的方式买到房子。不能确定的是借款人是否充分理解了这些贷款意味着什么。他们可能根本就没有阅读贷款的文件,或者他们确信无论需要支付的抵押贷款增加多少,他们房屋的增值也能允许他们得到一份房屋净值信用额度,从而得到另一份抵押贷款。在仅付息抵押贷款和负摊销抵押贷款推出的2006年和2007年,大约一半的抵押贷款通过房屋净值信用额度的形式得到。

12.3 泡沫是怎么产生的

正如纳斯达克的一位投资者在20世纪90年代后期发现的那样,人们如果对价格有更高的预期,将会以预期的价格而不是以合理的基本面价格购买资产,这就造成了泡沫。当你被告知在价格上涨之前购买,并且你也那么做了,那么你仅仅是增加了泡沫的体积。人们在这样的预期下确信现在购买房屋,房屋价格会比他们的支付能力增长得更快。真正造成泡沫的是借钱。如果你付了20%的首付,上涨的房价将抑制你再次购房的能力。但一旦不需要首付,并且只需要付一半的利息,买房人推高泡沫的能力将不会被削弱。

曾经历过纳斯达克股市泡沫的人还记得,泡沫堆高时很有趣,为什么?假设你在2002年1月买了迈阿密的一套价值25万美元的房子,没有付首付,采取负摊销抵押贷款。从2002年1月到2007年1月,房屋的价值翻倍。因此,你负债283 250美元,拥有价值25万美元的房子。但谁又在乎呢?现在它值50万美元。房贷支付额现在从每个月589美元增加到1 656美元,有问题吗?没问题,你现在拥有了216 750美元的房屋净值。如果你用这套房子的房屋净值信用额度申请贷款,你就能把你的房子当成自动取款机了。你甚至能买一辆SUV或者来一次旅行!

当解释了房地产泡沫的需求面之后,我们来看看造成泡沫的供给面。你可能会问,为什么银行会借钱给这些买房人。这将使我们回顾抵押贷款市场的第一次革命性变化:证券化。当你祖父母的贷款被当地银行持有时,那些抵押贷款已经立即被销售了。劝阻买房人借钱购买他们支付不起的房子不再是当地银行的工作。还记得30%首付的老规则吗?银行再也不会在意你能否支付贷款了,因为在几天内它已经卖掉了这些抵押贷款。如果你违约了,那是另一个人的事了。此外,大约一半的负摊销抵押贷款是"说谎的贷款",因为银行填写的借款人信息没有真实反映借款人的收入和资产状况。他们仅仅咨询信用调查机关。如果你的信用记录足够好,银行将会把你的抵押贷款卖给房利美或房地美,在几天内它们再将贷款卖出。①

现代抵押贷款市场中还有一个重要的方面造成了困境。在贷款过程中,显然缺少了一种相关约束机制。你的祖父绕着桌子而坐,从银行家手中接过一张张涉及贷款的纸。你的祖父不得不仔仔细细地看每一张纸。他们这样集中注意力的部分原因在于他们害怕如果他们不这样做,贷款申请就不能通过。今天,点击鼠标或者打一个电话就能向银行申请从未有过的低利息的贷款。这意味着你只需要将堆积如山的文件带到公证人(被指派的人员,证明签字的人是指定的人)那儿,然后在签名的地方签上自己的名字。相关约束机制能让借款人更好地理解贷款特征(例如五年以后三倍的支付金额)。

金融市场中的某些人开始公开地担心贷款市场崩溃带来的影响。这种恐惧创造了一种金融工具,但它仅仅推动了泡沫的形成。21世纪头10年的中期,由于不断上涨的对于放弃抵押贷款的恐惧,证券化的抵押贷款越来越难卖。那些购买抵押贷款、将其证券化并卖给投资者的企业现在提供给投资者**信用违约互换**(credit default swap)。在这样的情况下,信用违约互换像保险政策一样,保证当借款人不偿还借债时将补偿证券所有者的损失。这满足了投资者对于安全的需要,从而泡沫继续膨胀。问题在于这些保险政策不是像典型的保险政策那样规定的。典型的私人持有者或保险公司被强迫保有足够的资本以偿还索赔要求,并且经常被要求再保险。即使信用违约互换是一种保险政策,那些公司并没有按照应有的规定行事。虽然国会及其他监管机构开始质疑这些政策,但是潜在的住房所有权收益率以及住房持有者的财富(至少是纸面上的财富)的增加盖过了这些忧虑的声音。这就是臭名昭著的美国国际集团在美联储提供紧急救助计划之前最赚钱的生意。

---

① 他们可能仍然每个月收取你的支付,但是他们只是做服务性工作。他们只是将你的支付转至其真实的拥有者。

12.4 泡沫破裂

这个很美好的故事建立在房价永远不会下跌的神话之上。但房价终究是要下降的。换个角度想一下这个故事。假如房屋只有1 500平方英尺,只有很少的现代设备,并且周围邻居不是那么吸引人,那么房价将会从25 000美元降到20 000美元。也就是说,在房屋本身决定房屋价值、投机需求不存在的情况下,房价超过理性价位的唯一原因就是泡沫的存在。然而,现在穷人们花了250 000美元买的房子只值200 000美元了,但是他们却不得不每月支出1 656美元,因为他们欠了283 250美元。

有哪些选择呢?不是很多。首先,如果他们选择卖掉房子,他们将负债83 250美元,加上大约12 000美元的不动产交易费用,并且失去自己的房子。如果他们没有存款,他们不得不申请另一份无须附属抵押品贷款以付清欠款。要摆脱大量的负债,他们唯一的选择就是破产。这是一个很差的选择,因为他们不仅将失去自己的房子,还将在未来的若干年内没有买房的能力。当然,他们也将失去购买汽车、家具以及其他很多东西的能力。他们将不能去旅行,因为失去了信用卡的使用资格;他们将不能付清已有的信用卡负债,因为他们不再拥有房屋的净值。

使用负摊销抵押贷款买房的人们选择了两种做法中的一种。因为他们相信在几年内他们收入的增长就能抵消应付贷款的上涨,或者房价还会进一步上涨。这两种因素的叠加效果将使得一切都好起来。不幸的是,对于大部分借款人来说,情况并没有好转。2006年开始,放弃抵押品赎回权(拖欠超过30天)的情况急速上升。在2007年,放弃抵押品赎回权的比例上升到51%,在2008年上升82%。2009年早些时候,内华达州14座房屋中就有1座处在放弃抵押品赎回权的过程中,而在2008年11月,76座房屋中只有1座需要放弃抵押品赎回权。受到打击最重的州是加利福尼亚州、内华达州和佛罗里达州。分析造成这个结果的原因并不难。从表12.3以及图12.1的当地具备购买中等住房的中等收入的中产家庭中可以看出:在"泡沫城市",即使他们选择了传统的贷款方式,他们的贷款总额、保险支出以及财产税也将会超过他们收入的30%。从2008年的一个估计调查中可以看出,美国1/6的家庭处在超过30%的线上,1/20的家庭住房支出超过了家庭收入的50%。可以得出结论,2006年房价停止上涨一点儿也不奇怪。

表12.3 美国主要城市房屋支付能力的测度

	中等家庭收入(美元)	现存的中等大小的单一家庭住房价格(美元)	大约每年偿还的按揭款(30年,利率6%)(美元)	房屋保险(美元)*	财产税(美元)*	年房屋开支(美元)	房屋开支占家庭收入的比例(%)
凤凰城	64 200	257 400	18 519	2 000	4 000	24 518.92	38.19
洛杉矶	59 800	589 200	42 391	2 000	4 000	48 390.62	80.92
华盛顿	97 200	430 800	30 994	2 000	4 000	36 994.36	38.06
迈阿密	49 200	365 500	26 296	2 000	4 000	32 296.29	65.64
拉斯维加斯	63 900	297 700	21 418	2 000	4 000	27 418.34	42.91

(续表)

	中等家庭收入（美元）	现存的中等大小的单一家庭住房价格（美元）	大约每年偿还的按揭款（30年，利率6%）（美元）	房屋保险（美元）*	财产税（美元）*	年房屋开支（美元）	房屋开支占家庭收入的比例（%）
克里夫兰	62 100	130 000	9 353	2 000	4 000	15 352.99	24.72
达拉斯	65 000	150 900	10 857	2 000	4 000	16 856.66	25.93

注：*是作者估算的。

资料来源：中等家庭收入数据来自美国住房和城市发展部的《住房抵押披露法》。现存的中等大小的单一家庭住房价格数据来自美国全国地产经纪商协会。

12.5 房地产泡沫破裂对整体经济的影响

开始时，房地产市场泡沫的破裂产生了轻微的影响。它使得2006年和2007年的经济增长速度下降了1%。2007年年末到2008年年初，放弃抵押品赎回权的房主激增，房地产市场的影响像滚雪球一样越来越大。直到2008年秋天，这场危机的真正影响才充分显现出来。为了避免严重的经济危机，财政部接管了房利美和房地美两家企业，美联储持有保险业巨头美国国际集团的很多股份，国会通过了不良资产救助计划以救助那些由于考虑不周的做法而深陷困境的大银行。

从2008年9月到年底，借贷市场几乎冻结。这意味着除非十分健康的企业，其余企业都无法实现常规和必要的资金周转。由于秋天的消息几乎都是负面的，消费者几乎停止购买除必需品外的一切商品。根据汽车制造商的数据，汽车销售量下降了40%—67%。到2008年12月，通用和克莱斯勒请求得到不良资产救助计划基金的帮助。随着当年的圣诞假期成为40年来销售量最惨淡的假期，悲观情绪到达最高潮。

最后，需要评估房地产泡沫破裂的影响。它确实造成了自大萧条以来最严重的经济衰退。它造成了第二次世界大战以来最严重的政府赤字（无论从名义还是实际的角度），政府不得不削减数十亿美元的预算。由于时间的限制，在作者写作本书的2011年春天，房地产市场可能还没到达最终的谷底。一个阻碍房地产市场达到它最终的谷底的因素是销售资不抵债的房屋的困难。部分问题在于，由于证券化抵押贷款，**卖空房屋**（short sale）是一个困难、耗时、法律问题层出不穷的过程。卖空房屋需要买方和卖方接受一个价格，拥有贷款的公司同意免除房屋市价和负债之间的差价。只有这些资不抵债的房屋被卖掉，我们才能住进这些房屋，例如内华达州的空置房屋。

我们将不良资产救助计划、2009年的一揽子经济刺激计划以及美联储为了稳定市场而采取的购买长期国债和抵押贷款支持证券的举措的影响留到第13章讨论。

本章小结

你现在知道了决定房屋价格的基本要素，购房的资金支持，以及新类型的住房贷款取代了20%首付、持续还款的传统贷款。你也理解了对于房价不现实的预期导致了房价不断上涨,而这种泡沫将不可避免地破裂,并对经济产生重要影响。

◆ 关键词

| 证券化 | 仅付息抵押贷款 | 负摊销抵押贷款 |
| 选择性支付抵押贷款 | 信用违约互换 | 卖空房屋 |

自我测试

1. 允许你最少还款的贷款类型是_____。
   a. 零首付贷款　　　　　　　　　　b. 传统的 20% 首付、持续还款的贷款
   c. 仅付息抵押贷款　　　　　　　　d. 负摊销抵押贷款
2. 哪种贷款增加的房屋净值最多?
   a. 零首付贷款　　　　　　　　　　b. 传统的 20% 首付、持续还款的贷款
   c. 仅付息抵押贷款　　　　　　　　d. 负摊销抵押贷款
3. 哪种贷款既不增加也不减少房屋净值?
   a. 零首付贷款　　　　　　　　　　b. 传统的 20% 首付、持续还款的贷款
   c. 仅付息抵押贷款　　　　　　　　d. 负摊销抵押贷款
4. 从基本面上分析,房价是哪些因素的函数?
   a. 位置和配套设施　　b. 只有配套设施　　c. 只有位置　　　　d. 只有利率
5. 房地产泡沫形成于_____使得房价超出基本面影响的价格。
   a. 汽油价格　　b. 房屋的预期价格　　c. 利率变化　　　　d. 房地产税增加
6. 房地产泡沫的破裂造成了比 2000 年纳斯达克泡沫破裂更严重的冲击,因为房地产泡沫_____。
   a. 与资产相关,纳斯达克与负债相关　　b. 高风险的负债方式
   c. 与更多人相关　　　　　　　　　　　d. 与更少人相关

简答题

1. 解释为什么证券化抵押贷款使得借款更加容易而使得房屋资不抵债时卖房更加困难。
2. 解释为什么证券化抵押贷款促成了人们在使用抵押贷款的方式买房时不关注合同的细节(例如文中提到的负摊销抵押贷款)。
3. 解释为什么美联储认为紧急救助美国国际集团是必要的,以及美联储试图避免什么结果。
4. 解释信用违约互换的地位。为什么这种试图保障投资者安全的措施使得情况更加糟糕?

思考题

泡沫在破裂后很容易分辨。不管你信不信,许多人直到这一事实被每个人熟知后才相信房

地产市场有泡沫。(如果你找到本书的第 4 版关于这个主题的讨论,你能看到我当时认为这是一个泡沫,但我并不确定,因为房地产价格在我写那版书时很稳定。)在 1929 年和 2000 年的股市中的人们也是这样的。向前看 30 年,想象你正在处理退休的存款。你将怎么分辨你的资产组合是否像 401K 计划的声明写的一样,或者这又是一个泡沫?

讨论题

我们处在后房地产泡沫时代,数百万的家庭的住房负债比实际价值高。最近破产法的修改使得宣告破产变得更困难,这使许多全天工作、努力的人陷进自己的房产中,不能逃离财务困境。现在我们再思考金融监管的问题,我们是否应该把负摊销抵押贷款和仅付息贷款看作可卡因呢?我们是否应该禁止它们以防止人们犯下一生的错误呢?

第 13 章
2007—2009 年的经济衰退：原因和政策应对

> **学习目标**
>
> 学习完本章后，你应该能够：
> 1. 描述造成 2007—2009 年衰退的房地产市场危机以及全体消费者的负债问题。
> 2. 列举经济衰退的影响，包括创纪录的房价跌幅、显著的失业率上升、实际 GDP 下降，以及大量的失业人口。
> 3. 描述相机选择的财政政策和自动稳定的财政政策、货币政策以及抵御衰退的 TARP 计划。
> 4. 列举和描述奥巴马政府早些时候通过的一揽子经济刺激计划。

2007—2009 年的经济衰退是第二次世界大战以来最严重的经济衰退之一（如果不是最严重的话）。从失业率的指标来看，它是自大萧条以来第二差的时期；从实际 GDP 的下降以及恢复到危机之前的经济水平的时间来看，它是最严重的。在经济刚开始衰退的 2007 年秋天，这场危机看上去非常类似于 1991 年和 2001 年短暂的、轻微的衰退。然而，由于房地产泡沫的破裂以及大批金融机构的倒闭造成的一系列问题，经济衰退在 2008 年秋天到达谷底。

本章的开始，我们将回顾 2005 年和 2007 年的经济活动，讨论衰退发生的最重要的原因——房地产市场泡沫，看看 2008 年年初试图将这场经济危机化解成短期和轻微的尝试，以及 2008 年秋天金融体系的崩塌，理解美联储、国会以及布什和奥巴马两位总统的政策回应。这一章也将对围绕这些经济政策是否有效地缩短和减轻了衰退的影响的讨论做一个总结。

13.1 经济衰退开始之前

正如我们从图 13.1 中看到的,实际 GDP 已经以年均 2.7% 的速度增长了大概 20 年,直到 2007 年的最后一个季度。如图 13.2 所示,汽油价格也比 2005 年年初增长了将近两倍。那么这种增长背后的动力是什么呢?答案是房地产。

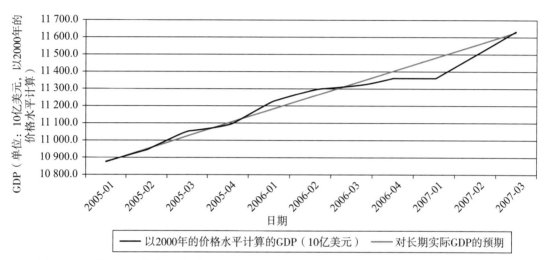

图 13.1 真实 GDP(单位:10 亿美元,以 2000 年的价格水平计算)(2005 年 1 月—2007 年 3 月)

资料来源:www.bea.gov/national/2cls/gdplev.2cls。

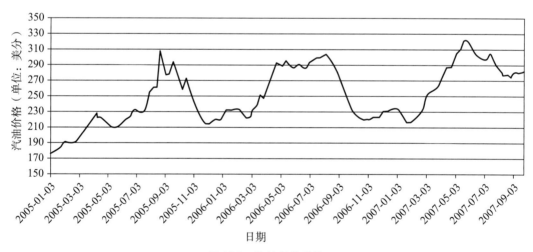

图 13.2 汽油平均价格

资料来源:http://tonto.eia.doe.gov/oog/irfo/tnip/tnipmgvwall.2cls。

虽然我们在第 12 章充分讨论了房地产市场泡沫是如何形成的,但我们还是会在这里提供一个简略的版本。我们可以从图 13.3 中看到,房价的增长速度让人惊讶(以凯斯-希勒房价复合 10 指数表示)。即使这将造成正常情况下买房很困难,但问题就是有一个不正常的大环境。放款人愿意为买房人提供任意数量的贷款。这是因为 2000 年年初到 2005 年年末,买房的收益率是年均 14.2%。在这样的收益率下,产生这样错误的想法就不足为奇了:即使借款人违约,银行也不会有任何损失,因为它们可以以比贷款价值更高的价格卖出房子。

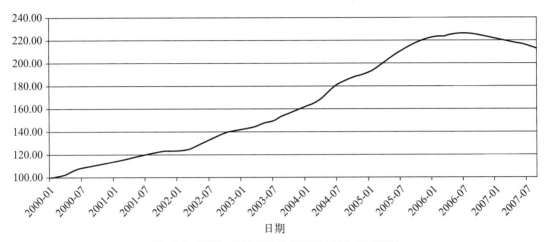

图 13.3 凯斯-希勒房屋价格指数(复合 10 指数)

资料来源:www.macromarkets.com/csi-housing/sp-caseshiller.asp。

房价的上涨推动了两个市场的繁荣:建筑业和房屋净值信用贷款。从图 13.4 中可以看出,在 2001 年到 2007 年间,房价稳定地增长(当然也会随着季节因素波动)。从图 13.5 中可以看出,相关的贷款包括住房抵押、房屋净值贷款以及汽车贷款,以每年 7.1% 的速度增长,信用卡负债以 5.2% 的速度增长。

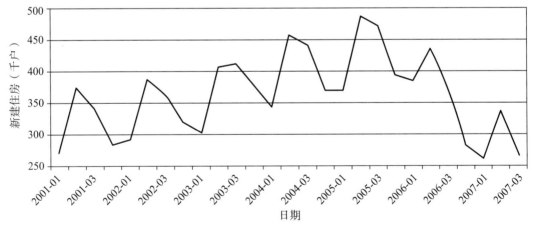

图 13.4 新建独户住房

资料来源:www.census.gov/const/202020/ne202resconstinde2c.html。

在这期间,和美联储密切相关的是由于能源价格和总需求的增长而导致的通货膨胀的上升。从图 13.6 可以看出,美联储上调了它的目标联邦基准利率,从 2004 年 6 月到 2006 年 6 月上调了 14 次,从 1% 上调到 5.25%。在 2006 年 1 月那一点,通货膨胀问题很严重,因此美联储一次性上调了 1.25% 的基准利率。考虑到大多数联邦基准利率的上调都是 1/4 个点,所以这次抑制通货膨胀的政策是十分积极的。

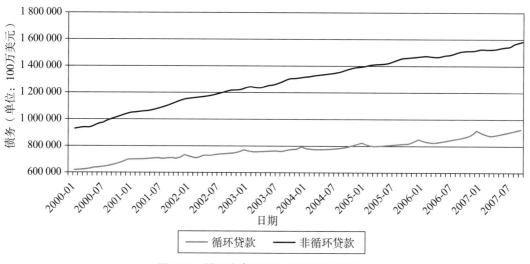

图 13.5 循环家庭债务和非循环家庭债务

资料来源:www.federalreserve.gov/releases/919/hist。

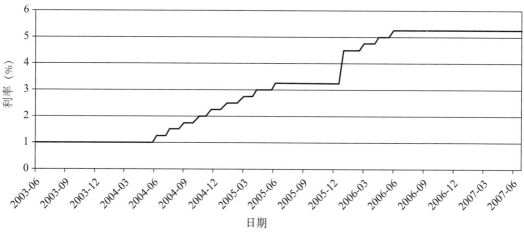

图 13.6 联邦基金利率

资料来源:www.federalreserve.gov/fomc/fundsrate.htm。

13.2 2007 年年末:衰退开始以及最初的政策应对

我们现在知道美国国家经济研究局商业周期测定委员会在 2007 年年末已经采取措施牵制衰退的发生。对于政策执行者来说,2007 年年末的经济放缓是很明显的。在图 13.7 中,我们可以看出美联储在 2007 年 9 月就开始降低利率,并且持续到 2008 年 12 月,降到了 0。

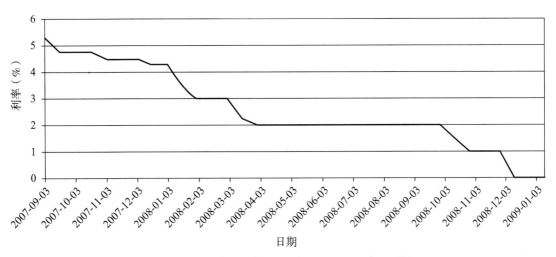

图 13.7 联邦基金利率(2007年9月—2008年12月)

资料来源:www.federalreserve.gov/releases/h15/data.htm。

布什政府在 2008 年早些时候就开始游说各方,希望推出经济刺激计划。他们青睐的政策工具是实行永久性减税以及为纳税人提供退税。前者失败了,而后者成功推行。2008 年春天,退税计划施行,在夏天之前,数百万名单身美国人得到了每人 600 美元的退税,每对夫妇得到 1 200 美元。大多数钱在夏天之前被直接存到个人账户中去。其余的退税则在夏天结束前被寄到纳税人手中。观察图 13.8,你可以发现,这个 1 580 亿美元的计划具有明显的短期效果。2008 年第三季度的经济增长率和健康的经济体相当,但是经济体并不健康。油价上涨到每桶 145 美元,取消房屋赎回的人数迅速增加。

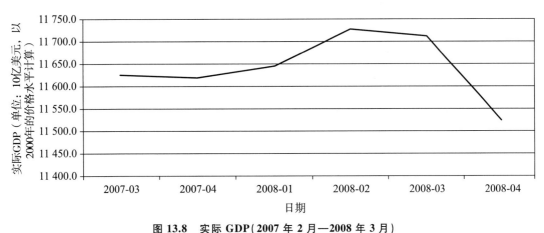

图 13.8 实际 GDP(2007 年 2 月—2008 年 3 月)

13.3 2008 年秋:衰退的谷底

2008 年夏末秋初,对金融市场的信心动摇造成了自 20 世纪 30 年代以来从未有过的冻结资本市场的威胁。夏天,信用评级机构穆迪、标准普尔开始下调抵押贷款支持证券以及大量持有它们的公司的评级。美联储实行了一些贷款计划以支持各种各样的银行以及非银行机构应对信用市场的困难。

2008年9月7日,财政部托管了房利美和房地美两家企业,因为财政部意识到这些政府支持的企业实际上已经破产了。一个星期以内,雷曼兄弟申请破产,两天以后,美联储给予保险业巨头美国国际集团850亿美元的贷款(最终变成了1 825亿美元)。两个星期以后,财政部部长鲍尔森以及美联储主席伯南克为他们的不良资产救助计划前往国会申请7 000亿美元的拨款。两个星期后,处在破产边缘的美联银行被美国富国银行收购。

在两个月的时间跨度里,从劳动节的周末到2008年的选举日,金融系统在崩塌的边缘。2008年圣诞假期创下了40年以来最差的消费纪录,这一负面新闻在每日新闻里反复播放,造成了民众信心的危机。从图13.9可以看出,一条平滑的失业率曲线在2008年中期忽然变得陡峭。从图13.10可以看出,失业人数在2008年秋天急剧攀升,第三季度和第四季度共有超过200万人失去工作。特别让人不安的是,原本应该做全职的人却去做兼职,导致兼职人数翻番。

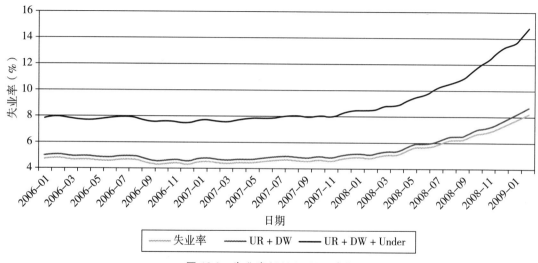

图 13.9　失业率(2006—2009 年)

资料来源:http://data.bls.gov/cgi-bin/srgate。

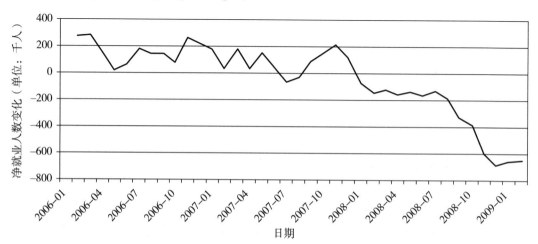

图 13.10　净就业人数变化(2009 年)

13.4 奥巴马的一揽子经济刺激计划

在奥巴马总统宣誓就职之前,他就已经陷入与国会协商经济刺激计划的泥淖之中。布什总统通过减税的形式施行财政政策,而奥巴马总统的经济刺激计划不局限在税收变化中,他的计划中包括了重要的支出项目。

从图 13.11 中可以看出,总供求模型既可以用于衰退的分析,又可以用于相机抉择的财政政策和自动稳定的财政政策的效果分析。在消费者的信心危机持续的情况下,总需求显著缩减。由于失业率持续上升,失业保险、食物券以及医疗保险补助计划的支出显著上升,驶向福利国家的道路开启了高速档。自动稳定的财政政策抑制了需求减少的影响。正如我们在第 9 章所定义的,国会通过、总统签署的经济刺激计划是相机抉择的财政政策。奥巴马的计划能否达到应有的效果,只有通过时间来检验。

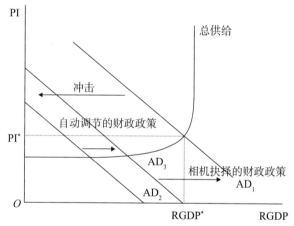

图 13.11 利用模型对固定的财政政策和奥巴马经济刺激计划（相机抉择的财政政策）的影响进行分析

国会通过以及总统签字的经济刺激计划完全是相机选择的,因为它们是由法律通过并实施的。同样,就像你从第 9 章中知道的那样,联邦政府开支的一部分被固定在相机抉择的财政政策中,比如联邦政府的福利政策和失业保险补助。奥巴马经济刺激计划的详细内容可以从图 13.12 中看出。可以看到,几乎同比例的支出用于减税（38%）和支出（39%）,剩下的用于医疗保险补助、福利、失业救助等强制性项目。

从图 13.12 中可以看出,减税中的大部分归于个人,一些额外的减税用于节能项目。例如,在 2009 年,购买节能电器被给予优惠。由于经济衰退,申请医疗保险的登记人数大大增加,给予个人减税中的一半用于提供新的医疗保险补助计划。大约 1/4 的个人补助用于失业救助,达到了每周 25 美元,并且延长了原来的 26 周的救助时长。最后的支出被分成许多小块,用于不同的项目。

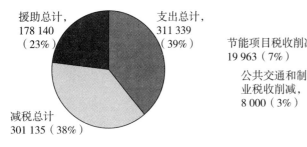
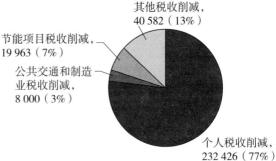
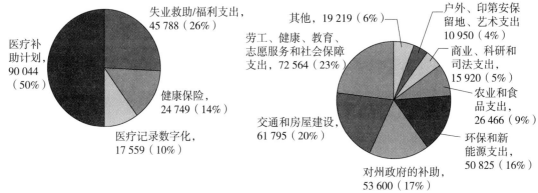

图 13.12 奥巴马经济刺激计划的详细图解

资料来源：www.cbo.gov。

本章小结

2007—2009 年的经济衰退是由围绕房地产市场泡沫破裂的一系列事件引发的。房地产市场的崩溃造成了金融机构的严重损失和信贷市场的收缩。美联储采取了一系列措施应对这种紧缩，布什政府和奥巴马政府都设法重振金融机构。失业人数和 GDP 的缩减情况使得这次的衰退似乎是第二次世界大战后最严重的一次。美联储稳定金融市场的尝试以及奥巴马政府的经济刺激计划有着惊人的规模，然而影响却是未知的。

自我测试

1. 下列哪些因素不是 2007—2009 年经济衰退的原因？
   a. 房地产泡沫的破裂
   b. 2008 年的退税
   c. 主要金融服务企业的失败
   d. 2008 年后期油价从每桶 150 美元降到每桶 40 美元

2. 经济危机以前的年份的经济增长速度_____。
   a. 和常规速度相当   b. 比常规速度慢   c. 比常规速度快
3. 汽油价格在 2007 年年末到 2008 年年初_____。
   a. 急剧上升   b. 增速相对减缓   c. 不变   d. 下降
4. 美联储对 2007—2009 年经济衰退采取的措施_____。
   a. 短期内很有效   b. 快速,但在短期内效果不明显
   c. 缓慢,被批评谨小慎微   d. 加强了危机,造成了负面效果
5. 奥巴马的经济刺激计划_____。
   a. 几乎完全由减税政策组成
   b. 几乎完全由基建项目的支出组成
   c. 是减税、项目支出、稳固失业救济和社会福利支出之间的平衡
   d. 几乎由社会福利项目组成
6. 经济衰退期间的失业_____。
   a. 具有典型的短期衰退的特征   b. 不存在   c. 明显而迅速

简答题

1. 说明下列政策是自动稳定的财政政策、相机选择的财政政策还是货币政策:TARP,紧急救助美国国际集团,2009 年经济刺激计划,失业救助补助金的快速增加,收入减少造成的销售的显著减少以及税收收入的减少。
2. "量化宽松"政策和美联储的常规政策有何不同?
3. "万事俱备,只欠动工"(sholve-ready)是用于解决第 9 章中的哪个时滞问题的?

思考题

诺贝尔奖获得者保罗·克鲁格曼在 2008 年和 2009 年反复强调,国会谨小慎微带来的结果远远比激进的结果严重得多。回顾过去,他说对了吗?1.5 万亿美元的一揽子经济刺激计划现在造成的结果是什么?

讨论题

从 2007—2009 年的经济衰退中你得到了哪些教训?在房地产市场的繁荣过程中,有哪些可操作的措施可以采用以阻止后来发生的泡沫破裂?

第 14 章
日本"失去的十年":有可能发生在美国吗

学习目标

学习完本章后,你应该能够:

1. 知道在 1955—1990 年期间,日本的经济增长率、股市价值和土地价值增长非常快。
2. 阐述日本在 1988—1990 年的经济崩溃并和 2008 年美国的金融市场作比较。
3. 阐述在 20 世纪 90 年代日本政府恢复经济的政策并和美国针对 2007—2009 年经济衰退所制定的刺激政策作比较。
4. 阐述日本在 1990—2000 年的低经济增长并估计美国也会经历这样长期的低经济增长的可能性。

曾有一段时间,有的国家经历了一段非常显著的经济扩张过程,房地产价值以天文数字的速率上升,借贷购买住宅和商业房地产比较容易,并且股票价格在很长的一段时间内都增长很快,似乎正常的经济体并不会表现如此。这听起来可能像 1982—2007 年美国的经济状况,甚至是 1980—2011 年间中国的经济状况,但它实际上是一个有关日本的故事。本章仅略述日本从 20 世纪 90 年代初的地震、海啸到 2011 年的核危机,而主要论述的是日本为了使经济复苏而面临的情境、采取的政策和 2007—2009 年的美国有哪些相似性及差异,以及美国是否有可能经历"失去的十年"。

14.1　1990 年以前日本的经济形势

20 世纪 70—80 年代,日本取得了显著的经济增长,在世界上的威信也不断提高。在经历了第二次世界大战的破坏和屈辱之后,日本通过努力工作的价值观、对教育的重视、雇主与雇员之间的忠诚关系、极高的储蓄率、对美国和其他国家出口质量很好的制造品来重建自身的声誉。在此期间,日本超过了英国、德国和法国,成为世界第二大经济体。日本通过生产各类既便宜又好的创新产品而获得了如此巨大的成功。

本田、丰田、索尼,以及其他一些日本品牌成为美国消费者非常喜欢的产品。在20世纪70年代,这些产品质量非常好以至于威胁到了一些美国公司的生存,如通用汽车、福特、克莱斯勒、菲利浦、RCA以及其他一些公司。结果就是日本迅速增长的GDP、与美国之间的巨额的贸易顺差、越来越膨胀的股市,以及土地价格的快速上涨,因为土地是不可再生的。从图14.1可以看出,相当于道琼斯工业平均指数的日经225指数从1970年年末的不到2000点增加到2008年的接近40 000点。

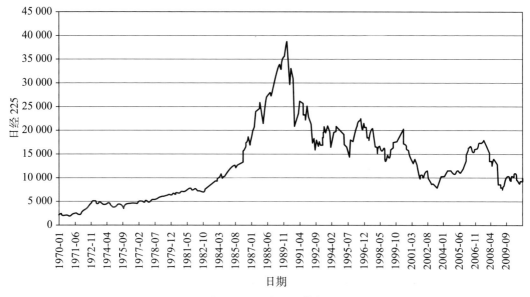

图 14.1　日经 225 指数

图14.2说明了1955—1990年日本经济的增长。尽管日本在1974年和1978年先后经历了经济衰退,但是这些衰退既不像发生在美国的那么严重,也没有那么持久。日本在20世纪60年代、70年代和80年代的经济增长率在世界上是最高的,平均分别为9.0%、4.8%和4.5%。由表14.1的比较可以看出,美国在此期间的增长率分别为3.2%、4.2%和3.05%。在此期间,日本也是当今世界最为人羡慕的财政清廉的国家。你可能已经注意到日本的国家债务是其国内生产总值的10%左右,而在同一时期,有些国家的债务占国内生产总值的50%或者更高。

你应该使用一种货币还是两国各自的货币来比较两个国家

当比较国家之间的经济活动时,经济学家所面临的问题之一就是货币,为了使两国的GDP总额可比,需要把一国货币转换成另一国的货币,但无论你使用何种转换方法,最终都存在问题。举例来说,如果你只是使用货币之间的汇率来转换(更全面的解释在第16章),你会给人们留下不准确的印象,那就是在那一国的人们感受到经济增速的快速上涨或者快速下跌。如果汇率上升或下降5%，经济活动在该国的通货膨胀调整后为3%，这可以被解释为疯狂扩张性的增长或类似的大幅收缩。图14.2和表14.1的最后一列表示没有转换为美元的日本的GDP增长率，表14.1的第一列表示用汇率转换成美元之后的日本的经济增长率，我们使用了购买力平价理论来完成这一转换。

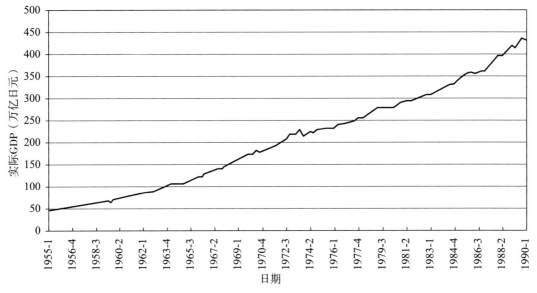

图14.2 1955—1990年的实际GDP(万亿日元)

资料来源：www.esri.cao.go.jp/en/sna/menu.html。

表14.1 世界主要经济体GDP增长率的比较　　　　　　　　　　　　　　　单位：%

	按美元计				按日元计
	日本	美国	中国	德国	
20世纪60年代		3.20			9.00
20世纪70年代		4.20			4.80
20世纪80年代	4.07	3.05	8.88	1.81	4.50
20世纪90年代	0.90	2.98	9.54	1.78	1.28
21世纪10年代	0.43	1.38	9.38	0.51	0.35

14.2 日本经济发生了什么突变

在图14.1上你可以看到1989年年底日经平均指数接近39 000点。在此水平上，相对于产生的利润，这些企业的股票价值被明显地高估了。如果你学习了第7章（利率和现值）后继续学习了第33章（股票市场及其崩溃），你就会明白股价从根本上反映了未来预期利润流的现值，并且当股票价格反映的是"我也是"或"在价格上升之前买进最好"这样的投资者态度而不是未来的利益时,股市泡沫就会发生。和在此之前和之后的所有泡沫一样,它都会破灭。日经平均指数在一年之内失去了其价值的一半并且损失还只是刚刚开始。

损失并不局限于股票。事实上,股价下跌反映了日本的整个资产市场的情况。根据《纽约时报》的报道,1991年日本的房地产总价值是18万亿美元。对于日本这个差不多有加利福尼亚州这样大小的国家来说,这些价值已经超过了同期美国所有的房地产价值的总和。然而,从1991年到2005年,日本所有房地产的总价值已经下降为不到原来的一半。同一时期的美国,所有的房地产价值是原来的3倍,虽然美国的房地产价格从2007年的高峰开始下降,但仍远高于1991年的价值。

两种影响彼此依赖。随着股票价格的暴跌,追加保证金购买的股票的人必须抛出自己的房地产以满足追加保证金的要求。对于那些自己房产的价值已经低于银行贷款的人来说,他们不得不出售其持有的股票以还清土地出让不能完全抵消的贷款金额。

随着这些巨大财富价值的下降,日本个人和企业破产数量创下历史新高。那些认为他们已经有足够储蓄、准备退休的人们现在也不能退休了,并且矛盾的是,他们还大大增加了自己的储蓄。虽然这可能对于个体是好的,但对于整个经济却是灾难性的。到1990年,日本已经陷入最糟糕的经济时期,这也是第二次世界大战后任何一个主要经济体面临的问题。

这种停滞持续了比经济学家预期更长的时间。从图14.3可以看出,在1991—1996年间,日本实际GDP(以日元计算)基本上没有增长。并且直到2003年都是艰难的缓慢增长。① 如图14.4所示,在20世纪80年代和90年代,日本一直仅次于美国,处于世界第二的位置。但是到2010年,中国将会挑战日本的地位(据大量报道,中国的GDP已经在2011年超过了日本)。

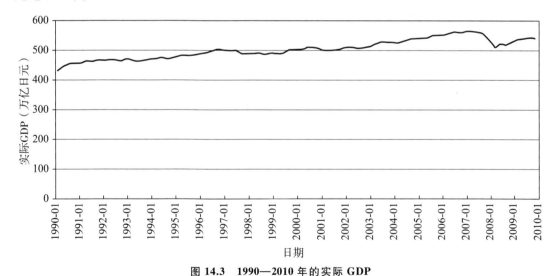

图14.3　1990—2010年的实际GDP

资料来源:www.esri.cao.goj/en/sna/menu.html。

---

① 需要注意的是从图14.2到图14.3纵轴比例不变,这意味着日本的经济增长很快就从高速增长变为停滞了。

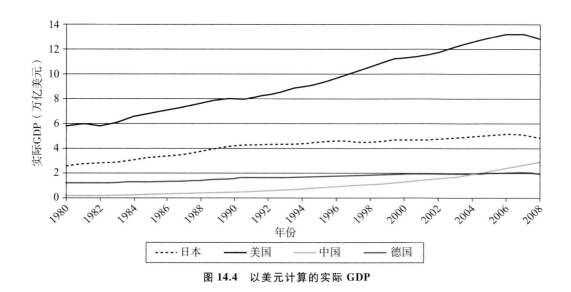

图 14.4 以美元计算的实际 GDP

14.2.1 日本政府做错了什么

为了评估日本的政策制定者哪些做错了,我们需要第 6、8、9、10 章的知识。首先,政策制定者没有认识到的主要问题是房地产泡沫的程度并且对其过度反应,他们没有看到崩溃的房地产泡沫和崩溃的股市泡沫之间的相互联系,他们没有认识到应对螺旋的通货紧缩问题,并且(和美国的许多自由主义经济学家一样)他们不断地使用经济刺激资金,而这些经济刺激资金也没有用在正确的领域。下面我们来讨论每一个这些潜在或实际的问题。

整个 20 世纪 80 年代,日本政府和人民对于日本经济的成功有很强烈的自豪感。他们从第二次世界大战的灰烬中走出来,成为世界第二大经济体。他们的政府债务占 GDP 的比例在工业化国家中是最低的,所以,在 20 世纪 80 年代末,当房地产和股票价格开始迅速增长时,许多银行部门、企业部门和政府的人员简单地认为这是他们享受的经济增长的合理的结果。日经指数的增长(从 8 000 到近 40 000)大于但不是远大于同时期道琼斯指数的增长(从 800 到 3 500)。房地产价值的增长只不过是一件非常值得骄傲的事情。银座(东京市中心商业区)的价格为每平方米 90 000 美元,这是世界上最昂贵的土地。政策制定者根本就没有选择努力去应对整个市场的泡沫。

考虑到房地产和股票交易使两个市场陷入恐慌,他们决定加大对利率和贷款的管理。这样的过度反应已经足够结束两个市场的投机泡沫了,但在结束之前,这样的行动已经足够毁掉两个市场了。仅仅 18 个月,日经指数就下跌了超过一半的价值,并且在接下来的 18 个月又下跌了它价值的 1/4。如果有人认为他有相当于 100 万美元的日本股票,那么现在则只有 30 万美元。

日本一直在试图恢复其经济。在经济衰退的第一年,通货膨胀调整后的政府消费支出增加,但这没有任何实质性的影响,然后在大部分时间里政府消费支出下降到只有衰退前的 20%。公共基础设施投资增长较快,在 20 世纪 90 年代的前半期增加了 50%,仅仅被削减至低于衰退前的水平。

对于第 9 章所指出的相机抉择的财政政策的问题,日本政府在执行时犯了许多经典错误。如图14.5，你可以看到，日本政府在迅速的、有影响力的领域的支出（政府消费支出）的增加很少并且时间很短，而在基础设施方面的支出显著增加，但在现代以资本为主的基础设施建设的时代，聘用的人比较少。

图14.5 实际政府消费和投资（按日元计算）

资料来源：www.esri.cao.go.jp/en/sna/menu.html。

更糟糕的是，零通胀或负通胀的预期为期望管理制造了一个难以逾越的问题。就像在第6章所描述的，即使温和的通货紧缩也比适度的通货膨胀更加危险。这是因为它会导致个体为了更低的价格而延迟他们的消费，并且人们发现当他们等待之后，他们确实得到了更低的价格，这就导致几乎每个人都等着买所有东西。从图14.6可以看出，通胀率（通过年化季度GDP平减指数的百分比变化而得到）是负的，在大部分时间里，除了两次石油价格暴涨（1998年和2008年），日本基本上都是处于通货紧缩的状态。

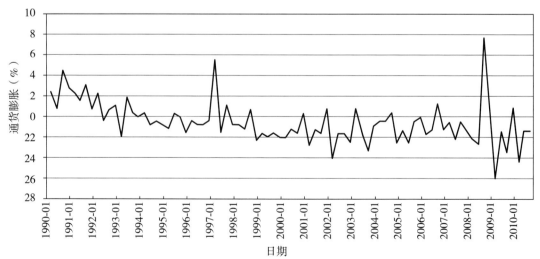

图14.6 通货膨胀率（通过年度化季度GDP平减指数的百分比变化而得到）

资料来源：www.esri.cao.go.jp/en/sna/menu.html。

14.2.2 如何用总供给-总需求模型来描述

在第二次世界大战后的国家历史中,日本的经济衰退有点不寻常。它经历了 1974 年和 1982 年的全球经济衰退,但是远没有美国的经济衰退那么严重。它的危机是由股票和房地产市场的同时崩溃所引发的。图 14.7 描述了发生在每一个福利国家以及像日本这样的改革政府的自动稳定的财政政策的影响。日本政府企图运用相机抉择的财政政策去完全地恢复它的经济,就像我们看到的那样,这些努力被与其对立的对于通货紧缩的预期极大地影响了。那些倾向于相信这些政策有效的经济学家认为这是他们克服通货紧缩预期的唯一方法,但如图 14.6 所示,这一方法从未奏效。

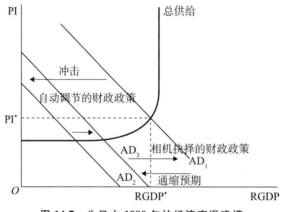

图 14.7　为日本 1990 年的经济衰退建模

14.3　这和美国的现状有什么相似之处

这个问题的答案应该是"怪异的"。直接原因则是美国的借款人和贷款人对于房地产投机过于有信心,还有就是到 2000 年房地产两倍的升值。日本在 20 世纪 90 年代,美国在 2008 年和 2009 年,房地产泡沫的破裂威胁了银行经营的安全性。

政策的反应也有点类似,虽然美国政府的刺激政策没有那么强大。从国会到总统,有不良资产救助计划(TARP)、经济刺激计划以及减税政策范围(例如布什时代)的扩大,还有美联储的第一轮和第二轮量化宽松政策。所有这一切都使得美国不太可能经历像日本这样的困境。

一些政治上偏左的经济学家担心美国完全重复了日本的模式,即在开始阶段经济刺激太弱而又很快地收回了刺激政策。作为诺贝尔经济学奖得主,同时也是电视和报纸的评论员,保罗·克鲁格曼支持 2.5 万亿美元的经济刺激计划,但实际只通过了 7 840 亿美元。在写这篇文章时,他和其他一些人认为,削减政府支出为时过早。这是因为在 2010 年,州和地方的政府支出削减的速度和联邦政府支出增加的速度一样快。2010 年的选举也使得很多联邦和各州的政治家更倾向于削减政府开支,而不是提高它。

像美国联邦储备委员会主席这样的经济学家则认为,虽然这一系统性的方法需要一段时间来解决由房地产泡沫带来的问题,并且这些问题还会存留在经济系统中,但是政府采取的行动还是可以避免通货紧缩的影响,比如美联储接管 AIG、救回了几家濒临破产的银行的 TARP 计划、美联储持续的对长期国债和抵押债券的推广销售。图 14.8 阐释了从 2007—2009 年衰退开始美联储采取的引人注目的政策。从危机袭来的那一刻起,在 2008 年的劳动节前后,美联储向经济系统注资近 2 万亿美元。最开始,这些政策是借给金融机构一大笔款项,确保它们有足够的资金以承受违约债券带来的压力。当那些钱被追回时,他们已经购买了超过 5 000 亿美元的长期债务和近 1 万亿美元的房利美和房地美的债券。在这一方面,这使得奥巴马政府主张的延续 1 万亿美元的赤字以提供资金来刺激经济的计划更为容易。政府最大的唯一贷款人一直都是政府(通过美联储)。

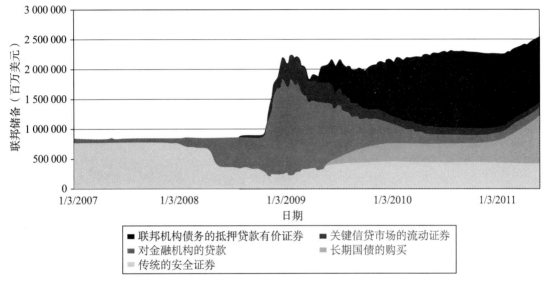

图 14.8　美联储持有的证券

正是这一趋势使得一些保守的经济学家担忧,并且不是十分确定这些方案是否在帮助恢复经济繁荣。他们并不担心美国重复日本的通货紧缩,他们担心的是美国将经历 20 世纪 70 年代后期或者更糟糕的通货膨胀率。因为在这一点上,钱是存在于整个金融系统,不然就不会有(这些钱是在电子表格中而不是以纸币的形式发行,虽然经济学家认为这并不重要),而更多的钱追逐同样数量的商品就会导致通货膨胀。他们认为并不是通货紧缩预期降低了总需求,而是企业家信心不足而导致投资的不足。可能导致通货膨胀的不确定因素:2009 年通过的医疗保险法案、雇佣的长期成本、高额的政府支出和赤字可能最终会导致政府对在市场上招聘工人的商人和富裕人群征收很高的税。

本章小结

你现在明白了日本的经济增长率、股票的市场价值,并且知道了日本在 1955—1990 年土地价格较高、增长很快,这和 2007 年的美国很相似。你也可以讲述发生在 1988 年和 1990 年的日本经济崩溃,理解其原因并且能够与那些导致美国金融市场在 2008 年崩溃的原因作比较。此外,你能够描述和模型化政府政策对经济的影响,比较 20 世纪 90 年代日本和 2008 年时美国的政策效果。最后,你能够描述日本 1990—2000 年的低经济增长率,并且评估美国也会经历这样一段长时间的低经济增长的可能性。

自我测试

1. 日本经济在哪一时期增长很快？
   a. 20 世纪 40 年代
   b. 1995—1990 年
   c. 1990—2000 年
   d. 2000—2010 年
2. 1970—2010 年，日本是_____。
   a. 世界最大经济体
   b. 世界第二大经济体
   c. 世界第五大经济体
   d. 大的发达经济体中最不稳定的
3. 下面哪一个引发了 1990 年的衰退？
   a. 土地价格大跌
   b. 股市大跌
   c. 石油价格大涨
   d. a 和 b
4. 1990 年衰退时，日本政府采取了哪一财政政策？
   a. 持续的紧缩政策
   b. 持续的扩张政策
   c. 不持续的
   d. 将债务减到最低
5. 日本的财政政策_____。
   a. 是无效的，因为它不持续并且没能克服通货紧缩压力
   b. 是无效的，尽管它是持续的但是没能克服通货紧缩压力
   c. 通货紧缩压力有助于其发挥效果
   d. 它导致的通货膨胀阻碍了其效果
6. 日本 1990—1996 年的衰退和美国 2007—2009 年的衰退_____。
   a. 原因不同
   b. 原因很相似并且有相同的政策反应
   c. 有相似的原因和相似的（但不完全一样）的政策反应，结果可能相似，也可能不相似
   d. 在所有方面都是一样的

简答题

1. 1990 年的日本和 2008 年的美国的经历哪一点最相似？
2. 日本的政策哪里错了（这也是美联储主席和奥巴马总统最希望避免的错误）？
3. 由总需求导致的通货紧缩有什么后果？
4. 美联储在 2010 年和 2011 年做了哪些日本央行在对抗通缩时没有做的事？

思考题

在进入美联储担任主席之前，本·伯南克是大萧条时期学术顾问中的一员，他和其他学者一起发展了避免经济受到冲击的计划。经济刺激计划不良资产救助计划就是这一计划中的一部

分,包括接近零的短期利率、购买长期国债。他的支持者说现在这一计划有效,因为美国并没有进入第二次大萧条,这样的论述有逻辑吗?

讨论题

考虑下列两种情形:长期的低增长(比如 20 年低于 1% 的增长);经历了很大的衰退并且有很高的失业率,但在第 20 年恢复了并且 GDP 也比前一种情况高。如果你不得不在这两种情形中选择一种,你会选择哪一种?

第 15 章
国际贸易：会危及美国的就业吗

学习目标

学习完本章，你应该能够：

1. 说出美国主要的贸易合作伙伴的名字，以及它们之间最常见的贸易商品。
2. 解释国际贸易是如何使得贸易的双方都受益的。
3. 详细说明绝对优势和比较优势，并且运用这些概念来证明贸易带来的收益。
4. 比较和评价贸易限制的原因，并解释支持贸易限制的重商主义。
5. 理解贸易限制保护了一些行业和职业，但其成本高昂。
6. 列举把贸易作为外交武器的企图，并评价这些企图成功与否。

近 35 年来，一个重要的经济现象就是经济日益全球化。尽管整个世界由 150 多个经济相互独立的国家组成，但是几乎所有国家的经济现在都相互依赖。

正如你们在图 15.1 中所见，在 2009 年，出口占美国 GDP 的 11.1%。2009 年，进、出口量的明显下降都是全球经济衰退的结果之一。在之前的年份里，出口占到了美国 GDP 的 13.5%。你也可以看到，在过去的 30 年中，美国的进口量要大于出口量。国际部门的重要性不断提升，有些人担心这样的趋势究竟是否是件好事。美国的工作被外国工人不公平地占有了吗？如果是这样，那么是否可以避免全球化的趋势呢？

针对这些问题，我们首先解释为什么经济学家普遍认为国际贸易有利于贸易双方。然后，我们将解释限制国际贸易的原因，把经济学家们同意的和不同意的原因区分开来。接下来，我们将讨论贸易限制的方式。在本章结束之时，我们会考察是否可以将贸易作为解决政治或外交分歧的工具。

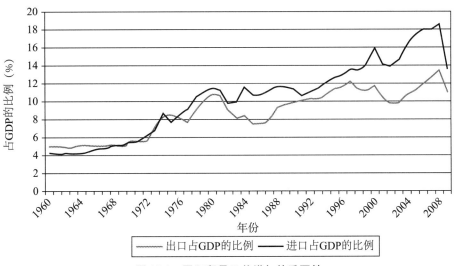

图 15.1 国际贸易日益增加的重要性

15.1 我们和谁交易，交易什么

在美国，贸易并不只是有谷物贸易；就像我们在表 15.1 中看到的那样，它还包含各种商品和服务。我们既交易有形商品，也交易无形商品。我们进口电视、电脑和其他电子产品，还有汽车和石油。我们出口工业设备和飞机。你可能会猜到，我们同时出口和进口大量的汽车、电脑（电子设备）及服务。也许这听起来有点古怪，但实际上并没有那么古怪。有成千上万种汽车，我们可以进口一些，再出口一些其他的。类似地，我们既出口也进口计算机，这也显示了产品制造全球化的程度。

表 15.1 美国的进出口商品与服务　　　　　　　　　　　　单位：10 亿美元

商品	出口额	商品	进口额
发电机和设备	105.0	石油和石油产品	329.6
汽车	95.0	汽车	179.1
运输设备	84.2	通信设备	137.3
石油和石油产品	62.7	发电机和设备	119.7
杂项	58.2	办公用计算机和 ADP 设备	113.5
一般工业机械	56.5	杂项	91.9
专业科学仪器	51.8	纺织品	78.5
专业机械	51.0	医学和制药	65.3
医学和制药	44.6	一般工业机械	60.4
办公用计算机和 ADP 设备	44.6	发电设备	46.1
通信设备	42.5	有机化工	45.8
服务	503.0	服务	370.0
总计	1 780.5	总计	2 282.1

如果你打开一台计算机,你会发现这台计算机是由很多地方制造的。内存是由一个国家制造的,硬盘是由一个国家制造的,中央处理器又是由另一个国家制造的。你的计算机可能在美国装配,但是它的零部件可能分别由 10 个国家制造,因此很难判断这台计算机的实际产地。这也是美国对中国的贸易逆差如此之高的原因之一。中国是大量电子消费品的最终装配点,这也是使中国对美国(在我们的贸易数据中)保持贸易顺差的原因。

在出口清单上有一项商品可能会激起你的兴趣——"石油和石油产品"。这项产业的核心是煤炭,而美国是大量煤炭的出口者。这也包括精制产品,所以任何作为原油的石油进口到美国的休斯敦、得克萨斯的石油精炼厂,之后都会作为石油产品出口到墨西哥。

表 15.1 中的最后一个项目可能看上去不是那么合理,服务贸易是怎样进行的呢?我们难以想象如何进口保姆和割草服务,但是在金融服务领域,特别是保险领域,这样的贸易就看上去真实得多了。一家美国的保险公司可以轻易地将人寿保险卖给加拿大人,反之亦然。服务业制造了一个很大并且快速增长的贸易领域,而且在这个领域中,美国拥有大量的贸易顺差。

表 15.2 可能也同样使你惊讶,因为几乎没有美国人明白加拿大作为美国贸易伙伴的重要性。在贸易方面,加拿大的重要性几乎与整个欧洲的重要性相等。图 15.2 显示了这些国家贸易逆差持续快速增长的程度。

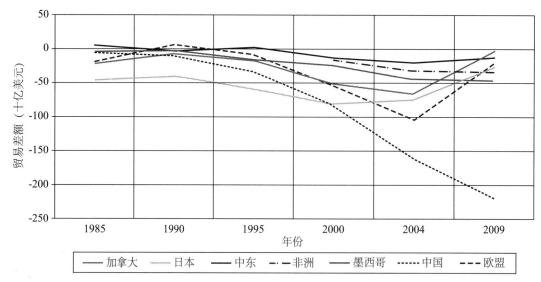

图 15.2　美国与部分贸易伙伴的贸易差额

资料来源:www.census/gov/foreign-trade。

表 15.2　美国 2010 年与贸易国与世界的部分地区商品的进出口和贸易差额

单位:10 亿美元

国家/地区	进口额	出口额	差额
加拿大	248.9	276.5	-27.7
墨西哥	163.3	229.7	-66.3
日本	60.5	120.3	-59.8

(续表)

国家/地区	进口额	出口额	差额
中国	91.9	364.9	−273.1
欧佩克国家	54.3	150.0	−95.7
欧洲	286.1	382.2	−96.1
非洲	28.3	85.0	−56.7
全世界	1 278.1	1 912.0	−633.9

资料来源：www.census.goo/foreign-trade。

15.2 国际贸易的收益

15.2.1 比较优势和绝对优势

为了说明贸易的好处，区分两种"优势"是非常有帮助的。不妨考虑一个脑外科医生和她的秘书。假定这个医生在学校时靠打字赚钱，她打字的速度比现在的秘书快。如果与其秘书相比，她在打字和脑外科手术方面都更优秀，是否应该让她做两份工作而解雇其秘书呢？答案是否定的。如果她让她的打字慢的秘书来做打字的工作，她的状况会更好。为了做这样的讨论，我们需要用到我们在第1章讨论过的机会成本的概念。

不妨回顾一下，机会成本指的是进行选择时必须放弃的收益。在秘书和脑外科医生的例子里，如果医生选择自己打字，则必须放弃一些时间，而她本可以用这些时间来做可带来收益的脑外科手术的。另一方面，如果她委托秘书打字，她就只需将其额外的手术所赚取的收入的一小部分支付给秘书就行了。此例中，她在外科手术和打字两方面都具有**绝对优势**（absolute advantage），因为她在两方面都比其秘书强。但是她的秘书在打字方面具有**比较优势**（comparative advantage），因为与外科医生相比，她做打字工作的机会成本更低。

表15.3和表15.4就是说明比较优势、绝对优势如何运用于国际贸易的一个简单的例子。我们可以说明当两国分别生产两种商品时，比较优势和绝对优势以及贸易给双方带来利益。我们假定两个国家是美国和巴西，两种商品是苹果和咖啡。

表 15.3 生产：绝对和比较优势相同时

	咖啡	苹果
美国	1	2
巴西	2	1

表 15.4 生产：绝对和比较优势不同时

	咖啡	苹果
美国	3	2
巴西	2	1

表15.3中，我们假定美国在生产苹果方面比生产咖啡更擅长，巴西则更擅长生产咖啡。我们假设，在巴西1单位的劳动力可以生产出2单位的咖啡，但只能生产1单位的苹果。在美国情况相反，1单位的劳动力可以生产2单位的苹果，但是只能生产1单位的咖啡。很明显，因为美国可以用1单位的劳动力生产出比巴西用1单位劳动力生产的更多的苹果，所以在生产苹果方面，美国具有绝对优势。类似地，巴西在生产咖啡方面具有明显的绝对优势。

为分析比较优势，我们需要考察当两个国家各配置1单位的劳动力时所必须放弃的东西。例如，当美国人生产额外的1单位咖啡时，必须放弃2单位的苹果。当巴西人生产额外的1单位咖啡时，只需要放弃1/2单位的苹果。因此，在生产咖啡方面，巴西人拥有较低的机会成本。类似地，当美国人生产额外的1单位苹果时，他们需要放弃1/2单位的咖啡，当巴西人这么做时，他们就要放弃2单位的咖啡。因此美国人在生产苹果方面有更低的机会成本。这意味着，巴西在生产咖啡方面除了有绝对优势，还具有比较优势。类似地，美国人在生产苹果方面也是既具有绝对优势也具有比较优势。

这两种优势并不一定需要被同一个国家所拥有。表15.4显示了假设美国在生产两种产品上都具有绝对优势的情况。美国的1单位劳动力可以比巴西的1单位劳动力生产更多的苹果和更多的咖啡。因此，美国在生产两种产品上都具有绝对优势。比较优势则是另外一回事。对美国来说，额外的1单位咖啡意味着2/3单位的苹果的机会成本。对巴西来说，额外1单位咖啡的机会成本只是1/2单位的苹果。在生产咖啡方面巴西人有更低的机会成本，因此，巴西人在生产咖啡上有比较优势。在苹果的生产上，美国人每生产1单位苹果需要承担1.5单位咖啡的机会成本，而巴西人则是2单位的咖啡。所以，美国人的机会成本在生产苹果上承担的机会成本更低，因此其在生产苹果上有比较优势。

15.2.2 说明来自贸易的收益

无论是以上哪种情形，都能说明来自贸易的收益。回顾一下表15.3，我们首先考察贸易利益非常明显的情形。如果美国人专注于生产苹果，巴西人专注于生产咖啡，则美国人转向生产苹果和巴西人转向生产咖啡的每单位的劳动力，都使得世界的总产量增加了1单位苹果和1单位咖啡。

为了说明贸易可以使得双方的情况均得到改善，假定每个国家的劳动力总数为30个单位，而且双方都同样喜好苹果和咖啡。在发生贸易之前，有10个美国人生产20单位的苹果，20个美国人生产20单位的咖啡。类似地，10个巴西人生产20单位的咖啡，20个巴西人生产20单位的苹果。

为了了解贸易可以使双方变得更好，我们需要了解贸易条件是如何形成的，所谓**贸易条件**(terms of trade)是指为获得1单位其他商品需放弃的某种商品的数量。如果我们假设贸易条件是1单位的苹果交换1单位的咖啡，则我们就有了答案。巴西人将只生产咖啡，总产量为60单位，而美国人只生产苹果，总产量为60单位。巴西会将30单位的咖啡运输到美国，换回30单位的苹果，最后，每个国家都能消费30单位的咖啡和30单位的苹果，与贸易前相比较，双方的境况都得到了改善。

当一个国家在两种商品生产上都具有绝对优势时，贸易同样是有益的。回顾一下表

15.4,我们可以发现同样存在贸易利益。在贸易之前,巴西的情形与前例一样,但是美国的情况变成了 12 个美国人生产 36 单位的咖啡,18 个美国人生产 36 单位的苹果。如果双方只专注于生产他们占比较优势的商品,巴西人生产咖啡,美国人生产苹果,贸易条件经过适当的调整,然后美国人会再次运输苹果到巴西换取咖啡,双方的境况都会得以改善。

15.2.3 生产可能性边界分析

我们也可以通过第 1 章中的生产可能性前沿边界来展示贸易利益。不妨回顾一下,生产可能性边界表现了一个国家能够实现的产量。如果我们按照上述任意一个假定,那么如图 15.3 所示,两个国家的生产可能性边界会有不同的斜率。巴西的生产可能性边界可能会更平缓,而美国的则会更陡峭。

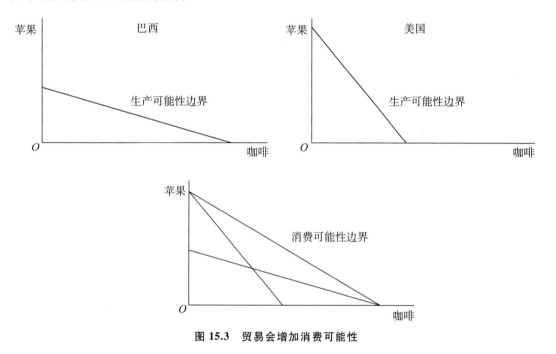

图 15.3 贸易会增加消费可能性

如果我们仍然假设贸易条件是 1∶1,完全的专业化将会同时改善美国和巴西的情况,这样一来,美国人只需要放弃 1 单位的咖啡就能换到 1 单位的苹果,而不是过去他们所必须放弃的 2 单位。巴西人也同样会受益,他们只需要放弃 1 单位的苹果而不是 2 单位来换取 1 单位的咖啡。

这一点可以由图 15.3 中底部的图得以说明。该图运用两国的生产可能性边界创造了一条新的曲线,来表示存在贸易时的消费可能性。我们从第 1 章可以看出,生产可能性边界从原点不断延伸,意味着可以生产出更多的量。你会发现对美国人和巴西人来说,在有贸易的条件下的消费可能性比独自生产时变得更大了。当巴西人专注于咖啡而美国人专注于苹果,然后进行贸易时,每个国家的境况都会变得更好。每个国家都生产自己最擅长生产的东西,然后去交换自己不是那么擅长生产的东西。

15.2.4 供需分析

利用供需分析,我们可以证明同样的一般性结论,美国会因贸易变得比没有贸易时更好。利用图 15.4,假设有一个国产的咖啡市场(也许来自夏威夷)。在没有贸易的世界中,市场价格是 $P_{domestic}$,并且国内产业的产量是 Q_d。如果有贸易并且有一个更低的世界的咖啡价格,国内的生产者会把产量减少到 Q_s'。国内生产者剩余下降了 $P_{domestic}P_{world}CF$。这会在国内咖啡生意的利润下降时出现,并且本国产业会失去那些必须去找其他工作的工人。消费者剩余会上升 $P_{domestic}P_{world}CE$。最后,消费者的收益比生产者的损失更大。

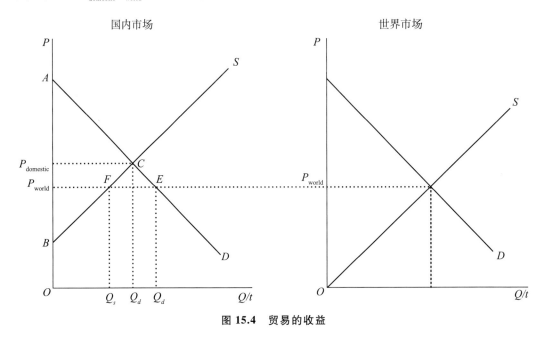

图 15.4 贸易的收益

15.2.5 贸易会伤害谁

尽管我们已经看到两个国家都会明显比以前变得更好,还是会有些人不希望贸易发展。特别是,美国的咖啡生产商和巴西的苹果种植者不一定能发现贸易的好处。国际贸易会导致这些行业的工人失去工作,因为竞争会把他们的雇主挤出这个行业。这个简单的模型假设失业者会在他们各自国家扩张中的行业或其他行业中找到新的工作。然而,忽视人们失去工作的痛苦和学习新技能的需要,这个假设在长期看来还不算坏。另外,这些转移的工人可以容易地在低于他们原来收入的岗位上找到工作。

最近一个相关的现象是外包的发展。这个术语通常被经济学家狭隘地理解为一家企业把原来在企业内完成的工作交给海外的承包商来完成。所以,如果一家计算机外围设备公司原来在美国拥有一条技术支持链,而现在把提供这种服务的工作交给了一家国外的公司,这就叫作外包。流行的外包通常是指过去在国内完成而现在在国外完成的。这里的一个例子是一个汽车制造商——福特公司,福特公司原来装配 F-150 小型货车的装配线全部在美国,而现在其中一部分迁移去了墨西哥。在任意一个例子里,都出现了同样的问题:国内的工人需要寻找新的工作。

我们要记住的重要的事情是，尽管在典型的无衰退的年份里，大概1.4亿份工作岗位中会减少3 000万份工作岗位，但是会有3 100万份新的工作岗位产生。因为公司参与了外包或者离岸，这样会减少3 000万份工作岗位，但是总的来说被创造出来的工作岗位比失去的多。

15.3 贸易壁垒

15.3.1 限制贸易的原因

由于自由贸易可能会导致某些行业衰退，某些工人失去工作，因此不妨总结一下关于限制贸易的一些值得怀疑的观点和有道理的观点。关于限制贸易值得怀疑的理由首先是，要在那些遭到更好、更便宜的进口商品冲击的产业中，保护就业机会。赞成限制贸易的理由有很多，但也很狭隘。我们可以选择不与他国进行某些对国家安全或者民族认同感很重要的商品的贸易，因为在国内自行生产这些商品有重大的意义。我们还可以不与那些忽视安全生产条例和环境保护，或者由于允许厂商雇用童工而获取比较优势的国家进行贸易。

尽管自由贸易很明显地存在短期成本，但是当人们由于国际竞争而失业，而且需要再培训才能获得新工作时，长期利益就会远远超过短期成本。工会反对自由贸易，通常是因为它们所代表的行业相对于其他国家失去了比较优势。虽然失去这些比较优势有时是因为劳动力和环境保护的缘故，但是通常都是因为其他国家的生产方法更好、更节省成本从而赶超上来。在这种情形下，进行产业保护不一定是什么好事，主要有以下两方面的原因：

1. 资本主义体制的运行必须奖惩分明。如果公司发现政府阻止国际竞争，它们将变得松懈，而且不会以最低的价格生产出最好的商品。

2. 如果其他国家发现我们保护厂商免受竞争威胁，它们可能也会这样做。那我们将退回到贸易以前的状态，失去增加的消费可能性，每个人都不能从贸易中受益。我们将没有能力向他国出口更好、更便宜的商品。

尽管存在上述两点原因，但即使其他国家能生产出更好更便宜的商品，限制贸易仍然也有合理之处。例如，假如美国以外的某国能生产世界上最好、最便宜的战斗机，而正巧该国又是美国潜在的敌人，按照自由贸易观念，美国将会被误导而不生产战斗机，转而向该国购买。然而，从国家安全的角度来看，保证武器装备的供应能力是非常重要的。

很多国家也会由于类似的国防原因而限制贸易。如果一国的民族性与某种特殊商品有密切联系，例如日本的大米，政府限制那些商品的进口以保护国内厂商是有道理的。尽管美国南部中心的大米产量足以供给整个日本的消费需求，尽管日本为了维持国内产业，一直未购买大米，而支付超过国际市场5倍以上的价格，但这种经济上非效率的贸易限制从以下两个方面来看都是合理的。第一，没有大米产业的日本是不完整的。第二，一旦太平洋地区发生海战，很难想象美国或其他国家会动用大量海军来保护运送到日本的大米。因此随着冷战的结束，日本才开始允许少量的大米进口，这并非巧合。

最后一个限制贸易的原因是,其他国家可能通过使用间接伤害他国或对他国具有攻击性的技术来获得比较优势。例如,如果一国通过某种程度的污染(该污染在美国是不被允许的)来降低其生产成本,美国可能会不允许其向本国出口商品。如果这种污染最终导致了该国的健康问题,美国越发不会进口该国商品。因此,如果墨西哥制造业的副产品污染了美国格兰德河,美国将不会从墨西哥进口化学品和其他会污染环境的产品。

除了环境方面的考虑,有些国家认为雇用某些劳动力是不道德的,因此它们不允许从那些不道德地雇用劳动力的国家进口商品。例如,美国法律反对进口任何由奴隶劳工和监狱劳工制造的商品。另外,美国将不会有意进口那些被强迫的或受约束的童工所制造的商品,而且美国政府要求其承包商证明在生产商品的过程中不使用童工。① 少数国家允许8岁的孩童在工厂每天工作几小时。例如,如果你有一个足球,这个足球很可能是在美国以外的其他国家生产的,且该产品的生产过程中至少包含一个美国法律不允许的童工。生产服装和体育用品的厂商通常会使用童工以及美国其他法律不允许的劳动力。然而童工几乎在每个国家都不同程度地存在,而且都是因为贫困。另外,有些经济学家认为法律宣布童工非法对这些童工而言并不一定是件好事,特别是当他们除了贫穷别无选择时。尽管如此,大多数人看待此问题时,更多的是从道德方面加以考虑,而较少从经济方面考虑。

少数经济学家认为限制贸易还存在其他理由。第一个是幼稚产业保护论,认为应该进行贸易保护,给该国的幼稚产业一定时间来站稳脚跟。从理论上讲,贸易保护应该是幼稚产业的临时保护伞,但实际上,这种贸易限制往往是持久的。

限制贸易的第二个理由是反倾销。如果国际竞争者为了排除竞争,定价低于成本,就是**倾销**(dumping)。该理由认为竞争者这样做是为了在长期获得垄断地位。此争论的关键在于要确定国际竞争者真正的边际成本。效率低下的国内制造者通常对倾销持有以下观点:他们不可能以如此低的成本生产,绝对不可能。倾销问题的症结在于倾销会造成垄断,而事实上,把倾销作为战略大行其道的产业还是很少的(即使有的话)。

15.3.2 限制贸易的方法

一旦一国决定实行贸易限制,就必须选择一种方法。限制贸易主要有三种方法:对进口商品征税,限制进口商品的数量,制定使商品进口更加困难的规定。

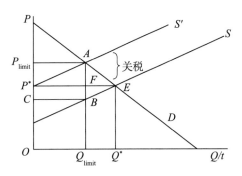

图 15.5 关税和限额的影响

最常用的限制贸易的方法是对进口商品征税,也称作**关税**(tariff)。图 15.5 表明如果一国希望将进口数量限制为 Q_{limit},可以对进口商品征税,移动供给曲线,使其与需求曲线在该产量水平上相交。征收关税之后,进口商品的价格上涨至 P_{limit},国内生产者则有更好的竞争机会。另外,政府得到面积为 $CP_{limit}AB$ 的税收收入,这笔收入可用于对工人进

---

① 见行政命令 99-6-12,对童工的行政命令:www.fedworld.gov。

行再培训,也可用于提供其他形式的补偿。

限制贸易的第二种方法是**配额**(quota),即在法律上限制进口商品的数量。这种方法很流行,因为它能将国内生产者制定的价格提高到 P_{limit}(如图 15.5 所示)。配额和关税之间的主要区别在于进口国政府无法通过配额得到关税收入。进口商提高商品的价格,并且将这部分额外收入作为其利润。即使对进口国而言,这种方法也看起来比关税更加不利,但是配额有时能够提供一些政治上的优势。如果一国对另一国商品强制规定进口配额,通常较少引起外交问题。但是,如同以前汽车产业曾发生过的那样,有时出口国可能会自愿限制出口数量。虽然这与配额类似,但是出口国保留终止这种行为的权利,并没有把这种权利转让给进口国。20 世纪 80 年代初,当国会威胁采取行动时,日本曾自愿限制出口美国的汽车数量。

一国限制另一国商品进口的最后一个办法是,利用一国公认的权力检查入境商品。如果你不想某种商品进入国内,你可以为进口制定规则,提高进口成本。这种方法很有效,所有商品都不可能逃避限制。除非规则非常愚蠢,否则无法逃过。这种方法大多用于农产品的进口。尽管一国对运输中的商品进行某种疾病、病菌或寄生物的检查是完全合法的,但是一些国家有时会将这种检查作为限制贸易的借口。因为这些商品本身易腐烂,从而极大地提高了其成本,有效地阻止了其进入新市场。

还有很多类似的**非关税壁垒**(nontariff barriers)的例子。有些是完全合法的,有些则会引起质疑。1999 年疯牛病的爆发就对英国的牛肉出口产生了影响,导致欧洲禁止出售英国牛肉。由于担心转基因玉米可能会引起过敏反应,欧洲也同样禁止进口 Starlink 转基因玉米。欧洲禁止进口含有牛生长激素(BJH)的牛奶,以及日本 20 世纪 80 年代对美国苹果的禁令都是非关税壁垒的例子。

15.4 作为外交武器的贸易

近 45 年以来,有很多运用国际贸易解决外交问题的例子。自 20 世纪 50 年代末起,美国为了颠覆菲德尔·卡斯特罗(Fidel Castro)政权,对古巴进行贸易制裁。1979 年,针对伊朗拒绝释放作为人质的美国大使馆外交官,美国宣布同伊朗贸易为非法。1980 年,针对苏联入侵阿富汗,美国实施谷物禁运令,规定向俄罗斯出售小麦为非法。20 世纪 80 年代中叶,针对利比亚政府及代理人的一系列的恐怖主义行为,美国宣布购买利比亚石油为非法。20 世纪 90 年代初,在伊拉克入侵科威特后,美国对伊拉克予以经济制裁,希望伊拉克撤兵。然而伊拉克并未撤兵,海湾战争爆发了,美国实行了更进一步的经济制裁,企图迫使伊拉克放弃使用大规模毁灭性武器,同样也失败了。

利用贸易来影响外交并不是特别有效。卡斯特罗在任期间美国换了 9 位总统;伊朗人不屈服于这样的压力;苏联人、利比亚人、伊拉克人都跟随他们的领袖。贸易限制作为一种外交工具并不是特别有效的主要原因是它不可能充分实施。这些国家总是能通过其他途径进行贸易。伊朗从未出售很多石油给美国,但是它出售产品到其他国家则毫无问题。阿根廷和澳大利亚的农民非常乐意将他们的谷物销往苏联,而利比亚人和伊拉克人认为要打破强加给他们的禁运制裁是轻而易举的,因为有许多其他国家都能够打破禁运。从理论上讲,贸易限制似乎是一个强有力的外交工具。然而实际上,它们并不是非常有效。

贸易保护主义的成本

我们已经了解了限制贸易的原因和方法,但是限制贸易将承受巨大的成本,可以运用图 15.5 与第 3 章中的消费者剩余和生产者剩余的概念来考察这些成本。无论采取何种限制贸易的方法,只要进口商品价格上涨至 P_{limit},数量减少至 Q_{limit},就会有人从贸易保护措施中受益,而有人从中受损。受损者是消费者,因为他们的消费者剩余减少了 P^*P_{limit}。国内生产者是受益者,因为他们产品的价格更高。外国生产商是受损者,因为他们的销售受到了限制。生产者从配额中所获得的净收益,或者生产者的净收益加上政府的关税收入为 $CP_{limit}AB\text{-}BFE$。不管是哪种方式,贸易保护措施都会给社会造成净损失,为 ABE。

实际上,这部分损失可能非常巨大。表 15.5 说明了美国某行业的贸易保护的净损失。它也说明了贸易保护措施每增加 1 个就业岗位所带来的净损失,以及美国消费者由于关税和配额所承担的效率成本。我们为许多商品多支付了一点钱,但是这些数据加起来超过了 320 亿美元,保住了 191 664 个工作岗位。每减少 1 个就业岗位就导致了 169 000 美元的损失,可见贸易保护主义是最糟糕的就业计划之一。

表 15.5 贸易保护主义的总成本

行业	消费者的总成本(百万美元)	保留的工作岗位(个)	每个工作岗位的成本(百万美元)
食物与饮料	2 947	6 035	488 000
纺织轻工业	26 443	179 102	148 000
化学行业	484	514	942 000
机械制造	542	1 556	348 000
杂货	1 895	4 457	425 000
总计	32 311	191 664	169 000

本章小结

你现在理解了美国就很多商品进行国际贸易,有很多贸易伙伴以及巨大的贸易逆差,但是我们和我们的贸易伙伴都能从国际贸易中获利。你现在能运用绝对优势和比较优势理论,以及生产可能性边界的概念来论证这种情况。你知道限制贸易的原因和限制贸易可选择的方法,你同样清楚限制贸易具有相当高的成本。最后,你明白了国际贸易作为一种外交武器在很大程度上是失败的。

关键词

绝对优势　　　　比较优势　　　　贸易条件　　　　倾销

关税　　　　　　配额　　　　　　非关税壁垒

自我测试

1. 美国最主要的贸易伙伴是_____。
   a. 沙特阿拉伯　　b. 加拿大　　c. 中国　　d. 日本
2. 2005年,哪个国家从美国得到了最大的贸易剩余?
   a. 沙特阿拉伯　　b. 加拿大　　c. 中国　　d. 日本
3. 理论上讲,所有的贸易都基于_____。
   a. 比较优势　　b. 绝对优势　　c. 数量优势　　d. 政策优势
4. 美国的国际贸易倾向是_____。

   a. 进口增加并且出口减少　　　　b. 进口减少并且出口增加

   c. 进出口都减少　　　　　　　　d. 进出口都增加
5. 在一个简单的两种商品、两个国家的模型中运用线性的生产可能性前沿边界,当_____时比较优势是明显的。

   a. 一个国家可以比另一个国家在生产两种商品方面都更多

   b. 两个生产可能性前沿边界的倾斜方向是相同的

   c. 两个生产可能性前沿边界的倾斜方向是不同的

   d. 其中一个国家不能生产其中一种商品
6. 在一个简单的两种商品、两个国家的模型中运用线性的生产可能性前沿边界,当_____时绝对优势是明显的。

   a. 一个国家可以比另一个国家在生产两种商品方面都更多

   b. 两个生产可能性前沿边界的倾斜方向是相同的

   c. 两个生产可能性前沿边界的倾斜方向是不同的

   d. 其中一个国家不能生产其中一种商品
7. 下面的关于限制贸易的调整中,哪一个是经济学家至少可能会支持的? 有些商品不应当进口,因为_____。

   a. 它们对于国防来说十分重要(例如:坦克、战斗机)

   b. 它们对于国家的认同来说十分重要(例如:电视节目)

   c. 它们的生产需要雇用很多人(例如:汽车)

   d. 其他国家利用童工来取得比较优势(例如:衣服)
8. 当选择进行贸易限制时,一个国家可能对进口的商品征税,这种税被称为_____。
   a. 不动产税　　b. 关税　　c. 配额　　d. 资本利得税
9. 当一种商品_____时,经济学家会考虑非关税壁垒(限制)来限制进口。

   a. 通过有问题的手段来生产(例如:通过被注射过牛生长激素的奶牛生产出来的牛奶)

   b. 通过更有效率的劳动生产

c. 也许会传播疾病(例如:经历过疯牛病的国家生产的牛肉)
d. 冒犯了当地的礼仪标准

简答题

1. 利用比较优势和绝对优势来解释为什么一个打字很快的商业主管可能会让他的秘书来键入一个数字录音机中的信件而不是自己来做呢?
2. 列出美国可能会进出口汽车、飞机、化学品和石油制品的原因。
3. 利用比较优势的概念来构建有关"能源独立"是否应该作为美国的政策目标的理由。
4. 解释为什么对进口石油课以关税会比实行配额更有利于"能源独立"。

思考题

现在的交通设施使得国际贸易变得比 100 年前的美国国内的贸易更有效率。这意味着,在今天把一件中国制造的衬衫运到加利福尼亚会比在 1900 年时把一件佐治亚州制造的衬衫运到密苏里更简单。美国宪法一直禁止州政府管制州与州之间的贸易。这等于是一个美国内的自由贸易协议。我们可以利用美国 1900 年到 2000 年的经验来预测如果世界上实行自由贸易会发生什么吗?

讨论题

简单的贸易理论认为一个国家不应该进出口同样的东西,它应该选择进口和出口中的其中一项而不是两者都选。而在现实中,我们发现行业内贸易是一件十分普遍的事情,那么什么可以解释这种事情的发生呢?

进一步阅读

Journal of Economics Perspectives 12, no.4 (Fall 1998).参阅以下作者的文章:Dani Rodrik;Maurice Obstfeld;and Robert C. Feenstra and Jeffrey G. Williamson, pp.3—72。*Journal of Economic Perspectives* 9, no.3 (Summer 1995).参阅以下作者的文章: J. David Richardson and Adrian Wood, pp.57—80。
Krugman, Paul R."Is Free Trade Passe?" *Journal of Economic Perspectives* 1, no.2 (Fall 1987), pp.131—144.任何一本书名为 *International Economics* 的教材。

第 16 章
国际金融和汇率

学习目标

学习完本章,你应该能够:
1. 理解国际金融事务在全球经济中的重要性。
2. 解释外汇市场是如何促进贸易进行的。
3. 列出外汇汇率的决定因素。
4. 分析替代外汇系统是如何运作的。

如果你学习过第 15 章的"国际贸易",那么你应该知道全球化是 20 世纪晚期至 21 世纪早期的核心历史事件。这一时期,单在美国这一个国家,出口占 GDP 的比重就超过原来的 2 倍,而进口占 GDP 的比重则超过原来的 3 倍之多。自从 1970 年,美国在海外的投资已比原先增长了近 10 倍,而外国在美国的投资比原先增长了近 15 倍。这两种经济现象导致了美国大量的贸易逆差,从而使得美国从世界最大的债权国过渡到了世界最大的债务国。除了讨论贸易增长、美国的贸易逆差以及日益增长的全球化的金融影响,本章我们还要讨论世界各国货币的兑换情况。

16.1 国际金融事务

为了支持国际贸易的发展,国际货币就不得不为适应它而存在。世界上几乎不存在物物交换的地方,因为无法保证出口物品价值和进口物品价值以及美国人在国外投资资金数量和外国人在美国投资资金数量的等同。为了理解国际金融,你必须从三个基本的会计概念开始学起:贸易收支、经常项目收支以及资本项目收支。

当美国人购买 iPad 时,尽管 iPad 是由美国的苹果公司(Apple)生产制造的,但是它们的产品是由多国制造组件并且在中国组装起来的。我们会在下一节讨论关于外汇兑换的知识,我们知道中国公司需要人民币,去支付工人的工资。暂时忽略一些细节方面的东西,假设存在美国货币,比如 1 亿美元。无论谁得到这 1 亿美元都可以购买任何美国制造的东西:他们可以购买金融资产,如美国国债;也可以购买在美国的实物资产,如土地、房屋或者制造设备;或者他们也可以持有现金。除非这些货币的持有者所在国家发行的货币比以美元形式持有该数量的货币情况更好,或者这些货币持有者从事一些国际非法活动,因为持有现金不易被追查,否则最后一种选择很少被人们青睐。在短期内,这 1 亿美元又会以某种方式回到美国,而这其中的"某种方式"就是问题的关键。

表 16.1 是一张**国际收支平衡表**(balance of payments),它是一个会计核算记录系统,记录货币是如何在国家之间流通,并以此来促进它们之间商品、服务、金融工具以及实物投资的贸易的。国际收支平衡中的"平衡"指的是经常项目和资本项目之间的平衡。**经常项目**(current account)能够体现出贸易、短期投资支付、外国税务的美国支付、美国税务的外国支付以及私人资金的净转移的影响。我们经常见到的是最后一项,因为外侨工人要经常向不在美国生活的家人汇款。正如你所看到的,由于巨大的贸易逆差,经常项目上的贸易逆差额达到 4 700 亿美元。

表 16.1　2010 年美国国际收支平衡表　　　　　　　　　　单位:百万美元

主要会计项目	子会计项目	子会计构成	构成数量	次要会计平衡	平衡
经常项目	贸易收支	出口	1 834 166	-495 727	-470 242
		进口	2 329 893		
	短期投资收入平衡	美国收入	662 464	162 973	
		美国支出	499 491		
	净转移(税收、私人支出)			-137 489	
资本项目	资产所有权改变	美国持有的国外资产	1 024 723	220 108	470 242
		外国持有的美国资产	1 244 831		
	金融衍生品净值			15 143	
	统计误差和净衍生品			235 141	

资料来源:www.bea.gov/international。

随着时间的推移,我们可以看到经常项目和贸易收支有紧密的联系。图 16.1 绘制了 1960—2010 年的它们所占 GDP 百分比的折线图。除了过去 33 年的所有年份,每年的贸易收支所占 GDP 的百分比都是负值。我们能够看到,20 世纪 90 年代以及 21 世纪初的贸易逆差占 GDP 的百分比爆炸式地增长,达到了 20 世纪 80 年代中期的纪录,并且从 2003—2008 年增长到了超过 5%。经济萧条时期,由于美国削减了进口需求,这些逆差迅速增加。

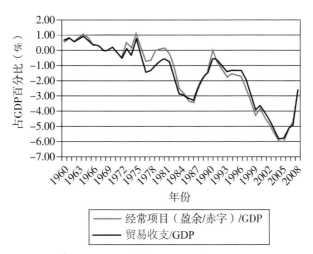

图 16.1 经常项目和贸易收支占 GDP 的百分比（1960—2009）

资料来源：www.bea.gov/international。

资本项目(capital account)能够体现一国公民在另一国长期持有金融和实物资产的变化。其中最重要的因素是外国投资资产在美国的数量以及美国投资资产在其他国家的数量。回顾一下当 iPad 被卖出时，货币持有者必须随身装着美元。但对于大多数人们，他们则愿意购买美国的金融和实物资产。带有或者除去统计误差的资本项目平衡表是与经常项目平衡表相对的一种记录。

如图 16.2 我们所看到的，很明显，资产持有的国际化程度在扩大。资产持有占 GDP 的比重从 20 世纪 60 年代大多数年份的不到 1% 的比重提高到如今的 10% 到 15%，很显然，金融和实物资产的国际所有权已经成为这个时代的标志。图 16.1 和图 16.2 是直接相关联的，因为图 16.1 中的经常项目逆差水平就是图 16.2 中两条线之间的差距。

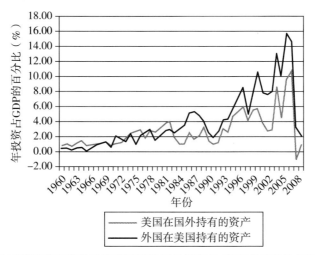

图 16.2 外国购置美国资产以及美国购置国外资产占 GDP 的百分比（1960—2009）

资料来源：www.bea.gov/international。

16.2 外汇市场

为了理解外汇处理的重要性和复杂性，我们再来考虑一下购买低端 iPad 的简单行为。当你支付给当地商店 500 美元时，这 500 美元分散到若干地方。到达的第一处就是商店所有者那里，而店主又会将这些钱的一部分用于支付雇员工资、其他的一些商业费用以及给苹果公司，剩下的就是利润。苹果公司与中国的公司富士康（Foxconn）签订了合约，合约内容是在中国公司将全世界制造的产品组件组装成 iPad。这期间，对于外汇的处理由此而生。那些在中国用于支付的货币被称为人民币。

让我们来看一看美元兑人民币的兑换情况。图 16.3 看起来好像一个普通的供给和需求图，但是它的标注却有点让人弄不明白了。这种困惑源于一个事实，那就是在一般市场中，你都要以一定的货币形式来换取商品或者服务。在本例中，对人民币的需求也就是美元的供给，对美元的需求也就是人民币的供给。那么这个价格有点令人费解。通常，这个价格是以美元的方式对每件商品进行计价。这里是以美元的方式对人民币计价。这种方式比起以人民币方式对美元计价要简单一些。由于这个原因，我们利用有几分拗口的词来再次为这条曲线命名。

图 16.3 的纵轴标有"以美元计价的人民币价格"，因为它表示的是我们习惯用的美元的数量；而横轴表示的是人民币的数量。通常被称作需求曲线的是"代表那些拥有美元的人想用人民币去做交易的意愿的曲线"。之所以它是向下倾斜的，是因为如果人们必须放弃更多的美元兑换人民币去做交易的话，那么他们对于这种交易方式的意愿就会下降。而通常被称作供给曲线的是"代表那些拥有人民币的人想用美元去做交易的意愿的曲线"。由于如果人们能够以人民币兑换到更多美元的话，那么他们对于这种交易方式的意愿就会上升，所以这条供给曲线是向上倾斜的。

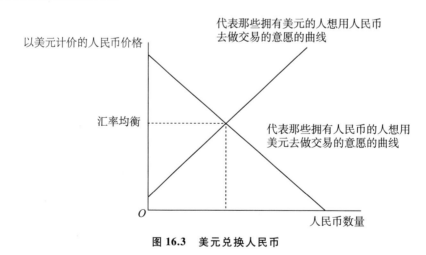

图 16.3 美元兑换人民币

回到我们 iPad 的例子中去，由于 iPad 的各个组件分别在亚洲的不同地区生产，所以这个简单购买涉及不同的必须进行兑换的货币数量。如果货币兑换就如同你去银行将一张 20

美元面值的钞票兑换成20张面值1美元的钞票一样简单,那么对于国际贸易来说,**外汇兑换**(foreign exchange)就不是难题了。在大多数西方国家,对于某一个公司来说,得到它需要的货币是一件相对容易的事情。在很多大型的且拥有股票市场的城市里,都存在外汇交易市场。然而,如果你需要特殊许可才能兑换外汇的话,这样的事务处理是很让人讨厌的。而且,如果这种特殊许可只给予了那些掌管权力的人,那么所谓的贸易便利就从一件困难的事情转变为几乎不可能的事情了。那么,谁在这种贸易壁垒中受到伤害了呢?答案是:大多数的人们。如果存在这样的贸易壁垒存在,你的iPad很可能无法被生产出来,或者会贵很多。到时候,你可能将被迫支付更多的钱,或者干脆放弃对它的购买。店主会失去利润,店里的雇员会失去工资。经销商、苹果公司以及中国工人也将无一幸免:一个是不能再做销售,其他的是丢了工作。

在全世界的大多数地方,汇率就像一种被交易的资产。随着时间的推移,价格或者说是汇率会发生改变。图16.4表示了美元和其他国家货币之间的汇率转换情况。正如之前提到过的,任意两种货币之间的汇率换算都可以通过用A货币购买你需要的单位B货币的数量来表示,反之亦然。通常,它们两种都是表达汇率的方式,正如表16.2所示,但是习惯的表示还是要多一些。例如,日元对美元的汇率几乎总是用日元的形式来表示美元,而美元对英镑的汇率则习惯采用其他的表示方式。这种互为倒数的换算不存在差异性。

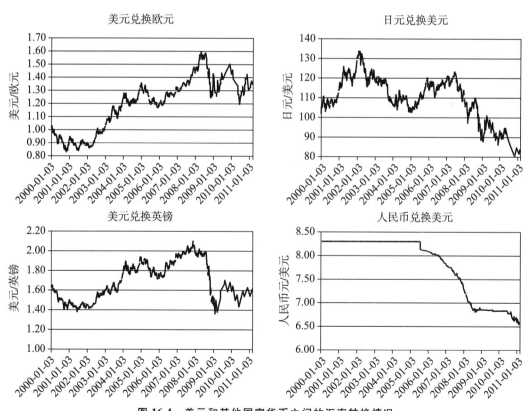

图16.4 美元和其他国家货币之间的汇率转换情况

资料来源:www.federalreserve.gov/release/h10/hist。

表 16.2　美元和其他一些国家(地区)货币之间的汇率转换情况(2011 年 3 月 25 日)

外国(地区)货币	一美元可兑换该国(地区)货币数量	一单位该国(地区)货币可兑换的美元数量
阿根廷比索	4.16262	0.240233
澳元	0.978179	1.02231
博茨瓦纳普拉	6.56599	0.1523
巴西雷亚尔	1.6588	0.602845
英镑	0.621892	1.608
文莱元	1.261	0.793021
保加利亚列瓦	1.38562	0.721699
加拿大元	0.976125	1.02446
智利比索	479.784	0.00208427
人民币元	6.55997	0.15244
哥伦比亚比索	1 873.18	0.000533852
克罗地亚库纳	5.23684	0.190955
丹麦克朗	5.28374	0.18926
欧元	0.708466	1.4115
香港币	7.79454	0.128295
匈牙利福林	188.686	0.00529981
冰岛克朗	114.429	0.00873904
印度卢比	44.6752	0.0223838
以色列新谢克尔	3.55225	0.281512
日元	81.169	0.01232
哈萨克斯坦坚戈	146.07	0.00684603
科威特第纳尔	0.277	3.61011
拉脱维亚拉特	0.502303	1.99083
利比亚第纳尔	1.9324	0.517491
立陶宛立特	2.44619	0.408799
马来西亚林吉特	3.02203	0.330903
墨西哥比索	11.951	0.083675
尼泊尔卢比	71.6	0.0139665
新西兰元	1.3283	0.752842
挪威克朗	5.58555	0.179033
巴基斯坦卢比	84.8785	0.0117815
罗马尼亚列伊	2.89196	0.345786

（续表）

外国(地区)货币	一美元可兑换该国(地区)货币数量	一单位该国(地区)货币可兑换的美元数量
俄罗斯卢布	28.3149	0.353171
新加坡元	1.26043	0.79338
南非兰特	6.87609	0.145431
韩元	1 112.24	0.000899087
斯里兰卡卢比	110.349	0.00906216
瑞典克朗	6.37067	0.156969
瑞士法郎	0.914984	1.09292
台湾币	29.4607	0.0339435
泰铢	30.26	0.0330469
特立尼达和多巴哥元	6.37419	0.156883
土耳其里拉	1.55544	0.642905
委内瑞拉玻利瓦尔	4.29425	0.23287

资料来源：www.x-rates.com。

相对于每种货币来说，美元的强势地位在图16.4的每个小图中都是可见的，正如图中以美元计价其他货币的价格线的下降以及以其他货币计价美元价格线的上升所示。可以看到，在2008年7月和11月之间，美元相对于欧元和英镑走强，而相对于日元走弱。

16.3 替代性的汇率制度

透过近代历史，我们可以知道货币的兑换早已经为促进贸易的发展而产生。在这段时期，汇率的制定存在三种模式。如图16.4所示，大多数汇率都取决于市场力量，对某一货币的需求增加就会导致这种货币相对于其他货币走强。当然，这是一个系统，主导着当今社会和汇率体制，它也不是总以这种方式决定利率，有时政府也会控制着市场力量。

尽管我们已经讨论过了市场，但还是需要快速复习一下市场对于决定利率所扮演的角色。在**浮动汇率制**（floating exchange rate system）下，不存在政府控制汇率的情况。对于各种各样的货币，它们的汇率仅仅取决于市场的供给和需求双方的力量。图16.3中曲线的移动取决于我们在下一部分将要学习的因素。也就是说，贸易不平衡、名义利率与实际利率的差距以及在两国投资相对安全性的改变都会导致汇率的改变。

现在，我们将注意力转移到汇率制度上来，在第二次世界大战和20世纪70年代期间，这种汇率制度很常见。而在20世纪二三十年代，人们感觉到了这种汇率制度的问题，由于汇率取决于市场因素，所以对于从事贸易的人来说就面临一些不确定的风险。在期权市场（一个贸易商能够对未来汇率锁定的场所）出现以前的一段时间，利率的不确定阻碍了贸易的发展，对世界经济造成了负面影响。结果第二次世界大战以后，**固定汇率制**（fixed exchange rate system）应运而生。在固定汇率制下，希望汇率相对于其他国家的货币固定不变的一国(或者几个国家)必须时刻准备购买或者出售其货币或者黄金,以便快速消除任何货币的超额需求或者超额供给。(金本位制仅仅是一种用于实现固定汇率制的方式。)

第三种汇率制定模式是**管理浮动汇率制**(managed float exchange rate system)。在该制度下,政府决定由市场力量决定的汇率范围,以及超出最高和最低汇率范围所采取的具体应对措施。在这种情况下,政府不需要通过实现必要的汇率目标来改变本国货币的供给,它需要做的就是将汇率拉回期望范围之内。具体来说,这种管制必须通过更微型的调整来增加或者减少货币的供给以达到将汇率保持在特定范围的目的。

在第二次世界大战前,世界见证了三种盛行一时的货币兑换方式的历史。正如我们前面所提到的,在第二次世界大战后,固定汇率制就立即主导了外汇汇率。到了20世纪70年代,该制度开始变得不适合了,并且从那时起到今天,世界的汇率体制大多数以浮动汇率制为主,当汇率改变过于显著时,那些政治家们才会兼用管理浮动汇率制。

16.4 汇率的决定因素

回忆在第2章讨论过的供给和需求以及第8章讨论过的总供给和总需求,我们介绍了模型以及每条曲线移动的原因。在这里,我们需要再次复习供给和需求无差别的一些知识,所以我们要考察增强或者削弱汇率的因素。由于每一种汇率只适用于两个国家之间,所以对于决定因素的表示来说,要相对于两国中的另一方阐述。

因此,回到我们讨论的美元和人民币之间兑换的例子中去,美元的走强或者走弱取决于人民币的持有者对于美元改变的预期或者美元持有者对于人民币改变的预期。比起对人民币的持有,如果人们对美元的持有愿望增加,就会造成美元走强,导致人民币的价格——即美元兑人民币汇率——下跌。如果人们对美元持有的愿望减弱,就会造成美元的走弱,导致人民币价格——即美元兑人民币汇率——上升。那么,到底是什么具体因素决定了各种货币的需求意愿呢?

第一个同时也是最重要的一个因素是两国之间的贸易不平衡。对于美国和中国之间的贸易,美国存在巨大的贸易逆差。如果人民币和美元的汇率取决于市场,那么对于美元来说,人民币是强势的。因为继人民币之后,将会有更多的美元流入外汇交易市场。

第二个影响汇率的因素是两国国内投资市场上的相对实际利率。要理解这一点,我们需要结合两个观点,因为实际利率同名义利率和预期通货膨胀之间还是有区别的。如果通货膨胀在两国有着相同的预期,因为投资者不管在哪国投资,都会寻求最大的回报,所以他们会寻求在有着更高利率的国家进行投资。结果,有着更高利率的国家的货币相对于较低利率的国家的货币要更强势。如果两国的利率是相等的,那么有着较低预期通货膨胀率的国家的货币相对于有着较高预期通货膨胀率的国家的货币要更强势。

第三个因素是在一个特定国家持有资产的相对安全程度,这也就是为什么在国际存在争端时,美元还总是保持强势地位的原因。美国政府尽管欠着巨额的外债,却是一个有债必还的政府。国际投资者会寻找安全的避难所,这意味着即使争端在美国被引发,美元依然会保持强势地位。"9·11"事件之后,美元略微走强,而在2008年秋(金融危机开始的时间,但是不仅限于美国)的金融危机,美元相对于欧元和英镑来说强烈且迅速走强。在2010年的欧洲主权债务危机期间,美元也经历了短期的走强势头。尽管美国自身有债务,但是投资者更担心的是西班牙、希腊和爱尔兰的以欧元计价的债务危机,所以美元的走强也就见怪不怪了。

本章小结

因为国际贸易的存在,货币之间的交易也就必须存在。无论何时两国之间的贸易存在不平衡,没有流回一个国家的钱(这笔钱造成了贸易赤字)最终就会被用来在这个国家购置资产。结果,被流入的短期投资增强的贸易平衡就会通过长期的资产交易抵消。由此,经常项目和资本项目就能平衡。美国背负巨额的贸易逆差,结果也就背负了巨大的经常项目赤字。通过大量的资本项目的盈余能够抵消这种赤字。在市场中,这些被兑换的货币能够被允许没有政府介入地、自由地运行,或者它们被政府保持以固定汇率或者在可接受的汇率范围内管理。无论货币是强势还是弱势,都有赖于两国之间的贸易平衡、相对通货膨胀率、相对利率以及在该国投资的安全程度等因素。

关键词

国际收支平衡表　　　　经常项目　　　　　　资本项目　　　　　　外汇兑换
浮动汇率制　　　　　　固定汇率制　　　　　浮动汇率制　　　　　管理浮动汇率制

自我测试

1. 国际收支"平衡"的两个指标是什么?
   a. 经常项目和出口　　　　　　　　b. 资本项目和经常项目
   c. 出口和进口　　　　　　　　　　d. 短期投资收入和长期投资报酬
2. 从一国的视角来看,强势货币_____。
   a. 总是好的　　　　　　　　　　　b. 总是不好的
   c. 对有些人来说是好的,对于有些人来说是不好的
3. 美元对人民币的汇率等同于_____。
   a. 人民币对美元的汇率　　　　　　b. 人民币对美元汇率的倒数
   c. 人民币对欧元的汇率　　　　　　d. 人民币对美元汇率的1/4
4. 如果一国决定对另一国实行固定汇率制,那么_____。
   a. 除了在其他国家安置公司,其他什么都不用做
   b. 仅仅需要宣布它的预期汇率以及这样做所产生的结果
   c. 它必须时刻准备在市场中购买或者出售其货币来保持汇率不变
5. 一国对预期通货膨胀率的增加会导致_____。
   a. 货币走强　　　　　　　　　　　b. 货币走弱
   c. 对两国之间的汇率没有影响

简答题

1. 解释为什么经常项目和贸易平衡之间存在紧密联系。

2. 解释或者作图说明为什么如果 1 美元能够购买 8 英镑,就相当于 1 英镑等于 1.25 美元。

3. 如果你有 1 000 美元并且想要从中得到更多,你相信对于日元来说,美元将会贬值近 10%,并且你可能在美国赚取 5%,而在日本你只能赚取 1%。阐明你仍然会投资以日元计价的资产。

4. 如果你是一位寻求美元强势的美国政治家,你将如何实现呢?而这个想法的结果又是什么呢?

第 17 章
经济增长与经济发展

> **学习目标**
>
> **学习完本章,你应该能够:**
> 1. 了解为什么发达国家比其他国家发展快。
> 2. 解释相比于发达国家的促进经济增长,为什么在发展中国家营造一个良好的经济成长环境是不同的,并且更具有挑战性。
> 3. 列出历史上发展中国家一些限制自身经济增长的法律、政治和制度因素。

经济学家一直致力于弄清楚经济增长和经济发展的本质内容。例如他们想知道,为什么像美国这样的人口占世界总人口比例低于5%的国家,其经济产出几乎占到全世界产出的1/4?为什么最近十年间美国比法国经济增长快?为什么撒哈拉以南非洲的经济增长一点起色也没有?为什么中国经济增长如此迅速,并且这种增速一直持续了超过十年的时间?同时,为什么印度——一个实行了民主几十年的国家,经济增长如此之慢?为什么韩国能从一个发展中国家一跃成为发达国家?本章涉及一些宏观经济知识、一些国际贸易知识和一些政府政策。坦白说,还有一些是猜测。经济发展,在某种程度上说是在经济学领域中很小的一部分,但即便很小,也没有一个模型能够将它阐述详细,甚至是获得诺贝尔经济学奖的模型也表现平平。

现在,先让我们把经济增长和经济发展分成两个完全不同的问题作为开始来研究:为什么发达国家之间的经济增长率会不同?为什么不发达国家很少能摆脱贫困的增长环境?

17.1 发达国家的经济增长

如果我们回到第 8 章的总需求-总供给模型中去,就可以开始考虑发达国家经济是如何增长的。经济之所以能够增长,不仅是由于总需求的持续增加,同时,持续性的总供给增加也是必不可少的。来看看为什么,还记得总供给曲线吗?曲线一开始平行于X轴,接着向上倾斜,最后变成垂直于X轴。如果总供给保持不变,那么总需求增加最终对真实的经济增长没有任何影响。因为迟早总需求曲线会与总供给曲线相交,并交于总供给曲线的垂直部分,那时,GDP将不会再有增长。我们在第8章还学习过,通货膨胀可能会是一个危险的经济因素,因此,如果总需求没有增加,而总供给增加,那么毫无疑问,最后将会使发达国家的经济增长停止。同时通货膨胀的压力会使人们降低对大额消费品的购买意愿。这也就意味着,经济若想长期保持增长,就要靠总需求的不断增加来保证。而总需求的增加则是依靠健全有效的财政政策和货币政策(分别在第9章和第10章阐述过)和持续增加的总供给来保证。

是什么促使总需求的增加呢?第8章再次给了我们线索,但这个线索具有欺骗性。如果我们仅仅从考察总需求的决定因素和为了增加它需要做些什么这两方面来看,注意到,可能通过提高政府支出和消费者信心,降低利率和税率,或者削弱美元等手段来实现总需求的增加。如图17.1所示,以上所述的每一个手段都可以实现预期的结果,不过问题是你不能持续性地使用同一种手段。首先,我们不能持续地增加利率或者税率,因为零是一个绝对低的限制。我们也不能不断增加政府开支,因为这样引起的赤字最终会抬高利率。消费者信心也不可能无限制地增强。我们可以得出这样一个结论,在发达国家,经济增长的根本因素应该是来自供给一方,总需求方的增加仅仅维持现有水平就可以。

那么,是什么促使总供给增加呢?其实,政府调控并不能持续性降低工资或其他投入品的价格,能持续性提高的是工人生产率。如果给工人配备良好的机器并有技术支持,工人工作就会更敏捷、更灵巧、效率更高,这样他们总是会努力比前一年生产出更多的产品。如果真如我们所说,工人可以做到这样,那么结果在图17.2中就可以表现出来,即更多的产出与更低的价格。注意到"努力"一词,并不在先前我们列出的在长期生产中提高生产率的方式中。人们能够努力工作,但是在某些时候,只是达到一种忍耐底限罢了。为了让工人产出更多,通常需要为他们提供教育、工具和为增加生产所需的技术。

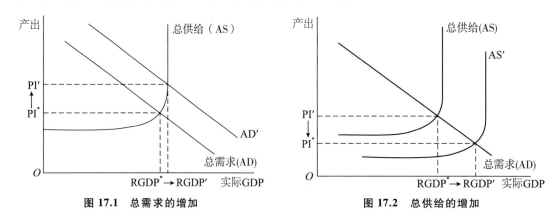

图17.1 总需求的增加　　　　图17.2 总供给的增加

这意味着经济在短期能够增长的主要原因是总需求的增加,但对于长期经济增长,本质上是要提高工人的生产率。正如我们由图17.3可知,从1990年到2004年,发达国家经历了高生产率和高GDP增长率。这种关系并不都是一对一的,但确实是存在的,因为对这些国家来说,在生产率方面每增长1个百分点,都会伴随0.3%的人均GDP增长。注意这并不表示工人必须工作更长时间,必须工作速度更快,或者我们需要忍耐老板的底限。工人生产率的提高通常是因为受教育程度的提升和他们工作所使用的工具或机器的改进。

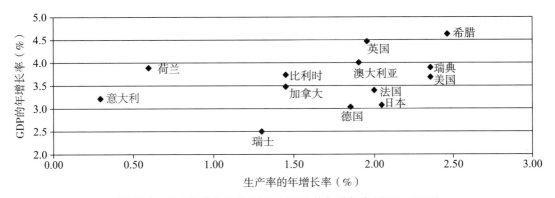

图 17.3　生产率的年增长率以及 GDP 的年增长率(1990—2004)

是什么提高了工人生产率呢?工人生产率的提高是依靠对工人长期的资本投入和对其进行教育和训练来实现的。如果说储蓄这种行为不受鼓励,而消费是一种被鼓励的行为并且被认为是可持续的,那么这就不需要大量可借贷基金供给的存在了。如果储蓄的利得被过度征税,那么人们储蓄的动机就会减少。经济增长需要一个健康的资本市场。这也就意味着对资本利得征收的税率必须在某一合适的水平,因为税后利得对投资行为有很大影响。当然成熟并且有积极性的劳动力也是经济发展的先决条件。也就是说,工人必须得到正确的教育培训,然后将所学的知识应用到所需的工作中。发达国家的经济之所以会持续增长也是因为稳健的边际税率、适度的利率和通货膨胀率、合理的调控政策、健全的教育系统、合理的福利体系等这些手段的配合,来达到经济稳定增长的目的。

17.2　比较发达国家与发展中国家

除了显而易见的收入,发达国家与发展中国家关于贫困和富裕方面还有什么区别呢?表 17.1 中所列的内容形成了鲜明对比。该表上半部分列出的国家人均国民总收入(GNI)①超过 20 000 美元,而表下半部分的一些国家人均国民总收入只有不到 2 000 美元。不仅如此,该表中还有关于各国其他方面的区别。上半部分通常大部分都是"中产阶级",而下半部分则不是。**基尼系数**(Gini index)是一种用来衡量贫富差距的指数,在贫穷的国家基尼系数通常比富裕的国家要高。表 17.1 上半部分那些国家的收入很少来自农业种植,更多的是来自服务部门,而下半部分那些国家的情况正好相反。如果你回顾第 1 章关于传统基金会自由度指数的参考,你会发现那些在表上半部分的国家经济尽可能趋近自由,而表下半部分的国家经济更多地只能归为不自由之列了。

---

① 国民总收入通过增加本国国民在国外赚得的收入和对其他方面做了相对小的调整来修正国内生产总值这一概念。对于 GNI 来说,很大程度上,通过比较一些发展指标所得的收入,它的数字能更好说明问题。

表 17.1　2007 年美国国际收支平衡表

国家	2009 人均国民总收入（百万美元）	1990—2009 人均 GDP 年增长率(%)	家庭收入分配——基尼系数	GDP——各组成部分			2005—2009 平均年通货膨胀率（消费价格）(%)
				农业(%)	工业(%)	服务业(%)	
澳大利亚	38 210	3.2	35.2	2.5	29.1	68.4	2.9
比利时	36 550	1.8	33.0	0.7	22.5	76.9	2.2
加拿大	37 410	2.3	32.6	2.1	20.7	77.3	1.8
法国	33 930	1.6	28.0	1.9	19.6	78.5	1.6
德国	36 780	1.6	28.3	0.9	28.1	71.1	1.7
希腊	28 840	2.6	34.3	3.1	17.7	79.2	3.0
日本	33 470	1.1	38.1	1.5	28.0	70.6	0.0
韩国	27 310	5.2	35.1	2.6	36.5	60.9	3.0
荷兰	39 780	2.4	30.9	1.8	24.8	73.4	1.6
新加坡	49 780	6.5	42.5	0.1	26.1	74.0	2.1
西班牙	31 880	2.6	34.7	2.7	27.3	70.0	2.7
瑞典	38 590	1.9	25.0	1.8	26.3	71.9	1.4
瑞士	46 990	1.4	33.7	1.2	27.3	71.5	1.0
英国	37 230	2.0	34.0	0.8	21.8	77.4	2.7
美国	45 640	2.5	40.8	1.2	21.3	77.5	2.6
孟加拉国	1 550	5.3	30.9	18.9	28.6	52.5	7.4
布基纳法索	1 170	5.0	39.6	29.4	19.0	51.7	4.3
刚果	300	-1.2	44.4	41.6	26.0	32.4	13.5
科特迪亚	1 640	1.5	48.4	24.7	25.7	49.7	3.1
埃塞俄比亚	930	5.2	29.9	47.3	11.8	40.9	18.1
肯尼亚	1 570	2.9	47.7	21.8	15.2	63.0	13.8
马达加斯加		2.5	47.4	24.6	17.5	58.0	11.5
马拉维	760	3.9	39.0	35.1	20.6	44.3	10.9
莫桑比克	880	6.4	47.1	31.0	23.6	45.4	8.4
尼日尔	660	2.8	43.9				4.6
尼日利亚	2 070	4.5	42.9				10.8
塞内加尔	1 810	3.3	40.2	16.0	21.7	62.3	2.8
坦桑尼亚	1 350	4.8	34.6				8.3
乌干达	1 190	7.0	44.2	23.7	26.6	49.7	9.2
乌兹别克斯坦	2 910	3.0	35.6	20.4	32.0	47.6	0.0
也门	2 330	4.5	37.7				10.5

资料来源：Bureau of Economic Analysis, www.bea.gov/international。

当然还存在核算的问题需要我们去讨论。在第 6 章中我们知道，实际 GDP 和由 GDP 带来的社会福利两者并不是同步的。其中原因之一是地下经济的存在。虽然我们之前讨论的主角都是美国，但是要是说到地下经济的概念，就不得不提到苏丹这样的国家。在美国，大多数人都从事一种叫作"现金主导"的交易（如修剪草坪、照看孩子、交易大麻），这种交易中所付出的努力是不可计算的，而在苏丹，大多数人会自己给自己做衣服，种植或者养殖自己需要的食物，或者以一种物品或服务去换取另一种物品或服务。结果，地下经济占美国总产值的 10%，而在发展中国家地下经济产值则会占总产值的一半，因为这些产品没有在市场中交易。对于表 17.1 中每个国家的一些可比较的数据都用**购买力平价**（purchasing power parity）概念做了调整。经济学家在对每个国家购买相似市场下的一篮子商品和服务所需要的成本做了评估，并用它去估计国民总收入。

17.3 促进（抑制）发展

现代经济发展模型，像以诺贝尔经济学奖得主命名的索洛增长模型为经济如何增长提供了基本的讨论与阐述。该模型和其理论发展的中心预测就是经济会收敛于经济发展的某一水平。也就是说，贫穷国家的经济增长在某一点上会比富裕国家更快，而这一点就是实质上人均 GDP 不再有区别的点。简单看一下表 17.1，不难看出这一点很难实现。①

本章剩余部分将集中讨论一国该怎样从表 17.1 中的分隔线下半部分移动到上半部分，并且讨论这样做有哪些阻力。首先，我们要意识到在发展中国家政策制定者所面临的挑战同发达国家相比是非常不同的，并且也更加困难。那些处在表 17.1 上半部分的国家通常会在民主的政治环境下，试图利用健全的财政政策、货币政策还有调控政策，在长期内促进劳动生产率的提高，降低通货膨胀率，实行温和的税收政策，提供合理的劳动、安全和环境方面的管理。这些手段实行起来是非常困难的却又很普遍，在落后国家的政策制定者通常没有如此具有代表性的政治环境、政府环境或者说它们的银行体系作用也不大。更深一步说，它们面临的选择不是在未来消费与现今消费之间做权衡，而是在未来消费和现今生存之间做权衡。

17.3.1 发展中国家面临的挑战

为了弄清楚发展中国家所面临的挑战，现在将你置身于一家开明的公司担任管理者并能够有决定权。你会将生产设备安建在发达国家还是发展中国家呢？你的目标，当然是尽可能地为既得利益者获得更大的收益。低廉的劳动力可能将会诱使你将生产设备安建在发展中国家。从每小时工资来看，发达国家的工资水平几乎总是发展中国家 5—10 倍，有时甚至达到 20—100 倍。另一方面，你可能也会考虑到其中潜在的圈套。

教育水平低

在有些发展中国家可能很难找到高质量的劳动力，因为工资水平低下，很多居民也没有

---

① 这并不是说这些模型没有价值。它们提供了我们已经知道的很多关于经济发展的基本知识，但是实际上，关于经济学的这块领域，经济学家们所达成的共识少之又少。

能接受正式的教育。他们可能不认字,也不会基本的数学计算。没有这些基本的能力就没办法按照指导去工作,所以发展中国家的工人就要比那些能够按照说明指导要求做的工人更难管理。

缺少基础设施

即使你能使你的生产过程适应利用低技术、低工资的工人,你很可能仍然没有基础的金融、物理、法律等基础设施来保证你的持续生产。当地银行的信贷是必需的,并且也需要当地银行将你的收益转移出去。它们可能没有这些基础设施,或者这些你所需要的功能受到限制以至于当地银行可能没有办法提供你所需要的金融服务。若想在全国甚至全世界运送商品,公路、桥梁、铁路和港口都是必不可少的基础设施。如果不能快速地将你的产品运送到世界各地去,那么你在工资方面的成本优势将荡然无存。最后,法律保护也是对于投资所有者必不可少的基础设施。无论那些保护是基于社会惯例、法律强制性还是基于值得信赖的政府而建设的,对那些已经存在的投资提供一个好的法律环境都是必要的。

政治不稳定

有些发展中国家的政治局面不够稳定,时常有腐败现象发生,也有动荡不稳定的时候,有时两种情况也同时存在。拿尼日利亚来举例说明,它稳居世界最大石油储量国之一的位置,而长期存在的内战阻碍了它最终利用本国资源。你也许能够用低廉的劳动力来开采石油,但是你又不得不去行贿以求得在多变的战争情形下避免你的设备被偷走或是被损坏甚至摧毁,同时你可能还要一直担心你的技术工程师被绑架。照这样来看,你确实想好要将厂房安置在这种地方,或者说你真的毫无顾忌地想在任何地方赚钱吗?

腐败

即使政府环境稳定,一个值得关心的问题是领导阶层是否可以轻易地占有你投资并拥有的产权,因为他们有至高无上的权力。以乌兹别克斯坦为例,它也是一个重要的石油和天然气的储量国,但是该国的腐败问题严重,以至于你不知道今天或者明年你的资产是否会被国有化。对于多数来自发达国家的管理者来说,在这种普遍存在腐败行为甚至是盛行腐败之风的国家投资,是一件令他们觉得很不舒服的事情。

缺少独立的中央银行

如果你观察表 17.1 上半部分的国家列表,并且与下半部分相比较,你会发现,美国、欧洲国家和那些东亚经济实力比较雄厚的国家都有一套控制通货膨胀的体系。正如第 10 章所描述的,每个国家都有中央银行去制定利率政策,并且每个中央银行都有一定程度的独立性,这种独立性指的是独立于政府的控制。在发展中国家,这些中央银行不仅没有独立性,有可能连中央银行都不存在。这也就意味着,如果存在中央银行,它的独立性也通常会受到限制。如果不存在中央银行,银行业的危机也会很普遍。事实上,19 世纪期间的很多年美国都没有功能性的中央银行,它见证了若干次银行业危机的始末。

在发展中国家,如果没有独立的中央银行,那么当它的统治者想要通过印制货币来建设新的宫殿或者支付国防费用时,他将会并且能够这样做。其实可以找到无数个例子来说明中央银行抵御通货膨胀的行为,当然这种行为要以领导者的名誉为代价。在有着民主传统和独立的中央银行的国家中,领导者们明白通过支出新印制的货币来获得的短期收益远没有通过抵御通货膨胀而获得的长期收益重要。

没有汇回利润的能力

如果你想把钱汇出某个国家也要受到当地政府政策的限制。在很多发展中国家，你可以随意带入强势货币（美元、欧元等），无论多少都可以，但是你却不能轻易地将这些货币转移出去。因此，如果在这样一个国家赚了钱，可能无法将此国的货币兑换成强势货币转移出去。如果你想要把在发展中国家生产的商品销售到发达国家去，这样还好办。但是你想要把商品销售到发展中国家并将利润兑换成强势货币，这就是一个难题。

关注于最基本的生活需求

一些发展中国家，特别是表 17.1 中下半部分列出的国家，不得不将焦点聚集在基本的生活需求上。甚至一个充满善意的政府都会经历这样一个尴尬而又困难的时候，那就是在教育、医疗保险或者食物之间怎样选择支出。其中，普及教育所带来的机会成本可能会是足量食物或者是医疗保险的缺少。

另外，医疗健康问题一直都是这些国家亟待解决却又无可奈何的问题。在表 17.1 中处于下半部分的国家，特别是来自撒哈拉沙漠以南的非洲国家的医疗问题更为突出。这些国家惨遭艾滋病的肆虐达到这样一种程度——国家发展已搁置后位，整个国家能够生存下去才是首先要解决的问题。

17.3.2 经济发展是什么在起作用

一些国家的崛起就是很好的例子。20 世纪 60 年代，位于东亚的一些国家的经济快速崛起，特别是中国和韩国，它们的经济在很长时间内都保持快速稳定的增长。当然它们是以不同方式争取到现在的地位的。自然资源的优势也不足以说明一个国家崛起的缘由，比如，尽管沙特阿拉伯和科威特能够依靠石油发家致富，但日本却在 20 世纪七八十年代经济获得飞速发展，而事实上它并没有什么自然资源。

最基础的经济建设源于教育。政府若不腐败或者说腐败程度低且易管理，政治环境自由，金融体系完善稳定，这些都是为引入外国投资创造的良好条件。一国经济要想获得长足的增长与发展，必须营造良好的政治金融环境，完成基础设施建设以增长投资者的信心。在中国，外国直接投资之所以能够不断增加，是因为中国政府不会没收查抄他们的投资并且允许他们将利润汇回，这在一定程度上增强了他们在中国投资的信心。韩国的经济之所以增长，是因为 20 世纪 90 年代末的亚洲金融危机为它的金融体系整改以适应挑战创造了契机，带给了投资者信心。

▰ 本章小结

现在，你已经理解了发达国家的经济增长很大程度上是由于他们工人劳动生产率的提高，而在发展中国家的经济增长总是被一些条件所束缚，比如社会、政治、金融、法律和经济制度，其中经济制度又是对经济增长的先决条件。你也应该理解发达国家与发展中国家的不同之处，还有从发展中国家过渡到发达国家并不是只能经由一种途径，每个国家都有适合自己的发展模式。

关键词

基尼系数　　　　　购买力平价

自我测试

1. 对于发达国家来说,总需求持续增长,而总供给不增长,会导致_____。
   a. 经济在一段时间内增长,但最终会导致通货膨胀
   b. 持续性的经济增长
   c. 通货紧缩危机
   d. 繁荣与萧条的循环更替

2. 对于发展中国家来说,总需求持续增长,而总供给不增长,会导致_____。
   a. 经济在一段时间内增长,但最终会导致通货膨胀
   b. 持续性的经济增长
   c. 通货紧缩危机
   d. 繁荣与萧条的循环更替

3. 对于发达国家来说,为了使经济持续增长,很重要的一点是_____。
   a. 税收持续性的降低　　　　　　　b. 政府支出的持续增加
   c. 工人生产率的不断提高　　　　　d. 工人生产率的不断降低

4. 对于发展中国家来说,它们面临的最棘手的问题是_____。
   a. 被代议制民主统治　　　　　　　b. 怠惰之风盛行,人们不愿意工作
   c. 缺少金融、物理和社会基础设施的建设　d. 沉溺于奢侈的消费

5. 对于发展中国家的统治者来说,选择投资普及教育所需要的机会成本是_____。
   a. 在医疗保险方面支出的减少
   b. 不存在机会成本,因为食物才是必需品
   c. 比起对于发达国家做出相似的选择,发展中国家所需要的机会成本更低
   d. 无法测量

6. 对于一个典型的发展中国家来说,下列哪个条件更能吸引外国投资?
   a. 低廉的工资　　　　　　　　　　b. 贫乏的教育
   c. 很容易地将利润汇回　　　　　　d. 独立的中央银行

简答题

1. 墨西哥的经济若想得到增长,它必须做些什么? 对于德国,它的经济要想增长又要做些什么呢? 为什么两者的答案可能有所不同呢?

2. 对于美国的落后于某些国家的教育体系来说,这种教育体系长期来看对于美国会造成怎样的影响?

3. 中国若想继续获得经济发展,它会面临些什么问题呢?

思考题

去中央情报局世界概况的网页上找到下面这些国家的经济数据：巴西、埃及、印度、马来西亚和南非。每个国家每年的人均 GDP 都在 3 000 美元至 15 000 美元。其中你会相信哪个国家最有可能从发展中国家晋升为发达国家呢？或者说，你认为其中哪国的人均 GDP 可能增长最快，并说明为什么这样认为。

讨论题

假设你在做一个关于是否要大量地对正式教育进行投资的决定，但是你做投资的机会成本是减少对老弱病残的医疗健康保险的支出。如果遇到这种问题，你会怎样做出选择呢？

第18章
合法商品与非法商品之间的界限

学习目标

学习完本章,你应该能够:
1. 把供给与需求模型和消费者与生产者剩余的概念运用于烟草、酒精及非法物品与服务的市场上。
2. 总结出由于信息和对无辜的第三方造成成本等原因,因而经济学家们认可对市场进行干预的结论。
3. 利用需求弹性的概念来分析谁会在对烟草与酒精的税收中受损。
4. 分析毒品合法化的冲击。

我们承认,没有母亲想让她的孩子吸烟、酗酒,或者涉足非法行为。这些是不健康的行为。然而,经济学家们通常都会谨慎地建议不应当仅仅因为某种商品或服务是有害的,就把它完全禁止。本章使用供需模型、弹性和消费者与生产者剩余来考察这些特定的商品和服务,以及为什么它们中一些是被管制的,一些是被课税的,而另一些则是非法的。

有21%的美国人在吸烟,另外,平均每个美国人一年消费差不多32加仑啤酒。有那么多人吸烟和饮酒,显然烟草和酒精是美国经济的重要组成部分。烟草行业每年会雇用14 264人,年销售额达到300亿美元。酒精行业每年会雇用61 000人,年销售额达到430亿美元。由于有些商品和服务是非法的,所以我们无从得知生产这些商品和服务的行业具体每年会花费多少,或者每年雇用多少人。我们所知道的是差不多一半的35岁以下的成人都消费过非法的商品和服务。

在我们对这些商品和服务进行经济学分析之前,先回顾一下供求原理,来提醒自己市场均衡是如何使买卖双方都获利的。然后我们转而探讨为什么有些商品的售卖和使用是受到管制的,有些是需要被课税的,而有些是被禁止的,以及为什么经济学家支持这种管制。沿着这一思路,我们不仅要去关注二手烟、酒后驾车、疾病的传播和增加的犯罪,而且要关注年龄限制、警告标志和禁酒令。在简单地对弹性的重要性进行探讨之后,我们会在供求模型中利用这一概念指出,对烟草和酒精课以高额的税金究竟会对谁造成伤害。最后,我们将探讨,为什么烟草和酒精是合法的,而其他的某些商品却是非法的,以及如果把这些商品合法化会带来什么影响。

18.1 烟草、酒精以及非法商品和服务的经济模型

我们将以第 2 章中的市场概念为基础,来分析烟草、酒精以及非法的商品和服务。一般来说,我们把讨论的这些商品和服务称为"违规商品"。你可以把这些例子替换成任何你想的,因为这些分析的确是一样的。和我们对第 2 章中的市场做的一样,我们假设有很多的买者和卖者,而且每个人的需求曲线都是向下倾斜的,供给曲线是向上倾斜的。我们暂时假设这些商品对无辜的第三方没有负面影响。我们同样假设从事这些活动的人都知道他们所处行业的性质。尽管这些假设有些不切实际,但这种方法却为我们认识市场提供了一个出发点。为了证明市场对买卖双方都有利可图,我们必须运用第 3 章中的消费者剩余和生产者剩余的概念来进行分析。

我们以图 18.1 作为开始。消费者购买 Q^*,为每个商品支付价格 P^*。这意味着消费者支付给生产者的货币数量低于他们愿意支付的数量,又同时高于生产者的生产成本。换句话来说,相比较他们所放弃的货币,他们更加乐于得到商品与服务,而生产者也能从中获利。消费者的收益是 P^*AB,也被称为消费者剩余。生产者所得的利润为 CP^*B,也被称为生产者剩余。

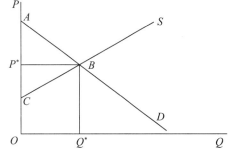

图 18.1 违规商品的市场

同上面的分析,我们可以得到这样的结论:违规商品的售卖可以令消费者和生产者变得比不售卖时更好。消费者剩余和生产者剩余的总和就是 CAB。如果购买和售卖这些商品和服务是违规的,而且每个人都遵纪守法,则上述的每一方的情况都会变得更坏。在你接受这个结论之前,请记住:只有在严格的假设前提之下才能得到这个结论。

18.2 为什么管制是必需的

是时候去认识现实和解决烟草、酒精和非法物品与服务的真实问题了。这些商品是非常容易让人上瘾的,它们会通过二手烟、酒后驾驶和传播疾病的方式对无辜的第三方造成有害影响,而且使用它们中的任何一种都会对配偶和孩子造成伤害。因此,公共健康专家希望说服立法者对这些商品和服务实行约束、管制、征税或者公开禁止。

人们通常会从多种角度出发来赞成政府对市场的干预。那些倾向于责难政府不当干预的经济学家通常会把原因归于三类。首先,他们认为人们可能缺乏知识或者清晰的思考能力,如果事实是这样,政府发布信息或者危险警告会更加适合,甚至政府代替人们进行决策

也是可行的。其次,经济学家认为这些商品会对除了消费者和生产者的其他人产生负面影响。政府必须要考虑这些市场所忽略掉的成本。最后,在经济学家中赞同最少的理由是,这些商品的消费和生产是不道德的。这也就是说,尽管购买和消费这些商品不会伤害人体,但是总的来说,这样的生产或消费会伤害到社会。

18.2.1 信息问题

对于合法物品来说,广告往往能吸引人来购买某个产品,而且做广告的人希望他们的广告容易被记住。而当这些广告是为了像烟草和酒精这样的产品而做时,我们有时就会因为广告的有效性而叹息。对于生活在20世纪50—60年代的孩子们来说,万宝路香烟是健康与强烈的个人主义的象征。对于80—90年代的孩子来说,骆驼香烟就像米老鼠一样被人们所熟知。在1998年,烟草广告不再合法。但是,Anheuser-Busch公司的系列产品Budweiser和Bud Light在超级碗上投入的广告仍旧效果明显,长达数十年。尽管经济学家认为市场中广告的角色是合法的,但是,他们怀疑禁止一些只对特定人群来说合法的商品的广告是否是有效的。

对于非法商品来说,广告并不是一个问题,真正的信息问题是人们能否正确地衡量上瘾的可能性和影响。政府对此的反应要么是教育,要么是管制,要么是禁止。在美国,我们通过教育来劝阻年轻人们使用毒品,并使用禁令来加强作用。在美国,除了在内华达州的某些县,政府对于色情交易的反应都是予以简单的禁止。对可卡因、摇头丸和冰毒也都有类似的争论。原因是,潜在的使用者可能不知道或者不完全理解毒品会让人上瘾以及上瘾对使用者造成的影响。

一般来说,经济学家建议可以通过教育、年龄限制、限制消费等方法来解决信息问题。可以根据问题的程度来选择适合的工具。例如,政府要求香烟的包装和酒瓶上要印有说明吸烟和饮酒后果的警示标签。由于这些促销服务仅仅只是混淆了消费者的判断,因此对经济学家而言,要求警示标签和禁止烟酒广告是可以接受的。如果能确保每一个年轻人都能够通过学校教育而认识到烟酒是上瘾物品,我们就把"提供知识"推进了一步。

当然,有些时候,即使年轻人能获得所有信息,我们也不相信他们能做出正确的决定。在这种情况下,我们要么规定购买这些商品和服务是非法的,要么规定人们在达到某个年龄之前不得购买这些商品和服务。经济学家们赞同毫不手软地禁止儿童购买香烟,是出于以下两方面的原因:第一,绝大多数吸烟者在未成年之前就对尼古丁上瘾了。第二,有证据表明:烟草公司的营销活动进一步使得他们成为瘾君子。因为只有极少数烟民在成年后才开始吸烟,所以阻止儿童接近香烟是符合社会利益的,也是符合儿童的长期利益的。

最后,经济学家支持禁止可卡因、摇头丸和冰毒的政策,这是因为它们引起的上瘾问题是永久性的。

18.2.2 外部成本

如果消费或生产某种商品会对除了消费者和生产者的其他人造成伤害,那么几乎没有经济学家会反对政府对市场的干预。外部性是市场管制重要的考虑因素,因为市场效率的关键在于人们要么能从交易中受益,要么不受该交易的影响。如果市场不能实现这一点,而政府只是袖手旁观、任由市场自由发展,是让人难以接受的。

吸烟引起的外部性是指由于吸二手烟所引起的疾病和死亡,以及不吸烟者必须支付更多的医疗保险金以弥补吸烟者的费用,从而导致不吸烟者医疗费用的增加。经济学家并不担心(知情的)吸烟者会危害他们自己的健康,他们担心的是吸烟者往往会将成本传递给其他人。

销售毒品通常会对买卖双方以外的其他人带来影响。结果,至少有一部分市场成本没有被买卖双方计算进来。如果吸毒者比不吸毒者更有可能犯罪,那么吸毒者和贩毒者在进行交易时,都没有考虑无辜受害者数目的增加。类似地,如果一个人在嫖娼时染上性病,将病传染给了无辜的第三者,这就存在外部成本。有些人不是这些交易的参与者,但也受到该交易的影响。

 外部性研究

我们应该去考虑这些犯罪事实,尤其是我们在处理有关毒品的问题时。第一,27%的暴力犯罪(其中37%是强奸)的犯罪者都吸毒。第二,被监禁、拘留或坐牢的人中有36%在吸毒。第三,我们每年花费37亿美元用于联邦层面上的禁毒,120亿美元用于其他方面的毒品控制,还有680亿美元用于监禁这些毒贩。现在监狱中1/4的罪犯与毒品犯罪有关。将毒品合法化会对这些统计数据会有什么影响呢?我们会省下一大笔开销——1/4的监禁费用,还有所有的禁毒费用。如果总的吸毒人数增加的话,暴力犯罪的数量就会上升,那些原来并未染上毒瘾的人在毒品合法化之后,可能会染上毒瘾,而一旦染上毒瘾,就会有暴力倾向。

解决外部性时又产生其他问题

在解决外部性时,又会产生其他一些问题。一些时候,解决问题的方法可能比问题本身更加糟糕。如此之多的毒品暴力问题的存在仅仅是因为法律禁止使用毒品。如果可卡因、冰毒和大麻是合法的并且不贵,那么吸毒者就不会为了筹钱购买毒品而去抢劫,也不会出现驱车枪战来保护卖淫,也不需要成千上万的监狱床位来关押毒品罪犯。

然而,确定谁是无辜的受害者并不像听起来那么简单。很明显,儿童是无辜的受害者,但是夫妻中不吸烟的一方呢? 一些经济学家认为,作为婚姻付出和回报的一部分,夫妻之间应商议在家吸烟的规则。如果他们认为一人吸烟,另一人因此而受到的负面影响是可以接受的,那么抽烟并不构成外部性,这仅仅是婚姻的成本。另一些经济学家不同意这一看法。他们认为必须一贯地保护那些直接消费者以外的人们。①

无论你如何确定谁是无辜的受害者,被动吸烟者患肺部疾病的概率就是比普通人大。

---

① 有些经济学家运用相同的方法进行分析,认为政府不必管理工作场所的安全性。风险承担者肯定得到了足够的补偿,否则他们不会承担风险。

吸二手烟的儿童更可能死于婴儿猝死综合征、哮喘或其他肺部疾病。据报道,航空公司的机舱服务人员、餐馆的服务员、酒吧的服务员以及大多数长期生活在吸烟环境中的人得病的概率更大。吸烟者和烟草公司都不考虑无辜受害者所承担的成本。经济学家很不情愿看到这些成本被忽视。当存在外部成本时,经济学家是否赞成采取矫正行动取决于这些成本到底有多大,以及消除这些成本是否会造成私人利益的损失。另外,在公共医疗补助制度下,吸烟者的比例比一般情况下更高。当然,他们也大大增加了公共医疗补助制度的成本。如果他们不抽烟,公共医疗补助制度就会少花纳税人的钱。而此时,无辜的受害者就是纳税人。

在其他方面也存在外部性。因为吸烟者通常比不吸烟者的寿命要短5—10年,如果团体人寿保险费率对于吸烟者和不吸烟者是相同的,那么吸烟者的受益人的预期净给付比不吸烟的受益人要高。因此,不吸烟者实际面对的人寿保险费率比起应该面对的更高,而吸烟者面对的人寿保险费率比其应该面对的要低。①

综上所述,当烟民购买香烟时,他们吸烟的所有成本不仅包括其支付的金额,而且包括那些并没有被吸烟者完全承担的成本。据估计,由公众所支付的外部费用大约每包香烟1美元。

这并不是说经济学家在这个问题上有着一致的意见。有些人认为当其他人吸烟时,不吸烟的人也获得了收益。这些收益来自不同却又相关的吸烟的两个方面。首先,像之前提到过的一样,长期吸烟的人通常比不吸烟者要早死几年。吸烟者和不吸烟者都支付了社会保障和其他的退休金计划,但吸烟者将其养老金大量补贴给了不吸烟者,因为吸烟者在死之前已经缴纳了一些费用,他们却来不及享受这些费用带来的利益。

吸烟者补贴不吸烟者的第二个方面在于,吸烟者通常死得早,而且死得突然。当60岁以上的吸烟者生病时,由于他们长期吸烟,免疫系统受到了严重破坏,因此,与不吸烟者相比,他们的存活率更低。他们会很快死于疾病,因此治疗费用就比较少。即使其治疗费用可能会花得很快,但是总的费用却节省了不少。具有讽刺意味的是,由于比不吸烟者死得更快,吸烟者有时比不吸烟者所花费的医疗费用更少。因为死得快和死得早,吸烟者避免了不吸烟者在生命的最后时期需要支付的费用,因为一多半的医疗保险费用都花费在维持老年人最后几年的生命上,他们死亡加速可节省很多开支。如果考虑到这个可怕的事实,那么在有些经济学家眼中,吸烟的净外部成本就更微不足道了。

虽然从经济的角度来看吸烟很可怕,但酒后驾驶更没有好处。每年有超过100万的人因酒后驾车而被捕。尽管近十年来这个数字大幅下降,但仍然很高,从而人们把这当作很严重的问题对待。每年大约37 000场交通事故造成了33 963人死亡,其中42%的交通事故中都至少有一个人血液中的酒精含量超过了法定水平。另外还有5%的交通事故中都有人血液中的酒精含量尽管合法,却仍然处于可测的范围内。虽然有些交通事故没有造成死亡,但酒精依然是导致每年50万起机动车交通事故的主要原因。

尽管这些统计数字十分可怕,我们还是应该冷静地看待这个问题。为了用模型表示与酒后驾车相关的外部性问题,我们需要对供给曲线和需求曲线做些改变,将它们的行为所导

---

① 当人寿保险公司对吸烟者和不吸烟者收取不同的保险费用时,就可以避免外部性。雇主补贴的额度也取决于此。

致的外部成本考虑进来。为了理解图18.2,不妨回顾一下,在完全竞争市场下的供给曲线就是参与市场的厂商的边际成本曲线。任何既不是由买方,也不是由卖方承担的成本就是该商品的社会成本。假定仅仅只有消费者才能从物品的消费中获益,需求曲线是社会收益曲线。因此市场的最优价格与产量的组合为(P^*, Q^*),而社会最优解为(P', Q')。也就是说,如果商品的成本会向外溢出到其他人,那么市场将会过多地生产这种商品,而收取过低的价格。

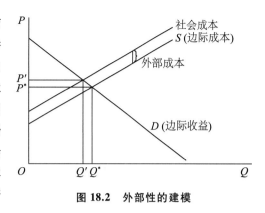

图 18.2 外部性的建模

18.2.3 道德问题

我们现在已经分析了经济学家认为政府可以干预市场的前两种情形。除了信息缺乏的问题和可能伤害到无辜的人群的外部性,政府管制市场的最后一个原因在于人们认为这些商品和服务是不道德的。尽管从学术的角度来看,伸张正义对经济学家而言没有什么特殊的意义,但是对其他人来说却非常重要。许多宗教信仰认为饮酒是一种罪孽,还有的宗教信仰认为吸烟也是一种罪孽。

> **我的速达菲(Sudafed)①去哪了**
>
> 全国性抵制冰毒的一个重要的结果是,直接地交易冰毒变得不再那么容易了。冰毒制造者需要决定究竟是改变他们的生产和交易模式,还是把他们的毒品放到药房里去。那些选择保留关键成分以便制造冰毒的制造者失去了销路,因为消费者被要求向药剂师提供他们的身份。因为检测无处不在,所以其他制造者们会选择改变毒品的成分,以期毒品成效不那么明显。

18.3 烟酒税的模型

18.3.1 税收模型

为了纠正外部性,我们可以对这些物品征税,也可以限制甚至禁止其使用。在众多选择中,对经济学家最具吸引力的是征税,因为它允许那些愿意为其消费付出全部成本的人继续消费。征税的积极影响在于阻止那些不愿意支付全部成本的人消费不健康的商品。

在美国对每包香烟征收1.01美元的税,对每6瓶装的啤酒征收32美分的税。联邦政府在烟草上的税收大约为每年120亿美元,在酒精上的税收大约为每年95亿美元。州政府同样也对这些商品征税,大约每年在烟草上会征收160亿美元的税,在酒精上大约征收60亿美元的税。

---

① 一种含伪麻黄碱的感冒药,可提取制造冰毒的"盐酸伪麻黄碱"。——译者注

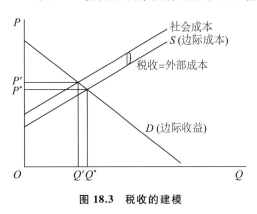

图 18.3 税收的建模

图 18.3 说明了联邦政府对烟草和酒精征税的影响,价格从 P^* 上升到 P',消费量从 Q^* 下降到 Q'。关于这种影响,一件值得引起注意的事是吸烟和饮酒并没有停止。这意味着二手烟和酒后驾驶有害的影响也不会停止,它们仅仅是减少了。如果税收等于外部性的价值,从理论上讲,增加的税收收入足以弥补外部性的成本。但是,税收也存在一个问题,即税收对体贴的行为和粗鲁的行为一视同仁。吸烟者独自吸烟并不会引起被动吸烟,但若吸烟者将烟雾吹到你的脸上,就会导致被动吸烟了。对每包烟的所征的税金却是相同的。

不论如何,禁烟禁酒政策的缺点意味着:存在一个在经济学上可以接受的酒后驾车所造成的死亡以及儿童患二手烟所引发的疾病的预期数量。这样想的理由是,只要我们有足够的钱来补偿那些受到影响的人们,那么吸烟者吸烟,酗酒者酗酒,以及他们的行为所产生的负面影响都是可以接受的。

非经济学家很难接受死亡和疾病的"可接受性"。其基本想法是人们之所以喝酒与吸烟,是因为他们喜欢这样。如果我们过多地征税和管制,那么使用者效用的降低将超过无辜受害者减少所带来的影响。

大多数人都难以接受死亡是"可以接受的"的想法。据脑损伤协会报道:每年大约有 15 个儿童在运动场上因坠地或其他伤害而死亡。但是,我们仍然送孩子去度假,因为我们权衡了所得与所失,并认为受伤甚至是死亡的风险概率是可以接受的。我们开车去工作是因为我们认为所得(收入)要大于所失(较小的受伤或死亡的风险)。

18.3.2 烟草的解决方案以及为什么弹性是重要的

在相当长的一段时间里,立法者们一直都想要提高烟草税。在 1998 年,有些州与大的烟草公司之间达成和解,要求烟草公司在 20 年内向州政府支付 2 500 亿美元,以弥补州政府所支付的因吸烟造成的医疗保险费用。烟草公司随即将这些税收转嫁给了购买其产品的烟民。为了弄清楚其中的原理,我们需要研究烟草的供给曲线与需求曲线。

首先需要知道的是,当某人对某种商品上瘾时,就像烟民对香烟上瘾时,该商品的需求曲线就会变得相当缺乏弹性。观察图 18.4,你会发现征税使得价格从 P^* 上升到 P'。如果你将税收数量(P'' 到 P')与价格的增加量进行比较,你会发现烟民承担了较多增加的税收(从 P^* 到 P'),而烟草公司只承担了较少的部分(与从 P^* 到 P'')。由于平均而言,吸烟者比一般大众更为贫穷,因此这种税收是累退的。由于消费量从 Q^* 下降到 Q',因此,税收并不能对人们的吸烟数量产生较大影响。

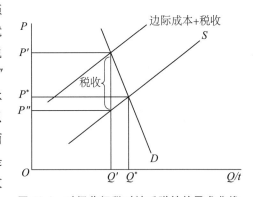

图 18.4 对烟草征税时缺乏弹性的需求曲线

当你看到十几岁的孩子吸烟时,这种画面十分令人震惊。由于吸烟的开销占青少年的收入的比例要比成人的比例更大,因此,青少年对烟草的需求弹性更大。也就是说,需求曲线也更加平坦。如果你把这样的需求曲线画出来,会发现税收的负担仍主要落在了消费者的肩上。你也会发现,烟草公司需要承担更大比例的补偿。进一步来说,吸烟数量,至少青少年的吸烟数量会下降得很多。据经济学家们最好的估计是,成年人对香烟的需求弹性较低,为0.2,而青少年对香烟的需求弹性较高,为0.5。这就意味着,香烟价格每上升1美元,成年人的吸烟数量会下降10%,而青少年吸烟的数量会下降25%。一项关于啤酒的需求弹性的研究表明,啤酒的需求弹性约为0.53,这说明,如果一项税收使得6瓶装啤酒的价格上升10%,那么其消费量会下降5.3%。

18.4 为什么有些商品和服务是非法的

有关究竟毒品和色情服务是否应该合法化的争论通常都会陷入这样的比较:现在合法的商品(如烟草和酒精)和现在非法的商品之间的比较。有一点是非常清楚的,烟酒的总影响要大于毒品和色情服务的总影响。到目前为止,你会发现经济学家对"总"的影响并不是那么关心,而更加关心"边际"的影响。一个人多购买1个单位的非法商品而产生的负外部性要大于多购买1个单位合法商品而产生的负外部性。另一个能证明目前这种法律是正确的事实是,与酒精商品相比,人们更不清楚或者更容易低估消费者使用毒品或从事色情服务的影响。当然,也可以同样分析相反的情况。

18.4.1 合法化对商品市场的影响

根据之前的讨论,假设一件商品或者一种服务现在是非法的,如果将其合法化会带来什么后果呢?如果将这些商品合法化,首先发生的就应该是这些商品的消费者和生产者再也不用担心被捕了。由于不存在拘捕问题,供给曲线不会因私下交易而左移。类似地,以前所有需求曲线被那些向消费这些商品的人向左移的情况也都不复存在了,这是因为原来的违法问题已经不复存在了。这样一来,将之前非法的某种活动合法化的净结果就是,需求曲线和供给曲线都向右移了。

合法化还会对弹性和供给产生影响,只不过对于供给的影响程度比较小。如果商品是非法的,消费者通常会在某种程度上对该商品上瘾。上瘾商品的需求曲线可能非常缺乏弹性。类似地,一旦人们决定销售非法商品,其销售价格通常并不能刺激他们增加销售量。因为当价格上升时,被抓捕的风险使得卖家并不会快速扩大其买卖。因此,无论从哪一方面来看,非法商品的需求曲线和供给曲线都比合法商品更缺乏弹性。非法商品合法化的净结果是这两条曲线都会变得非常平坦。图18.5描述了将一个之前非法的商品合法化的后果。需求曲线会变得平

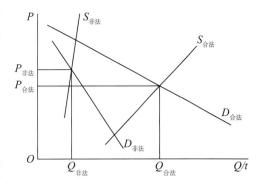

图18.5 非法商品合法化或者反之亦然

坦并向右移,供给曲线也会变得平坦并向右移。如果像在图 18.5 中那样供给曲线移动得比需求曲线更多,净结果则是价格的下降。虽然没有在图中显示出来,但是同样正确的是,如果需求曲线移动得比供给曲线更多,则价格就会上升。

因此,非法商品合法化所导致的价格变动的方向取决于交易者或者性工作者的风险的下降幅度是否会超过消费者利益的增加幅度。因为传统的观点认为供给曲线的移动要大于需求曲线的移动,因此合法化会降低价格。

18.4.2 合法化的外部成本

最后,合法化是否行得通,取决于你是否认为这些活动的外部成本足够大,以至于能够支付惩罚使用者和交易者所产生的巨大成本。很多支持合法化的人提出了可能的解决办法:我们对毒品销售和色情服务征税并进行管制,目的是将这些外部性考虑在内,并为外部性付费。

回顾一下图 18.3,你会发现我们仅仅增加了税收,增加的税收水平等于图 18.2 中的外部成本,从而得到了 P' 和 Q' 的结果。也就是说,一个恰当的税收计划能补偿外部性问题所带来的成本。可以用钱来教育人们反对使用非法商品,或者对那些使用非法商品的受害者进行补偿。

问题是,如果外部成本很大,税收必定会很高。如果税收水平很高,人们会有动机在黑市上交易无税商品。加拿大对烟草采取极高的税率导致了烟草黑市,就是这方面的一个例子。人们到美国买香烟,再带回到加拿大销售。不论税率过高还是管制过严,在合法市场之外,都会存在黑市。

■ 本章小结

现在你理解了如何运用供给需求模型以及消费者剩余与生产者剩余的概念来分析烟草、酒精、毒品和色情服务。你了解了经济学家赞同政府对市场进行干预的原因,这些原因与信息和无辜的第三方的成本相关。你还知道了谁会因烟酒税而蒙受损失取决于这些商品的需求弹性。最后,你还了解了目前各州政府对待这些商品的法律,以及关于这些商品合法化的经济影响的争论。

■ 自我测试

1. 当讨论烟草税的问题时,经济学家把大多数注意力放在了_____上。
   a. 烟草公司生产香烟的成本　　　　　　b. 吸烟者购买香烟本身的成本
   c. 吸烟者的造成的额外的医疗保险成本　d. 对不吸烟者产生的成本(如二手烟)
2. 当讨论一件令人上瘾的毒品时,一个经济学家很可能会集中注意力于_____。
   a. 外部成本和与上瘾相关的"信息问题"　b. 总的道德成本
   c. 毒品的使用者所承受的成本　　　　　d. 生产毒品的成本

3. 如果你接受了这样的观点,即大麻既不会让人上瘾也不会造成外部性,则禁止它会造成_____。
   a. 没有社会成本的社会收益
   b. 经济学家所称的"无谓损失"
   c. 经济学家所说的"真空"
   d. 伴随准确计算的社会成本的社会收益

4. 在什么样的情况下,让一种毒品合法化会导致价格的降低?
   a. 对供给的预期影响比对需求的预期影响更大
   b. 对需求的预期影响比对供给的预期影响更大
   c. 对需求的预期影响正好等于对供给的预期影响
   d. 需求和供给都减少

5. 与一个仅仅为了消费的毒品使用者相比,上瘾者的需求弹性_____。
   a. 更加富有弹性
   b. 更加缺乏弹性
   c. 更少
   d. 更平坦

6. 如果政策制定者试图制定一个与酒精的外部成本相等的税种,则必须衡量_____。
   a. 生产成本
   b. 消费者所付的价格
   c. 由于酒后驾驶所失去的无辜生命的价值
   d. 由于酒精而缩短的生命的价值

7. 当讨论对一件会产生外部性的商品的"正确的税收"时,这种税收应当_____。
   a. 大于外部性
   b. 小于外部性
   c. 正好等于外部性
   d. 让消费对每个人来说都高得过分

8. 一个使人不安的把烟草税定得足够高以减少消费的行为的结果是_____。
   a. 可能会减少医疗保险的成本
   b. 可能会增加种烟草的农民的收入
   c. 可能会增加烟草公司的利润
   d. 会使社会保障的财务前景变得令人担心

简答题

1. 如果美国可以继续降低儿童的吸烟率,为什么可能在长期会增加与健康有关的成本?
2. 如果美国使大麻的生产合法化,会产生的负外部性可能是什么?现在的什么外部性会减少呢?
3. 如果美国取消饮酒年龄限制,从外部性的角度出发,你预计结果会是什么呢?
4. "合法化和税收"的方法表明了以什么样的方式来为人类的生命贴上价格标签?

思考题

现在有两种吸烟者,一种是体贴的,另一种是不体贴的。二手烟对于体贴的吸烟者来说不是问题(他们会选择在没有人的地方吸烟,这样周围就没有人能够吸到二手烟了)。这种吸烟者并没有做危害社会的事情,考虑一下,应该向他们征税吗?

讨论题

在亚洲部分地区,存在一些听起来就令人讨厌的旅游代理商,他们会帮你预定一些"性爱旅行"(sex tours)的活动。旅行者们可以在不同地区找到一些性工作者来为他们服务。一些妓院经营者会被冠以"安全"之名来经营,其他没有被授权的类似场所则允许顾客们支付额外的费用来参加这种"非安全"的活动。你觉得你可以支付别人一些钱让他去冒这个险吗?

进一步阅读

Grossman, Michael, Jody Sindelar, John Mullahy, and Richard Aderson,"Alcohol and Cigarette Taxes," *Journal of Economic Perspective* 7, no.4(1933), pp.211—222.

Thorton, Mark, *The Economics of Prohibition* (Salt Lake City: University of Utah Press, 1991).

第19章
自然资源、环境和气候变化

> **学习目标**
>
> **学习完本章,你应该能够:**
> 1. 将现值原理用于自然资源发展的评估。
> 2. 用边际分析回答自然环境到底多清洁才算足够清洁。
> 3. 在污染问题上,运用外部性概念解释为什么政府应该干预市场。
> 4. 证明相对于私人资源,公共资源更有可能被污染。
> 5. 总结现存的环境问题和相应的经济解决方法。

在人们讨论的政治话题中,很少能有一个像国家自然资源管理和改善环境这样的话题那么流行。对于一个国家的自然资源管理,人们一般赞同的是应该建立一个能够让下一代也有资源可用的资源使用体系;而对于改善环境,人们的回答则要简单得多:停止污染。但是对于一个经济学家来说,不仅这个问题本身很复杂,它的解决方法也很复杂。现代社会中的环境问题种类繁多并且各不相同:自然资源使用不可持续,水和空气污染,1 371种动植物濒临灭绝,酸雨对森林和鱼类带来极大伤害,以及温室效应可能造成全球气温迅速上升。

对于大多数环保主义者来说,解决问题的方法要不就是对,要不就是错。而经济学家则关注解决方法的成本和收益。经济学可能才是解决环境问题的中心,因为为了应付环境问题,我们需要重新分配资源,使得经济从以前的消费和正向的经济增长转向保持和可持续的经济放缓,在这样的情形下,经济学对于效率的关注是特别有用的。提出一个可以减少污染的计划并不困难,但是提出一个可以既可以减少污染又可以把经济成本降到最低的计划却是非常困难的,而这正是经济学家擅长的事。

19.1 使用自然资源

地球赐予了我们丰富的**不可再生自然资源**(limited natural resources),比如土地、石油、天然气、煤、矿物资源(铁、铜等),还有**可再生自然资源**(renewable natural resources),比如清洁的水、木材和野生动植物。一个社会的问题就在于如何配置这些资源以使得我们可以最大地发挥它们的长期效益。一个社会想要做到这一点,人们就必须衡量自然资源在这一代和下一代的价值。这个议题可以总结为**自然资源管理**(stewardship)——衡量自然资源的时间价值的自然资源管理方式。

最简单地说,假如你有一种自然资源,你可以选择现在使用它,也可以选择现在不用而在将来使用,并且你知道人们现在愿意为这种自然资源出价多少,也可以准确地估计人们在未来愿意支付多少。为了决定你应该现在使用还是在未来的某个时间点上使用它,你必须先明白现值的概念。为了叙述简便,我们假设发现、开采、加工这种自然资源不需要成本,并且每个时期每单位自然资源可以生产出一个特定数量的价值,自然资源的数量也是固定的。任何正的利率将使得你现在全部使用你的资源,而不会留一点资源到将来使用。这个结论恰好和可持续性的观点相反,并且使得一些人不认同自然资源的价值在未来会降低这样的观念。

然而,上述的简单分析存在很多问题,并且你越是深入地思考这个问题,就越会觉得最小的贴现是让你感觉最好的。我们可以讨论的第一个现实的复杂性是,你在某一个时期使用得越多,根据向下倾斜的需求曲线,这种自然资源的价值就越低。这意味着在任何一个时期效用的美元价值都会增加,但是几乎肯定的是增加的速率是递减的。

让我们用一个特殊的例子来证明这一点。如果未来使用相较于现在使用的贴现率为1%,自然资源总共有100单位,并且其在任何一个时期的需求曲线为$P=10-Q$,那么在任何一个时期使用的自然资源的总价值为$10Q-Q^2$。假设你有99年的计划期,这意味着你有100种使用这些自然资源的方式:现在以及在未来99年中的任何一年。如果你每年使用自然资源并且得到其现值,然后把所有年份得到的现值加起来,你就可以得到这个社会使用这些资源的总价值。

如果你决定绝对平衡地使用这些资源,每年使用1单位,这样每年的价格就会是9美元,所以所有年份的总价值就是900美元,然而其现值则是573美元。此外,如果你决定现在马上使用第99年使用的那一单位,那么总现值则会上升到577美元。这是因为现在使用的现值增量大于第99年使用的现值减少量。现在使用的第二单位的边际价值是7美元,既不是9美元(第一单位的边际价值),也不是8美元(虽然这是两单位资源的价格),因为开始使用的1单位自然资源价值是9美元,而后来的两单位自然资源的价值是16美元(总共有2单位,每单位8美元)。

如果你使用我们在厂商理论里学过的最优化理论,即使得边际成本等于边际收益,那么我们就可以系统地思考这个最优的效用决策问题。如果你把自然资源从将来使用移动到更早一个时期使用,并且增加了总现值,那么你就可以一直继续这个过程。这是因为虽然现在的价格降低了,但是降低的部分可以被完全弥补,因为你的自然资源贴现的时间和将来相距很远,所以 1% 的贴现率所减少的量没有增加的量多。但这并不意味着你应该把所有的资源都在第一期用尽。例如,如果你在前十年就用掉了总共的 100 单位,那你根本不会得到任何价值,因为资源的价格在前几年为 0。

虽然在这本书中我们没有使用数学分析,但是知道一下这些结论是对我们有用的。对于更加缺乏弹性的商品(更加陡峭的需求曲线,当供给增加时价格会降得更低)和更低的折现率,我们应该留更多的资源在未来使用。例如,如果贴现率为 0,那么正确的配置方法是每年使用 1 单位,如果是 0.5%,正确的配置方法则是把资源更多地分配到现在。

在任何合理的贴现率下(较低但大于 0),正确的配置方法都是向下倾斜并以递减的速率倾斜。当在任何一个时期的生产成本以递增的速率上涨(由于递增的成本)时,资源有效利用的方法就会更加被重视。

可再生资源的利用也依赖于贴现率、更新成本和商品的需求弹性。如果贴现率为正且不考虑其他变量,那么资源的利用速度就会明显快于资源被替代的速度。这使得很多人认为在道德上正确的贴现率应该为 0。

如果贴现率为 0,那么你马上可以得出结论:资源的最佳使用方式是**可持续性**(sustainability)。可持续是说你应该仅仅使用可再生资源,并且以一个它们能够被替代的速率来使用。这意味着你只能在最低的速率上使用不可再生的自然资源,以便为我们的后代保留一些。

19.2　多清洁才算足够清洁

当你十岁时,你的房间就是一团糟。我知道这个因为我曾经十岁并且我有两个孩子。当被问起房间是否干净时,十岁孩子的回答听起来像是一个纯粹的经济学家:"足够干净了。"十岁孩子这样的回答是想说明不值得继续努力去让房间更加干净。用经济学的话来说,孩子们是在说再打扫房间的边际收益(额外打扫房间的价值)低于边际成本(他们认为逛 Facebook 可以得到的享受)。

经济学家将相同的标准用于环境问题的讨论——仅仅是比孩子的卧室范围更广而已。更加清洁的环境的机会成本是失去的经济利益。我们可以运用边际成本-边际收益分析来看待这个问题,但是我们必须做出一些假设。

我们假设有一个被普遍接受的衡量环境质量的方法,并且再假设清扫肮脏的环境相对简单,但是要达到更加清洁的标准越来越困难。和脏房间类似,你知道让你的房间更加清洁的最快的办法是把脏衣服拣出去,这在几秒钟之内就可以做完。一旦你开始认真摆放物品,并且清理你的小装饰品等的灰尘,收益会很低但需要的时间却很多。这就意味着使屋子更加清洁所需的边际成本是递增的,同时它的边际收益却是递减的。如图 19.1,环境清洁的最大净收益是在 EQ^*,即

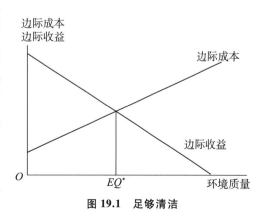

图 19.1　足够清洁

边际成本等于边际收益之处。

19.3 外部性方法

我们在生产和消费商品时造成了很多的环境问题,并且只有在这些成本和收益会直接影响我们时我们才会考虑它们。我们在第2章和第3章已经看到,这样做通常并没有什么不妥,但是当我们的行动使其他人承担了成本或者享受了利益时,问题便出现了。经济学家把并不是由生产者和消费者而是其他人引起的成本或收益叫作**外部性**(externalities)。这一章开头,我们将阐述为什么一个没有外部性的市场可以使所有人获益。然后我们解释为什么当外部性存在时市场会出现问题。之后,我们再讨论一下上面讨论过的几个环境问题。最后我们以经济学家可以提供什么样的解决方法来结束这一章。

19.3.1 市场对每一个人都有效

就像我们在第3章所学习到的,当生产的所有成本和收益都由生产者和消费者承担时,市场可以运转得非常良好。图19.2描述了市场的价格-数量组合(P^*, Q^*),在成本为OP^*BQ^*的情况下为消费者提供了$OABQ^*$的收益。它们之间的差额P^*AB为消费者剩余,即消费者得到的净收益。同样,对于生产者来说,生产的成本$OCBQ^*$小于得到的收益OP^*BQ^*。它们之间的差额CP^*B为生产者剩余。所以除了消费者与生产者,市场并没有把收益和成本转移给其他人,交易双方都得到了利益,没有一方有损失。

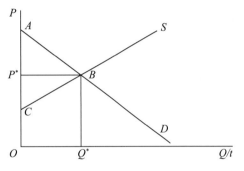

图 19.2 当市场起作用时

19.3.2 市场并不是对每一个人都有效

刚才所描述的模型的主要问题是,它并没有考虑到在生产或是消费过程中几乎总是会对他人带来的间接成本。例如,基本上所有商品的生产都需要能量。无论这些能源是来源于钢铁厂的冶炼设施的直接燃烧还是来源于燃烧煤炭所产生的电力,一些化石燃料几乎被用在所有的生产中。即使是水电、核电、风能、太阳能,也总是会存在没有考虑到的环境或是可能存在的高昂成本。

从使用石油和煤炭等化石燃料的开始到结束,环境问题总是一直存在。在使用者获得能量的每个阶段,人或动物都会受到影响。在提炼石油的过程中,土地就被暂时或永久地改变了。2010年墨西哥湾漏油事件向我们清楚地展示了提炼石油产生的负外部性。运输石油、天然气和煤也会消耗能量。运输石油和天然气会带来潜在的环境灾难,如"埃克森·瓦尔迪兹号"油轮泄漏事故,造成大量原油泄漏在阿拉斯加的威廉王子湾。然而到目前为止,最大的问题是由化石燃料燃烧时产生的。化石燃料燃烧会产生颗粒物,而颗粒物会造成呼吸问题,有些人只是对此感到不适应,但对于另一些人来说,这却是致命的。燃烧煤会产生二氧化硫,它会导致酸雨。如果联合国政府间气候变化专门委员会目前的科学预测是真实的,那么温室气体将会导致全球气温显著变化。

你可能会相信化石燃料的替代品,诸如水电、风能、太阳能等发电时不会产生外部性。但是,像化石燃料一样,每种发电方式都有些特别的问题。就如2011年在日本所发生的,虽然核电是潜在的清洁能源,但它也可能是灾难性的,如果忽略了如何储存核废料的问题,核电甚至会造成巨大的灾难。水力发电会破坏河谷的形态,减少大坝后面河流流域的生物栖息地。风能和太阳能是清洁的,不污染空气或水,但是如果要产生和现有煤炭所产生的等量的电能、风能和太阳能,所需要的发电机的数量是非常庞大的。因此,这种发电方式有可能摧毁成千上万英亩的土地,而这些土地上的风景非常漂亮。

经济学家会像图19.3那样来思考问题。由于公司非常关心它们的商品的生产成本,除非迫不得已,它们往往忽略其生产的环境成本。同样,消费者关注的是一件商品会花费他们多少钱,但是他们往往为了自己的目的而忽略周围人的成本。在市场上,给生产者和消费者之外的其他人带来的成本是不被考虑在内的。而这种成本的存在是经济学家难以接受的。市场的根本缺陷是,除非所有成本都被考虑在内,否则在市场机制下,生产者就会生产过多,但是要价过低。为了找到生产和消费商品的真实成本,其中包括不在交易中的旁观者的影响,也就是所谓的**社会成本**(social cost),你需要把额外的成本加到私人成本上(以供给曲线来衡量)。当这些成本都被考虑在内时,价格就将是为 P' 而不是 P^* ,生产的数量为 Q' 而不是 Q^* 。

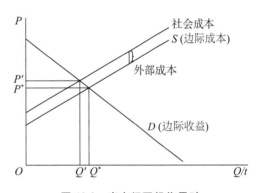

图 19.3　当市场不起作用时

除非你相信清洁的环境要么对要么错,没有一点妥协,否则即使你考虑了所有的成本,你还是必须接受某些环境问题的存在。例如,图19.2并没有展示一个特别清洁的环境,但它确实衡量了污染所造成的成本和消费带来的收益。例如,我们可能会觉得杀虫剂的使用会对一些物种造成威胁,但是它们确实提高了食物产量,所以这个是值得的。这些物种仍然受到威胁,但成本是知道的了。相似地,我们会认为重新生产减少80%废气排放的汽油的价值是每加仑20美分,但是再多减少10%所花费的美元就不值得了。我们衡量了污染的成本,也考虑了收益。有些物质的最优污染水平为0,如果这种物质第一单位污染带来的成本大于收益的话。

19.4　产权方法

诺贝尔奖获得者罗纳德·科斯提出了一个完全不一样的方法来解决污染。他在其被广泛引用的文章中提到,虽然存在外部性,但市场也是可以具有效率的。如果谈判费用为0,只需要分配污染的权利即可达到效率。为了明白为什么会这样,我们首先了解所有权到底有什么用。

19.4.1 为什么你没有弄糟你的自有财产

考虑一个相对简单的问题。为什么你更愿意往公园而不是你自己的房子里扔垃圾呢？原因就是你拥有你住的房子的产权，而你扔的垃圾则会降低房子的价值。但你却不拥有公园。即使你扔的垃圾降低了公园的价值，那也不会减少你的财产。

这解释了为什么人们对待自己的财产更好一点。如果你曾经住在小胡同里，那么你就会发现在转弯处的草很明显比周围的草坪要差。人们倾向于对自己的财产比对公共财产更好。

19.4.2 为什么你把公共财产弄得一团糟

公共财产（common property）是没有指定的个人拥有的财产，而是经常被政府或者一个团体共同拥有。公共财产的问题在于虽然好好利用公共财产会给整个团体带来利益，但是对每个个体来说，好好利用公共财产可能并不能弥补他们"好好利用"的成本。经济学家把这叫作"公地悲剧"。

再考虑一下社区公园的问题。假设一个城市同意为一个有100户居民的社区建设一个公园，它买了基础设施，植树种草，然后将这个公园移交给了这个社区。当草应该修剪，倒掉的树需要拖出去的时候会发生什么呢？每户人家都会考虑自己的个人收益以及成本，通常没有人会认为自己花时间和金钱保养草坪是值得的。问题就在于没有人拥有产权。因此，当社会收益大于社会成本时，每个个体的收益比其成本低很多。

19.4.3 自然资源和产权的重要性

经济学家运用与解决污染问题时同样的工具来考虑自然资源的使用。无论资源是矿产、木材、能源还是海洋资源，经济学家都意识到提取、开采、运输等都会对生产者和消费者以外的人带来成本。产生这样的结果的关键不是土地被政府拥有，或者没有被任何人拥有，或者这些过程本身就会产生污染。关键的是所有的成本都必须有人负责。

经济学家也使用了另一个工具：现值概念。未开发资源的价值则等于这些资源的未来价值折现后的总和。所以会有一个最优的开采率以最大化资源的现值。假如你拥有整个森林的木材资源，你可以一次性砍下所有的树卖掉，然后种新树等它们长大了再卖。另一方面，你也可以砍掉最适合卖掉的那一批树，剩下的明年再挑最适合的卖，这样，你每年都需要砍树。一个经济学家会看哪种方式可以最大化收入的现值。假设没有哪家木材公司可以影响价格，所以除非树木已经成熟，不然它们没有太大价值。等待的动力来自树木长大后会更值钱。如果利率很高（超过了树的增长率），那么就更适合现在砍掉。如果利率很低，则让树木继续生长是更好的。

如果没有人拥有对资源的产权，那么问题就出现了。例如，海洋已经被过度捕捞了，因为让鱼继续生长而不去捕捞不会产生任何利益。相似地，当伐木公司在联邦土地上购买了砍伐的权利之后，合同必须明确并且必须得到很好的执行，否则没有公司会不砍伐小树木，特别是对于合同期满但是小树还没有长大的情形。对于私人财产来说，这一问题就小得多了，因为个体会衡量让树继续生长和砍伐树木各自的收益现值。拥有产权的伐木公司经常也会保留小树木,因为这符合公司的利益。

19.5　环境问题及其经济学解决方法

19.5.1　环境问题

我们面临许多环境问题,一些很明显,而一些则不那么明显。典型的问题包括:水和空气污染、酸雨的影响、垃圾堆、不可再生自然资源,以及全球变暖。在这一节中,我们对每个主题都做一个简要的介绍。

当一些人被另一些人的经济活动影响时,问题相对容易解决。人们受到伤害时会抱怨。当生产商污染了空气或者水的时候,呼吸被污染的空气、喝被污染的水的人会变得非常焦虑,他们会游说他们的代表进行污染管制立法。事实上,1969年《环境保护法案》就是在人们的呼吁下订立的。1970年的《空气清洁法案》和1972年的《水清洁法案》是由人们对于污染问题的看法而订立的。

通过各种措施,这些法案非常有效。空气比40年前清洁得多。空气污染也因为立法管制得到解决,管制法案对于从吸烟到汽车尾气的排放标准都有要求。自《空气清洁法案》实施以来,二氧化硫的排放量已经减少了25%,二氧化碳减少了60%,颗粒物减少了13%,铅减少了94%。

对于水污染,现在的市政污水处理系统已经可以把废水净化到可以直接排放,达到几乎可以饮用的标准。公司也不再向河或者湖里排放废物。虽然有些水污染损害是永久的,但是大多数水质都得到了提高。经典的例子就是俄亥俄州的凯霍加河,它曾经的污染甚至引起了火灾,而现在人们可以吃河里面的鱼。其他区域的情况并不是如此。例如,纽约州锡拉丘兹市的奥内达加湖底仍旧有几英尺的有毒淤泥。在官方地图上,这片区域有专属海岸线,因为联合化学公司直接倾倒厂区的有毒废弃物,故命名为"联合废物河底"。

当空气和水脏得不可接受时,污染问题就已经十分严重了。然而,估测污染对于野生动物的伤害更加困难,解决问题则是最困难的。当濒临灭绝时,动植物没有能力去反抗。幸运的是,有科学家关注它们的健康。为了解释环境污染带来的问题,科学家用了我们的国鸟——白头海雕来促使立法。1973年的《濒危物种法案》列出了一长串生存已经受到威胁甚至是濒危的动植物。现在美国有164种受到威胁的动物、415种濒危动物,而植物则分别是146种和644种。因为这个法案的出台,列表里的包括白头海雕在内的22个物种已经从濒危物种移出到受威胁物种了。尽管自从1500年以来,北美洲已经有34种鸟类和哺乳类动物灭绝,但是自从1973年以来,还没有动物灭绝。有些物种如果没有人类的帮助就会灭绝。但是灭绝率从开始统计起计算,已经降低了至少10倍。此外,令人失望的是,如果受保护物种的栖息地在政府土地上,那么每减少1.5个单位就会回弹1个单位;但是如果在私人土地上,在没有受到严格管制的情况下,这个数字就变成了9:1。

保护动植物以免灭绝的关键在于保护它们栖息地的完整。这就是为什么《濒危物种法案》会对经济增长造成影响。为了每一对正在交配的斑点猫头鹰而必须留下的栖息地的价值高达65亿美元。严格的环保主义者力推物种保护,完全忽视保护的成本,然而这样的成本比他们所想象的要高得多。

同时考虑了保护野生生物和栖息地的是1990年的《空气清洁法案》。在这次立法中,核心问题是酸雨。发电厂用了含有较多硫的煤,由此产生了二氧化硫,再结合空气中的氮氧化物(二氧化氮、三氧化氮等),就形成了含硫的酸雨。特别地,中西部地区燃煤产生的污染物向东北方向穿过云层,随后形成的酸雨造成了树木死亡,湖里也出现了死鱼。

法律限制了工厂可以向大气中排放的硫含量。为了遵守法律的规定,公司可以购买更贵的含硫量更低的煤,可以购买净化废气的装置或者购买另一个公司的污染排放许可证。提供可交易的污染排放许可证是非常有创意的。它让公司挑选出可能的最省钱的办法以达到排放标准,还有我们后面将要讨论的,这也为经济学家讨论环境问题提供了一个平台。

另一个环境问题则是垃圾掩埋场比新建的使用得更快。这个更多地是一个区域性的问题而不是环境问题。现代垃圾掩埋场要求不能有有害物质渗透到地表中。没有人想在他们的邻居院子里发现垃圾,国会很快地拒绝了出口垃圾的做法。这一立场的后果则是纽约市的垃圾更多地埋在市外而不是市内。因为州际交易条款不允许拒绝一个州向另一个州出口垃圾。又由于美国人口的分布,新的垃圾掩埋场从东部转移到了中西部。

本章的最后部分,我们将讨论经济学在地球气候变化中的应用。全球变暖是一个科学事实。历史上最为温暖的时期是20世纪八九十年代。问题就在于除非有科学家亲自说明全球变暖的危害,普通人是不会注意到这些变化的。夏季变得更加温暖,冬季特别是晚上,一直在变得更加温暖。如果冬季比通常的要暖和,谁会受不了呢?

气象学家告诉我们地球温度在整个20世纪已经上升了1.5华氏度。平均来说,1999年比1979年高了2.5华氏度。对于个人来说,这样的变化太难以察觉了。但随着时间的推移,全球变暖的问题会越来越突出。21世纪末的温度会再升高5华氏度到10华氏度,这会导致某些现象发生。坏的情况就是两极冰雪融化,伴随海边城市和岛屿的洪水。土壤会变得干燥,使得种植谷物更加困难。人们会使用更多的制冷设备。气候过暖导致的疾病如疟疾和黄热病会再度流行起来,并且地球上一些地方会变成沙漠,这就是可怕的"沙漠化"。进一步,2004年到2005年频发的飓风被气象学家认为是毫无特征的大西洋和加勒比海暖水区造成的。如果他们是正确的,那么这就和全球变暖有关,这意味着我们对于能源的消耗及其引起的问题就造成了很大的以货币衡量的成本。总的来算,2004年的飓风Ivan、Charlie、Frances以及2005年的飓风Katrina、Wilma共同占据了损失最大暴风历史前六中的五位。

另一方面,全球变暖也会有好的影响。北半球的生长期会延长,所以能源使用量会更少,并且由寒冷引起的疾病如感冒和流感会减少。更好地思考全球变暖的益处就是,想想既然有一些地区从正常变为"太热",那么就会有另一些地区从"太冷"变得正常。

这样的分析并不是说这里最终必然有一个权衡取舍。虽然气候变化很快,但森林却移动得很慢。所以一些只能生存于特定温度段的植物便会逐渐灭绝,但新的一代却还没有长出来。也有研究认为增加的二氧化碳(对有一些植物有利)只有一半的量能够被植物利用。

19.5.2 经济学的解决方法:征税以解决环境问题

为了解决我们所面临的环境问题,我们必须鼓励或要求有利于环境清洁的行为,劝阻不利于环境清洁的行为,或者设立特定的法规去阻止。在所有这些工作的不同程度上,美国环保法规的历史清楚地表明,我们已成功地从以惩罚为主的监管转变为另外一种形式的监管,这种监管形式提供了激励机制,以使得保护环境的行为可以为自己带来收益。

绝大多数环保法规仍然禁止污染空气、水、伤害野生动物。例如,《清洁水法》禁止向河里倾倒未经处理的工业废水。但是强制保护环境不一定是处理所有环境问题的最好方式。例如,治疗严重疾病的药物的生产可能会对环境非常有害,在这样的情况下,人们可能会为了社会的最佳利益牺牲环境。我们可以对污染性的活动征重税而不是彻底禁止。因为只要收益比税收高,这些活动总会继续下去。

税收可以用来减少任何污染环境的行为,包括垃圾或化石燃料的使用。如图 19.4 所示,税收等于用美元计价的外部成本。商品生产将下降至 Q' 的社会最优水平,而且价格将增加至 P'。所以我们就会有足够的税收以补偿那些由于垃圾倾倒而造成的污染,或者资助无污染的技术研究。假设能源的使用和全球变暖、全球变暖与飓风洪水之间存在联系,这样的税收基金也可以被用来对付飓风引起的洪水。

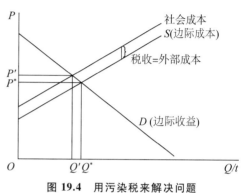

图 19.4　用污染税来解决问题

19.5.3　经济学的解决方法:使用财产权解决环境问题

科斯定理认为,无论把产权分配给污染者还是被污染者,结果都会是一样的。如果你觉得人们有拥有清洁的空气的权利,那么科斯则认为,污染者可以向人们购买污染的权利,如果你认为污染者有权利做他们想做的,科斯认为如果人们向污染者支付污染防治费,则环境会变得更好。无论哪种方式都会导致适量的污染水平和产量。

对科斯观点的一个有趣的应用是 1990 年的《清洁空气法案》和污水许可证①的使用。法律规定,对于受限制的污染物,每个排放者可以被授予一个固定数量的许可证,这些许可证允许特定数量的污染。1990 年的污染排放量的配额略少于污染的历史水平。对于污染量少于特定数量限额的公司,它们可以将其剩余的污染权卖给那些超过了污染限额的公司。在 2000 年,也就是 1990 年《清洁空气法案》施行的第二阶段,排放权进一步降低,并且如果再修改这个法案,污染排放很可能将被要求进一步削减。这样的方式可以让污染随时间降低,并且使得污染者有了更多的灵活性。

2008 年,最高法院迫使美国环保署把温室气体规定为一种污染物。虽然即将离任的布什政府选择不急于进入这个领域,但即将上任的奥巴马政府很愿意进入此领域。他们的首选方法是使用相同的总量控制和排放交易方法。政府为允许的污染水平设定一个限额,然后允许这些限额之间相互交易,这就是"**总量控制和排放交易**"(cap-and-trade)名字的由来。这样,每年赋予企业不断减少的污染权,污染量就通过既经济又有效率的方式减少了。具体来说,我们在满足社会目标的约束下得到了最大的产出(通常是电力)。这是因为电力公司减少污染有不同的机会成本。那些有很高的机会成本的企业会向那些具有较低的机会成本

---

①　污水许可证是规定原料排放污染物的总条例。

的企业购买污染许可证。考虑下面一个简单的例子。假设有只有两家电气公司,并且两者都使用老的煤发电机供电,这会产生大量的污染。每个公司都必须略微减少污染,除非它愿意向另一家公司购买许可证。假设一家公司靠近天然气管道,但目前为止更换为天然气发电的成本会超出公司的收益。假设其他的替代方式成本更高。最后假设电力需求不断增加,所以每家公司都希望生产更多的电能,因此将在未来产生更多的污染。因为它们不能都增加污染,所以减少污染的成本更低的公司会减少污染并把它的污染许可证卖给减少污染成本更高的公司,以获得减少污染的补偿费,以这种方式,增加的电力需求和减少污染的社会目标均可以被满足。

根据1990年的《清洁空气法案》减少酸雨的目的,每个许可证授予其持有者约1吨的二氧化硫排放量。在此规定的整个期限内,二氧化硫总排放量已经减少了近一半,至每年530万吨。但奇怪的是,这些排放许可证的价格已经从200美元以上降到100美元左右。这是因为电力公司已发现这是一个有利可图的减少污染的方法。虽然可用的许可证的减少和电力需求的增加使许可证价格面临上涨的压力,但是电力公司正在使用新的更清洁的技术,以减少它们买的或者为了赚钱而卖的许可证的数量。因此,这种创新带来的许可证价格下降的压力已完全超过了许可证价格上涨的压力。

虽然"总量控制和排放交易"的概念最初是在20世纪80年代被经济保守主义者作为一种市场力量来对付环境挑战的,但是它在2010年成为一个有用的政治目标。"总量控制和税收"由保守派在20世纪80年代设计出来以避免不灵活的监管政策,而不是保守派用来对付政治对手的方法。"总量控制和税收"的效果很好,以至于即使参议院40%—60%的议员同意投票,民主党仍然无法拉到足够票数以使得"总量控制和交易"成为能源法案的一部分,能源法案随后也就停滞不前了。

经济学家使用产权以协助解决空气污染问题的另一个领域就是汽车。汽车会产生污染,并且老旧汽车的污染比新的更为严重。加州面临满足一定的空气质量标准的问题或者规定加油站在部分地区提供更为清洁的汽油,这些汽油的生产通常更为昂贵。加州解决这些问题的方法之一就是要求所有的汽车满足最低的空气质量标准。这个解决方案的问题在于拥有老旧车型的人通常负担不起必要的维修费用以使得汽车排放满足标准。如果汽车的维修成本超过500美元,那么即使法律允许推迟一年维修,还是有人会负担不起维修费。为了满足空气质量标准并且缓解加州穷人的负担,政府会以高于市场价格的方式不时购买所有在某一特殊年份之前制造的汽车。在2000年的夏天,政府的出价是每辆车1 000美元。这种创新的解决方式非常有效地减少了污染。加州赋予司机一年的污染权并为他们不污染空气的行为提供奖励,这有效地利用了科斯的想法。

2009年,当奥巴马政府推动减少污染,减少美国对外国石油的依赖,振兴汽车行业时,他们运用了这一想法。所谓的"旧车换现金",是指只要汽车经销商们同意销毁旧汽车而不是让它们在二手车市场转售,这个计划就提供给汽车经销商们每辆车4 500美元。只要汽车在前两年由同一所有者注册,并且只要一辆新车的行驶里程数比买进时多了10 mpg(mpg:每加仑汽油行驶的英里数),这4 500美元就意味着可能只值1 000美元的旧车现在变得更加值钱了。只要新车的里程数超过一定数量,就可以得到减少的补贴。经济学家影响了环保法规和立法,因为我们提供像"总量控制和排放交易"与"旧车换现金"这样的建议,从而平衡了自身利益和环保要求。

19.5.4 无解决方案：当没有政府税收和管制时

让我们假设全球变暖的引发的问题超过了它带来的好处。那么什么是能做的？当环境问题受权力约束时，无论是地方政府、州政府还是国家政府都可以通过立法来解决这个问题。但是像全球变暖这样的国际环境问题，就没有任何政府能够设立规则或是向污染行为征税来解决问题了。

美国政府也签署了《京都议定书》这项条约。这一类条约要求美国国会参议院的批准，所以从一开始克林顿总统的签名就是毫无意义的，因为只有不到20票赞成，并且当克林顿签字的时候他也知道这一情况。布什当选后不久，注意到这项条约将会给美国带来的经济后果，布什正式宣布退出此条约。

随着奥巴马的成功竞选，美国政府对于温室气体规制的态度开始改变了。这种变化当然会有经济上的后果。而经济学家则正在辩论这些后果的影响范围。美国目前产生的温室气体超过其承诺的大约25%。参阅图19.4，你可以看到经济学家可能会怎样处理这些问题。温室气体排放税将会设置在恰好使得温室气体排放量可减少1/4的水平上，能源使用量将变得更有效率，变得不那么被广泛使用，或来自零排放资源，如风能、水能、太阳能或核能。

2008年汽油价格的迅速上涨可以帮助我们弄清楚需要征多少税，在这一分析中我们主要使用弹性的概念。如果我们唯一可以做的是减少能源消耗，可以使用碳基能源的需求弹性来估算能源税。显然，能源需求是缺乏弹性的。汽油价格在2008年上涨了75%，但是汽油消费量却只下降了6%。这表明石油消费的短期弹性为0.08。从长远来看，对汽油的需求弹性的研究表明，它是0.24。我们可以推断，在短期内，为了减少25%的碳基能源的消耗，价格必须是原来的4倍，但从长远来看，为了减少同样多的消耗，价格只需要上涨为原来的2倍。这可能就是必需能源量的最大值，因为碳基能源价格上涨为原来的2倍将导致能源消费者转向零排放的能源。为了促成能源使用的转换，一些经济学家估计每吨温室气体排放税必须从每吨25美元涨为每吨200美元，以减少25%的温室气体排放量。一般来说，一辆汽车每英里产生略少于1磅的温室气体，如果你好好算一下，那大概相当于税收从每加仑25美分涨为每加仑2美元。2008年的经验表明，25美分是不够的。如果2美元的汽油价格上涨一直持续到2008年和2009年，并且经济没有陷入严重的衰退，那么可能从大型SUV转向小型车已经足够对美国的长期温室气体排放产生影响。

不管谁是正确的，这个议题都说明了处理国际环境问题的难度。一个国家为国际环境问题投入大量成本的经济动机很小，并且没有一个世界政府去对每个人的污染成本征税。其结果是，如果这些全球变暖后果的警告是正确的，这可能是第3章提及的市场失灵概念的一个更灾难性的例子。

▮ 本章小结

现在你明白了如何使用外部性的概念来解释为什么污染使得政府有权在市场上干预。你明白为什么污染更可能发生在公共财产领域，而不是私有财产领域，并且你对全球的环境问题也有了粗略的了解。你对于如何用经济方法解决这些问题也有了一些理解。

关键词

不可再生自然资源　　可再生自然资源　　自然资源管理　　可持续性
外部性　　　　　　　社会成本　　　　　公共财产　　　　总量控制和排放交易

自我测试

1. "足够清洁"的概念是指_____。
   a. 呼吁经济学家考虑平均收益和平均成本
   b. 呼吁经济学家考虑边际收益和边际成本
   c. 呼吁经济学家考虑总收益和总成本
   d. 这是一个完全不被经济学家接受的概念

2. 如果一种化学药剂的生产对环境有害,但是它能为消费者带来满足,为生产者带来收益,那么经济学家将会认为_____。
   a. 应该完全让市场解决此问题
   b. 此种药物的生产应该被完全禁止
   c. 应该对此药物的生产征税,以使得社会净收益(包括给环境带来的损害)能达到最大
   d. 应该建议消费者自愿地减少此类药品的消费

3. 我们每天看到的外部性的例子是_____。
   a. 人们为汽油支付很高的价格　　　b. 人们享受他们开车去上班的能力
   c. 石油公司赚了破纪录的利润　　　d. 汽车尾气的排放

4. 税收和法规对于解决当地的环境问题是有用的。那么全球性问题(如全球变暖)更加难以控制的原因是_____。
   a. 忽视这个问题是各国的总利益所在　　b. 没有哪个国家有兴趣解决这个问题
   c. 没有国家有能力征税或是设定规则　　d. 不知道"边际"国家是哪一个

5. 几个世纪以来,在特定的海洋区域或是对于特定种类的鱼过度捕捞一直是个问题。因为渔事纠纷,有些国家之间甚至发生了战争。罗纳德·科斯认为,如果_____,那么这些问题就不会存在了。
   a. 某个人拥有或是控制海洋　　　　b. 人们不吃鱼了
   c. 人们根据黄金规则做出行动　　　d. 每个国家自愿为捕鱼设限

6. 大多数环境污染物(空气和水中的铅、空气中的硫等)的证据是_____。
   a. 它们没有像过去所想象的那么有害　　b. 它们以很快的速度在增长
   c. 过去20年它们下降了很多　　　　　　d. 它们在空气中保持稳定并且含量非常高

7. 如果要打造"世界之王",一个环境经济学家会_____。
   a. 减少化石燃料的消费量
   b. 对每加仑汽油征税,税额相当于一加仑汽油所造成的环境损害
   c. 对每加仑汽油征税,税额高于一加仑汽油所造成的环境损害
   d. 建议人们自愿减少驾车出行

简答题

1. 如果一个政党主张加大石油开采量,而另一个政党主张可持续发展,那么这表明了它们对折现率持何种看法?
2. 为什么边际成本递增的石油生产导致了范围更为广泛的石油利用计划?
3. 为什么对于有些物种来说,保护它们的价值是超过成本的,而对于有些物种就不是?
4. 为什么"总量控制和排放交易"更符合那些希望使用私人市场的创新解决环境问题的人,而不是以规制为基础的环境管理体系?

思考题

化石燃料是木材燃烧的一种"清洁"的替代方式。但是只有当它比木材更便宜时,它才会相对于木材更有优势。如果任其发展,这也会发生在化石燃料领域,因为这种有限的资源比起它的替代品(太阳能、风能、水电、生物质发电)而言最终将变得更加稀缺。那么我们应该仅仅只是等待着让它发生吗?

讨论题

每种能源资源都会带来一定的环境后果。核能会遗留核废料,造成数千年的危害。水电会破坏当地物种栖息地。风能和太阳能需要大量的土地来放置设备。可燃物会产生温室气体。目前,美国的主导燃料是以化石燃料为基础,包括石油、汽油、天然气等。当其他国家转向核能的时候,我们国家并没有。如果我们的能源需求持续增长,那么你的解决办法是什么呢?

进一步阅读

Joskow, Paul L., A. Denny Ellerman, Richard Schmalensee, Juan Pablo Montero, and Elizabeth M. Bailey, *Markets for Clean Air: The U.S. Acid Rain Program* (Cambridge, U.K.: Cambridge University Press, 2000).

Journal of Economic Perspectives 12, no.3(Summer 1998).参见以下作者的文章:Gardner M. Brown, Jr., and Jason F. Shogren; Andrew Metrick and Martin Weitzman; Robert Innes, Stephen Polasky, and John Tschirhart; and Richard Schmalensee, pp.1—88。

Journal of Economic Perspective 9, no. 4(Fall 1995).参见以下作者的文章:Michael E. Porter and Claas van der Linde; Karen Palmer, Wallace E. Oates, and Paul R. Portney, pp.97—132。

Journal of Economic Perspective 7, no. 4(Fall 1993).参见以下作者的文章:Richard Schmmalesee; William D. Nordhaus; John P. Weyant; James M. Poteba and Gacielka Chichilinsky; and Geoffrey Heal, pp.3—86。

任何一本环境经济学教科书,例如 Eban Goodstein 撰写的 *Economics and the Environmentby*。

第 20 章
医疗保险

> **学习目标**
>
> **学习完本章,你应该能够:**
> 1. 总结医疗保险融资体系如何严重改变了市场的医疗保险服务。
> 2. 知道在美国 52% 的医疗保险费用是由纳税人支付的,其余的由患者或他们的保险公司直接支付。
> 3. 用供给和需求模型来分析医疗保险行业,并讨论模型适用于该行业的限制。
> 4. 证明私人保险和纳税人资助的医疗保险系统都会提高医疗服务的整体价格。
> 5. 指出私人融资、单一支付和纳税人资助的医疗保险系统各自的优缺点,进行对照和比较。

在美国,医疗保险有两个看起来根本不一致的特点。医疗质量方面,世界上没有任何国家比得上美国,但是也没有任何发达国家的婴儿死亡率有美国这么高。此外,其他国家的医生都没有美国这么熟练,也没有如此高的报酬。在其他国家,医疗的质量水平都没有美国这么高,但其他发达国家的医疗机构不会经常由于患者无力支付而拒绝服务。从根本上来说,高质量水平的医疗不是每个需要的人都能得到的,其问题的关键是除非我们为医疗保险筹资。

在这一章我们首先详述美国的医疗保险的资金去向和来源。我们讨论了私人保险和公众保险在美国是怎样运作的,并且讨论了两者结合的问题。然后我们转向讨论为什么医疗保险的经济学与其他商品的经济学差别这么大的问题。同时,我们将美国的医疗保险融资制度与其他大多数发达国家所使用的模型相比较,并概述《患者保护与平价医疗法案》的要点。

20.1 资金的去向和来源

在击败克林顿政府试图实施的医疗保险计划时,共和党人宣称民主党人试图接管经济的1/6。事实上,在2009年,国内生产总值(GDP)的1/6(14.2万亿美元中的2.5万亿美元)被用于与健康有关的商品和服务上,其中政府支出几乎占了医疗保险支出的一半(51.6%或1.28万亿美元)。克林顿总统和他的民主党支持者只是试图将医疗开支的私人部分联邦化。

2009年,美国政府花在医疗保险上的1.28万亿美元中,大约5 020亿美元花费在**医疗保险**(medicare)(政府为老人制订的健康保险计划)上,3 740亿美元花费在**医疗补助**(medicaid)(政府为穷人制订的健康保险计划)上。其余的由各级政府花费在地方、州和退伍军人医院,以及用于医学研究的支持。

2009年花费在私营部门医疗保险上的1.2万亿美元中,大约8 010亿美元来自向保险公司支付的保险费,通过这些钱,保险公司实现了它们的投资。人们额外支付了2 990亿美元的现金支出,其余的被私人医疗研究公司花费。

一般而言,2009年美国在医疗保险上花费的2.5万亿美元中,7 590亿美元流向了医院,5 050亿美元流向了医生。药品占了2 500亿美元,医疗研究支出占了450亿美元。

20.2 美国的保险

在美国,大多数人都至少在一年的部分时间内受保于某种形式的医疗保险。例如,在2010年,美国3亿人中80%全年受保,另外8%的人在一年的部分时间受保,而12%的人没有任何保险。该年内的保险范围有各种来源。最大的一个群体(有1.7亿人)在团体保险单的保险范围内,500万人有个人保险,5 400万人加入了老年人医疗保险制度,5 000万人加入了医疗补助计划,其中600万人同时加入了两者。

20.2.1 保险如何起作用

无论是健康保险、人身保险还是汽车保险,任何类型的私人保险的工作原理都是如下这样的:坏事发生在你身上的概率很小,而没有坏事发生在你身上的概率很大。你花一点钱用于投保,将缓冲可能发生的不好的预期所带来的影响。换句话说,在你支付了保险费之后,如果坏的事情发生,保险提供者(无论是政府还是保险公司)将对你进行赔付,从而使状况有所好转。对于健康保险,人们支付保险费,因此当他们生病时,他们的保险提供者支付大部分的费用来治疗他们的疾病。

即使你的平均支出低于你的保险费用,购买保险也是非常理性的。原因在于大多数人都是**风险规避**(risk averse)者:他们宁愿保证一个特定的结果,即使对于一个超过平均寿命的普通人来说,保险费用可能比他们面临的问题更昂贵。举个例子,假设有1%的可能性你将在与健康有关的主要方面支出10万美元,有99%的可能性你只需支出1 000美元的普通医疗费用。一个**风险中立**(risk neutral)者会看到预期的费用1 990美元①,而不愿意付出任何多于该金额的全额保险费。另一方面,风险规避者会愿意付出多于该金额的费用,以保证自己不会付出更多。

几乎所有的私人医疗保险计划都有一些共同的特点。对大多数美国人来说,你欠的费用的一部分由你支付,而另一部分由你的老板支付。② 保险公司的保费用于三件事情:(1)支付给病人的医生和医院的账单;(2)用于支付行政开支;(3)提供给保险公司的所有者(通常是股东)的利润。

如果你生病了,要支付一笔医疗费用,通常情况下你和你的保险公司都将支付该账单的一部分。有四个关键的词汇来确定谁支付多少。**免赔额**(deductible)是指,在保险公司支付之前你必须要支付的一年的医疗费用。这很大程度上取决于你拥有的保险计划类型,可以低至什么都没有,也可以高达数千美元。通常情况下,一个保险计划的免赔额,每人每年在200美元和300美元之间,每个家庭每年在600美元和1 000美元之间。举例来说,如果你的保险计划的免赔额为200美元,你的医药费用总额为500美元,那么在保险公司支付之前你必须要支付200美元。

共同支付额(co-payment)是减去免赔额之后计算出的你必须要支付的账单的数量或百分比。它的范围很广。一些保险计划没有共同支付额,而其他保险计划高达30%。**现金支付最大额**(maximum out of pocket)是指一个人或一个家庭在一年中支付的覆盖所有医疗费用的最大额。这意味着,500 000美元的医疗费用不会使一个一般的人破产,因为其现金支付的最大额通常在每年2 000美元和6 000美元之间。

医疗保险中曾经存在过的两项条款,由于《患者保护与平价医疗法案》(PPACA)的通过而变成违法的。**年最大额**(annual maximum)和**终身最大额**(lifetime maximum)分别是指,在一年之中和你的一生中,保险公司将要支付给你的医疗费用的最高限额。这两项条款在因任何人的医疗费用太高而破坏了保险计划时,保护了保险公司。现在这两项条文都是违法的,但保险公司可以寻求年度最高禁令的豁免,许多年轻人的雇主已经成功做到了。这些公司提供一种被称为"**迷你保险**"(mini-med)的保险。迷你保险政策通常只提供给年轻人,保险费相当低,其一大特点是,保险公司将支付的年最大额很低(通常不超过10 000美元)。这些政策服务于小众市场,小众市场是奥巴马政府禁止医疗保险企业限定其责任时不想伤害的市场。政府担心,如果禁止所有的迷你保险,会降低许多年轻人在他们第一份工作的医疗保险覆盖范围。

20.2.2 私人保险的种类

有几种类型的私人保险计划,可以归结为三个大组:(1)按服务收费;(2)保健;(3)优先供应商。按服务收费的保险提供商允许人们找任何他们想要的医生,去任何他们想去的地方看病,看任何使他们痛苦的病。然后医生把账单开给保险公司,保险公司支付其份额,然

---

① $0.99 \times 1\ 000 + 0.01 \times 100\ 000 = 1\ 990$。

② 这实际上是第二次世界大战的产品。由于对该期间的通货膨胀的担忧,利用提高工资来吸引工人是违法的。相反,公司以团体保险补贴的形式来增加盈利,这种做法在战争结束后被保留下来。

后医生向其病人收取其余的费用。因为在这样的系统中的花费受到的控制很少,所以它非常昂贵。然而,病人和医生的投诉很少。

一个保健组织(HMO)要求人们一开始就在特定的医生那里看病。这些医生被称作**初级保健医生**(primary care physicians,PCP),通俗地讲,就是医疗保险服务的把关人。患者只有在他们的初级保健医生转诊后才能找专家看病,而初级保健医生的工作就是,确保他的病人得到尽可能合适的、廉价的医疗服务。保健机构的初级保健医生通常对指定的病人征收固定的费用,专家则得到薪水或者也对每个转诊病人征收固定的费用。病人和医生抱怨对保健组织的花费的控制,但是这有助于降低成本。

一个优先供应商组织(PPO)可以说是一个混合体。人们可以从医生名单中选择他们想要的医生。这些医生同意在每个程序或每种病上承担一个特定的量,并且征收比一般低的费用,以保证会有大量来看病的潜在患者。

表 20.1 从患者的角度列出了每种私人保险方案的优势和劣势。

表 20.1 不同形式的私人保险对病人的优势和劣势

保险种类	优势	劣势
按服务收费	可以在最大范围内选择医生,保险公司很少干预医生的决定	由于不能控制昂贵的医疗费和不必要的治疗过程,因此保险费免赔额和自我偿付比例都比较高
保健组织	对医疗费和不必要的治疗过程控制最为严格,因此保险费免赔额和自我偿付比例都比较低	选择医生的范围最小,较多地干预医生的决定,尤其是当不同的医疗手段存在较大的成本差异时
优先供应商组织	有一定的选择医生的权利,保险费免赔额和自我偿付比例都适中,对昂贵的医疗手段有一定的控制,对医生有一定的控制	

资料来源:www.medicare.gov。

20.2.3 公共保险

由政府提供的公共保险,主要分为三个种类,医疗保险、医疗补助和儿童健康保险计划。医疗保险是提供给符合条件的 65 岁及以上的公民。它的工作原理非常像一个慷慨的收取服务费的医疗保险计划,只是高昂的保费是由纳税人承担的而不是病人或病人的雇主承担的。为医疗保险提供资金的税收将和社会保障税一样,出现在你的工资单上;它们都受联邦社会保险捐款法(FICA)的约束。你的薪水、工资和小费中,用于医疗保险的部分为 1.45%,你和你的雇主每一方都要支付该比例的捐款。医疗保险的一部分资金也从政府的一般税收中获得。

医疗保险在以下方面也是很慷慨的:相对于私人保险的标准,它的保费非常低,共同支付额和免赔额也很低。事实上,医疗保险包含两个部分,义务的部分涵盖了与医院相关的费用,自愿的部分涵盖了付给医生的费用。在 2011 年,对于有资格参加医疗保险的的强制部分(A 部分)的人来说,工作时间在 30—39 个季度的人需要每月支付 248 美元,工作时间低于 30 个季度的人需要每月支付 450 美元,而工作时间超过 40 个季度的人则不用缴费。医疗保险的自愿部分（B部分），需要花费保险受益人每月115.4美元，包括与医生有关的费用在内。有资格享受基本福利计划和附加保障收入计划的老年人也可以领取医疗保险A部分的保险费，并且基本上也能领取B部分的。

与医疗保险不同，医疗补助是没有保险费，没有可扣除额，没有共同支付额或者共同支付额很低的为穷人制订的保险计划。① 在医疗补助下，偿付给医生的比例低于医疗保险的偿付比例，更是远低于私人保险的偿付比例。当医院和医生认为偿付率太低时，他们可以拒绝医治医疗补助的病人。

2009年，有5 100万美国人在至少半年的时间里没有任何医疗保险的情况下活了下来。其中很多人都是因为换工作，或者因为被解雇从而保险到期。② 另一方面，凯瑟琳·斯沃茨在1994年的一项研究表明，2 100万美国人在超过一年的时间内没有任何健康保险。其中有1 800万人年龄在18岁到34岁。他们没有办理保险的原因可能是，他们认为虽然有能力负担保险费，但自己很健康，因此选择不购买保险。那些较早退休，等着到了65岁办理医疗保险的人也开始不办理健康保险。

一年中部分时间没办理保险的人中，几乎有1 200万人不足18岁。有超过1 600万的儿童没有医疗保险，针对这一现象，儿童医疗保险计划于20世纪90年代成立。它的作用跟医疗补助相似，但正如它的名字一样，它主要关注以下家庭中的儿童：养家的人没有通过他们的雇主办理保险，或者他们不能负担保险费用。

20.3 医疗保险的经济模型

当问题中的商品不是有形的（比如苹果）而是无形的（比如医疗保险）时，我们可以利用供给和需求模型来观察发生了什么。此外，在这个模型的背景下，我们可以研究医疗保险财务制度是怎样改变人们的行为的。

20.3.1 为什么医疗保健不仅是另一种商品

医疗保健与其他商品不同。你可以观察一个在1998年生长的苹果，并且说它可以与在1995年或1885年生长的苹果相媲美。苹果在不同时间几乎都是相同的。另一方面，医疗保险则是多变的。几年来，医疗的物价消费指数以等于或高于通货膨胀率的水平上升。但是，我们不能确定这种增长有多少是由于价格的上涨，有多少是由于服务质量的提高，有多少是由于新程序或治疗的出现。

为了说明这一点，我们来讨论获得性免疫缺陷综合征（艾滋病）（AIDS）的治疗。在1985年没有艾滋病的治疗标准。有时候用吗啡（一种无效的，但相对于今天来说很便宜的治疗药物）来缓解疼痛。在2001年，艾滋病的治疗方法变为齐多夫定的"药物鸡尾酒"和一组蛋白酶抑制剂。较新的药物鸡尾酒每年花费每名患者超过3万美元，但它可以维持好几年的良

---

① 政府可能会实施小额的共同支付计划以阻止医疗补助的滥用。
② 工人有权利继续他们的雇主资助的健康保险，即使他们辞职或被解雇。问题是大多数雇主都不会继续对保险费用提供补贴，这意味着人们可能没有能力去负担执行这个权利的代价。

好的生活质量。哪一种治疗花费得更多？你没有必要回答这个问题，因为你不是对相同的事物定价。由于治疗的质量大大提高了，因此认为治疗的价格上升了是完全错误的。治疗的质量得到提高了，但是由于相比当前来说还没有更有效的治疗方法，因此价格与"无限高"相比实际上已经下降很多了。

在过去几年来，许多关于医疗保险费用上升的抱怨都被误导了。那些质量没有改变的东西(注射器、绷带等)的成本确实有所上升。但无疑的是，我们无法衡量那些质量不断变化的东西的价格。例如，2011年在医院住一晚与1985年是不同的。虽然有些定义是相同的(例如，半私人在过去和现在都是一个房间两张床的意思)，但是晚上住宿的其他方面不同了。今天，电视机、其他物质享受和精密的医疗设备，包括监控生命迹象的床，都是标准的。而在不久前这些都是可选的或根本没有的。

使用医疗保险服务的供给和需求模型的另一个关键问题是，必须在交易双方都是信息完全信息对称时，这个模型才有用。我们一开始就去看医生的原因之一是，我们不知道自己为什么生病。我们去看医生不仅为了停止病痛，也为了找出病痛的原因。这与买一个苹果是明显不同的。我们知道苹果是什么，我们知道我们为什么想要它，我们也知道它的成本。在医疗保险中，我们必须相信卖方(医生)来告诉我们需要什么，将花费多少。

20.3.2 公共保险的启示

虽然考虑到这些很重要，但我们仍然可以考查我们的融资体系在医疗保险服务供求模型中的影响。正如图20.1所示，如果没有向穷人提供医疗保险服务的计划，那么非贫困人口就会得到更多的服务，而贫困人口就得到较少的服务。如果D_{poor}是贫困人口医疗保险的需求曲线，$D_{nonpoor}$是非贫困人口医疗保险的需求曲线，那么$D_{poor+nonpoor}$就是医疗保险服务的市场需求。它由两个需求曲线水平相加得到。具体而言就是，将每个价格水平上贫困人口的需求数量加上非贫困人口的需求数量。如果供给曲线如图所示，那么均衡价格就是P^*，贫困人口消费数量为Q_{poor}，远低于非贫困人口的消费数量$Q_{nonpoor}$。

另一方面，如果穷人不用花费成本就能得到服务，那么情况就可能完全不同了。图20.2显示了在这种情况下，如果服务对于贫困人口是免费的，市场需求量就为贫困人口的需求数量Q_{poor}，加上非贫困人口的需求数量。正如你所看到的，贫困人口将消费更多，为Q_{poor}，而非贫困人口则消费更少，价格也更高。

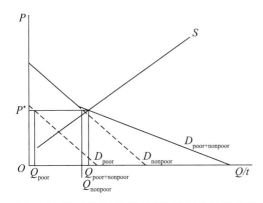

图20.1 医疗保险：没有医疗保险时的供求状况

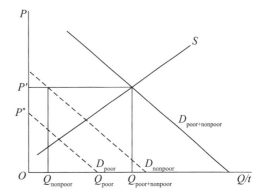

图20.2 医疗保险：有医疗保险时的供求状况

20.3.3 私人保险的效率问题

私人医疗保险与公共保险一样,对医疗保险市场具有破坏性。回顾一下共同支付的概念,减去免赔额后,对于覆盖医疗支出的每1美元,病人支付的比例较低(一般为20%),其余的由保险公司支付。它怎样影响医疗保险的需求呢?为简单起见,假定不扣除免赔额或者免赔额为零。

图20.3显示了需求曲线将向右旋转,这将造成对医疗保险服务的大量消费和更高的价格。让我们来看看为什么曲线向右旋转。在购买任何保险之前的均衡点为A。A这个人在购买保险之前愿意支付价格为P_A、消费数量为Q_A的医疗服务。假定A现在有一个共同支付比率为20%的保险。如果情况如此,那么这个人将愿意消费Q_A的医疗服务,即使价格为P_A的5倍。这是因为对被保险人A来说实际价格为$5P_A$的20%,即P_A。需求曲线向水平反向旋转的原因是,如果医疗保健服务是免费的,共同支付的作用就不再重要。0的20%为0,0的5倍仍然为0。

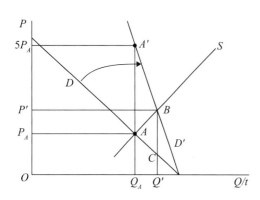

图20.3 医疗保险:自我偿付对市场的影响

每当有这种情况发生,就会有其他人来支付账单,而不是消费者,经济学家把这个第三方实体称作**第三方付款人**(third-party payer)。当这种情况发生时,降低成本的一般角色掌握在消费者的手中。

因为我们的需求曲线向右旋转,我们就会购买更多的医疗保险服务,并为它们支付更多的钱。好消息是,如果潜在的需求曲线D本身是无弹性的,那么这种影响就会减轻。可以肯定地说,对医疗保险服务的需求是相对缺乏弹性的,从20世纪70年代末开始,并在1987年公布的广泛研究的证据表明了这一点。这是因为我们不会去做不必要的手术,即使它价格很低,而大多数人都会去做必要的手术,即使价格很高。这个研究表明,病人对门诊的价格敏感度比对住院治疗的价格敏感度大。这项研究估计出的整体健康弹性表明,病人的现金支付费用增加10%,相对于医疗保险的使用减少1%—3%。

医疗保险使用的增加也有有效率的含义。回忆一下第3章讨论的消费者剩余和生产者剩余,无谓损失是经济学家衡量无效率的标准。在这里,三角形ABC是无效率的数量。

医疗保险的另一个无效率区域是以**道德风险**(moral hazard)的形式出现的。拥有保险的人会消费更多的医疗保险服务。这是所有形式的保险都存在的问题,最明显的例子就是汽车保险。如果你有汽车保险,你就会比没有保险时开得更鲁莽,拥有保险使你更需要保险。在医疗保险领域,如果有了保险,你就更可能为了某种疾病做检查,甚至更糟糕的是,不再锻炼、不注意饮食,因此道德风险是个严重的问题。

医疗保险市场效率低下的最后一个原因则是**逆向选择**(adverse selection),这会威胁到保险市场的存在。有人为他们的健康状况愿意出较高的价格买保险,但有的人却只愿意出较低的价格,此时保险公司只能以市场的平均值收保险费,那么出价低于平均值的这部分人便会退出市场,市场上只剩下健康状况不好的人,此时逆向选择便出现了。

为了理解这个问题,我们假设有三种类型的人,他们最初不知道自己的健康状况和自己对于健康保险的需要。他们不知道自己是"健康""比较健康"还是"不健康"。假设健康的一类人没有严重的潜在疾病,不健康的一类人面临高风险并且可能需要支付昂贵的治疗费用。现在假设有两个时期:现在和将来。如果没有人知道他们"现在"的健康状况并且每个人都是风险规避者,所以每个人都可能会现在买保险。他们支付的费用等于保险的平均成本加上行政成本,再加上保险公司的利润。从这个意义上说,如果所有人都一无所知,则保险会正常进行。一旦他们知道自己的健康状况,就可以在没有购买保险的预期成本和保险费之间进行比较。如果差异很明显,那么最健康的人群就不会再买保险了。这样的话,保险公司的平均成本会上升,因为现在买保险的都是更加不健康的人群,有更大的概率生病。保险公司会提高保险费以弥补成本,这又会挤出一部分"比较健康"的人群,这就是所谓的"保险死亡螺旋"。

你可以选择以下三种方式的任何一种来解决逆向选择问题:向不健康的人群收取更高的保险费用(这就是汽车保险采用的:技术差的司机支付更多的保费);使得一个系统中的每个人都买保险而没有个人选择权(可能是通过雇主或政府达到这个目的);强制人们购买医疗保险。第一种方法被很多人认为是不符合伦理的,因为它会降低不健康人群的保险覆盖面。

第二种方法存在于2010年的医疗改革之前,也是团体保险经常采用的一种方法。在那之前,很多美国人要么通过政府要么通过雇主来买保险,只有个别人自己买保险,但在私人市场,生病的一些人买不到保险。《患者保护与平价医疗法案》(PPACA)改变了这一状况。保险公司被要求必须考虑这些人而不管他们的健康状况如何。由于保险公司不能拒绝健康状况差的人,它们就很难避免逆向选择。

解决这个问题并且也是处理逆向选择的最后一个方法是**强制保险**(mandation)。强制保险的要求是每个人都必须买保险。通过要求健康的人买保险(如果他们不买则必须缴纳个税或者罚款),逆向选择消失了。① 这就是当时的州长罗姆尼(随后的总统竞选者)把马萨诸塞州的保险扩展到几乎所有居民的方法。

20.3.4 关于健康维护组织(HMO)的争论

尽管我们先描述了健康维护组织,但关于私人保险的争论还值得我们作进一步的讨论。健康维护组织是为了应对医疗保险日益上升的成本而建立的。为了遏制过度消费医疗保险,我们需要一些新的保险形式以激起一部分消费者、医生或者保险公司的成本意识。

考虑一个简单的生育的例子。大多数妇女能够在产后24小时内离开医院,虽然她们都急于回家,但是许多妇女想要在像医院这样一个没有什么约束的环境里多待一天以得到更

---

① 在这篇文章中,我们没有讨论强制保险是否违反宪法。政府可以在其警察的暴力之下强制人们做很多事情,但是不能侵犯人的基本选择权。因此这种观点认为,联邦政府是没有这样的权力的,所以在这方面它应该被限制。另外一些人相信联邦强制是符合宪法的,他们认为允许国会对州际贸易进行管制的商业条款也使得国会有能力规制保险,因为如果一个人退出一个便宜的医疗保险,那么他就必须再买一份贵的保险。地区法院已经裁决了两种不同观点的案子,这个问题还没有得到解决。

好的恢复。在医疗方面，许多母子的并发症都会在最初的48小时内被发现。如果新妈妈必须支付所有分娩的费用，并且住在医院，她就会权衡这样做的成本和对她宝宝的好处。如果她拥有一个有偿服务的保险计划，该计划涵盖了80%的成本，她更可能在医院多待一天。有一个第三方付款人会大大提高医疗保险的消费量。

许多最初的健康维护组织由参与诊断的医师共同拥有。这里，有成本意识的一方将可能是医生，因为让病人早些出院符合他们个人的经济利益。这样做的问题是，医生只拥有间接的财务利益。虽然在一定范围内，病人早日出院会让健康维护组织的利润上升，但是分给每个医生的钱则很少，所以医生拥有的健康维护组织趋向于无利可图。

随后，许多健康维护组织都被保险公司接管了。它们通过执行一些节约成本的政策来控制成本，比如仅仅在出生后24小时支付。在这样的情况下，健康维护组织而不是病人或医生有效地做出了决定。如果通过这样做，健康维护组织的政策制定者施行了和病人达成一致的政策——他们必须自己支付所有医疗保险的成本，那么健康维护组织就提高了保险系统的效率。如果健康维护组织的政策制定者施行了会减少医疗保险成本的政策，那么这仅仅是从一种无效率转为了另一种无效率。

因此，健康维护组织还没有解决保险问题以使得每个人都满意。收费或服务计划是有缺陷的，因为会产生过度消费，健康维护组织也是有缺陷的，因为有太多的限制。哪一个更好呢？人们还没有一致的看法。

20.3.5 血液和器官的问题

与我们目前的讨论相关的一个问题是血液和器官的稀缺性。对经济学家来说，血液和器官短缺的原因很明白，因为人们出售器官是非法的。在医疗方面，禁止血液和器官买卖在道德上是显而易见的。向其他非医疗行业（例如化妆品行业）出售你的血液则是合法的。

如果价格可以被强制降为零，供给量将减少，需求量提高。这又形成了另一种道德困境。如果市场交易被允许，那么不能支付器官价格的人会死，而能支付的则会活下来。然而道德辩论的另一方面则是如果有一个合法的市场，那么更多的器官将变得可用，更多的人会活下去。

请注意，虽然两者的供给和需求都缺乏弹性，但两者都不是完全缺乏弹性的。[1] 有一些人不会选择高昂的价格以继续活下来，还有一些人则更有可能会把器官留给继承人，如果在未来器官有更高回报的话。

这样的市场的缺点和烟草市场的不足有相似之处。贫乏的信息可能会导致人们做出使生活彻底改变的错误决定。例如，你可以仅靠一个肾生活，因此，你可以卖掉另外一个，如果价格合适的话。但是，你可能会低估最终你会需要另一个肾脏的可能性。器官买卖可能是一个糟糕的主意，但卖血可能不是。禁止血液在医疗上的买卖很少有经济上的原因，因为和器官不一样，血液可以自我补充。

---

[1] 如果在不同数量上都存在完全缺乏弹性，那就不会有明确的市场价格。

20.4 美国与世界其他地区的比较

地球上的每一个工业化国家都拥有特色鲜明的医疗保险系统。但是,有一件事在整个发达国家都是一样的,那就是政府是医疗保险的提供者、保险者或者保险公司最后的求救对象。大家都这样做是因为它有明显的优点,但它同时也有缺点。**单一支付体系**(single-player system),也就是政府收重税来支付每个人的保险,有利于那些在其他方式下不能承受保险费的人群。但它同时造成了严重的短缺。

在加拿大、英国和欧洲大部分地区,一个国家的公民有对于医疗保险无限的权利,这些通常都是免费的或者接近免费。虽然不同国家的财务安排(如表 20.2 所示)不同,但无论市民的支付能力如何,他们都不必担心能否获得基本的医疗保险。这有助于解释为什么这些国家的婴儿死亡率较低以及寿命相对较长,如表 20.3 所示。失业的人和有工作的人、工作的人和退休的人、年轻的人和年老的人、富人与穷人都得到平等的对待,而美国则不是这样。此外,因为医生是由政府而不是看病的人支付工资,他们没有动力让病人进行昂贵的检查和执行昂贵的手术。此外,政府雇员通常被诉讼保护。因此,全民医保的成本比美国更低。

表 20.2 国际上医疗保险的经费

国家	公共支出所占总的医疗费用的比例(%)	医院	医师	私人保险的作用
澳大利亚	67.5	多数公共	A	a
加拿大	70.2	多数私人	A,B	a
法国	77.8	多数公共	A	b
德国	76.8	私人与公共混杂	A	a
日本	81.9	多数私人	A,B	无
英国	82.6	多数公共信托	C	a
美国	46.5	多数私人	A	c

注:A—大多数是按服务的私人收费
B—政府制定的收费规则
C—公共雇员
a—可以为全部花销购买私人保险
b—可以为涵盖的花销购买私人保险
c—无医疗保险,无医疗补助
资料来源:OECD Health Data 2010, www.oecd.org.。

表 20.3 医疗费用、婴儿死亡率和预期寿命的国际比较

国家	健康支出/GDP,2007 年	每 1 000 名新生儿死亡率,2008 年	预期寿命(年)	5 年存活率(%)	
				前列腺癌	乳腺癌
美国	16.0	6.7	77.9	98.6	88.7
英国	8.4	4.7	78.9	71.0	81.0
法国	11.0	3.8	81.0	61.7	80.3
德国	10.4	3.5	80.1	67.6	71.7
日本	8.2(2005)	2.6	82.7		

然而这是有代价的。这些国家有严重的医生短缺问题,因为为了降低成本,这些国家的医生的工资水平远低于美国医生。很多外国出生的医生在美国从业而不是在他们自己的国家的一个主要原因是,他们可以在美国赚更多的钱。此外,成为一名医生而不能变得富裕对于很多人来说也就没有了激励。医生工资低还有一部分原因是这些医生都不愿意投入大量时间。而医生在美国是最勤奋的人。你还可以看看公共医疗对于乳腺癌和前列腺癌5年存活率的影响。美国在这些国家中享有最高的存活率。美国的制度有利的另一个因素是医疗程序很快,而其他国家则需要很长的等待时间。

在美国,一个50岁的男子因动脉阻塞住院和手术的程序在几个小时之内就可以办好,而在加拿大的搭桥手术则需要等待长达6个月。虽然等待时间缩短了,但这部分是由于医师认识到了昂贵的程序必须按定量分配。在美国,只要老人能够承受(寿命延长了一年或以上),医院就会给予日常的治疗。而在英国的政府系统中,类似的病人不能够进行常规透析治疗。

另一个重要领域则是改革,而如果美国还是实行单一支付系统的话,改革则会消失。处方药、医疗器械和医疗程序改革高度集中在美国,这主要是因为改革能够赚钱,但在单一支付体系下则不能。此外,国外发生改革的可能动机是利润,而这可以在美国获得。因此,很少有保健经济学家认为,美国变为单一支付体系会有利于医疗改革。

最后,因为在施行单一支付体系的国家里,医生通常都受到诉讼保护,错误的责任就落在了专业标准董事会身上。虽然这些机制能够有效运转,但它们最后经常成为医生用来保护自己的机制。

本章小结

你现在应该了解医疗保险的筹资方式是怎样改变医疗保险服务市场的。你也知道了,在美国43%的医疗保险是由纳税人支付的,余下的是由病人和保险公司共同支付的。你明白了为什么医疗服务不是像大多数其他经济学家研究的商品,但我们仍然可以使用相同的供给和需求曲线来讨论它。你也明白了纳税人支付的保险服务和私人保险公司支付的保险服务都会推高保险市场的整体价格。最后,你明白了为什么单一支付体系和纳税人支付的医疗保险体系都是既有优点也有缺点的。

关键词

医疗保险	医疗补助	风险规避	风险中立
免赔额	共同支付额	现金支付最大额	年最大额
终身最大额	迷你保险	初级保健医生	第三方付款人
道德风险	逆向选择	强制保险	单一支付体系

自我测试

1. 购买任何保险的主要动机基于这样一个事实:大多数人都是_____。
   a. 风险爱好者　　b. 风险规避者　　c. 风险中性者　　d. 风险容忍者

2. 规避风险的人在_____情况下会购买医疗保险。

　　a. 只有当预期的医疗费用与保险费相等时　　b. 只有当预期的医疗费用大于保险费时

　　c. 即使预期的医疗费用小于保险费　　d. 在任何情况下

3. 政府在医疗保险、医疗补助和儿童健康保险计划的形式下,会支付_____。

　　a. 低于医疗保险费用的10%　　b. 比医疗保险费用的一半略少

　　c. 约为医疗保险费用的75%　　d. 所有的医疗保险费用

4. 如果你有2 000美元的保健开支,免赔额为500美元,共同支付额为20%,那么你将支出_____,保险公司支出_____。

　　a. 1 500美元,500美元　　b. 1 000美元,1 000美元

　　c. 800美元,1 200美元　　d. 700美元,800美元

5. 下列哪一种形式的私人保险可能保费最低,选择医生的灵活性也最低?

　　a. 医疗保险　　b. 健康维护组织　　c. 优先供应商组织　　d. 收费服务计划

6. 医疗保险通货膨胀可能很容易被夸大(如果你仅仅观察住院费用的增加),因为这种计算忽略了_____。

　　a. 原始成本　　b. 新的成本　　c. 质量的提高　　d. 质量的下降

7. "第三方付款人"的问题在医疗保险中以_____的形式出现。

　　a. 医生必须支付自己费用的一部分　　b. 政府和/或私人保险支付费用的大部分

　　c. 病人必须支付费用的大部分　　d. 许多病人的治疗费用医院都收不到

8. 在美国制度中,"单一支付"体系缺乏的一个显著的特点是_____。

　　a. 政府参与医疗保险　　b. 老人在覆盖范围内

　　c. 贫困者在覆盖范围内　　d. 全民覆盖

简答题

1. 为什么消除逆向选择需要强制保险的配合?
2. 为什么风险规避者更愿意买保险?
3. 对于哪种人来说,购买迷你保险比购买其他可选择的保险更好?为什么?
4. 为什么医疗费用在美国比在加拿大或英国上升的速度更快?
5. 你怎样把"道德风险"的概念应用到你关于做练习的决策之中去?

思考题

列出美国医疗保险融资体系与英国相比的利弊,再与加拿大比较。运用你对机会成本的理解思考为什么不存在一个"两全其美"的办法。

讨论题

在美国,一个身患绝症的病人可以决定拒绝特殊治疗,但在所有情况下,做出决定的都是病人自己或其配偶(通过先前的指导或者通过把他的想法告诉医疗保险提供者)。但在英国,政府

可以限制特殊治疗。因此,虽然治疗对于病人是免费的(或近乎免费的),但病人也不能随心所欲地使用。英国政府的论点是,医疗资源是稀缺的,它们却被浪费在让一个身患绝症的病人延长几天寿命上。考虑下列两种情形:在美国只要病人没有钱就不能继续治疗,而在英国则是如果治疗不能使病人有明显好转的话就得不到治疗,哪一个更糟呢?

进一步阅读

Health Care Finance Association statistical tables—www.hcfa.gov

Phelps, Charles E., *Health Economics* (Reading, MA: Addison-Wesley, 2009).

www.census.gov/prod/2004pubs/04statab/health.pdf

International Comparisons of Typesof Health Care Finance Systems—www.nao.org.uk/publications

第 21 章
处方药经济学

> **学习目标**
>
> 学习完本章,你应该能够:
> 1. 把垄断及消费者剩余和生产者剩余的概念运用到处方药经济学之中。
> 2. 明白为什么大多数健康经济学家认为处方药是相对便宜的,而大多数的非经济学家却认为它们是相当昂贵的。
> 3. 理解为什么大多数健康经济学家不赞成对处方药进行价格管制。
> 4. 理解批准过程太紧或太松的后果。

人们之所以去看医生,是因为他们生病了或者受伤了,他们希望医生可以帮助他们康复。对于某些疾病,他们也许期望得到积极的治疗,比如手术。人们希望知道,为了恢复病人的健康,"一切努力都已经尽到了",这是人类心理天性的一部分。这同样适用于治病。当病人被告知他们染上了"病毒",没有什么比这更令人沮丧的了,因为"病毒"实际上的意思就是"回家睡觉去吧,因为我们已经束手无策了"。另一方面,如果病人带着填写了药物的处方回家,他们就会感到舒服,因为他们认为吃了药,病就会痊愈。他们之所以这样想,部分是因为处方药行业对各种疾病的医治非常成功。当我们感染上病毒,又没有处方药,我们就失去了快速摆脱疾病的希望。在这种意义上,我们去看医生又得到了处方药,是因为通常是医生开出的药,而非医生实际所做的某些事情,会让我们感觉更好。

令经济学家奇怪的是,处方药招致的批评与人们为之所花的钱一样多。在处方药上所花的钱实际上和所有的健康支出相比是微不足道的。例如,在 2009 年,全美国所花费的健康支出合计达到了 2.5 万亿美元,而其中只有 10% 花在了处方药上。

本章有如下几个目的。我们要看看处方药制造商究竟是奸商还是好心的撒玛利亚人。我们利用我们的垄断模型来探讨为什么药物如此之贵,而且我们对某些新药进行调查,讨论它们究竟是昂贵的必需品,还是廉价的天赐之物。通过这样的分析,我们将会知道为什么处方药公司就算是一直在生产重要的药品,仍有可能不受大家欢迎的基本原因。最后,我们会考察其他国家是如何控制处方药价格的。至于美国是否应该步其后尘,我们提供了一种看法。

21.1 是奸商还是仁慈的科学家

20 世纪 90 年代,最有趣的广告就是药品行业那些令人感觉甚好的广告,它们把人们的注意力引向许多努力工作、致力于攻克疾病的科学家。在某种程度上来说,这些广告和那些普遍的试图让我们去咨询医生有关脱发、季节性过敏或者其他疾病之类问题的广告还是有些不同的。就像麦当劳想推销汉堡包一样,药物广告也在试图把一些特殊的药物推销给我们。但是那些令人有好感的广告并不是这样,它们并没有试图把药物直接推销给我们,而是说服我们改善对整个行业的看法。

通常,早期的广告会谈论一些科学家对攻克他们所研究的疾病的小情结。做广告的人认为我们会相信,如果科学家的朋友、配偶、亲戚或者父母患了某种疾病,这激励着这位科学家耗费漫漫长夜,蜷缩在显微镜前,寻求治疗方法。我们并不打算质疑科学家的真诚,但是我们很清楚,虽然我们不确定是不是利他主义在激励着科学家,但是可以确定激励着制药公司的肯定是利润。

和任何发明一样,最基本的经济问题是如何奖励发明者。除非赋予某人对其想法的专利权,否则,一旦某个商品被发明出来,抄袭者就可以偷取发明者的想法。知道这一点后,发明者将很少有经济激励去进行发明创造。这就是我们需要有法律来管制版权和专利的原因。在现行的法律中,只要**专利**(patent)还存在,发明者就是唯一一个可以售卖该发明的人。

垄断力量在所谓的**罕用药物**(orphan drug)行业中尤其重要。该行业治疗的是那些折磨极少数人的疾病。我们不可能指望只能造福少数病人的治疗药物的销售能产生足够的利润。由于这个原因,那些被贴上罕用药物标签的药物都会有相当长的专利时限,我们所期望的利润尽管少,但在未来可以持续盈利很长时间。如果没有这方面的专利法规,在私人部门工作的绝大多数科学家都不会对此疾病进行研究。

在经济术语中,这种垄断力量给予了发明者全面控制力。回顾一下第 5 章,你会想起来,所谓垄断就是只有一个卖家存在。这意味着,市场上不存在其他生产这种特殊药物的厂商。当这种药只此一家、绝无仅有时,如 20 世纪 90 年代早期的齐多夫定(AZT),而且它是病人的唯一希望时,这种药物的垄断力量就是巨大的。当这种疾病是致命的时,那么药物的垄断力量就更是巨大了。由于大多数药物只花费很少的成本就能够生产出来,但是发明它们并对其进行测试的耗资绝对是巨大的,比如艾滋病(AIDS)药物。我们知道公司需要为它们的投资获得回报。但我们也发现,钱就是有决定一个人是买药并活下去,还是买不起药而死去的权力,这着实令人头痛。

另一方面,当某种药是多种同类药物中的一种,而且是医治无生命威胁的疾病,如同抗胃痛的埃索美拉唑(Nexium)和善胃得(Zantac),那我们就根本不用为之烦扰。问题不再是生和死,限制公司索取高价力量的因素在于,竞争以及消费者愿意忍受那些只是令人烦恼的疾病的程度。

无论我们把该公司看作奸商还是仁慈的科学家,最终都取决于它们干得漂亮与否和它们想要索取平价与否。药物公司可以赚很多钱,但是它们总是得面对很大的风险。许多经济研究都探究了它们的利润是否超过了类似行业的商家。尽管研究一直没有得出一个确切的答案,但是有资料显示,制药行业股东的收益率与类似行业水平相比,要么持平,要么略高。毋庸置疑的是,处方药既改善了许多人的生活,又为药物公司赚取了数以亿计的利润。

21.2 把垄断力量应用到药物行业中

和前面描述的一样,处方药行业关键的经济标志就是垄断。当专利过期时,竞争就会以一种常见的形式出现,在此之前垄断至少能够统治数年。图 21.1 和我们在第 5 章中看到的垄断者确定价格和产量的图是一样的。如你所知,垄断者是一种商品唯一的卖家。这意味着一个垄断企业面对的自己商品的需求曲线就是整个市场的需求曲线。对这样的企业而言,这有利有弊。与完全竞争相比较,卖家并不需要考虑其他的公司。但是,如果该厂商还想卖出更多的商品,那么它不仅必须把价格降低到人们愿意购买多余产品所接受的水平上,还必须向所有人降价。这包括那些愿意高价购买他们产品的人。所以提高销售所获得的钱,部分地与被迫降价带来的损失抵消了。对公司来说,好消息是,即使提高价格,也并不会像完全竞争那样赶走所有的顾客。

图 21.1 刻画了一家唯一提供某种药物的制药公司的情况。图中显示,代表与额外一个单位商品销售相关的公司额外收入的边际收益曲线是向下倾斜的,而不是像完全竞争情形中那样是水平的。

利用消费者剩余和生产者剩余工具,我们能够看到,由于价格等于 P^*,产量等于 Q^*,相比于社会最优值,该价格太高,产量太低。通过看图21.2 也能明白这一点,其假设也与此一致。让我们暂时假设,把有关处方药的垄断生产看作完全竞争的恰当的对照。① 如同你在第 5 章看到的那样,完全竞争者的边际成本曲线——高于最低平均可变成本——就是供给曲线。如果你更改一下这里的概念,该垄断厂商在图 21.1 中的边际成本曲线,也就是完全竞争市场情形的供给曲线。

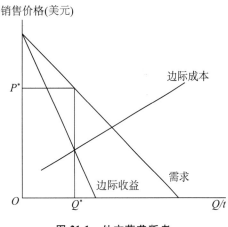

图 21.1 处方药垄断者

在图 21.2 中,我们对垄断和完全竞争进行了比较。完全竞争市场将在价格 P_{pc} 下生产 Q_{pc},因为供给和需求相交于此。垄断厂商要价更高,为 P_{monop},并生产更少,为 Q_{monop},因为边际成本与边际收入在此处相等。因为边际成本与边际收入在此处相等。接下来,我们的消

---

① 由于巨大的创新成本,对于该行业整个生产阶段来说,这个假设是不合适的。但是,在该药物被发明并批准后,这个假设就是合理的。

费者剩余和生产者剩余分析表明,公司的利润不仅以损害消费者为代价,而且是以整个社会的利益为代价。

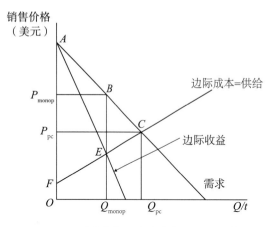

图 21.2 对比垄断和完全竞争下的处方药

图 21.2 显示,在完全竞争的价格-产量组合下的消费者剩余(需求曲线之下,价格线之上的区域)是 $P_{pc}AC$,生产者剩余(供给曲线之上,价格线之下的区域)是 $FP_{pc}C$。在垄断情形下,消费者剩余减小到 $P_{monop}AB$,而生产者剩余上升至 $FP_{monop}BE$。这意味着生产者的状况改善没有消费者的状况恶化那么多。换种说法,这叫作**无谓损失**(deadweight loss),或者是在错误的价格-产量组合下生产的社会损失。它显示了完全竞争和垄断之间消费者剩余和生产者剩余之和的差别。这个区域就是图 21.2 中所描绘的 EBC。

21.3 重要问题

21.3.1 昂贵的必需品还是相对便宜的天赐之物

除了我们能够证明垄断价格在理论意义上是很高的,数字表明,垄断价格在现实生活中也是很高的。尤其是在美国,药物的售价是它们的边际成本的 10 倍之多。另外,药物价格的增长速度远比总的通货膨胀率要高。一个事实是,从 1986 年到 2011 年药物的价格上升了超过 236%,同时通货膨胀率仅为 110%。虽然我们预计到会有价差,如果考虑到非处方药价格在同一时期仅仅上升了 60%,我们就可以看出来处方药的价差是巨大的。

处方药价格上涨的原因是多方面的、多样化的,但它们可以归纳为少数几个重要方面和问题:研发成本、监管和诉讼。还有一个问题是在药物价格中通货膨胀的误测。

新药的开发研制耗资巨大,制药公司在能够获得利润之前需要回收成本。由于"容易的"病也已可被医治或者得到解决,留给我们去研究的是一些疑难杂症。在研究人员获得博士学位或者医学学位之后,仅仅是训练他们,使之理解如何开始药物的研究就要花上数年时间。那些取得这类长期教育的人,一旦开始工作,就会要求非常高的薪水。除了昂贵的劳动力成本,用于此类工作的设备都是专业化的且昂贵的。

药物研究的资本和劳动成本被从药物的成功的临床试验到政府正式的审批之间的数年时间进一步推高。通常,新药会先在小动物身上做实验,然后在灵长类动物身上做实验,接着进行小规模人群测试,设计这类测试主要是测量安全性。最后,大规模的人群试验必须得到这样的结果:该药物有效,且同时不会造成不可接受的副作用。这个漫长的过程是相当昂贵的,并且它极大地延长了公司收入流启动之前的时间。

现金流这个概念可以揭示这个过程是如何造成制药的高成本的。让我们用一个数字的例子来说明这个问题。假设一家药物公司发现 100 万名病人患了一种特殊的疾病,而且他们乐意且能够为一项治疗埋单。假设发明一种新药每年要耗费 1 000 万美元,并且要持续 10 年。假设还要用另外 5 年的时间进行试验和通过批准程序,每年的花费是 1 000 万美元。关于制药公司对某种药物拥有垄断力量的时间有多长的法律有些复杂,但是我们假设该公司拥有这样的权力 10 年;在这之后,完全竞争发生,所有的经济利润消失。① 除此之外,另一个事实是药物从科学家的实验室达到制药阶段为数甚少。制药公司声称失败的努力次数是非常高的,这是药物高成本的另外一个原因。

让我们考察一下制药公司可能面对的一个假设情况。假设每当有 5 种药进入试验阶段时,就有另外 5 种药不能进入该阶段。进一步假设 5 种试验阶段的药中只有 1 种被证明是安全有效的。因此,这 10 种药每种都会产生发明成本,还有 5 种会产生试验成本,但只有 1 种药能带来收入。假设在这个过程的开始时刻,制造商不知道这 10 种似乎合理的想法中哪一种将会盈利,但是知道其中一种会盈利。再假设制造商清楚地知道对每个病人的边际生产成本是每年 10 美元。给定这一切,假设实际回报率是 10%,对于要收回最初投资的制药企业来说,它们从该药物中得到的预期利润必须是每年 5.2 亿美元。因而,即使你忽略了批发商及零售商向制造商和病人索取的所有费用加成,在我们假设的例子中,每个病人每年将不得不面对 530 美元的价格(5.2 亿美元利润/100 万名患者数+10 美元的生产成本)。

除了刚才的考虑,起诉制药公司的社会倾向也造成药品价格会更高。美国人的相互起诉超过了其他任何群体。制药公司都是相当有钱的。它们生产的产品并不是每次都有效,而且有时造成的伤害要比好处还多。在过去十年里,制造商们承认万络和环氧合酶-2 抑制剂有安全问题,因为它们会造成心脏问题。该药被召回,如果判罚通过的话,引起的对制造商的数百万美元的判罚将完全耗尽该药的销售收入。由于担心此类判罚,制药公司会提高它们的药价,以使得它们手中有足够的钱为这样的判罚买单并保留利润。在许多对诉讼和判罚有所限制的国家,药价通常会趋于更低的水平。

在分析药价问题时,我们必须考虑的另一个现象是,干扰其他价格指数的各种问题会干扰药价指数。尤其是我们在第 6 章简要讨论过并在第 13 章深入讨论的消费者价格指数会对药价造成问题。对于这方面的一个例子,你只需要看看避孕药就可以了。20 世纪 60 年代初的避孕药和现在的避孕药完全不一样。这种早期药丸的副作用比今天的药丸严重得多。避孕药现在的价格的提高部分归因于质量的改进而非通货膨胀的影响。

考虑上述所有因素,留给我们的事实是药价要么是真的高,要么是看上去高。在艾滋病治疗的费用中,药物治疗的高额费用表现得很清楚。一种保持艾滋病受到控制的必备药物一年的费用超过了 12 000 美元。"鸡尾酒疗法",一种齐多夫定和蛋白酶抑制剂的混合物,能使艾滋病成为一种在多个方面都可以控制的疾病。20 世纪 80 年代中期,当病人极其痛苦时,唯一的治疗方法只是保持病人镇定,如今,医生能够为许多艾滋病患者提供控制疾病的希望,他们采取的方式与医生为高血压患者采用的治疗方式相似,也就是说,尽管这种病最终仍会让患者死去,但他们的生活时间和质量都将会得到显著的提高。这就是救命鸡尾酒,但是该药迫使许多患者陷入债务或者放弃工作以获得公共医疗补助。虽然破产好过死亡,

---

① 在专利期限之后,因为医生和病人的品牌忠诚度,制造商一般能在药物上获得一定的经济利润。制药公司的销售代表利用礼物鼓励这种忠诚度。这些礼物有时是便宜的钢笔,有时候则是公司赞助的昂贵的假期旅游。

但是我们可以肯定地说,这种药物对艾滋病患者来说是一种昂贵的必需品。

鉴于上述的许多负面特点,可以肯定地说,处方药行业也在试图降低一些成本以在各个层面提高人们的生活质量。药物现在既可以治疗过去需要手术治疗的疾病,也可以治疗过去无法治疗的疾病。当然也有许多改善生活质量的药物,而且这些药物在许多重要的领域也确实是这样。许多非急性的心脏病如今能够使用药物来进行治疗,而不是进行每次价值30 000—50 000美元的心脏搭桥手术或者价值10 000—20 000美元的心脏插管手术。尽管这些药物相当昂贵,而且不能及时为那些几乎完全动脉堵塞的患者解决问题,但它们可以逐渐疏通血管,并且相比较于那些更激烈的治疗方法,这种方法还是卓有成效的。

在其他一些方面,处方药就是简单地促进了生活质量的提高。从类似于像季节性过敏这样的小病到胃痛这样的琐碎的小问题,还有像哮喘这样的令人虚弱的疾病,药物让各个年龄层次的人们的生活都得到了一定程度上的改善。尽管类似于胃痛和过敏这样的症状从来也不会危及生命,但是当它们被治愈时,人们的生活确实被改变了。

像特非那丁①和氯雷他定这样的非镇定型的抗组胺药发明之前,像我这样的有季节性过敏症的人在想在秋天和春天完成大多数户外活动几乎是不可能的。这些药物帮助了那些受过敏折磨的人,让他们能够从事打高尔夫球、割草坪和其他有趣的和生产性的事情,而这些事情原来就只能让他们打喷嚏和痉挛。氯雷他定被证明十分安全,以至于在2003年,美国食品药品监督管理局(FDA)允许它在柜台销售(即不需要医生开的证明)。在诸如埃索美拉唑②之类的新的抗胃痛药物出现之前,对许多中年人来说,辛辣、高酸性的和油腻的菜肴都是无法入口的。虽然对年轻人来说不算什么,但是不能食用美味佳肴的确是一件使人们的生活质量下降的恼人的事情。让患者可以享用披萨饼、法式鸡翅或者开胃汤不会出现在重要的医学问题的列表中,但是一时片刻的享受确实可以让生活增添一些光彩。

后面的这些问题虽然也都不会危及生命,但是它们确实代表重要的生命质量问题。治疗这些疾病的药物对生命而言也许并不重要,但对人们来说,它们代表重大的进步。有些人把这些药物归于奢侈品。但是有些人为相比较于得不到这些治疗方法而言,这些药物并不是很贵。

那么为什么处方药会遭到如此责难呢?事实上,药价的上涨大大超过经济学家预期的通货膨胀并不可靠。我们的感觉告诉自己,处方药的费用超过我们应该支付的医疗费用的10%。对于发生在医院或者就诊的每1美元来说,由病人从自己腰包里拿出支付的费用不足25美分。另一方面,患者为每1美元处方药支出的费用超过50美分。这导致病人对药价的上涨比支付给医院和医生的费用更加敏感。

21.3.2 价格控制:它们是良方吗

另外一个和药价有关的我们必须面对的事实是,美国的药价高过世界上其他地方的药价,那是因为在其他大部分国家,药价是受管制的。无论是药价本身受到控制,还是药物的销售利润受到控制,反正其他国家的人在购买药物上的支出比我们少。如果你去得克萨斯

---

① 该药已经退出市场,因为它被证明会与治疗心脏病的药物相互作用,造成致命的后果。
② 在一些极端的情况下,该药能够降低食道癌的风险。

州的埃尔帕索买某种药,那么你会发现,穿过墨西哥边境,可以用一般或者更少的钱买到该药。在与底特律相邻的加拿大的温莎,你也会发现同样的事情。埃尔帕索和底特律的药并不是更安全一些,只是更贵一些罢了。事实上,包装都完全相同。世界上其他地方的低价的一个原因肯定在于价格控制。

如果政府控制药价,我们的生活是否会更好一些呢?可能不会。当药品发明者把数亿美元投到他们的科学家身上和实验室中,全世界的药品发明者都盯着他们从美国得到的利润。如果他们不能在美国获利,那么他们就没有地方可以赚钱了,他们也就不会再把钱投入到创新活动中去了。打个比喻,美国就是整个制药行业的摇钱树。通过控制药价,我们可能扼杀了一个会下蛋的金鹅,而它正在下某些非常重要的、改善生活和拯救生命的金蛋。

不宁腿综合征

在2006年,一个主要的制药厂商GlaxoSmithKline(是的,这是一个单词)开始生产和销售罗匹尼罗。它做的第一件事情就是抢占那些罗匹尼罗可以治疗的疾病的市场。它不向人们描述这种药对治疗一种诸如高血压或心脏病这样显而易见的医疗问题的能力,而是告诉人们有关"不宁腿综合征"有关的事情。这就是他们在他们的网站上(www.requip.com)所说的这种特别的毛病。

你的腿总是让你无法入睡吗?你是否害怕长时间的商业会议、去看电影,或者坐在飞机上旅行?因为你知道你的"不宁腿综合征"不会让你坐得住。你知道你必须站起来释放你多动的腿上的不舒适感,同时打扰到你的同事、其他看电影的人以及其他乘客。

这种药物为公司赚取了数百万美元的利润,因为它有效地说服了那些坐不住的人们,他们得了一种可治疗的小毛病。它在营销方面也非常成功,他们把它卖给了那些感觉自己有种运动强迫症而睡不着的人们。这好像在讽刺我们说,这是一个我们可以把药卖给那些有钱人的例子。谁会在长途航班上有麻烦呢?谁会在长时间的会议上坐着呢?谁会无法入睡呢?是那些中年的有钱的并且接受处方药的中年商人。用经济学的话来说,做广告的目的就是让需求曲线向右移。在这个例子中,GlaxoSmithKline为自己创造了这个广告。

和处方药有关的法律一直在不断变动。该法律禁止公司在国外购买处方药,然后在美国转售。否则,一家制药公司能够把它的产品以加拿大法律规定的低价出售给一家加拿大公司。然后,这家加拿大公司再把这种药转手给一家美国零售商,因而可以逃避美国的高价。这和允许加拿大控制美国的药价具有相同的效果。随着奥巴马总统的选举成功,可能会被改变成允许再进口。

21.3.3 食品药品监督管理局的审批:太严还是太松

不管是处方药的审批还是管制,都是食品药品监督管理局说了算。在20世纪90年代初,为了不让药物太快地投入市场,FDA实行了严格的检查。后来,令人苦恼不已的拖沓的艾滋病药物批准过程让这个问题进一步升级。如前所述,FDA的审批是一个多步骤的过程,首先是检查药物的安全性,接着是检测药物的功效。只有这两方面都达到了严格的科学标准,该药物才能推向市场。

这听起来十分有道理,但问题是许多人因某种病痛而死去,而对于这种病痛已经有药物可治疗却因为得到批准而不能使用。比如说,20世纪90年代初期,抗艾滋病蛋白抑制剂被证明是安全的,但是科学家还没有时间去证明它的功效。如何检验这种药物的无法预知的药物反应,是垂死的艾滋病患者最不担心的事情,他们只希望立刻得到该药。FDA监管过严的问题是,如果FDA采用稍稍宽松一些的过程,那些死去的病人原本是可以被救活的。

在20世纪90年代中期,FDA开始实施一种快速通道批准程序。在该程序中,已经被证明是安全的药物会得到加速功效检验。这其中的问题是,进行最初的安全评估使用的是相对小的样本人群,而进行功效评估则使用大样本人群。许多不良的药物反应和相对罕见的、无法预知的安全问题在这种功效检验中会被发现。加快功效检验会造成许多安全问题被忽略。这就是芬-芬减肥药的命运,并且这也可能最终也是所有环氧合酶-2抑制剂的命运。

这是经济学的边际分析如何能够用来帮助决策的一个基本例子。加强FDA审批严格性的边际收益是由于那些已被审批通过但后来又被召回的药物,减少了假若不召回药物所可能引起的健康问题。加强FDA审批严格性的边际成本是那些没有得到治疗但本来可以得到治疗的患者失去的健康。FDA批准严格性的最优程度处于边际成本等于边际收益的地方。

如果一种特效药能够略微或者无须咨询医生的意见就可以服用,FDA将会批准该药可以直接在药柜上销售。当这种情况发生时,该药价格会急转直下,因为它能够更容易地扩大销售规模。这种情况是否会转换成消费者的节约则是另外一回事。具有讽刺性的是,氯雷他定在2003年成为非处方药时,没有处方药健康保险补偿的消费者认为该药物从每个月的100多美元降到35美元左右,而那些有保险的人则认为成本上升了,因为没有保险公司补偿非处方药。那些拥有保险的患者则受到了激励去寻找更昂贵的药,比如艾来锭。因此,保险公司对这样趋势作出了回应,要求参保人必须先尝试非处方药,再尝试处方药。

本章小结

现在你能运用垄断、消费者剩余和生产者剩余等概念来分析处方药的成本了。你能够运用这些概念知道,为什么大多数健康经济学家认为处方药相对来说是便宜的,尽管大多数非经济学家认为它们是非常昂贵的。你也明白了为什么大多数健康经济学家不是那么赞成对处方药的价格管制。最后,你明白了经济学家是如何看待FDA的审批和适宜的严格程度的。

关键词

专利　　　　　罕用药物　　　　　无谓损失

自我测试

1. 处方药行业产品的特征是_____。
   a. 低固定成本,低边际成本
   b. 低固定成本,高边际成本
   c. 高固定成本,低边际成本
   d. 高固定成本,高边际成本

2. 在什么样的领域,专利是激励创新的必要因素?
   a. 研发成本高,并易于复制
   b. 研发成本低,并难以复制
   c. 研发成本高,并难以复制
   d. 研发成本低,并易于复制

3. 罕用药物法颁布的原因是,发明用于治疗这些疾病的药的激励_____。
   a. 比普通药物高,因为其价格更高
   b. 比普通药物低,因为其价格太低
   c. 比普通药物低,因为公司预期销量少
   d. 比普通药物高,因为公司预期销量高

4. 一种新药问世,它处在一种没有竞争者的市场结构中,这种市场结构被称作_____。
   a. 完全竞争市场
   b. 垄断竞争市场
   c. 寡头市场
   d. 垄断

5. 一种新药问世,它处在一种有另外一种药物的市场结构中,这种市场结构被称作_____。
   a. 完全竞争市场
   b. 垄断竞争市场
   c. 寡头市场
   d. 垄断

6. 如果用经济学的思想来管理对新药的审批,则应该把严格程度设在使_____等于_____处。
   a. 总成本;总收益
   b. 平均成本;平均收益
   c. 边际成本;边际收益
   d. 生产成本;销售所带来的收益

7. 当一种处方药变成非处方药时,_____。
   a. 每个人都会获得好处
   b. 制药公司得益,而消费者受损
   c. 制药公司受损,而消费者受益
   d. 由于销量增加,制药公司很可能会受益;而保险是否包括(非)处方药则决定了消费者是否会受益

简答题

1. 什么原因导致了不对已经发明出来了的处方药进行价格限制,或者说至少不限制它们涨价?

2. 尽管对于其他国家来说,限制处方药的价格可能是符合最佳利益的,为什么对美国来说,限制处方药的价格则不符合最佳利益呢?

3. 为什么把药物的再进口合法化,相当于是限制了药物的价格呢?

4. 从社会福利的角度上来说,以安全性的理由,来延迟一种药物或医疗设备的审批一两年,会造成什么样的损失?

思考题

Vioxx 和其他的 Cox-2 抑制剂之所以被发明,是因为已经存在的那些药物(会造成持续性的痛苦)会对胃的内部造成损伤。在数年的临床试验后,它们被证明是安全的。在被数百万人使用后,我们才知道,原来这种药对心脏有影响。在什么情况下,它们的制造者应对这种副作用负有法律责任?

讨论题

当一种疾病没有治疗方法时,患这种疾病的人们就没有选择。假设一种被发明的药物价格太高,以至于许多病人都负担不起。让这种药物对有保险的人来说可以得到,会让我们的境况变得更好吗?这样做的社会后果是什么?

进一步阅读

Scherer, F.M., "Pricing, Profits, and Technological Progress in the Pharmaceutical Industry," *Journal of Economic Perspectives* 7, no.3 (Summer 1993), pp.97—115.

第 22 章
你想成为律师吗？——法与经济学

学习目标

学习完本章，你应该能够：
1. 描述私人财产、知识产权和合同，理解它们对经济发展的重要性。
2. 解释为什么破产清算系统对于一个繁荣的经济体是必需的，并且阐述为什么需要小心谨慎地制定这些法律。
3. 描述民事诉讼的规则并且能说明经济学家是如何参与到这个领域中来的。

本章提出了政府和法律环境对促进经济活动的重要性。首先描述了为什么法律系统对于一个健康的经济体是必要的前提条件，其次提出了私人财产中的法律框架、知识产权、合同和破产等知识，最后描述了责任侵权制度对经济的效率的影响取决于如何应用它们。

22.1 政府对财产进行保护的规则以及强制性合同

如第 3 章所言，市场经常会失灵，届时政府需要对市场进行一定的干预以便修正这些市场失灵。当然，这并不意味着当没有这些失灵时，市场就可以不需要政府而依然运行得很好。显然，政府在帮助我们远离身体上的伤害方面是非常必要的。我们需要武装和政治力量来帮助我们远离他人的伤害。政府会为一个明显的市场失灵提供这些服务。这一章会对在我们经济体之上运行的法律框架进行集中的讨论。

22.2 私人财产

假设一小时后你要进行一场针对本章的测验，而你现在正在阅读这本书进行学习。假设你非常聪明，即使不认真阅读这本书也可以在这场考试中获得一个体面的分数，然而你的同桌没有书,而且他也没有你聪明。他宣称他"需要"这本书,他认为他从阅读这本书中获得的比你不阅读这本书会失去的要多。可能他说的都是实话,但是这本书是你的**私人财产**(private property),你说了算。你花了 110 美元来买这本书。它是你的。如果你的同桌从你这里把它拿走,你可以以盗窃的罪名指控他。这种情况下,政府就会扮演尊重和保护私人财产的角色。

为什么保护私人财产可以促进经济发展?首先,私人财产可以激励你努力工作。如果你努力工作并且为他人生产产品和劳务,他们会付钱给你。如果你通过努力工作赚了一大笔钱,你就可以买很多你想要的东西。如果你通过努力工作换来的收入和用这些收入购买的商品可以被别人轻易地拿走,那这些工作就再也不能吸引你去努力地做了。其次,政府对私人财产的保护会激励你去储蓄。如果你选择不立刻把你赚的钱花掉而是把它们储蓄起来,那就可以为别人提供金融资本,让他们去买他们本来买不了的生产用的机器。你会从储蓄中获得利息,而他们会有机会增加他们的商业利润。如果你因预防偷窃而把所有收入立刻花掉,那你就不会有储蓄了。由于失去那些本应得到的利息,你的境况会变得更差,而那些借款者也会因借不到钱而变得更差。

22.2.1 知识产权

通常来说,私人财产是你辛勤工作的产物。曾几何时,这样的辛勤工作也可以是你的脑力、你的想象力、你的创造力或者是你的洞察力。这样的**知识产权**(intellectual property)同样受到保护,以防被人偷窃,例如本书就有**版权**(copyright)的保护。价值 50 美分的音乐亦如此(如果你愿意这么叫它的话)。类似地,那些保护你不受 HPV 感染的疫苗的配方也是受**专利**(patent)保护的。在专利的期限内,只有发明这项产品的公司才有权利生产这个产品。最后,如果你为某个一鸣惊人的产品设立了一个品牌,就好像出租 CD 和录像带的 Blockbuster,那么在没有征得你同意的情况下,没有任何人可以随意用你的品牌。这种保护你的知识产权的机制叫作**商标**(trademark)。

22.2.2 合同

在更为先进的经济体中,合同是用来强调两个或多个参与者所做承诺的必要成分。合同的各方通常不会在同一时间完成交易。当我在加油站买士力架巧克力棒时,我并不需要和卖方签合同,因为在付钱的同时我就可以收到我的士力架巧克力棒。我需要和我的出版商签一个**合同**(contrat),因为在这本书到你手上之前,我需要数月的时间来进行写作。而在你买了这本书的 6—9 个月之后,我才能收到我的那部分钱。如果没有合同,出版商可以直接拒绝付给我钱,也可以在手上保留几年再给我,而不是几个月。如果我的出版商选择抵赖,我的合同就可以保护我不受这种侵害。这个合同也同时会保护我的出版商,以防我的怠惰。当我写这本书的第一版时,他们付给了我一部分预付款,让我为他们写一本可以销售的书。

合同可以保护各方的利益,把他们的承诺与其他东西绑定,而不是他们的漂亮话。如果我想到我可能不会得到收入,那我很可能就不会进行写作,而我的出版商也就没法靠它赚钱了。如果我的出版商没法约束我,让我在一定的时间内交出我写的书,那他们就不会付给我预付款了。从我们第 3 章的消费者剩余与生产者剩余的概念中可以得知,如果这本书生产出来,社会可能会因此得到一定的改善。我获得我的稿酬,我的出版商获得利润而且学生们懂得了为什么合同是必要的。由于合同的存在,每个人的境况都变得更好了。

22.2.3 强制性的各种财产权与合同

我们的法律不准我们做某件事情,并不意味着这件事情一定不会发生。如果某人偷了你的钱,你会打电话报警。假设犯人被抓住了,他会被宣判,判决会是入狱。如果有人仿制了你的歌曲、书、药物或者商标,抑或是违背了合同中的条款,你就需要借助政府的一臂之力了:民事法庭。这意味着你需要雇用一位律师并上法庭,让法官或者是陪审团来决定谁是正确的,谁应该赔偿谁。如果他们同意你的说辞,盗窃你的知识产权的小偷或者侵权者就会被判停止侵权行动并赔偿你的损失。

所以,即使市场是完全竞争的,合同和财产权对于经济的成功也是必不可少的,而政府不管是以警察还是法庭的方式出现,它都应该挺身而出保护公民的财产权。没有稳定、高效的政府的国家通常都不能培养出健康的经济。在 20 世纪 90 年代,索马里的经济就因法律的缺失而垮塌。没有人会进行大笔交易,也没人会为市场创造产品,因为它们非常容易被偷窃。在更近的这段时间里,伊拉克的法律缺失不仅使得美国军队撤离的时间延长,也使得伊拉克的经济无法复苏。

22.2.4 私人产权的负面影响

私人产权的系统显然会激励人们更努力地工作和更加富有创造力,但它同时制造出了一些其他的伦理和经济问题。如果你阅读了本书中处方药或大学课本的问题的章节,你就会对这些问题有些理解了。在伦理方面,我们应该如何理解私人产权导致的全球的财富不平等?让非洲国家自己生产药物解决艾滋病问题是道德的吗?把一本 15 美元生产出来的教科书卖到 115 美元是道德的吗?允许会引起无谓损失的垄断生产是符合经济效率的吗?经济学家通常认为私人产权最首要的作用是可以激励人们努力工作,如果消除了这种保护,人们工作的热情会大大受挫。我们可以把伦理问题和垄断导致的无效率看作生成这种激励的代价。

22.3 破产

有时,人们和企业无法承担他们的债务。可能因为他们遇上了经济困难时期,也有可能是他们的健康问题把他们推向了经济困难,或者仅仅是因为他们花得太多了,有时人们就是还不上他们欠下的钱。**破产**(bankruptcy)允许人们有个新的开始,破产给了人们一些新的选择。有些人想通过继续偿还贷款保留房子和汽车,有些人则想直接摆脱债务。

我们可以问这样一个问题,如果我们需要政府的强制性执行合同,那么注销人们的债务也是合理的吗?为了获得这个答案,我们需要考察一下第 1 章所提到的经济激励。假设你欠了一大笔钱,无论你怎么努力都无法还上。这样一来,你就会失去工作的动力。因为你知道,无论你怎么努力都无法摆脱债务。提供一个破产机制,可以让人们重新获取努力工作的激励。当然如果滥用破产,会让人们不打算还款。在2005年,国会意识到了滥用破产的问题,所以重新制定了破产法,加强了对人们申请破产的目的的控制。

因为这是一本大学教科书,现在看这本书的你很可能是一名在校大学生,所以需要让你明白,社会把补助利率压低,就是为了让你即使宣布破产也无法逃脱学生贷款。它们会永远跟着你。

22.4 民事责任

有时,人们对别人的伤害并不是有意无意地拿了他人的东西,或者是有意地伤害他人。假设你开车撞到了我,导致了我的死亡,我的妻子和孩子显然受到了伤害,他们受到的伤害的大小与我的存在与否对他们影响的差别有很大的关系。用这种直接的原则可以确定你和你的保险公司应该赔偿他们多少。

在决定你应该赔偿我的妻子和孩子多少钱之前,我们先来想一想车祸是如何发生的。如果你在限速之下行驶、合适地控制了汽车、没有打电话,但是在转角处眼睛被阳光刺到,我们就可以认定这是一起事故。大多数的州都会保护真正的事故的肇事者的合法权利。如果你喝了酒、没注意刹车或者打电话,就使得陪审团会追究你的无限责任。相似地,如果你因为这本书把你折磨得人模鬼样,一气之下杀了我,那你将面临的不仅是民事责任,而且是刑事责任了。

然而,我的妻子受到了多大的伤害与你的责任程度无关。现在,我们假设你喝醉了,你的老板在送你回去时就知道了,你和你老板都完全为自己的行为负责。现在,我们再来说说赔偿费。把它分为金钱损失和非金钱损失。这样的划分与第4章中的会计成本与经济成本相仿。

那么我们就先谈谈金钱损失,这部分相对来说比较容易量化。假设我在大学里当教授,每年薪水是75 000美元,我每年还有津贴、保险和其他福利共计25 000美元。这100 000美元对于之后人生的价值取决于选择的利率和我想要工作的时间,这就是计算你对我的家庭造成多少金钱损失的一个起点。以目前每年100 000美元的价值计算,25年之后,就算打95%的折扣,计算之后总共是140万美元多一点点。

现在的问题是你还没有考虑到我涨薪的情况。你也还没有考虑到这本书的版权能为作者赚多少钱。你也没有考虑我如何因为其他事情而死亡的情况。你只估算了如果我没有被炒鱿鱼或者我在退休之前辞职的情况。你假设的是我将在正常阶段退休。你根据假定的通货膨胀率来假设利率。经济学家根据这些变量的类型做假设,然后进而计算可能造成的损失值。现在让我们假设你对这些变量的估算是准确的,并且你能正确地计算目前的价值。即使这样做了,你还是遗漏了一些金钱损失。

如果你查看第6章的内容,看到GDP与社会保险没有关联的内容,你就会发现真正的GDP仅仅解释市场上的交易。我选择在大学里工作是一个市场选择,然后得到了我的薪水和福利。在这里我没有计算的是我在家里做的事情。每天早上起床后,我为孩子们做早餐,给他们做午餐便当。我是一个好丈夫、好父亲,我做一些做饭、打扫和购物的分内工作。我打理草坪、劈柴、在火炉里生火、辅导孩子做家庭作业、帮助他们解决男女情感问题、适当地控制他们的上网时间并防止他们发过多的短信。那么关于这些事情的损害呢？还有我的家庭成员的精神损失呢？这些细微的损失是确实存在的，并且很难量化。

那么，现在假设陪审团把这些损失都考虑了，并且能做出很好的裁决，这些对经济就很好吗？很多人认为这很好，因为这会强迫人们理解并认识到自己将对别人造成的伤害。如果你重新查看第 3 章，当一个人在没有考虑到对第三方造成的损害时就做出经济决策，那么往往会造成市场失灵。让人们意识到自己的行为将带来的经济后果，能帮助他们意识到这样的行为是否正确。因为，如果陪审团做出了正确的裁决，这将让个体及商业考虑到他们对社会造成的所有费用。

问题在于，有时陪审团极大地扩大化这些较难量化的损失。虽然我是一个好父亲，但即使陪审团的确想要处罚醉酒驾驶及驾驶时打电话的人，我也不值 1 亿美元。有时公司会考虑到，当他们做错了事时，公司的存在会因此受到威胁，所以他们有时会过度小心。对于这种担心的一个最好例证是处方药。

当药物接受 FDA 审查流程时，FDA 会检查该药物在治疗某一描述症状时的药效和安全性。假设药物最后通过审查，并且在商场上销售。广告通常比较幽默，虽然它不一定想要表现得很幽默。某个人很正经地询问药物的使用情况，但是另一个人却花言巧语地谈论着这种药物潜在的副作用。这种对药物副作用带有欺骗式的谈论，是为了减轻药物制作商的责任。

我们再看看万络的案例。这是无法服用阿司匹林或者泰诺的关节炎患者的首选止痛药，因为这些价格便宜并且不需处方便可销售的药物会损伤胃的内部。当万络及其他几种类似于环氧合酶-2 抗化剂通过审核流程之后，人们便发现了心脏病和某些药物之间的联系。生产及销售这些药物的公司在发现问题之后，没有立即从市场上撤出这些药物，而是等这些联系得到确认之后才撤出。当确认这些副作用之后，因为他们的推迟撤出而造成了民事责任案件。

为什么当个体面临可能的损失时他们会雇用律师呢？答案是因为他们不必担忧损失。**风险代理律师**（contingency attorney）会同意受理案件，即使客户面临损失或一无所有。如果官司赢了，律师一般能得到 1/3 的审判费。风险代理律师在拿到案件时，其实知道自己只能赢得部分利益，但是只要报酬很高，当然通常情况下报酬的确很高，他们就会做。

在其他案件中，个体的损失比较低，但是受害者较多，这种情况下律师就会集体起诉。**集体诉讼件**（class action lawsuits）是多个受害体集中于一个集体所共同提出的诉讼。在这里，我在 2002 年的本田奥德赛就是一个很好的案例。不管出于什么原因，据称奥德赛实际的跑程被高估了 5%，这样的损失对于个体而言比较小，但是对于 600 万名奥德赛车主而言就不小了。因为奥德赛解决诉讼时，承诺过将支付所有更改他们曾认为是完全精准的文书。因此，如果我的保证路程是 36 000 英里，然而我的引擎低于 37 000 英里，他们要免费承担修理费。根据协议，如果我已经修理过，我可以递交发票拿回我的钱。在这个案件中以及其他集体起诉案件中的共同点是，律师都能得到薪酬，并且不少。在奥德赛的案件中，律师能得到接近 1 000 万美元。

对经济来说，这样总体上是好的还是坏的，取决于犯错的一方改正错误是否显著，企业能否更关注不同类型的错误，以及企业是否赔偿以避免这种诉讼。总的来说，集体诉讼是否为一种可以合理地保护人们财产的工具,部分取决于政治团体。在美国,生意人想寻求有限的责任时,他们倒向共和党,而律师团体倒向民主党。

本章小结

本章我们考察了政府和法律对财产的保护、知识产权、合同、破产和民事责任。我们看到它们的强制性提高了经济效率,但是有其相应的成本。我们看到破产和民事法是促进经济效率的有效工具,但有时也会成为经济的累赘。

关键词

私人财产	知识产权	版权	专利
商标	合同	破产	风险代理律师
集体诉讼			

自我测试

1. 为了让市场经济起作用,经济学家坚持政府应该保护_____。
   a. 私人财产　　b. 自由言论　　c. 集会自由　　d. 自由的参保权
2. 由版权或专利保护的私人财产的类型是_____。
   a. 土地　　b. 金融资本　　c. 知识产权　　d. 个人财产
3. 垄断竞争者的品牌识别受_____保护。
   a. 商标　　b. 专利　　c. 版权　　d. 债券
4. 判断正误:经济学家坚持认为破产法对于完善的经济体系总是有害的。
   a. 正确　　b. 错误
5. 如果一个党派损害了另一个党派的利益,受害方想要雇用一个能让他们赢了这场官司的律师,他们会雇用一个_____。
   a. 人身伤害律师　　　　　　　b. 风险代理律师
   c. 企业律师　　　　　　　　　d. 被剥夺律师资格的律师
6. 如果一位律师想要联合许多人的小额诉讼程序来反驳被告,他们会致力于_____。
   a. 总结判决书　　　　　　　　b. 琐碎的侵权行为
   c. 索赔　　　　　　　　　　　d. 集体诉讼

简答题

1. 抵押贷款是一种契约形式。如果在房屋的价值比未偿付的抵押贷款少得多的情况下抵押贷款契约被执行了,那么为什么这可能对贷款者、借贷者或者房屋购买者来说都没达到利益最大化?
2. 对于知识产权来说,它的潜在成本以及收益是什么?它们总是会鼓励改革与创新吗?那么它们又会制约改革与创新吗？如果是，是怎样制约的呢？

3. 对于经济体制来说，破产的存在有什么益处呢？它的成本是什么？

4. 2011 年，美国最高法院听证了一场案件审理，在该案件中，律师试图证明所有在沃尔玛工作的女性是单一群体。像这样一种"群体"会让你怀疑什么，并且为什么像这样一个群体使得原告在她们的帮助下能够得到一笔安置费呢？

思考题

当经济创造了知识产权时，它必然会强制约束这种权利。在某国国内这种强制力相对容易一些，但是当一些违反者在国外时，这种强制力执行起来就非常困难。在一些国家，版权侵犯十分猖獗，一些商贩在街边售卖复制的 DVD 和 CD，当然售卖这些影片和专辑的价格远比在美国的价格要低得多。美国在贸易协商中将版权视为很重要的一部分，同时强调版权比强调国际劳工标准要高得多。那么，对于你来说哪个更重要一些呢？为什么？

讨论题

对于人身伤害以及集体诉讼案件来说，共和党和民主党对其的看法存在很大分歧。共和党认为这些案件会阻碍经济的发展并且会降低创新的动机，特别是在医药领域。民主党反驳道，当消费者受到伤害或者利益受损时，他们必须有资源。假设，在某种程度上，他们都是正确的。既能保证每个人的利益增长又能保证经济的安全时，这种平衡点在哪呢？

第 23 章
犯罪经济学

> **学习目标**
>
> 学习完本章,你应该能够:
> 1. 理解经济学如何帮助人们分析有关犯罪和犯罪控制的争论。
> 2. 描述什么样的人通常会犯罪,以及为什么。
> 3. 理解那些研究犯罪的经济学家为什么会经常假设罪犯是理性的。
> 4. 分析犯罪的社会成本,我们目前治理犯罪的开支是否合理,关注的罪行是否恰当,重视的罪行是否合适,是否实施了适度的惩罚。
> 5. 把激励原则、边际成本和边际收益运用到控制犯罪上。

我们似乎很难想象用经济学来分析犯罪。除了诺贝尔经济学奖获得者加里·贝克尔关于犯罪的早期工作,在该问题上,我们没有花费很多时间和金钱来研究。但在有些领域中,经济学分析可以说十分适合用来研究犯罪问题。比如说,一个潜在的罪犯会根据合法工作的收入、犯罪的获利以及被抓的可能和后果进行实行犯罪的决策。换句话说,这和一个投资决策没有那么大差别,在投资的决策中也是,安全性资产对应低收益,高风险资产对应高收益。当我们用这样的方式来看待犯罪问题时,经济学和犯罪之间就会有很多联系。

我们研究犯罪经济学的第一步就是看看谁会犯罪。然后我们讨论一个理论上的类似于投资的决策,它告诉我们应该预期到谁会犯罪。接下来,我们利用成本-收益分析来讨论无罪的公众应该如何在犯罪的预防、侦破、拘捕和惩罚方面投入资源。最后,我们用经济学分析终身监禁和死刑能否起到预防未来犯罪的期望效果。

23.1 谁会犯罪,以及为什么犯罪

大多数犯罪行为都是由那些社会地位低下和经济状况不佳的年轻人所做出的。罪行的受害者也非常不成比例地来自相同的人群。例如,年轻黑人主要是针对其他年轻黑人实施

犯罪。不仅如此,当我们考察了与种族相关的一些不利因素,并且与工作机会糟糕等经济上的不利因素结合起来时,问题变得更加严重。例如,尽管白人被其他白人所杀的比例大致与总体人口预测的比例相同(86/100),但是每 100 个被杀黑人中有 94 个是被其他黑人所杀。在这里根据总体人口分布预测的数目应该是每 100 人中 14 人,而不是 94 人以上。

我们得到的犯罪统计数据通常会有两个来源:警方的报告和受害人调查。那些认为警方的报告具有种族歧视特点的人也许会认为这些来自警方报告的数据有种族偏见,但是,很难想象受害者会有兴趣编造他们的报告。向警察谎报袭击者可能会降低罪犯被抓的可能性,并且在调查中这样做也没有任何实际效果。无论你在衡量犯罪问题是参照送交联邦调查局(FBI)的逮捕报告还是对受害者的调查,这些数据最终表明少数人种群在人口中占 28%,但是所犯的罪行却远远超过该比例。问题不在于是不是黑人、西班牙后裔或者其他少数种群的贫困人口会犯出更多的罪行,而是为什么会这样。

23.2 理性犯罪模型

加里·贝克尔在 20 世纪 60 年代后期提出了一个犯罪行为模型,用一个简单的投资决策解释了犯罪的问题。依照贝克尔的看法,犯罪的决策就是一种风险收益的权衡。从事合法工作意味着低风险,而这只能带来低回报,不过这也意味着这样的工人不会担负任何被逮捕的风险。另一方面,高回报的投资,像是偷窃或者售卖非法物品,就会有一个较高的回报,但这让窃贼或者毒贩处于被抓和惩罚的风险中。在这样的背景下,一个罪犯和投资银行家没有什么不一样,只不过后者决定是投资于可靠的美国政府债券,还是投资于有风险的刚刚首次公开发行(IPO)的互联网股票。就如同投资人拥有一个风险性资产和安全性资产的混合投资组合一样,你可以设想大多数罪犯也有合法的工作。事实上,情况的确如此。

我们应该花一点时间解释一下当经济学家使用"理性"一词时,他们表达的是什么意思。对一位经济学家来说,如果人们知道自己要什么,知道自己面对的约束,知道得到自己想要的东西所需的成本,并选择得到它,那么他们就是理性的。这并不意味着这些理性的人会做社会认为最适合他们做的事情。这只是表示他们的行为符合他们的目的、约束和成本。根据这个标准,除了精神病人,其他人都是理性的。

23.2.1 当合法收入上升时,犯罪行为会相应下降

如果一个人拥有通过合法方式比非法方式获得更高收入的潜在能力,这个人还选择一种有风险的、收入更低的犯罪生活,那么他就实在太愚蠢了。如果你具有成为一个医生或者律师的才能,并且拥有 6 位数的薪水,那么销售可卡因拿到 50 000 美元根本就没有吸引力。因而,这个理性犯罪理论正确地预测到,具有高额合法收入的人是不可能在犯罪和囚犯人口中占大多数的。

这个结论看上去十分容易就能得到,但是一个具有中等才能、每小时收入 10 美元或者每年收入 20 000 美元的人会如何看待这个问题,却不是一个简单的问题。在今天这样的社会中,要达到这个收入水平,大多数人需要完成高中学业。因此,囚犯人口中高中毕业的不足一半就很显然了,而且 33% 的囚犯在被捕之前没有干过一项合法的工作。权衡年收入

20 000美元的工作和一种高风险、高收入的犯罪生活是艰难的,决策可能会向另一面倾斜。

一个全职工作、拿最低工资的工人一年大约可以拿到 14 500 美元(在 2011 年),比起那些可以赚更多钱的人,他更会把一份获得高额的犯罪收入的机会看成是一个明显更具吸引力的诱惑。我们可以预计到,在合法的情况下,更多的经济选择机会可能导致更少的犯罪,相反地,更少的机会将会导致更多的犯罪。那么,为什么犯罪现象在 20 世纪 80 年代中后期的经济持续增长时期逐步上升,而在 20 世纪 90 年代中后期的经济持续增长时期下降呢?答案在于经济机会的安排。

如果我们的理性犯罪理论是准确的,那么提升中等、中上等或者高收入人群的经济前景应该对犯罪的影响甚少。即使不帮他们提高收入,他们实质上也没有激励去走向犯罪。在收入上的一点增加,只能减少他们微不足道的一点诱惑,而且不会对犯罪造成可感知的影响。在另一方面,如果经济前景的改变发生在经济刻度的末端,则对于犯罪的影响就可能是巨大的了。

在从 20 世纪 70 年代中期到 90 年代初期的 15 年间,收入的上升一直处于不平等的状态。平均收入提高是因为收入领域中的高端收入上升得很多,而那些受教育不足和工作技能缺乏的人则看到他们自己的实际购买能力停滞不前或者在下降。① 事实上,根据我们的理性犯罪模型,你能预期到我们所看到的一切。在当前时期,犯罪率明显上升,而且低收入人群的犯罪率高于高收入人群的犯罪率。

在 1990—1991 年的大衰退之后,虽然当时犯罪处于一个近期的高位,但是低技能的工人的经济前景开始提升了。最这段时间内,最低工资开始从 3.35 美元提高到 5.15 美元,并且总失业率以及少数种群和低技能工人的失业率都下降了。同时,要么是因为偶然,要么是模型正确,犯罪率开始下降,而且下降得非常快。

理性犯罪模型在解释 20 世纪 60 年代犯罪率的整体上升时遇到了问题,而当时总收入和贫穷人群的收入都上升了。这凸显了在利用经济学对复杂的社会现象进行解释时一个我们必须记住的问题。有时,作为社会现象的核心,社会规范的变化是一个更适宜于社会学家的领域,或者道德观念的变化是一个更适宜于留给神职人员的领域。经济学对于这些问题的解释能力略显不足。

23.2.2　当被捕的可能性和后果上升时,犯罪会下降

在理性犯罪模型中的另外一个变量是被捕的可能性和后果。我们知道,当你没有被捕时,犯罪会带来报酬。我们也知道,当逃跑的机会下降或者被捕后的后果变得更严重之后,成为罪犯的这条路会变得没有那么吸引力。如果你知道你会被捕,你就会去找一份合法的职位来工作,这往往是正确的。但是有些时候,这也不完全正确。例如,对于那些只拥有低下的教育背景和缺乏赚钱技能的妇女来说,色情交易的工作使她们经常被捕,而在监狱中度过几天可以看成她们工作的成本。重要的是,即使算上在监狱中失去的时间,对这样的妇女来说,色情交易的收益也比合法工作的收益更高。

为威慑潜在犯罪,我们可以做两件事情。我们可以选择提高抓捕罪犯的概率,或者可以

---

① 当然,第 6 章中的材料表明了由于 CPI 高估了通货膨胀的影响,穷人的实际收入并没有下降,反而是略有上升。

选择加大对犯罪的惩罚力度。用最简单的话来说,前一种选择所表示的是拥有更多的警察、法官和监狱,我们可以提高抓到罪犯的可能性,并能更快地对他们宣判,并送他们进监狱。第二种选择所表示的是我们可以让判决所决定的监禁时间更长或者让罚款金额更高。

尽管这些措施是一种方法的两面,但是部分地由于我们正谈论的是针对相同的犯罪人群的不断上涨的费用,因此,它们的目的有本质区别。第一种选项的目的在于让罪犯更怀疑自己是否可以逃脱惩罚。依靠花费在司法体系上的金钱,比如可以为警察巡街、侦破和拘捕提供额外的资助,或者向更多的检察官提供资金,使其能收集到更多可以让被捕嫌犯获有罪宣判的证据。这与把钱花在监狱里和让法官判罚更长的刑期是不同的。

23.2.3　有关理性假设的问题

一个拥有评估复杂选择能力的人选择了走向犯罪,是一个理性并经济的决策,这样的假设,使得犯罪学家和社会学家在很长一段时间内都难以接受。为了支持他们的观点,你只要看看那些似乎毫无意义的犯罪行为的百分比。利用经济学手段,校园枪击是无法解释的。对于经济模型的主要批评之一就是,它们把部分人的智力水平想象得太高了。例如,可能有人会这样争辩说:如果罪犯可以像经济学家宣称的那样理性地思考,那他们就可能会足够地明智而不走向犯罪。不管怎样,经济学家使用"理性犯罪"的思想看待犯罪行为;并且,如上面看到的那样,该理性犯罪模型通常与我们对犯罪的认识是相符的。

23.3　犯罪成本

2006 年的数据是我们所拥有最近的全面的全国数据,它显示,我们在警察、法院和监狱上一共花费了 2 140 亿美元。每年会有 1 420 万人被捕,其中有 730 860 人会入狱。目前,有超过 240 万人被关在州或者联邦看守所或监狱中。这刚好对应于每年报道的 430 万起暴力犯罪和 1 570 万起非暴力犯罪。当我们看到这些数据时,我们会想知道我们所花的钱是否值得,我们在警察、法院和监狱上花费的分布是否合适。

如果你对我们的模型有一点点的信任,就会确信,根据在这些领域花费的金钱,我们能够改变罪犯被惩罚的概率和惩罚的力度。当然,我们也能够讨论在提高人们合法收入潜力方面的开支。比如,有些人主张,我们应该把建设新监狱的专用资金抽出来,投入到教育和诸如儿童发展先导计划以及就业培训之类的可能有助于合法脱贫的社会计划中去。有些人则指出这些数据表明这些计划没有效果,并主张建设监狱是这些下策中的最佳之选。

我们花费在犯罪控制上的钱是否适度以及我们在犯罪控制体系中的开支比例是否适合的中心问题是,我们需要考察有多少犯罪行为,它们值得我们花费多少成本去处理。利用各种犯罪学的调查,我们了解到每年报道的犯罪行为达到 1 420 万起,而实际实施的犯罪行为超过这个数字的 2 倍。尽管大多数的谋杀都被报道了,但是许多抢夺、强奸和其他罪行,一般不会被全部报道。其中部分原因在于犯罪受害者的理性。如果抓住作案人的机会不大;而心理和金钱方面的成本过高,那么许多受害者很有可能不去报告他们受到的犯罪行为。

23.3.1 平均的犯罪成本是多少

在犯罪时,有许多种不同类型的成本需要考虑。如果我们可以把一个以美元衡量的价值赋予平均的犯罪行为,我们至少可以在理论上衡量总体上的犯罪成本。首先也是最显而易见的犯罪成本就是那些被抢或是被偷的物品的价值。这实在是太容易测算了,但这种成本并不是一直都很重要,尤其是当犯罪的形式是以攻击而不是盗窃出现时。受害者实际的或者潜在的收入损失是更难以估计的。即使当犯罪行为是一起简单的盗窃,如果被偷的东西是有保险的,受害者的成本也不能算作是盗窃造成的社会损失。例如,当盗窃变得普遍时,保险费率和那些不会增加幸福感的无关的防盗措施都会上升。

对犯罪造成的实际成本进行估计是困难的,对诸如谋杀、强奸和人身攻击的成本估算就更加困难了,这是因为这些成本中的许多都是无形的。这些损失中有某些层面比其他的层面更容易衡量。例如,一起袭击的受害者因该袭击而数日不能工作所造成的损失至少是可计量的。另一方面,一起性侵害的受害者因该案而丧失的生活质量是难以计量的。还有更难的是,我们无法知道一个人会不会因为受到非法侵害而变得丧失斗志。对受害者造成的心灵创伤的货币价值也同样难以估计。

有两种一般的衡量无形损失的手段。第一种是通过观察在低犯罪率和高犯罪率的国家的相对价格来看看一个人愿意为避免犯罪付出多少。这令经济学家发明了一种"支付意愿"的衡量手段。如果人们必须支付10万美元来降低他们受到侵害的一半的可能性,则这样一种犯罪的成本就是20万美元。这样的衡量手段可以用于估计人类生命的价值。如果一个人愿意出100美元来使其遭受死亡的可能性从1/5 000降低到1/10 000,则他们是在隐晦地说他们的生命值50万美元(100/0.0002)。

另外一种手段是利用陪审团对意外致死和人身伤亡的补偿来建立估计。在这种方法中,陪审团给予酒后驾驶所造成的寡妇的平均补偿被作为生命的价值的替代物。陪审团给予非致命的事故的平均补偿可能就代表了一次非致命的袭击所造成的无形损失。

如果我们简单地忽略痛苦、磨难以及失去生命的所有估计成本,那么估计的平均犯罪成本略高于1 000美元。加上最低的"痛苦和磨难"和其他的无形成本,有些经济学家估计的平均犯罪成本在10 000美元以上。

23.3.2 一个罪犯平均会犯多少次罪

我们可以用这些数字来估计把罪犯释放的成本,并且将这个成本与把他们关在监狱里的成本相对比。如果我们知道每个罪犯平均会犯多少次罪,就可以用每年的平均犯罪数乘以每项犯罪的成本,得出释放在押的暴力罪犯对社会施加的成本。从另一个方面来看,我们可以计算不逮捕、不监禁一个罪犯的平均成本。

即使能够自圆其说地解释犯罪学调查,我们还是发现一个平均罪犯犯下的平均罪行数目跨度很大,从10到180不等。大多数经济学家所认同的估计在10到20。如果我们暂时假设除去法律执行的所有的开支,并保持罪行数目不变,那么防止犯罪行为所节约的平均开支将处于5 000美元(每个罪犯犯10次罪乘以每项案子的500美元)到20 000美元(每个罪犯犯20次罪乘以每个案子的10 000美元)。

犯罪中的重要问题

经济学家史蒂文·莱维特对这个问题做了个有趣的调查。他得到的结果是"社区巡逻"（警察在巡逻的社区不断地与该社区的人交流）的效率低于只是简单地增加巡逻人数的效率。这表明了这样一件事：警察所做的事情中实际上最重要的就是对犯罪者的威胁。

类似地，他发现加重对犯罪的判罚对犯罪的威慑效果甚微，但是抓住更多的罪犯却可以更多地减少犯罪。这样的原因看上去显而易见，实则不然。例如，他说道毒贩的行为方式与理性犯罪模型完全不同。当罪犯已经选择了随时可能带来死亡的职业时，他们对潜在的惩罚的增加就不会有太大的反应了。他认为，更长并且确凿的定罪更有效果是因为这可以防止那些已被定罪的罪犯再次犯罪。

就经济学和犯罪来说，莱维特发现 20 世纪 90 年代的犯罪率的显著下降与那个时代的经济增长没有很大关系，而是与那 15—20 年前的孩子"被希望出生"的程度上升有很大的关系。对于那些只有经济学家才能想到的结论中的其中一个（见 18 章有关吸烟者是如何促进社会保障的的讨论），莱维特说道，20 世纪 70 年代堕胎的合法化提高了孩子出生在他们"被希望出生"的家庭中出生的比例。经济学家曾经讨论过：那些在不希望他们出生的家庭中长大的孩子比那些在希望他们出生的家庭中长大的孩子更有可能去犯罪。

杰西卡·雷耶斯把另外一个完全不相干的也是时间上分离的解释写进了犯罪和经济学的作品中。她解释的中心论点并不是 20 世纪 70 年代的堕胎权的放开，而是对油漆和汽油中铅含量的控制。她发现，如果你把 1950—1980 年的大气中的铅含量等级的图画在 1970—2002 年的暴力犯罪数量图的上面，你就会发现两者接近完美地吻合。美国 20 世纪 70—90 年代犯罪率的上升与大气中铅含量的上升可以很好地吻合（利用她的源于汽油和总行驶路程所含的铅量的估算）。在美国 20 世纪 90 年代中期犯罪率明显的下降趋势与因对含铅汽油的禁令而引起的铅含量下降相吻合。在你说"有了，找到了！"之前，想一想第 1 章的提醒。除非你可以创造出因果关系，否则即使两个变量相关，那也并不意味着其中的一个就是另一个的原因。在这个案例中，她的貌似正确的因果关系是空气中的铅被孩子们吸入了肺中，进而改变了他们的大脑。她的案例中的最后一个层面完全的与医学的有关铅的影响的证据相一致。然后，她引用了铅是如何影响大脑进而导致暴力犯罪的医疗证据。特别地，铅会改变大脑的有关集中和禁止强迫行为的部分。当这两部分都被破坏时，我们就会难以集中在生产性的工作上，并且更可能表现出我们的冲动（可能是暴力）。

哪一个解释是准确的呢？或许两个都是。

23.4 最优的犯罪控制支出

23.4.1 最优的支出是什么

把一个犯人关押在监狱里的平均成本是每年 31 500 美元。假设，当我们取消所有法律执行的开支时，犯罪率会上升——要么是罪犯的犯罪平均数量会更多，要么是那些原来遵纪守法的公民变成罪犯——那么,我们花在监狱上的钱的价值就一清二楚了。尽管超过160万人以每年500亿美元的成本待在州或联邦的看守所和监狱中,这也许仍是一个"不错的"开支。

但是,我们是否花费最优的开支数目把犯人关押在监狱里的问题一直悬而未决。在目前,监狱外的重犯数量远远超过监狱内重犯数量的两倍。那些本应服刑的人被假释或者从来就没被关进过监狱。假如他们实施犯罪的速度与关押在牢的罪犯以前的情形相似,即每年15起到20起罪行,那么,我们关在监狱里的犯人就太少了。

经济学家所关注的,不一定是花费在犯罪控制上的总额是否超过阻止犯罪上节约的总额,而是我们是否花费了一笔合适的数额。实际上,该问题与一家企业最大化利润问题完全相同。实际上一家企业的收入超过其成本并不意味着利润达到了最大。这意味着我们对逮捕、侦破、关押"平均"罪犯的成本和收益的关心比不上我们对关押在牢的"边际"犯罪的关心。

不妨考虑这样的问题。假设我们抓获一个每年引起10万美元社会成本的偷窃惯犯,并且把他关在监狱的成本是每年31 500美元。现在假设抓获一个每年只引起10 000美元社会成本的行窃新手,把他关在监狱的成本仍是31 500美元。中等或者普通的窃贼每年引起的社会成本是55 000美元,我们把他关在牢房的成本是31 500美元。这意味着我们不应该关押行窃新手。关押新手的社会边际收益小于边际成本。

把以上信息用到最优的犯罪控制问题中意味着,我们需要看看已被捕和关押的是些什么人,当我们增加司法开支时,应该先把他们放在一边不考虑。实际的问题是,我们要做出这些辨别比在企业中难得多。在企业中,我们可以看到生产额外一单位产品耗费了多少额外材料和劳动成本,但是我们无法轻易地确定有多少额外的被抓罪犯是由于我们在警方的开支提高引起的。在开支提高之前,与平均犯罪相比,这些被抓的罪犯的危害程度是更大还是更小?由于这个原因,许多犯罪研究假设"边际"罪犯就是"平均"罪犯。

23.4.2 钱花在正确的地方了吗

我们花的钱的量是否合适,这是一个有趣的问题,另一个问题是同样有趣的,我们是否把钱花在了正确的地方。我们需要再一次用到边际分析。如果我们在整个系统中花费2140亿美元,这些钱如何分配,则取决于花在警察、法院和监狱每一项上对打击犯罪的产生的边际效果。当每一美元在这三个领域的边际收益相等时,我们就达到了最优的分配。

23.4.3 监狱里关对人了吗

当然,一个相关的问题是,监狱里是否关对了人。在超过200万名入狱的人中只有一半的人是暴力罪犯。剩下的是诸如入室行窃、私藏毒品以及贩卖毒品这样的非暴力犯罪。如果这些监狱用来关押毒贩而不是暴力罪犯或者窃贼,那么也许监狱关错了人。如果我们只有释放暴力罪犯才能给毒贩腾出监狱房间,那么我们要么修建更多的监狱,要么释放毒贩。

如果接受这样的选择,州和地方的政府会决定继续修建监狱这样无节制的疯狂行动。比如说,在20世纪八九十年代的得克萨斯,监狱的关押能力几乎每4年翻一番。这种现象肯定不止局限在某个州,因为各个州相继实施了要求罪犯至少要服刑85%的"真实判罚"的法律。在佛罗里达和得克萨斯,重犯服刑不到判罚的 1/3,各州之间这种不一致是无法接受的。

23.4.4 我们应该严格执行哪些法律

按照正式的方法,经济学家会从成本-收益的角度看待犯罪控制措施。在图 23.1 中,纵轴代表追捕、审判及关押一个罪犯有关的边际收益和边际成本。我们做了三个假设。

1. 对每个额外的犯人来说,边际收益是递减的。
2. 我们首先对付重犯,最后对付轻犯。
3. 防治犯罪的美元收益是下降的。

进一步,我们将假设对付罪犯的边际成本是递增的,因为我们假设,和那些重犯相比,追捕和审判违反最次要法律的轻犯更为昂贵。这个假设是依赖于这样一种思想:我们不得不有更多的,并且更为重要的是,不那么得力的警力①去追捕此类犯人。

图 23.1 显示把钱花在追捕、起诉和关押所有的杀人犯、强奸犯和高级毒贩身上是有意义的。这也表明了对横穿马路者、毒品使用者和低级的毒贩施以相同的措施是没有什么意义的。尽管此图在假设上过于简单,但你也能够大概明白经济学家是如何思考犯罪控制的问题的。我们应该把钱花在那些真正的坏人身上,而不是那些不算太坏的人身上。

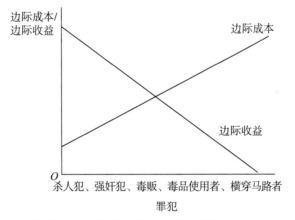

图 23.1 对犯罪的边际成本和边际收益分析

最后一个问题是,我们应该如何花费执法开支。我们应该如何在各个部门分配财力?比如说,州政府花费在对付罪犯方面的预算不断上涨,而且它们分配给审判机关的比例也更大。有能力的警察在阻止罪犯和逮捕那些未被组织的罪犯方面更有效。这也意味着被判入狱的人会在监狱待更长时间。这方面的负面影响造成的结果就是达成轻判协议的案件比以前更多。

由于增加的开支不是平均地注入司法系统中的所有部门,罪犯更可能被抓获,尽管对他们公诉的罪行其实并没有犯下的罪行那么严重,但他们还是被关入了监狱。犯人面临的刑

---

① 我们说他们可能是不够得力的,因为所有城市首先会在申请大军中雇用更胜任者,因此,当需要雇用更多的警力时,这些更胜任者都已被挑走了。

期可能会增加,因为短期徒刑的85%通常比长期徒刑的33%时间更长。自20世纪90年代以来犯罪行为的部分下降也归因于这项把更多的罪犯关进监狱的政策。一小部分的罪犯犯了大部分的罪行,他们现在必须在监狱里待更长时间。尽管估计值会有出入,但是经证明,监狱人口10%的上升导致了犯罪行为4%—6%的下降。虽然其中一部分原因可能是威慑,但是也可能是因为把罪犯关押在监狱里,从而防止了在他们如果没有被关押时原本会犯下的罪行。

23.4.5 什么是最佳判决

如今我们争论的主要问题之一,就是被宣判为杀人犯的犯人和其他十恶不赦的重犯是否应该被判处死刑或者是不得假释的终身监禁。虽然许多宗教领袖和普通百姓都把这看作一个道德问题,但是经济学家再一次从成本和收益的角度去看待这个问题。如果你宣判囚犯死刑,那么只有在漫长的、抽丝剥茧的上诉过程之后才能执行判决。即使这样,许多死囚都死在监狱的小床上,而没有机会面临药物注射、绞刑或电刑。用经济学的话说,我们必须决定在长达10年的时间里花费的一大笔钱是否超过在关押费用方面节省的钱。通常在谋杀案中宣判的无期徒刑也会面对这样的成本问题。如果一个75岁的囚犯被释放,他可能再次威胁社会吗?

为了考察死刑是省钱还是费钱,我们需要回忆一下第7章的现值概念。假设现在进行100万美元的投资用以支付修建监狱、审判诉讼和处死被判死刑的囚犯;假设对于一个被判终身监禁的囚犯来说,现在投资不到100万美元就可以简单地从他被宣判之时到死亡时一直囚禁他。在这种情形下,死刑是更花钱的。否则的话,死刑是省钱的。当然,这里假设死刑不是一个威慑。我们花费现值100万美元对某人实施死刑或者花90万美元关押他终身监禁,并知道那些十恶不赦之徒都会罪有应得,从中只得到10万美元或者更多的满足感,这也是可能的。

在制定服刑时间方面的成本-收益权衡也是重要的。由于几乎没有罪行是由80岁高龄的人犯下的,那么判罚人们终身监禁有意义吗?当人们犯罪的机会和能力已经不存在时,为什么不释放他们呢?我们不难发现,随着时间的流逝,一个在18岁残暴得足以杀人的人可能不会在50岁杀人,更不可能在70岁杀人。但这一点也许不值得考虑,因为囚犯在监狱的平均寿命是很短的,很少有人活得足够长,长到超过了他们具有暴力倾向的年龄。监狱的生活是艰苦的,监狱中的食物和医疗护理不适于把囚犯的健康水平维持在他们生命中的"黄金时期"上。具有讽刺意味的是,这使得死刑甚至是更不经济的,因为"活人"的命不会那么长。

■ 本章小结

现在你应该理解经济学,尤其是边际收益-边际成本分析的使用,是如何有助于我们讨论犯罪和犯罪控制问题的。除了知道一般是什么人犯罪及其原因,你也看到经济学家经常把罪犯看作受自己决策的风险和收益影响的理性行为人。你还了解到犯罪给社会造成的成本以及我们控制犯罪花费的成本。经济学家回答了关于我们是否在合适的罪犯、合适的罪行以及执行适合的刑罚方面花费了合适的钱等方面的问题,由此我们知道了经济学家是如何看待罪犯控制问题的。

自我测试

1. 如果法官在上任之前必须接受经济学家那样的训练,当他们再决定如何宣判时,可能会使用_____分析。
   a. 边际　　　　　　b. 惩罚　　　　　　c. 信仰　　　　　　d. 平均
2. 警力保护的最佳水平会落在_____和_____相等处。
   a. 雇用额外的警官边际成本;犯罪减少的边际收益
   b. 所有警官的平均成本;平均每个警官带来的犯罪的减少
   c. 所有警官的总成本;犯罪减少的平均收益
   d. 平均的判刑时间长度;每次犯罪的判刑历史
3. 经济学家史蒂文·莱维特得出了一个犯罪和_____之间出乎意料的联系。
   a. 肥胖　　　　　　　　　　　　b. 办公室里的政治团体
   c. 流产的权利　　　　　　　　　d. 全球变暖
4. 我们估计出平均每次犯罪的成本为_____。
   a. 500—2 500 美元　　　　　　　b. 1 000—10 000 美元
   c. 10 000—100 000 美元　　　　 d. 100 000—1 000 000 美元
5. 对一个经济学家来说,在警察、法院和监狱之间进行开支的正确分配意味着_____。
   a. 在每项上花销一样
   b. 使每项的平均收益相等
   c. 不造成浪费
   d. 使每一项都无法更好地运用边际的一美元(就减少犯罪而言)
6. 理性犯罪模型把犯罪解释成_____。
   a. 激情　　　　　　b. 愚蠢　　　　　　c. 利润　　　　　　d. 爱
7. 理性犯罪模型得出了与_____思考过程相似的结论。
   a. 投资者　　　　　b. 教育家　　　　　c. 治安机关　　　　d. 政客

简答题

1. 你会如何运用边际收益与边际成本分析来决定,对某种特定罪行的正确量刑?
2. 你会如何运用边际收益和边际成本分析来决定,我们是应该把钱花在把罪犯关在监狱里还是雇用更多的警察?
3. 为什么在研究刑事政策时,重要的是使用边际分析而不是"平均"(成本和收益)分析呢?
4. 你可以制定出什么样的政策来在若干年之后对犯罪造成影响?

思考题

理性犯罪模型常常被用来解释毒贩的行为。经济学家史蒂文·莱维特不同意这样的观点,他认为参与贩毒的那些人就像那些玩彩票的人一样非理性。毒贩是理性的吗?

讨论题

在什么样的情况下,你会参与犯罪行为?你的行为会是理性的吗?

进一步阅读

Journal of Economics Perspectives 10, no.1(Winter 1996). 参阅 John J. DiIulio、Richard B. Freeman 和 Isaac Ehrlich 的文章, pp.3—8。

Cohen, Mark, *The Costs of Crime and Justice* (New York: Routledge, 2005).

Levitt, Steven D., "Understanding Why Crime Fell in the 1990s: Four Factors That Explain the Decline and Six That Do Not," *Journal of Economic Perspectives* 18, no.1 (Winter 2004).

Reyes, Jessica Wolpaw, "Environment Policy as Social Policy? The Impact of Childhood Lead Exposure on Crime," *The B.E.Journal of Economic Analysis & Policy* 7, no.1(2007), Contributions, Article 51.

第 24 章
经济学中的种族歧视与性别歧视

学习目标

学习完本章,你应该能够:
1. 描述经济学上对不同种族与性别的收入差别的测度。
2. 解释歧视是什么,学会如何计算以及如何分析。
3. 将劳动市场的歧视行为模型化并总结歧视行为在房地产市场、汽车市场和贷款市场存在的迹象。
4. 描述平权法案是什么;它是如何、为什么以及何时发生的;它在美国的存在形式。

非洲裔美国人和女性在整个历史上始终都遭受歧视。这些歧视现象的存在并不令人惊奇,但要做到精确的检测和衡量并不是那样简单。随着时间的推移,他们与白人之间的收入和财富上的差距已经在减少,但巨大的差距仍然存在。这一章研究了妇女和少数族裔的经济地位,讨论了经济学家眼中歧视的种类进而去解释它们。接下来本章继续讨论了衡量种族歧视的方法并找出模型描述它对工资的影响。然后本章将会解释在歧视行为被禁止之后为什么有些经济学家会认为收入差距会很快缩小,而另外一些经济学家则正确地预测到了即使颁布了禁止歧视性做法的法律也无法缩小收入差距。最后,本章将会对平权法案做出介绍,介绍它的经济学解释和机理。

24.1 女性和少数族裔在经济学上的地位

24.1.1 女性

女性已经开始成为美国经济中日益增长的一部分。经济学家所说的特定人群比率是指那些超过 16 岁并在**劳动参与率**(Labor-force participation rate)中起作用的人。在近些年,女性中的这个比例正稳定地上升,从 20 世纪 60 年代早期的 38% 到现在的 58%。然而,男性的这个比例是高于女性的,为 70%,但它却一直在稳定下降。随着美国人口老龄化的加深,更多进入老龄人口的人很有可能被解雇,研究人口的人口学家调整了劳动参与率以反映这个事实。因此,他们指出,妇女在岗位上的真实作用要高于原始数据显示的那样。

有一点是非常重要的:从经济学的视角来看,虽然男性与女性的收入和财富渐渐相等,但男性仍然拥有比女性高 49% 的收入、高 23% 的全职工资,以及拥有 19%(女性拥有 12%)的养老覆盖率,因此更不可能陷入贫穷。虽然相比于单身的男女,有更多的家庭申请破产,但单身女性申请破产的发生率也在迅速攀升,而单身男性和夫妇的申请率仍保持平稳。最后,单身男性在财富积累上也要高出单身女性 20%。在表 24.1 中总结了这些不同点。

表 24.1 男女之间的经济差异

	男性	女性
总收入(美元)	31 184	20 957
全职雇员一周的中位收入(美元)	824	669
平均净资产(个人)(美元)	163 489	136 351
养老金的普及程度(%)	75	63
贫困率(%)	11.4	13.6
申请破产率(%)	46	54

资料来源:www.census.gov/hhes/www/income, www.bls.gov/cps/cpsaat39.pdf, www.census.gov/hhes/www/poverty, www.census.gov/hhes/www/wealth。

这并不意味着女性的经济地位没有得到提升。图 24.1 就显示了女性对男性的全职就业的周薪的比率与占所有收入来源的比例在持续上升。但是如表 24.2 所示,当考察相同职业的数据时,女性的收入仍然要少于男性的收入。

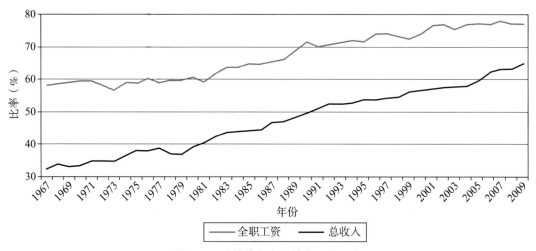

图 24.1 女性收入占男性收入的比率

资料来源:www.census.gov。

表 24.2 一些职业的全职工资收入的中位值

职业	女性收入占男性收入的比率(%)
医生	71
律师	77
经理/主管人员	72
教师(基本工资)	91

资料来源:www.bls.gov/cps/cpsaat39.pdf。

24.1.2 少数族裔

经济学和社会学中反映种族方面的数据有两个明显的趋势。在种族方面的不平等现象仍有清晰的档案记录,但其程度得到了减轻。从反映种族不平等程度降低但没有消失这一现象的数据中,最为清晰的是白人与黑人的中等收入家庭的数据。图 24.2 为我们展示了自 1967 年至今,白人中等家庭的收入从 8 234 美元上升到 62 545 美元,而黑人中等家庭的收入则是从 4 875 美元上升到 38 493 美元。

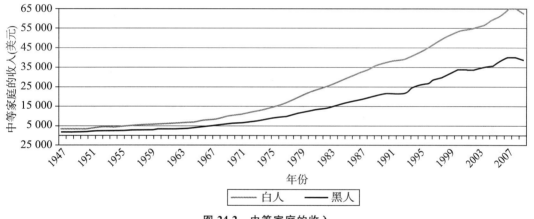

图 24.2 中等家庭的收入

资料来源:www.census.gov/hhes/www/income。

图 24.3 显示在黑人与白人中等收入家庭的绝对收入差距上升的同时,它们之间的比例却是在缩小的。也就是说,在白人家庭享受更高的收入带来的收益的同时,黑人家庭的收入以更快的速度增长。虽然黑人家庭的收入与白人家庭的收入之比仍显著小于 1.0(如果绝对平等存在,那么它是有效的),但是它从 1950 年的 0.52 一直上升到 2009 年的 0.615。而有说法表明在 2007—2009 年的经济衰退中非洲裔美国家庭受到的冲击大于白人家庭。

其他的经济数据为我们证明非裔美国人与白人之间的不平等现象仍然存在提供了另外的证据。例如,在 2010 年的全职小时工中,白人的中等工资是 765 美元,而黑人则是 611 美元。在这个层面上,0.80 的比例表示已经接近相等了,但这个比值却一直保持了将近 20 年。

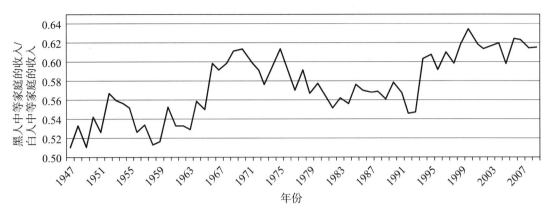

图 24.3 黑人家庭收入与白人家庭收入的比率

资料来源：www.census.gov/hhes/www/income。

虽然在一些方面仍存在许多令人惊讶的不平等现象,但也还是有一定进步的。不过,只有 26% 的非裔美国人在前 40% 的收入行列,反之,有 57% 的非裔美国人在最低 40% 的收入行列;而且,黑人在不同年龄段的失业率要比白人高几个百分点。有一个令人困惑的事发生在 2007—2009 年的衰退中,全球的失业率都上升了,而这对非裔美国人的影响却远远高于对白人的影响。特别是在 2010 年 9 月,黑人青少年的失业率上升到了 49.2%、已经远远超出白人的 2 倍了。而另一方面振奋人心的是,少数群体的企业数量的增长是令人震惊的。在 1987—1996 年间,这类公司的数量增加了 46%,它们的收益也提升了 63%。同时,社会学的调查研究的结果与经济学方面类似。但是,在美国,我们也不能忽视在大学中学习的黑人数与在假释中、监狱里或被判缓刑的黑人数大致相同(大约有 230 万人)。这个数据强调了两方面的问题:在大学里学习的非裔美国人不够,以及在监狱中的太多。而对于非裔美国人,还有非常突出的两方面统计数据。对于黑人而言,女性上大学的数量要超出男性的 50%,而男性在监狱中的人数几乎是女性的 10 倍。

同样,我们也不能忽视生活在女性养家的家庭里的黑人孩子是白人孩子的 2 倍多。由于家庭结构对于一个经济形势的好坏有至关重要的影响,因此非裔美国人面对的经济差异很大程度上由单亲(或者女性占有压倒性地位的)家庭这一社会问题引起的。

我们也需要注意非裔美国人已经是高比例犯罪受害群体这一问题。在任何一年,100 个非裔美国人中有 2.4 个人遭受暴力犯罪,而只有 2% 的白人遭受了暴力袭击。各种族在抢劫受害者中的不同比例已经凸显了种族的区别,其中黑人成为抢劫受害者的概率是白人的 3 倍。

在教育成就方面,非裔美国人从高中毕业的比例增长速度要远高于他们在 1960 年时的比例增长速度。但不幸的是,非裔美国人在大学的毕业率的增长速度和那时基本相同。有一部分原因是,相比于白人,更多的非裔美国人选择去取得一个普通教育发展证书(GED)。而且,很多大学更喜欢高中毕业证书而不是 GED。更进一步说,相比于高中毕业生,无论是取得了 GED 的白人还是黑人,他们的平均收入水平更接近于从高中辍学的那些人的收入水平。

> **社会学还是经济学？为什么女人赚的比男人少**
>
> 众多研究对比了男性和女性的收入。许多经济学家通过控制教育背景、全职或兼职工作、经验、工作需求以及其他变量，来对比男性和女性在同种工作下收入是否相同。然而，社会学家以及几乎所有的女权主义者都认为这是荒谬的，因为他们看到这些因素还持续不断地对女性不公，它们并不是如经济学家所假设的数据可控。问题如下：
>
> - 所有收入还是劳动收入：如图 24.1 所示，如果你关注广泛的相对收入的问题，女性只赚男性收入的 65%；但是，如果你的关注点更小，仅关注当男女全职工作时他们的工资差异，这一比率将会更高：女性赚取男性收入的 77%。
> - 与固定雇主共事时长：男性与目前雇主的中位数为 4.2 年；相比较而言，女性的时间则为 3.9 年。很明显这个差距在近几年缩小了一半。
> - 不同专长：只有 32% 的律师、32% 的医生、14% 的工程师是女性。另一方面，97% 的秘书、92% 的护士、82% 的小学教师、95% 的日常护理工和 81% 的社会工作者是女性。
> - 怀孕和抚养孩子：尽管针对怀孕的歧视是非法的，但是当男性获得女性失去的任何机会时，都会造成年轻专职父系比年轻专职母系晋升更快。因为只有女性可以生育而 98% 的全职父母是母系，女性因此失去了竞争的机会。
> - 灵活雇佣制：从社会学上说，女性比男性更愿意挑选灵活的职业，以此来更好地处理家庭问题。当然，灵活的工作往往意味着更低的工资收入。
>
> 这些问题都会让人们有意的或者自由的经济行为结果合理化吗？还是他们只代表了歧视本身？你可以和你的同学以及老师们在经济学及社会学上进行辩论。

24.2 解释与测量歧视

24.2.1 歧视、定义和相关法律

从表面上看，定义歧视行为不难。如果因为对方是女人、非裔美国人或西班牙裔美国人，你就对待他和其他人不一样，那你就是在歧视他们。为了解释得更加完整，总共有两种类型的歧视行为，而不是一种。如果你因他们的性别、种族而对两个同等地位的人对待不同，那你的行为就是**差别待遇歧视**（disparate treatment discrimination）。在另一方面，如果你做了一些事并没有表现出来，而是使得你所在的群体中更加否定某一种族或性别的人，那么这被称为**不良影响歧视**（adverse impact discrimination）。

在通常情况下，两种歧视行为都是违法的，只有在歧视行为对于人们或公司的需求有意义时，不良影响歧视才被允许。例如，如果白人想控告国家橄榄球联盟（NFL）让黑人在后卫防守队员中占了太大比例，那将会有两个法律障碍。第一个障碍是对于白人而言的，白人可能会被指出有不良影响歧视行为。通过说明美国有 70% 的白人但 3% 不到的后卫防守队员是白人，他们很容易做到这个指证。在这个案例中，如果不良影响歧视被证明之后，举证责任将会转变成指控。为了"经营上的需要"，NFL 会带领它的队伍做出他们的选择。如果

NFL 的这些队伍表明了他们对速度、力量和身体条件的测试并展示出以下内容:(1)这些测试确实能够预测运动员的能力;(2)他们选择后卫防守队员是基于这些测试的。因此,虽然不同形式的歧视行为是违法的,但只有在不良影响歧视不能被证明是出于商业活动需要时才是违法的。

雇主在使用经验的方法来招聘员工是一种更为普遍的差别对待歧视。经验法则(一些运用广泛的但不能确保一定正确的法则)能够为人们处理复杂问题提供一个简单的指导法则。一些研究歧视行为的经济学家指出,经验法则有一定的作用,在过去很长一段时间内被应用于招聘。而且,他们还进一步指出大部分时间经验法则都不能很好地预测一个人的表现。其中有一条经验法则就是一个表现较好的体育播音员往往都很喜欢运动。虽然那样的人的确看了许多体育节目,但这并不意味着就能够胜任这个工作。而且,类似于"男人是更出色的驾驶员"之类的许多表现法则都不能很好地预测一个人在工作上的表现。

即使有具体而精确的经验法则,歧视行为也是违法的。这种形式的歧视行为在经济学上等价于种族定性,就是我们经常听说的关于警方在制定策略时提到的内容。在经济学上,由于这种歧视行为基于全面的统计证据,因此在一定程度上被归类为**理性或统计歧视**(rational or statistical discrimination)。它被称为"理性的"是因为这与公司公认的最大化利润目标有关。例如,在美国,当一个银行与最好的统计学家和经济学家合作时,他们发现非裔美国人比一般美国人的贷款违约率要高 2%。在收入、职业和其他重要变量不变时,这是事实。如果放款人以这个为依据提高黑人的贷款利率,或者对黑人设置更高的门槛,那他们将被指控为统计歧视。① 无论是否对经济有影响,在借款决策的任何环节进行歧视都是违法的。

24.2.2 考察和衡量歧视

以一种权威的方式考察和衡量歧视的程度总是不容易的。如果一个高中辍学的黑人女性和一个富裕的白人男教授分别去银行贷款,结果辍学那个女性贷款失败,而教授贷款成功了,我们很难说清楚这是一个种族歧视还是性别歧视。我们必须找出一个人贷款成功而另一个人失败的原因。

有两种方法去找到原因。第一个是使用统计工具中的"回归"技术去寻找系统模式的数据。只要通过电脑的统计程序计算出了适当的值,回归分析将会用控制变量法辨别各个变量之间的关系,例如当他们收入相等时,贷款能否成功。当来自许多不同的背景、有不同收入和债务历史的人向不同的银行借贷时,在正确应用的情况下,回归分析将会分析出非裔美国人或女性是不是更不可能获得贷款。

第二个方法就是制造一个除去种族和性别的其他条件都相同的假身份。这些"审计员"一个接一个进入同一个场景实验,看看他们是否受到不同的待遇。既然除了种族外的其他方面都是相同的,那么受到任何一点不同的对待一定与种族相关。经济学家穆莱纳桑和伯特兰德进行了一次类似的有趣的实验,他们用完全虚构的两个人的名字,使用完全相同的两

---

① 对这个现象的另一个解释是,在其他条件都相同的条件下,事实上那些白人受到了歧视,因为他们比黑人拖欠贷款的频率更低。这意味着他们经常被拒绝。

份简历,申请同一份工作,结果显示,叫类似于"艾米丽"和"格雷格"的名字的人比叫类似于"拉奇莎"和"贾马尔"这类名字的人更容易获得面试的机会。

这两种工具都有各自的缺点。这可能是因为在一定程度上这些工具会引导经济学家得出不同的结论。一般来说,回归分析比审计技术更适用于全面描述较小的种族偏见问题。例如,那些支持回归分析计量方式的人说,在审计技术中,虚构的人物本身会因他们的行动方式产生差异,匹配的精确性可能不高。在另一方面,审计技术的拥护者提到在回归分析中的变量总是存在偏差的,像智商,或者说只是表明其他过去的歧视性做法,这最终总是会淡化真实的问题。

24.3 在劳动力、消费和借贷市场上的歧视现象

将以上这些基本前提记在脑子里,现在我们要开始研究专业的经济学家已经有过深入研究的歧视行为的三个领域。这些领域涉及劳动力市场(人们买卖劳动力的市场)、消费市场(商品交易的市场)和借贷市场(人们相互之间借钱的市场)。

24.3.1 劳动力市场上的歧视行为

我们先假设一个像20世纪60年代的世界,即一个对于歧视的存在是合法的且公开的世界,然后我们开始探索歧视的影响。如图24.4所示,假设有两种工作:只允许白人做的工作与允许白人做黑人想要工作的情况下唯一的工作。① 如果在一个没有歧视的世界里,那么无歧视供给曲线 S_{ND} 与需求曲线相交的工资 W_{ND} 就是黑人与白人相同的工资。而当歧视行为是合法的且有约束力的时,在只允许白人做的工作上,的供给工人相对于无歧视时是更少的,为 S_D,因此必须给白人支付更高的工资(左图)。由于黑人只能从事另外一个工作,且白人也可以加入进来,因此工人的供给会更多,因此黑人的工资会更低(右图)。

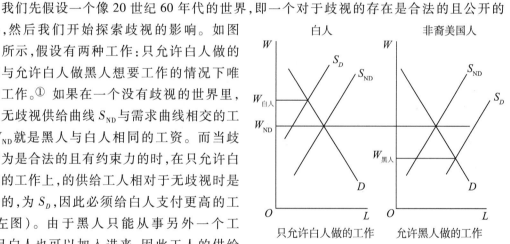

图 24.4 种族歧视对白人与黑人的工资的影响

因此,随着歧视行为的合法化,白人比黑人做得更多。然后,有一个问题是,如果其行为变得不合法了,是不是就能够消除工资的差异呢?经济学家加里·贝克尔就是研究这个问题的。他的工作表明,如果歧视行为没有法律基础,在理论上歧视行为和工资差异是会消失的。在20世纪60年代,经济学专业的人确信,利益导向但开明的企业主会忽略肤色的差异而追求利润最大化。如果企业主雇用了人去做以前被认为是"白人的工作",并且他知道黑人不能得到这份工作的唯一原因是种族歧视的话,那么非裔美国人是可以把这份工作做得和白人一样好的。然而,对于这个工作本身来讲,并不会促使利益导向的企业主去雇用黑

---

① 在性别歧视中这个模型也能够做同样的分析。

人。能够刺激企业家去雇用黑人的是他们通过向黑人提供超过他原来那个工作的工资,但少于他们付给白人的工资这种方式就能雇用到黑人。如图 24.4 所示,这个工资将会在 $W_{黑人}$ 和 $W_{白人}$ 之间。

如果利益导向的企业主只要支付图 24.4 中 $W_{黑人}$ 以上的工资来雇用黑人,他们会尽可能多地以低于图 24.4 中支付给白人的工资 $W_{白人}$ 的价格来雇用黑人。因此企业主对金钱的渴望会缩小工资的差距,至少会缩小一些。

随着其他的企业主逐渐发现雇用低价且拥有和白人同样技能的非裔美国人的优势,非裔美国人的工资将会逐渐上升。因为寻找更低价的劳动力的公司已在价格上战胜其他公司,因此没什么比消除法律障碍以实现平等更加有必要的了。许多经济学家都坚信"贪婪胜于偏执"这句话。

试想一下在民权运动的鼎盛时期之后的 35 年都没有实现工资的平等,那么在工资平等化的路上一定存在经济动机无法克服的障碍。第一个要考虑的是,是不是经济利润刺激能够被克服?他们会不会愿意支付额外的费用以满足他们顽固的内心?为了不和"他们"一起工作,不管"他们"是女性、黑人、同性恋还是白人或其他人,企业主愿意支付额外的一点钱。大概只有偏执狂愿意花钱来满足他们偏执的内心。

另外一个问题是有些人只资助那些没有"他们"的公司。即使你是一个利益导向、开明的企业主,如果你雇用黑人会使公司业绩受损,那你也只能雇用白人并且愿意花更多的钱来吸引他们。你可能会这么做,即使这是不道德并且违法的。很显然,如果你是一个经营者并且你的生活是建立在使消费者满意的基础上的,那么在这件事情上你可能没有其他选择。

正是因为上述原因,即使白人与黑人之间的工资差距已经开始减少了,但它还未消失。回归分析显示这个差距仍在 12%—15%。① 回想一下,回归的结果是保持那些对收入有影响的变量如受教育程度和职业不变的方法。由于非裔美国人受的教育程度本来就比较低并且在高收入岗位上的人数较少,你可以预想他们的工资会更加低。也就是说,真实的差异要高于 12%—15%。其中有一个显而易见的矛盾,针对受过良好的教育的专业人员的研究表明,作为一个黑人的女性实际上都支付了一笔保费。由于大多数非裔美国人都不是受过良好教育的专业人员,因此,即使这是有意思的结论,但毫无意义。

24.3.2 消费市场和借贷市场上的歧视行为

对于歧视行为在劳动力市场中的表现是很容易想象到的,如人们要么被拒绝,要么以低薪被雇用。但在消费市场中去想象歧视行为就不是那么简单了。你应该没见过在沃尔玛商场里一个车用蓄电池向白人女性收取 65 美元,而向一个西班牙裔美国人女性收取 75 美元。然而,在有些商品市场特别是那些服务市场,各个种族受到的待遇的确会不同。

对你来说,一个商人因为歧视而放弃有利可图的交易是愚蠢的。尽管如此,你应该明白,由各种经济学家和政府调查员审计发现的在不动产交易、房屋出租和汽车交易中的歧视

---

① 一些经济学家发现他们加进标准化测验的情报之后,剩下的差异就消失了。在经济学家中,这些实验以及它们使用的背景引起了激烈的讨论。那些认为这些实验可取的经济学家相信这些实验的情报是真实可信的,而另外一些经济学家认为这些实验在人种上就是有偏的,因而结果不可信。

现象的确是十分普遍的。

在不动产交易中，审计显示来自不同种族的不动产代理商喜欢带着白人去参观更多的房子。而且，他们会把白人家庭带到邻居都是白人的房子那边去，而将黑人家庭带到邻居都是黑人或黑人白人混合的地方去。在房屋租赁时也会有同样的情况发生。为什么不动产的代理商要这么做？特别是为什么黑人的代理商也要这么做？显然，对此是有所解释的。

首先可能是只是简单地想让顾客开心，并且他们认为正在这么做以及事实上通过为顾客展示他们认为顾客想要居住的地方，可能也达到了效果。推销员始终以顾客的需求为落脚点，并且他们很少怀着歧视的心态去这么做。那些揭露这种形式的歧视的经济学家将这种行为视作种族歧视并且称之为歧视行为。如果相当大一部分非裔美国人确实想要居住在综合社区中，而不是周围都是少数族裔的家庭的区域，那么这样的话经济学家就是错误的，因为他们将这个行为也定义成了歧视行为。

第二个可能性是黑人和白人代理商里都有固定的客户在社区里，这些客户手中都有一些可以卖的房子和公寓。而且代理商并不愿意为了社区里的种族问题而激怒他们的顾客。这个审核不包括代理商的采访，因此这个数据无法显示出这两种情况下的歧视行为。如果你住在一个 1975 年之前就已经成熟的街区，你可能会震惊地发现这样一个条款：

> 除了高加索人，谁都不能拥有、使用、占有以及在这块土地上建造建筑，除非这个条款无法保证当地的仆人或者其他种族的人与主人一起生活。

另一个存在种族和性别歧视的商品市场是汽车市场。审计员发现即便使用一样的销售策略，明确现金交易，并且销售同一辆车，经销商还是会向黑人和妇女要更高的价格。通常的方法是，黑人或白人、男人或女人走进一个相同的销售点，告诉经销商对特定车辆的报价。在每一个案例中，审计员会提供先前决定的报价，并运用折中的还价技巧直到销售员和他们达成最终的价格。结果，无论是白人还是黑人销售员，都会给白人审计员开出较低的最初报价。经销商也同意以较低的价格给白人。做这个调查的经济学家总结道，相对于白人男性，黑人女性多支付 1 000 美元，黑人男性多支付 800 美元，白人女性多支付 400 美元。

为什么经销商要这么做呢？尽管当经销商自己是女人或少数族裔时，偏见会减少，但他们仍然歧视黑人和女人。似乎经销商是不想做这笔生意，或者是经销商预先有了他们会拒绝购买和销售策略的成见了。也许他们认为自己可以骗得过非裔美国人或女性顾客。

另一个经济学家觉得有很严重的种族歧视的领域是抵押贷款。由于除了单独的利息，银行几乎不能提供任何其他东西，然而问题在于相比于白人，黑人是否更愿意去银行贷款。同样，审计员发现在相同的经济特征下，黑人的确比白人更会向银行借款。黑人向银行借款时，银行很有可能会为黑人设下客观与主观双重标准，并在主观上产生一些偏见。和我们之前说的一样，有相同经济地位的黑人与白人有不同的贷款违约率。贷款办公室可能会很"理性"地拒绝一对黑人夫妇的贷款申请，而接受一对白人夫妇的申请。无论如何，这种歧视行为也是违法的，现如今银行的这种行为会受到监控与惩罚。

很多经济学家也开始注意到了在养老金上的性别歧视。无论这是不是真正的歧视，男人都有比女人更好的选择，因为女性平均寿命比男性长 5 年。养老保险公司对女性的收费一般会高于对男性的收费，并提供更少的好处或者以其他方式使其妥协，让女性停止支付较高的保单而去购买较低的保单。即使让这种行为变得违法也不能够改变这一事实。这仅仅是逼迫保险公司从事在男性和女性之间的财富再分配。

24.4 平权法案

24.4.1 平权法案的经济学

就像我们前面所讨论的,即使规定歧视非法,它还是有可能存在。无论是因为雇主本身的顽固还是雇主的客户顽固,这在完全竞争市场中都是存在的。这就意味着完全竞争市场可能对于少数族裔不能达到最优。少数族裔可能会被解聘并且工资更低,白人的工资却高于他们应得的,并且经常得到他们本没有资格得到的工作。

当市场并不能使消费者剩余和生产者剩余之和更大时,经济学家就会想出一些方法来纠正市场失灵。虽然纠正市场失灵的政策需要成本,但经济学家认为这最终是可以得到回报的。这样的政策叫作**平权法案**(affirmative action)。平权法案指的是任何促进公平的政策。

平权法案的成本包括对于雇员的更为彻底的研究和维持一个专门监督雇佣行为的机构的费用。这些成本也可以被认为是纠正市场失灵的费用。例如,虽然工业治污是有成本的,但是政府强制企业这样做可以使整个社会的总收益更高。当平权法案被用来纠正长期的不公平时,平权法案的支持者通常把这比作烧煤的工厂装上清洁器,这也就是解决市场失灵的费用。如果平权法案只是加快了那些终究会变得平等的不平等行为,那么解决市场失灵的费用则是使这些不平等延续的时间更短所花费的成本。

另一方面,如果少数族裔和白人之间以及男人和女人之间在市场上的差异仅仅反映了双方能力的不同,那么市场就没有失灵。如果这是事实,那么所有的平权法案都仅仅给经济运行增加了成本但却没有任何收益。在这样的情形下,平权法案的成本就应该被视作为了得到公平的成本而不是为了解决市场失灵的成本。

24.4.2 什么是平权法案

即使传统的经济学模型也告诉我们,只要时间足够,男人和女人之间及少数族裔和白人之间的歧视都是能够被消除的,那也还是存在时间的问题。平权法案的支持者之所以这样做是因为他们想更快地达到公平。当公平没有通过对雇主的经济激励很快达到的话,平权法案的支持者就会支持更多的行动以加速这一进程。

关于平权法案的一些误区

经济学家 Roland Fryer 和 Glenn Loury 研究了平权法案之后,得出结论:平权法案有时是不切实际的。

误区一:平权法案在保证达到它的目的和时间加速效果的同时要避免配额

由于这些寻求歧视的行为其实并没有深入到那些被指责的不平等行为的本质里,他们认为在劳动力市场、借贷市场以及入学申请等方面刻意追求平等很可能会产生一些"隐性配额"。

误区二:无歧视的政策是对有人种区分的平权法案的有效替代

他们指出在加利福尼亚、佛罗里达和得克萨斯,平权法案关于入学选拔那部分被禁止之后,取得了良好的反应。他们认为把收入或高中所在地作为代理的依据是毫无效率的,并且它使用代理而不是种族使得很多不同类型的优秀学生被阻碍了。

误区三:平权法案削弱了对自己投资的激励

他们认为虽然白人教育投资减少了,但非裔美国人却为教育投资了更多。到底哪个效用更高还是一个未定的问题。

误区四:平等的机会足以保证种族间的平等

由于社会关系(你认识的人)在找工作中影响很大,他们认为这种领先的优势会在他们身上维持很长一段时间。

误区五:越早处理,效果越显著

他们提到了一个实证问题,对于早前在教育平等上的投资,数据显示它们并未对之后的毕业率有必然的影响。

误区六:许多非少数族裔直接受到了平权法案的影响

他们提到有更多的白人、男人因平权法案而错失了提拔的机会。

误区七:平权法案始终对它的受益人有益

由于他们被录取的那些学校很可能会使他们错失更好的提升机会,他们认为平权行动降低了那些法学院的非裔美国学生的毕业率和律师通过率。

24.4.3 平权法案的层次

平权法案有很多种形式,从不重要的到重要的。例如,许多持传统观点的人认为平权法案应该规定人们应该被聘用、升职的数量。实际上,很明显,这样的规定是很少见的,除非是法院决定的,不然这样做是非法的。另一方面,其他一些政策也可以被用来减少歧视,而不是采用硬性规定的办法。

平权法案的另一种形式则是简单地使所有符合资格的人都知道某一份特别的工作。因此,假如你准备在一个西南地区的城市雇用生产工人,平权法案就会包括你的招聘广告的英语和西班牙语形式。如果你招聘的城市里无线电台的听众大部分都是非裔美国人,那么你就必须在白人听众的无线电台也打出招聘广告。这种形式的平权法案要求雇主在招聘时招聘信息的范围要广泛,并且使每种人都能得到这一信息。这一行动只是会对那些先前占有不公平的信息优势的人不利,这些人可能就是那些没有资格却获得了工作职位的人,因为少数族裔并不能得到这一信息。

另一种形式的平权法案认为如果两个人同时被认为有资格并且合适担任某一职位,那么少数族裔的候选人更应该得到这一职位。对于少数族裔来说,这一形式平权法案的优势在于当候选人之间势均力敌时,少数族裔可以确定被雇用而多数族裔则不能被雇用。

第三种形式的平权法案则是雇主设置雇用的一系列标准,并且雇用所有达到标准的少数族裔,如果还有剩下的岗位再雇用非少数族裔。在大学入学时也是这样:学校确定对于少数族裔 SAT(美国高考——编者注)分数 1 000 就足够了,在这样的标准下把少数族裔招完之后再在非少数族裔中选择分数最高的(他们中有很多人的 SAT 分数远高于 1 000)。

第四种形式的平权法案是建立一个雇主必须努力达到的标准。雇主可以在确保一部分的少数族裔不是太差的情况下有一定的灵活性。例如,在军队晋升中,如果被晋升的种族和性别比与有资格晋升者的种族和性别比不太一致,那么负责晋升事务的委员会必须说明这种不一致的原因。那就意味着即使没有特定数量的人必须被晋升,任何对于标准的偏差也都是处于监督之下的。

平权法案最后一个严格的版本则是强制性的配额限制。令人惊奇的是,这个大多数平权法案的支持者想到的方法却是违法的。强制性的配额限制是非法的,除非是通过法院裁决一致同意的判决。要使得这种强制性的配额限制合法,支持者必须给出雇主或是大学确实有歧视的证据。困扰经济学家的正是商业雇佣中这种强制性配额限制(使得他们免受法律纠纷)的程度。

本章小结

你现在应该理解了歧视的含义,了解经济学家如何衡量它的影响,考察它的存在并解释其重要性。在此基础上你还应该了解劳动力市场歧视如何用模型描述,并从中推断出因歧视而产生的收入差距会随着时间的推移而缩小,而事实上缩小的速度是相当慢的。最后你也应该了解在不同形式下的平权法案的含义。

关键词

劳动参与率　　　　　差别待遇歧视　　　　　不良影响歧视
理性或统计歧视　　　平权法案

自我测试

1. 在专业学者的角度来看,男女收入比例作为一个论题,与什么因素关系最大?
   a. 你观察的年份
   b. 你观察的阶段
   c. 你对于"选择"或"更深层次歧视的证据"是否有不同的看法
   d. 你所在年代的政府
2. 与白人相比,非裔美国人赚的钱已经_____。
   a. 从20世纪20年代的40%到现如今的90%
   b. 从20世纪50年代的50%到现如今的60%,现在还停留在那个区域
   c. 从20世纪50年代的40%到现如今一直都没变过
   d. 从20世纪60年代的40%开始逐渐下降
3. 用哪种方式检测与性别歧视会最小化差距?
   a. 简单地测算男性与女性之间收入的差距
   b. 简单地测算男性与女性之间的全日制工作差距
   c. 回归分析
   d. 审计技术

4. 以下检测性别歧视的方法中,哪一种最可能会最大化差距?
   a. 仅仅是男女之间的收入差距　　　　b. 仅仅是男女之间的全职工资差距
   c. 回归分析　　　　　　　　　　　　d. 审计技术

5. 如果一个女人不能获得一个需要搬重物的工作的面试机会,是因为老板认为一般的女性能搬的东西少于一般的男性,这是_____。
   a. 一个关于统计歧视的合法例子　　　b. 一个关于统计歧视的不合法例子
   c. 一个不良影响歧视的合法例子　　　d. 一个不良影响歧视的不合法例子

6. 那些相信如果没有政府的干预,少数人的工资会上升的人认为老板会受_____激励。
   a. 利润　　　　　　　　　　　　　　b. 信仰
   c. 这么做是正确的　　　　　　　　　d. 帮助低收入人群

7. 以下对平权法案的描述最为恰当的是_____。
   a. 能获得更多的方式　　　　　　　　b. 基本上是一个种族的配额
   c. 只对妇女有意义　　　　　　　　　d. 被宣布违反了宪法

简答题

1. 描述一下贪婪的、没有性别歧视的或偏执的企业家对于引导男性与女性之间、白人与非白人之间工资差距的减少所起的作用。

2. 即使存在那些不歧视性别和种族的企业家,为什么男性与女性、白人与非白人之间的工资差距仍会存在?

3. 假设存在一个公司完全没有歧视现象,但有一个减少种族和性别歧视的目标,歧视合法化对于这个国内公司意味着什么?

讨论题

1. 想想你选的专业,你最喜欢的饭馆,你住的地方,那里的人主要是男人、女人、黑人还是白人?你走到社区里会觉得舒服吗?

2. 谁应该照顾你的孩子?谁应该牺牲事业去关心他们,组织他们放学后的活动等?

进一步阅读

Bertrand, Marianne, and Sendhil Mullainathan, "Are Emily and Greg More Employable than Lakisha and Jamal? A Field Experiement on Labor Market Discrimination," *America Economic Review* 94, no. 4 (September 2004).

Blau, Francine, Marianne Ferber, and Anne Winkler, *The Economics of Women, Men and Work*, 3rd ed. (Upper Saddle River, NJ: Prentice Hall, 1998).

Curry, George E., ed., *The Affirmative Action Debate* (Reading, MA: Addison-Wesley, 1996).

Feiner, Susan F., *Race and Gender in the American Economy* (Englewood Cliffs, NJ: Prentice Hall, 1994).

Fryer, Roland, and Glenn Loury, "Affirmative Action and Its Mythology," *Journal of Economic Perspectives* 19, no. 3 (2005).

Journal of Economic Perspectives 12, no. 2 (Spring 1998). 参阅以下作者的文章:John Yinger; William A. Darity, Jr., and Patrick L. Mason; Helen F. Ladd; and Kenneth J. Arrow, James J. Heckman, and Glenn C. Loury, pp. 23—126。

Sowell, Thomas, *Race and Economics* (New York: David McKay, 1975).

Waldfogel, Jane, "Understanding the 'Family Gap' in Pay for Women with Children," *Journal of Economic Perspectives* 12, no. 1 (Winter 1998), pp. 137—156.

第 25 章
最低工资制度

> **学习目标**
>
> **学习完本章,你应该能够:**
> 1. 将供需理论应用于劳动市场。
> 2. 解释为什么要建立最低工资制度以及描述该制度。
> 3. 将最低工资与均衡工资联系起来,自行推导出最低工资要高于均衡工资的结论。
> 4. 运用消费者与生产者剩余理论辨别出,当最低工资提高时,在现实生活中的受益者与蒙受损失的人。
> 5. 运用弹性的概念,回答最低工资增长是否导致失业率增长。
> 6. 描述所得税减免制度替代最低工资制度的机理。

最低工资(minimum wage)是根据法律规定工人工作一小时最少能够得到的报酬,并且受到政府管制。1938 年,首个最低工资被制定出来,为每小时 25 美分;之后,最低工资不断上涨。截至 2011 年 4 月,最低工资已经涨至每小时 7.25 美元。

从传统意义上讲,最低工资是一种保证一户家庭能够摆脱贫困、拥有**最低生活工资**(living wage)的制度。如图 25.1 所示,最低工资足够使一个人的生活脱离贫困,但对于一户家庭来说显得有些不足。自 1985 年以来,对于只有一个工作者的家庭来说,最低工资已经很难使他们的生活维持在贫困线之上了。如果家中的一个全职工人要完成使一个四口之家脱离贫困的壮举,那他不得不赚每小时 11 美元的工资。

从图 25.2 中可以发现,近 60 年来,最低工资虽然已经翻了好几番,但它的实际价值(根据 1999 年的物价水平调整之后的价值)在起初的 30 年是上升的,而在之后的 30 年却是下降的。自 1950 年之后,实际最低工资的最低点出现在 2007 年年初,最高点出现在 1968 年,

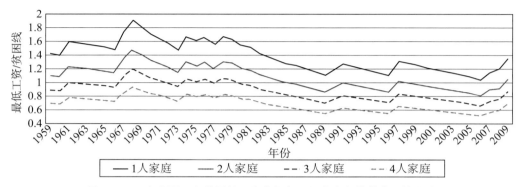

图 25.1　一个全职工人的最低工资收入与不同家庭规模的贫困线之比

资料来源：美国人口普查局，www.census.gov/hhes/www/proverty/proverty/.html；美国劳工部，www.dol.gov/dol/topio/wages/minivmvoage.htm。

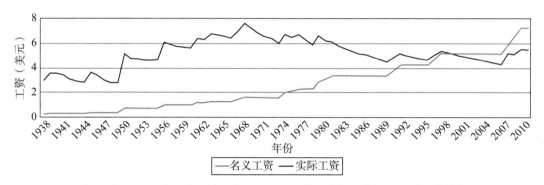

图 25.2　1938—2007 年的名义工资与实际工资（以 1999 年的美元价格估算）

资料来源：美国劳工部，www.dol.gov/dol/topic/wages/miniumwage.htm。

为每小时 7.65 美元。① 在 2009 年，民主党使最低工资有了一个明显的提升（该政策的推行主要凭借其在 2006 年中期选举所得的多数固定席位），使得最低工资从 2007 年的每小时 5.15 美元涨到了 2009 年的每小时 7.25 美元。而即使有了这么明显的提升，2009 年调整后的实际最低工资仍只是处于一个长期内的历史平均水平。

随着时间的推移，经济学家已经开始倾向于反对最低工资。在这一章中，我们会阐明这些观点，以及为什么直到最近多数经济学家仍坚持认为提高最低工资是错误的。同时，我们也将看看那些认为提高最低工资是正确的经济学家的观点。

25.1　关于最低工资的传统经济学分析

25.1.1　劳动力市场以及消费者与生产者剩余

基于传统的供给和需求分析，大多数经济学家都对建立一个最低工资这种说法没有好感。图 25.3 表示一个低技能的最低工资劳动力市场。在这个市场上被出售的是劳动，而价

---

① 此处所用的贫困线是官方贫困线，可能会存在一些问题。阅读第 29 章"贫困与福利"就会加深对这一问题的理解。

格是工资。该市场中,供给由那些随工资的上升而愿意付出更多劳动的工人组成,表现为一条向上倾斜的供给曲线;需求由一些想要雇用到工人的雇主构成,这些雇主在更高的价格下会减少所要雇用的劳动力,表现为一条向下倾斜的需求曲线。如果没有规定最低工资的数目,均衡点将会在供给和需求曲线的交点处。在交点处,市场上的供给和需求得到了平衡。那时,工资将会是 W^*,而愿意工作的劳动力数量将是 L^*。市场出清之后的工资水平下,没有更多工人愿意参加工作,而想要工人的雇主也不愿意招更多的工人。

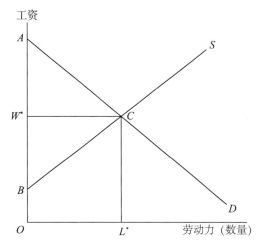

图 25.3　劳动力市场

在这个条件下工人的工资总和为 OW^*CL^* 美元。回顾我们在第 3 章学到的消费者与生产者剩余的概念,我们将消费者剩余描述为需求曲线之下、价格曲线之上(当然,这里的价格是工资)的部分。

劳动力市场的消费者和生产者剩余与商品市场的消费者和生产者剩余相比,最大的不同在于,由于雇主是购买商品的人,也就是雇用劳动力的人,劳动力市场中雇主是消费者,他们获得了消费者剩余 W^*AC。这部分消费者剩余,我们可以解释为来自工人的收益超出所付出的工资的那部分。

同样,这里的生产者剩余 BW^*C 也与前面不同,因为在劳动力市场中,工人是出售劳动的一方。在这里的生产者剩余可以解释为,工人的工资收入超过他们除该工作之外的最大收入的部分。因此,和其他市场一样,消费者(雇主)获得了额外收益,生产者(工人)也获得了额外收益。

25.1.2　有意义的与无意义的最低工资

如果最低工资设在 W^* 之下,商人会支付这个最低工资而不是较高的在 W^* 点处的工资吗?出人意料的是,答案是他们不会只支付最低工资:为了获取最大利润,工人数必须达到一定的数量,因此,雇主不得不支付较高的在 W^* 处的工资。虽然更高的工资带来了更多的劳动力成本,但与之同时,多出来的那些劳动力产生的收益要高于其多出的劳动力成本,所以雇主才会这么做。另外,之所以在 W^* 处能够取得最大利润,是因为如果他们不支付这个工资,其他厂商会以更高的工资雇用到更多的工人,以取得更高的利润。因此,任何低于市场均衡点 W^* 的工资都是无意义的,因为相比于最低工资,提供 W^* 处的工资会使他们获得更多的收益。

如果你还不相信设置最低工资可能是毫无意义的,那么想想如果你的老师告诉你:要是你在课堂上裸体,那么你将被开除。这件事有没有意义呢?除非你已经准备好这么做了,否则对你来说,这条规定对你几乎没有影响,也不会因此被开除。任何一条规定你不能去做的事如果是你不愿意去做的,那么这条规定不会是一条有用的规定。它不能改变你的行为,它就是无用的。要使最低工资起作用,就得将它设置得高于均衡工资。

州市政府主动提高最低工资

由于联邦政府已经保持最低工资不变将近十年了,一些州市政府在其权利范围内主动上调了最低工资。在 2011 年 4 月,15 个州市的数个城市通过了最低工资法,其中规定了高于联邦政府最低工资标准的最低工资,而且为了避免最低工资受到通货膨胀的影响,7 个州将最低工资部分地与通货膨胀联系起来。

25.1.3 最低工资有什么问题

如图 25.4 所示,最低工资如果设置在均衡工资之上,将会产生如下几个影响。

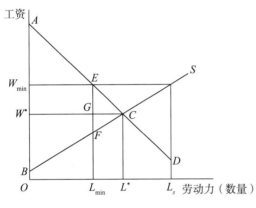

图 25.4 最低工资

第一,它将工资由 W^* 提高到了 W_{min}。

第二,它将劳动力市场的就业人数由 L^* 降低到了 L_{min}。

第三,只要工人赚到的钱多于因更少的工人工作而损失的钱,那么总的来说,工人赚到了更多的钱。根据前面学习过的弹性的概念,你会发现在此条件下,劳动力市场的需求曲线是缺乏弹性的。

第四,这种过高的最低工资会使劳动力市场的就业率下降。同时会产生如下现象,更多的工人想要去工作以及有工作的人想要更长的工作时间。

由于最低工资高于均衡工资,因此相比于均衡工资时,工人愿意提供的劳动力 L^*,工人现在愿意提供更多的劳动力 L_s。与此同时,相比于均衡工资时雇主愿意购买 L^* 的劳动力,现在只愿意购买更少的劳动力 L_{min}。

最低工资设定高于均衡工资的结果就是,(雇主的)消费者剩余降低了 $W_{min}AE$,与此同时(工人的)生产者剩余提高了;消费者和生产者总剩余减少了三角形 FEC。

在经济学的研究框架下,最低工资制度会使劳动力市场上出现一些赢家和输家。赢家是那些获得了更高的工资,并且能够继续随心所欲地工作的那些人。而输家则是那些因工资的上升而失去工作的那一部分人(L^*-L_{min})。而且工人们增加的总收益的要少于雇主失去的总收益。我们可以把这一部分社会的净损失 FEC 当作经济学上的无谓损失。

25.1.4 最低工资在真实世界中的含义

虽然作为一种制度来分析最低工资的影响是相当有高度的,但消费者和生产者剩余分析较难让普通人理解。联系到现实,在最低工资制度中,赢家是那 400 多万还有工作的人们。

而输家则是那些为此而失业的人。经济学家用经验法则在青少年中进行了研究。研究表明,最低工资每增加 10%,会引起 1%—3% 的失业率上升,转化成数值就是由于最低工从 5.15 美元涨到了 7.25 美元,在青少年中就会减少 360 000—1 050 000 的就业人数。① 研究这些失业的青少年的经济学家发现,在失业的人群中,黑人、西班牙人和没受过教育的人占了相当高的比例。也就是说,这些失业的人是最低工资提升之后最应该受到帮助的那些人,这是一个值得关注的点。提高最低工资更有可能损害穷人的利益而不是帮助他们。

其他的输家是那些小企业家(那些规模较小,支付了更高的工资之后边际利润变得非常小的企业家)。尤其是一些非连锁的小饭馆会受到很大的冲击,因为这些产业往往是那些常常在破产线上徘徊并只能够支付最低工资的企业。这就意味着,最低工资可能不仅减少了这些小公司创造的就业岗位,还使它们本身受到了损害。

最后,由于最低工资上升引起的成本上升会通过价格上升的方式传递给消费者,那些受益于最低工资上升却要购买商品的工人也受到了损害。

25.1.5 最低工资的替代方式

根据以上的或者更多原因,大多数经济学家始终不支持提高最低工资。他们认为用提高最低工资来解决低收入人群的问题是不正确的,并强调领最低工资的人大多数在 24 岁以下。以此同时,大约 1/3 的人在 19 岁以下,他们并不承担支撑家庭的责任。而超过 24 岁、领取最低工资的人大多是用于增加家庭的额外收入而不是维持家庭生活,并不存在贫穷的问题。

在经济学家眼中,所得税减免(EITC)制度是一个较好的最低工资的替代制度。有孩子的低收入家庭有资格享受最高 4 824 美元的退税补助。EITC 的受益者主要集中在那些真正需要补助的家庭。超过 70% 的钱都流进了那些贫穷或近乎贫穷的家庭。相比于最低工资制度的超过 70% 的利益都不使真正使贫穷的家庭受益,这已经是相当有效率的政策了。

诞生于 20 世纪 70 年代的 EITC,从里根政府执政开始取得了巨大的成长。正是在里根政府执政期间,最低工资制度的价值不断地在下滑。正因为如此,里根政府发现最低工资制度对于改善贫穷家庭的效果并不明显,反而是 EITC 既能够帮助有困难的家庭,又不伤害商业活动。在克林顿政府执政期间,虽然提高了许多项税务预算,但也提高了 EITC。而且,尽管他也提高了最低工资的力度,但 EITC 的提升对于贫穷的工人的帮助更大。

25.2 对传统经济学分析的反驳

相对于之前那一节,近年来,一些对于传统经济学分析反驳的重要观点受到了经济学家的尊重。他们主要集中于三条线索上的讨论。第一条线索是,宏观经济分析指出商人收入减少所带来的影响在一定程度上被低收入人群收入上升所带来的影响所削弱,因为低收入人群消费的比例更大,而高收入群体储蓄的比例更大。第二条线索是,劳动这种商品和普通的商品不同,并不是付的钱越多,工人工作得就越努力。而如果工资的上升使工人更加努力,就能减轻雇主的压力。第三条线索是,传统经济学分析无法反映劳动需求弹性很低这个情况。即使它能够反映,最低工资带来的消极影响也会很小。

---

① 这里假设,在 5.15 美元处,最低工资高于均衡工资。然而,数据显示 2004 年及以前,均衡工资超过了 5.15 美元,使得 5.15 美元成了名不副实的最低工资。

25.2.1 宏观经济学层面的观点

第一个反驳传统经济学的观点是这样描述的,如果你记下了你每一次花掉的钱,你就能算出新开支对你的总影响。或者说,举个比较合适的例子,你能够知道不同的人花掉的钱对你的净收益。例如,如果一个企业家将他的大多数利润储蓄起来,而不是花掉它或用于投资,那么相比于通过额外的花费所带来的整体收益,企业家将它储蓄起来会使整体收益降低。从另一个角度上说,由于最低工资的上升,企业家不得不放弃更多的利润给工人,那么基本上所有的钱都会被花出去。那些领最低工资的人储蓄得很少,他们多出来的收入基本上都用于消费。由于钱被花了而不是被储蓄起来了,整个经济的消费就会被拉动。从宏观的角度来看,任何最低工资上升的影响可能会产生如下三种情况:无谓损失被减弱,没有影响,产生积极的影响。

设想一下,最低工资的上升给工人带来了 75 美元的收入,同时造成了对企业家 100 美元的损失。记住这不是一个简单的直接转化,工人获得的收益被企业家更大的损失给抵消了。对整个经济活动的损害是 25 美元的无谓损失。如果算进低技能工人消费要高于资本家的消费,那么这个损失是能够被弥补的。如果工人把增加的收入都花完,而资本家只花 80%,那么提高最低工资的 GDP 净损失是 5 美元而不是 25 美元。因为 100 美元的 80% 只比 75 美元要高 5 美元。也就是说,最低工资上升带来的净收益仅仅是那些领最低工资的工人的工资上升所带来的收益。

25.2.2 从工作努力程度改变的角度考虑

假设人们将根据和同事相处的融洽程度来调整自己工作的努力程度,那么这样的观点很有可能是正确的。这意味着图 25.3 和图 25.4 中的曲线不是像我们先前认为的那样平稳。劳动作为一种商品,不会像我们用供求模型分析的其他商品一样一成不变。人们可以努力工作也可以怠工,雇主并没有很好的办法使得怠工者更努力地工作。如果更高的工资能使人更加快乐地、努力地工作,那么最低工资的影响可能会减轻。另一方面,如果高工资并没有这样的效果,我们只能假设雇主忽视或者没有将这种因素考虑进自己的收益分析里。

25.2.3 基于弹性的观点

最后一个反驳传统观点的论据是,最低工资制度的消极影响很小,但这种观点仅是稍微矫正了一下传统的观点。工资的任何上涨都可以看成财富从雇主到工人的转移。比较图 25.4 和图 25.5,你可以发现唯一的区别是后者比前者的需求曲线更陡峭,也就是说更没有弹性。工人得到的净福利很多,而由此造成的失业者的损失很少,为 $L^* - L_{min}$。正如我们在第 3 章讨论弹性时所说的那样,影响弹性的因素有两个:替代品的数量以及替代的快慢。

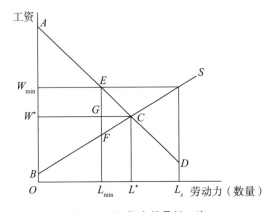

图 25.5　短期中的最低工资

在短期内，从事某项工作的工人很少有替代者，这个反驳在我们提及的三个论据之中似乎最有说服力。大多数经济学家还是认为最低工资制度的存在在长期内会减少就业。他们坚持认为工人得到的净收益大于失业造成的损失只适用于短期的分析。

他们认为在长期，雇主将会寻找劳动力的替代品，例如简便的机器和自助设备。如果你观察快餐业以及它们所使用的设备，你会发现相关企业经常寻找减少雇员的方法，并且取得了很大的成功。在大厅放上自动饮水机以及使用精确计量时间的烤箱和烤炉以避免需要工人的监管，是最低工资制促使雇主使用资本替代劳动力的一些例子。

25.3 现在，经济学家怎么看

如果当前非传统的分析是正确的，这很可能是因为最低工资制度在短期内并没有造成很多的无谓损失。宏观上的影响和努力工作效应的组合足以抵消这些影响。根据1990年和1996年最低工资上调的数据做出的最低工资标准上调是否会增加失业率的研究，使得问题更加扑朔迷离。两位有影响力的经济学家大卫·卡德和安德鲁·克鲁格发表了利用快餐行业的就业数据做出的研究。他们研究了两个相邻的州的快餐企业，其中一个州上调了最低工资标准而另一个州没有。他们发现上调标准并没有对第二个州产生不良的影响，却有着积极的影响。

因为这个研究挑战了劳动经济学家的传统智慧，许多人迅速开始重新检验他们的结果。在这些尝试中发现大卫·卡德和安德鲁·克鲁格的研究有严重的数据漏洞和方法论问题。由于新的研究质疑他们俩的结论，许多劳动经济学家又回到了他们先前的观点上。特别是，许多人仍然使用上文提及的青少年就业的经验数据，但承认最低工资标准上调10%会造成青少年失业率上升1%—2%。无论如何，经济学家已经花了可观的时间重新思考这样一个之前被抛诸脑后的问题。

深入学习 / LEARN MORE

回顾图25.4，我们能够分析最低工资制度的得失，并且可以明确反对工人从最低工资制度中获得的收益小于公司和失业者的损失的观点。牢记工人从工资上涨中获得的收益是生产者剩余。没有最低工资制度时，生产者剩余是 BW^*C；有最低工资制度时，生产者剩余是 $BW_{min}EF$。工人获得的额外剩余是 $W^*W_{min}EG$ 减去 GFC，而公司的损失是 $W^*W_{min}EG$ 加上 GEC。净损益是工人增加的剩余减去公司减少的剩余，即负的 FEC。因为净损益是负值，所以最终的效应是损失，经济学家称其为无谓损失。

本章小结

学习完本章，你应该理解了最低工资的意义，学会了在劳动力市场上应用供需模型。同时知道如何使用生产者和消费者剩余去辨别最低工资上升后的赢家与输家，以及在实际生活中的应用,理解关于这个话题的各种观点并了解作为最低工资的替代的所得税减免政策。

关键词

最低工资　　　　最低生活工资

自我测试

1. 在 1998 年至 2007 年间,实际最低工资_____。
   a. 迅速上升　　　　b. 缓慢上升　　　　c. 保持不变　　　　d. 快速下降
2. 为了使最低工资的实际值提高至 1968 年的水准(以 1999 年的物价水平为准),它大概要上升到每小时_____。
   a. 8 美元　　　　b. 9 美元　　　　c. 10 美元　　　　d. 11 美元
3. 上一次最低工资能够使一个三口之家脱离贫困线的是哪一年?
   a. 1979 年　　　　b. 1985 年　　　　c. 1990 年　　　　d. 1998 年
4. 最低工资制度不如所得税减免制度这个观点是基于以下哪个观点?
   a. 赚取最低工资的人是真正贫穷的
   b. 最低工资对所有工人都起作用,并不仅限于最贫穷的那一批人
   c. 所得税减免制度是面向所有工人的
   d. 最低工资主要是对那些年龄小于 25 岁的人起作用
5. 最低工资不会显著提高失业率的观点是基于以下哪个模型?
   a. 生产者剩余　　　　b. 消费者剩余　　　　c. 弹性　　　　d. 总需求
6. 最低工资对于社会是有损害的是基于以下哪个分析?
   a. 消费者和生产者剩余　　　　　　b. 生产可能性曲线
   c. 总供给-总需求　　　　　　　　d. 边际
7. 如果最低工资上升,雇主事实上不会有所损失的观点是基于以下哪个分析?
   a. 工人将会花更多的钱去买他们雇主的东西
   b. 工人将不需要付更多的钱,就会增加工作时间
   c. 如果工人觉得补偿足够多,他们会更有工作动力
   d. 劳动力的需求弹性

简答题

1. 谁最可能从上升的最低工资中受益?
2. 谁最可能在最低工资的上升过程中蒙受损失?这些人中谁可能会觉得最低工资的上升是符合他的利益的?
3. 假如你知道在未来五年里会有 20% 的通货膨胀,并且最低工资只能使一个三口之家维持在贫困线标准的 80%。那么你在那段时间里会如何提高最低工资使一户家庭达到贫困线以上?

讨论题

1. 在美国,有好几个州将最低工资设置得高于联邦政府最低工资。如果这么做,那么新企业在竞争中会处于不利地位,会不利于自身发展。另一方面,最低工资只与低价服务的工作关系比较密切。在你的国家谁来制定最低工资?你的社区会因更高的最低工资而变得更好吗?

2. 最低工资上升的一个重要原则是要保护小企业,那些实行高于联邦政府的最低工资制度的州政府都对小企业有一定的豁免。在最低工资的法律面前,小企业应该被豁免吗?

进一步阅读

Brown, Charles, "Minimum Wages Laws: Are They Overrated?" *Journal of Economic Perspectives* 2, no. 3 (Summer 1988), pp. 133—146.

Brown, Charles, Curtis Gilroy, and Andrew Kohen, "The Effect of the Minimum Wage on Employment and Unemployment," *Journal of Economic Literature* 20, no. 2 (June 1982), pp. 487—528.

Card, David, and Alan Krueger, *Myth and Measurement: The New Economics of the Minimum Wage* (Princeton, NJ: Princeton University Press, 1995).

第26章
票务代理与倒票

学习目标

学习完本章,你应该能够:

1. 定义倒票行为并解释其存在的原因。
2. 推导出垄断市场模型能够解释票务市场。
3. 比较第4章的边际成本曲线和本章用于解释票务市场的边际成本曲线之间的不同之处。
4. 列出原因说明主办方可能会收取低于市场价的票面价格,并推断出这种短缺所导致的结果。
5. 描述人们分别在什么情况下会购买低于、等于或高于面值的票,并解释为什么。
6. 总结出经济学家对倒票市场的一般看法:认为没有理由制定法律来管制他们;认为合法与不合法的倒票形式基本没什么功能上的区别。

如果你想看一场演唱会、比赛或者其他演出,可是它的票已经卖完了,你可能会知道你能够以一个特定的价格买到你想要的票。一些票的价格可能会上涨至票面价格的好几倍。比如,在20世纪90年代的芝加哥公牛的迈克尔·乔丹的最后一场比赛和马克·麦奎尔意图打破助攻的单季纪录这场比赛时,"黄牛"曾把票卖到1 000美元以上的价格。有些比赛是一生中只有一次的,而有些比赛虽然会重复进行,如美国橄榄球超级碗大赛、世界杯、纳斯卡车竞等,但这些比赛对于一些人显得很重要,他们同样愿意出高于票面价值的钱去买它。

然而,在许多城市里,把票卖得高于票面价值的行为是违法的。因此在每个主要的城市都会有一种方式使一个人只能拥有一张票。经济学家基本上反对通过立法限制人们将自己的票卖出去。因为相比于这场比赛,一个人更偏好于500美元,而对另外一个人来说是这场比赛更为重要,那么,这场交易进行了总比不进行来得好。

这一章解释了倒票，并用经济学的视角去解释它。我们用第 5 章学习的垄断定价模型来分析主办方的定价策略。我们先假设倒票行为存在，那主办方必定是定了较低的价格。那我们来想一想他们为什么会这么做。我们利用供需模型与消费者和生产者剩余的语言来描述，倒票行为对于消费者与"黄牛"的帮助是类似的。并且讨论"黄牛"称自己为"票务代理"或卖出附带其他便利设施的套票的一系列合法化形式。

26.1 区别票务代理和倒票行为

票务代理（brokering）是一种合法的买卖高于票面价值的行为。而**倒票**（scapling）是一种不合法的买卖高于票面价值的行为。因此，实质上称其为倒票，只是因为其不合法。不去管语义上的区别，对于大多数表演者和粉丝来说，"黄牛"和票商都是最恶劣的利益攫取者；在消费者购买之前，他们占有了大量的票，然后将其以高价售卖出去以攫取利润，同时他们并未生产任何产品或服务。对于从事这项交易的人来说，他们认为自己只是提供了一项服务以谋生。而对于另一些人来说，他们只是简单地从其他人那里窃取劳动成果。

对于经济学家来说，"黄牛"只是在主办方出错时充当了一个价格调整者的角色。和我们看到的一样，"黄牛"之所以存在，只是因为有足够的消费者愿意支付高于票面价值的价格并且演出的座位要少于市场的需求。

但这并不严格意味着演出的票就一定会卖完。如果一些票的座位确实是好的，而另一些票的座位确实很糟糕，那么好的那些票将会被用于倒票，而差的那些依旧卖不出去。事实上，"黄牛"占有的那些票不一定都是那些好的座位。而如果传统的售票窗口以一种合适的、开放的方式卖出和票面价格一样的票，那么这些票很快就会被卖完，"黄牛"根本没有机会买这些票。

26.2 门票销售的经济学模型

我们可以就"为什么官方票商卖出的票的价格要低于它的实际价格？"这个问题进行讨论。在回答这个问题之前我们需要去了解是什么决定了官方票商的价格。为了用模型来描述这个问题，我们需要在第 5 章找出适合门票销售那种市场的模型：完全竞争市场或垄断市场。由于票务市场中最终只有一个卖者——活动的主办方，因此，相比于有许多个卖者的完全竞争市场，垄断市场的模型更加适合于门票销售的描述。

26.2.1 边际成本

为了使这个问题描述得更为深入，我们需要使用第 4 章学过的边际成本曲线。如图 26.1 的左图所示，它是一条明确无误的曲线。而对于一个要举办比赛或演唱会的主办方来说，它的边际成本曲线有一些不同。图 32.1 的右图表现了体育场的容量。它的边际成本更有可能是一个不变量。印刷和出售门票以及清理每一个粉丝留下来的垃圾的边际成本是基本相同的。这个边际成本对于是 1 000 个粉丝还是 100 000 个粉丝来说是相同的。然而，如果为增加座位而建立新的设施，那么这个边际成本将会是一个天文数字。

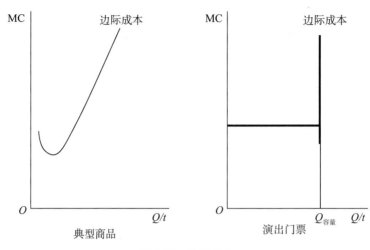

图 26.1　边际成本

26.2.2　作为垄断者的主办方

当主办方努力去为比赛或演出定价以获得最大利润时,他们必须要估计这场比赛的市场需求。一旦他开始考虑这个问题,将会面对和其他垄断商相同的问题。回想一下,我们常认为企业是追求利润最大化的。虽然当边际收益曲线与横轴相交时,收益最大化,但那不是主办方所追求的利润最大化。如图 26.2 所描述的,他们应该将数量与价格定在使边际成本与边际收益相等时的那个点上。也就是说,他们将要以 $P_{垄断者}$ 的价格卖出 $Q_{垄断者}$ 张票。

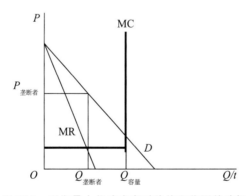

图 26.2　利润最大化追求者对价格和售票的选择

一个有趣的情况就是利润最大化点可能会使会场无法坐满。当坐满会场需要以降低价格卖出附加服务时,主办方将会少发一些票。你应该不会对此感到惊讶,尤其是如果你们学校在举办一场并不是很受欢迎的运动比赛时。假设一个学校的男子排球队每场能够吸引 4 000—6 000 名粉丝,而女子排球队每场只能吸引少于 1 000 名粉丝。如果体育馆方为了将会场的票卖光而定价,那男子排球赛的门票价格将会接近 0,而女子排球赛的门票价格则会倒贴。这不是对女性的抨击,这只是一个对校园里没有国家荣誉队伍情况的真实描述。很显然,校方将会对男子的比赛多收一些钱,而对女子的比赛少收一些。大学赚的大部分钱都是通过这种方式,即使是每十年只有一次将票卖光的机会。

26.2.3 一个完美的会场

对于主办方来说,会场的大小是非常重要的。在主办方的眼中,一个完美的会场应该是拥有正好能够满足主办方要求数量的座位,如图 26.3 所显示的座位数量。也就是说,一个完美的会场拥有的座位正好是边际成本与边际收益相交的那个点的数量。当然,主办方不可能找到一个如此完美的会场。大多数中小城市仅仅拥有一个至两个能够举办像音乐会这样的活动的场所,而在其他地方,有可能连一个音乐厅都没有。

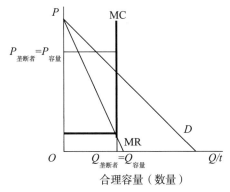

图 26.3 最佳的形态

在大城市有许多不同大小的会场,主办方可能可以找到一个合适的会场正好拥有使边际成本等于边际收益时的容量。假设租一个并不是非常大的会场将比租一个较大的会场花费更多的钱,那么租一个"完美"的会场能够最大化利润。

至今为止的所有例子都没有给"黄牛"留下市场,因为这些例子中票价与市场价相同。倒票只会发生于门票的市场价格高于票面价格时,并且只发生在主办方收取少于最大利润点的票价时。在图 26.4 中,门票价格定在低于或等于市场价格时,将会使会场的座位卖完而不是使主办方取得最大利润。

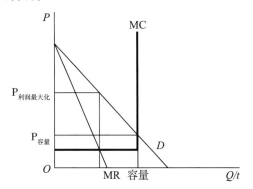

图 26.4 合理容量价格和利润最大化价格的对比

26.3 为什么主办方收取低于他们应该收取的价格

为什么有时主办方宁肯将会场的座位卖完,而不选择最大利润点?第一,他们可能对市场需求的信息掌握得不够。这可能会使他们错误地选择了更低但更安全的价格。第二,可能存在一些"让人兴奋"的因素致使主办方认为一个满座的会场对表演者的吸引所带来的收益要高于他们对应的损失。第三，表演者为了得到收取合理的价格所带来的名誉，他们愿意放弃最大利润。第四，表演者可能想要使用价格之外的手段来区别真正的粉丝与那些只是因为有钱来听演唱会的人。第五，对于主办方和表演者来说，附带出售的衬衫以及一些纪念品也是收入的主要来源。既然这些商品活动的收入会超过他们因此造成的损失，那么较低的票价不仅能够扩大观众的规模，还可能在另一个层面上达到利润最大化。第六，收取较低的票价可能在长远看来是最有利的，因为这样会使观众口耳相传的效果最大化，使表演者的才艺吸引到更多的人。

有时，主办方关于票价没有一个明确的想法。更多的情况是，主办方已进行一项新的活动时必须猜测市场的承受能力。如果他们的猜测过低，那么，倒票行为就会发生。另外，主办方可能会采取比较保守的方式，不去冒险将价格调得过高，从而使价格定得要比他们估计的最优价格低。这也会造成倒票行为的发生。

坐在一个满座的大会场之中是令人兴奋的。音效和感受与一个上座率小于一半的会场相比是相当不同的。无论是表演者和粉丝都会更加享受这一时刻。尽管这与主办方没有什么太大的关系，但试想一下主办方是由表演者或运动员请来举办这一盛事的，表演者和运动员要求主办方要使这场活动尽可能地有效果。那么主办方可能会更在意如何取悦表演者，而不是去关注那些最大利润。

一些表演者努力与他们的粉丝建立起亲密的关系。有一些为了展示其同情心，通过较低的票价来保证那些"普通"粉丝也能够参与到其中来。也就是说，为了感受一个"合理"的票价给他们带来的良好感觉，表演者与主办方都愿意接受较低的票价。

相比于那些愿意用一大笔钱来买票的粉丝，表演者更喜欢那些为了买票而愿意扎营在售票窗口等票的粉丝。比起花了很多钱只是简简单单买了票的，你一定会更享受扎营买来的票的表演所带来的兴奋。而且这些粉丝更容易将热情传递给演员。

如果你去参加一场演唱会，你常常会花与票价类似的钱在衬衫和其他促销的商品上。如果主办方用更高的票价将你拒之门外，他将会失去另一部分重要的收入来源。从这个角度来讲，低价票才会带来最大利润。

对于一个新乐队的经纪公司，它为了长远考虑，会保持一个较低的票价让更多的人来接触这个新乐队。通过低票价策略，一个新的乐队很有可能一跃成为巨星。

基于以上罗列的任何一个理由，主办方可能会将票价定在低于垄断最优价格甚至满座价格以下。在任何一场活动中，只要价格低于自由市场的价格，"黄牛"就会以较低的票价买进，以较高的价格卖出。

26.4 倒票的经济模型

一个倒票的市场拥有一条非常典型的需求曲线。它将会以正常的方式反映没有买到票的那些人的需求。对于许多盛会，例如任何一场由绿湾包装工队举办的室内橄榄球赛，或者在布里斯托尔和田纳西州举办的夜间纳斯卡车赛，买票只能通过指定供应商或已经持有购买权很多年的供应商。在门票购买这方面，这个优先承购权十分珍贵。如果你想去看一场绿湾包装工队或在布里斯托尔举办的比赛,你将不得不求助于倒票市场。

与其他商品相同,这类票的需求曲线是向下倾斜的。如果这个赛事是必须看的,那么你可以预料需求曲线会向右旋转或可能更加缺乏弹性,或者更加陡峭,因为一场一生中只有一次的赛事的票比其他那些可以重复的比赛的票拥有更少的替代品。因此可以预料到,其需求曲线的弹性会变得更小。

供给曲线则是向上倾斜的但不是垂直的。但并不是因为票的数量是无限的,而是要获得这些票,需要花费越来越多以说服一个比一个热烈的粉丝放弃他们的票。图 26.5 反映了倒票市场的供需曲线。

如果票价定在面值上,那么这些票对于潜在的消费者是远远不够的。对于一个经济学家来说,这就是短缺的定义。我们应该注意到供给曲线可能从高于或低于 $P_{票面价值}$ 的价格开始。在图 26.5 中,它从低于那一点处开始,为了理解这是为什么,我们可以这样想,有一些人手中有票,但他们不想去看这场比赛,因此他们愿意以低于他们买来的价格卖出这张票。而为什么会有买了票却不想去看比赛的人呢?如果你已经有了洛

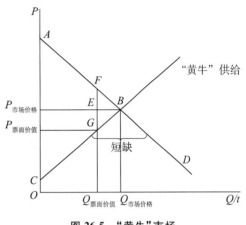

图 26.5 "黄牛"市场

杉矶湖人队比赛的赛季套票和一张能看 500 场加利福尼亚州的纳斯卡车赛的套票,或者森林狼管理层已经开始了湖人当天的比赛。如果你想好了要去看这个比赛,那你将会为这张票支付它的票面价值并且你愿意为这场比赛付出全部。

如果倒票是违法的,在这个票面价值,人们愿意放出的票的数量只有 $Q_{票面价值}$ 的票,而这些票很快会被卖光。如果那些是仅有的可以卖的票,那些愿意付出更高价格的人们将找不到地方去买。当一些人更愿意收到 $P_{市场价格}$ 并待在家里,那另一些人就能够去观看这个比赛。如果一些人愿意支付 $P_{市场价格}$ 并去观看比赛,那么另外一些人将会待在家里。

如果没有倒票行为,市场上会出现短缺现象,而社会福利也会降低。如图 26.5 所示,我们可以看到以消费者和生产者剩余计量的损失。那些愿意以倒票的价格去看比赛的人的福利损失是 EFB,与此同时,那些愿意出售他们的票的人们的损失是 GEB。当倒票行为被禁止时,社会的总损失是 GFB。

在这个分析情形下,对倒票行为的禁令是解决了一个社会问题还是产生了一个社会问题呢?经济学家认为,"黄牛"是解决了一个短缺问题。他们将票从那些占有它们却不重视它们的人手中转移到了那些重视它们却没有票的人手中。因此,可以说"黄牛"对消费群体作了一个分割。而表演者对于"黄牛"的评价有些不高,认为他们不劳而获。

26.5 合法的"黄牛"

在一些州里,任何形式的倒票都是合法的;而在其他的州里,没有一种倒票是合法的。在越来越多的州里,倒票行为仍然是违法的,但票务代理商却被允许卖高于他们买进价的

票。"黄牛"和票商唯一的区别就是"黄牛"在会场周围努力卖票,而票务代理商则只需要一张桌子与一个电话,"黄牛"需要用现金而票务代理商用信用卡。

另一种使倒票行为合法的方式是将他们的服务与旅行服务结合起来。在几乎任何州里,旅行代理人提供包含旅馆房间费、出租车车费等类似服务的套票都是合法的。假设你想要一张最新的"世纪之战"的票,而你在不能倒票的州里并且通过正常的方式你无法获得这张票,那你可以通过旅游代理人的套票的方式获得。旅游代理人可以提供包含100美元的门票费、100美元的住宿费和10美元的出租车车费的总共500美元的短途旅行票(你可以自己算一下合理吗?)。如果这不被定义为倒票,那么这种行为几乎在任何地方都是合法的。这也是经济学家说的一个"没有任何不同"的区别。

这些分析使得经济学家更加加深了对禁止倒票行为法令的不赞同意见。无论是合法的票务代理商还是违法的"黄牛",他们都提供了服务。他们不仅填补了主办方留下的短缺,还提供了便利。一些主要会场的票务办公室总是对消费者的期望不负责任。每在赛事的前几天,在售票处前或在"等待中"的界面上都有很长的队伍。正是因为"黄牛"和票务代理商在提供便利的同时并不损害任何人,几乎没有经济学上的理由去禁止他们的活动。

■ 本章小结

学完本章,你现在应该理解倒票行为是什么,为什么会存在,票务市场可以用垄断模型来描述,而第4章的边际成本曲线在这里是不适合的。学会解释主办方会理性地选择价格较低的票价以及门票市场短缺的原因,理解只有在短缺的条件下,且有人愿意以低于、等于或高于票面价值的价格买入或卖出时,倒票市场才会存在。最后,你应该明白经济学家很重视这个服务,并认为合法与不合法的倒票行为之间没多大区别。

■ 关键词

票务代理　　倒票

自我测试

1. 倒票市场是由以下哪个条件引起的?
   a. 愚蠢的主办方　　　　　　　　　b. 市场价值高于票面价值
   c. 市场价值低于票面价值　　　　　d. 愚蠢的消费者
2. 经济学家认为门票代理商和"黄牛"之间_____。
   a. 没区别　　　　　　　　　　　　b. 不同的模型表示
   c. 完全相反　　　　　　　　　　　d. 无视他们的活动
3. 一个赛事的完美会场是_____。
   a. 座位数量超过边际成本与边际收益相等的数量的会场
   b. 座位数量少于边际成本与边际收益相等的数量的会场
   c. 座位数量正好等于边际成本与边际收益相等的数量的会场

  d. 对所有座位,边际收益都要超过边际成本
4. 在会场的分析中,边际成本曲线最显著的特征是_____。
  a. 一条垂直的线   b. 一条水平的线
  c. 一条封闭的曲线   d. 一条反向的 L 形线
5. 描述主办方的模型是_____;反之,描述倒票者的模型是_____。
  a. 完全垄断;垄断竞争   b. 垄断竞争;完全竞争
  c. 完全垄断;寡头垄断   d. 完全垄断;完全竞争
6. 如果反垄断法被完全实施了,它会引起_____。
  a. 无谓损失   b. 消费者剩余的明显增加
  c. 生产者剩余的明显增加   d. 那些想去看比赛的人会蒙受损失

简答题

1. 票务代理商和一个在会场前徘徊的"黄牛"之间有什么区别?
2. 解释"黄牛"为什么会一边在买票,一边又在卖票。
3. 假如你有一张票,那张票的比赛在对你和你另一半很重要的那一天开始,你知道如果你去了,它将会让你不能够陪你的另一半,"黄牛"以何种形式能帮助到你?
4. 假如你需要一张已经卖完的门票,你的女朋友早就叫你去买这张票,可是你忘记了。这时,反倒票的法律即将颁布,你是愿意它颁布还是不颁布呢?

讨论题

1. 有许多国家和地区禁止倒票,为了防止消费者在之后会卖出去,很多主办方都会限制消费者的买票数量。为什么主办方会关心谁买到了这个票? 如果你是主办方,你会介意吗?
2. 一些"黄牛"会叫大学生为他们去排队(甚至在窗口前扎营)买大量音乐会的门票,让他们可以将之出售。由于在一些地方这是触犯法律的,"黄牛"可能要冒着学生自己把票卖出去的风险。如果你在为票排队,你会怎么做?

进一步阅读

Happel, Stephen, and Marianne Jennings, "The Folly of Anti-Scalping Laws," *The Cato Journal* 15, no. 1 (Spring/Summer 1995), pp.65—76.

第 27 章
为什么大学教科书那么贵

学习目标

学习完本章,你应该能够:
1. 能够描述教科书进入市场的过程。
2. 分析不同学科、不同阶段以找出最适合此学科或阶段的教科书市场。
3. 总结网络对二手书市场的冲击,以及二手书市场对新书市场的冲击。
4. 描述书本的选择过程并得出这一过程不会对价格敏感型的消费者产生影响的结论。

大学教科书市场是一个较好的能够展示大量经济学概念的例子,例如:固定成本和可变成本;市场上某件商品的专利和版权带来的影响;寡头垄断和完全竞争垄断市场之间模糊的界限;技术进步所能增加的供给的程度。

27.1 选择过程

在我们进行深入分析以前,首先要了解教科书是如何进入市场的。在一开始,存在一个空隙,至少是观念上的空隙。这就意味着无论出版商还是大学教授都觉得哪里还有一部分没有被完全覆盖,或者有另一种方法可以获取市场份额,又或者是在这个领域内,所有的书都写得很糟糕以至于稍有改善就可以获得很大的利润。这样示例章节就产生了。无论是被邀请还是主动的,一位教师总会写一到两个章节的东西给出版商过目,告诉他为什么这样写会比现有的书本好。而这些示例章节需要几个月的时间来书写、校对和编辑。当完成的时候就被寄往出版商那里,但是只有很少的一部分可以通过这一关。

那些符合出版商标准的样本就会被寄往一些教师那里,这些教员在该书本出版时可能会用此来当教材。典型的例子是,出版商会花 200—600 美元,挑选 4—8 位教员去阅读和评价这些样章,如果评价是好的,那么就可以动手写这本书了。合同中会写明如何计算作者的报酬。一般来说,作者会拿到销售额(整个销售的净收益)的一定百分比(大约是 15%)。相对于**版税**(royalties),作者会先收到**预付款**(advance)。一本书起码需要一年的时间来书写、校对、编辑、出版。通常第一版会比后续版本需要更长的时间,因为它是由全国范围内另一批完全不同的教师来审查的。①

一旦被允许发售,书籍就会被邮寄到全国各地教师的手中,只要他们的课程中需要用到这本书。当有几千本经济学原理的书的发行时(也许是商业和经济专业)或者其他的几百本书(当这本书的对应读者有限的话),教员们向书店分别下订单,而书店在学期开始前的那个月订货。

观察当一本书被售出时,销售额最终流向何方,同时考虑现在你阅读的这本书的情况。如图 27.1 所示,本书的上一版在我所在大学的书店里的售价为 125 美元。而该书在卖给书店时的售价为 100 美元,所以大学书店的成本和利润就来自这 25 美元的差价。我拿到了该书出版商售价的 15%,也就是 15 美元。出版商拿到了 75—80 美元之间的利润。而出版商的成本中的固定成本就包括他们为出版而做的一些支出(练习、教师手册、网络资源、学习向导、PPT 等),把我的作品转变为最后形式的编辑部员工的份额,还有那些销售书本的市场部员工的份额。可变成本包括纸张、墨水以及印刷本身。教科书所用的纸张本身就不便宜。墨水也不便宜,其价格取决于书本的本身是黑白两种颜色(这表示由黑白两色相加而产生的多种不同形式的其他颜色的深浅色)还是多种颜色。但总体来说,一本教科书的边际生产成本低于 10 美元,有时只要大概 5 美元就够了。当所有程序都已经完成时,出版商所获得的 75—80 美元的那些利润足以涵盖生产的固定成本。

图 27.1 钱都去了哪儿

---

① 本书的初版在 1999 年,再版是 2002 年。

这里又有一个比较棘手的问题,因为出版商以及作者本人都是需要等到书售出才可以赚钱。进入大学,你不需要多长时间就可以知道,我们可以购买二手书,这比新书便宜很多,而且,期末还可以把自己用过的书重新卖给二手书店。通常来说,一本售价为125美元的新书,二手书的售价一般为100美元。而书店可以从上一届的学生手中以大约62.50美元的价格得到这本书。接下来书店就可以同时出售新书和二手书,然后分别获得利润。如果书店购进的新书过多的话,会有一定的风险,因为当还书给出版商时,要支付一定的退货费。然而,过度购进二手书的风险却更大。因为如该书发行新版本,那么旧的版本就一文不值了。

这些会带领我们进入新版骗局。自从牛顿创建微积分以来,它从来就没有变过,那么为什么会有人去写新的版本呢?因为,出版商和作者仅仅在新版书第一次出售时才能赚钱。每版的出版周期一般在2—4年。

而这一现象的责任在谁呢?可以说是每个人,包括你的教授在内。教师特别是教授大课的教师,他们想要一个试题库(在多项选择测试中,他们可以用计算机自动生成的问题)。可以包括难题和简单题,同时这些题目只有一个比较好的答案,但那需要钱。但是记住,你的教师是免费拿到书的,他的办公室里要么堆满了各种教科书(一些还未开封),要么他自己也写教科书。假设教授X写了一本新书,教授Y用了,但是教授Z没有用。教授X赚取了版税,而教授Z同样通过销售免费样书赚到了钱。这就是一件时时刻刻发生在你身边而你却不会察觉的事情。那些想要买教科书的人,经常游荡在教授们办公大楼的大厅内,想要从某个教授手中买到免费样书,拿到网上再次出售,通常也会在大学校园的书店里出售。你的125美元的书,可能被书本倒卖者以32美元的价格获得,然后以50美元的价格卖给书本批发商,接着批发商以65美元的价格卖给书店,最后你以100美元的价格拿到了这本书。如果书本是以这种方式出售的,那么作者就一分钱也拿不到了。

因此,请注意,只有书店向出版商购买书本的情况下,作者才能够赚到钱。而在另外的交易方式下,其他的人获得了利润。

并且,你也有错。你希望你的教授可以用一本带有网址链接学习指南和PPT的书本进行授课,而这些教辅资源是需要花费大量的资金去生产的。这些教辅资源的预算主要是根据出版商所认为的该书的销售额来决定的。就像你在读的这本书的首版,它需要15 000—20 000美元左右的预算,这些预算是根据需要做多少工作来决定的。而根据生产质量,教辅资源的成本还可以增加5 000—10 000美元不等。出版商总是希望接下来出版的版本所需的教辅资源可以更便宜,因为他们只需要适当调整或者是更新相关部分,而不是从头开始制作。

第2版、第3版以及接下来的各个版本在编辑过程中的费用也有很大程度的下降。排版只需稍作调整,而如果书卖得好的话,复审范围和费用就也会大幅度降低。这一现象使我的第一位编辑如此说道:"如果现在这本书有第3版,那么就会有第13版。"这也导致了出版商们尽可能地向作者索要新的版本,甚至在有些作者已经退休或者转向做其他事情的情况下。尽管这本书是由封面上所标注的那位作者写的,但不代表所有的教科书都遵照这个模式。有几年,许多较好的经济学著作并不是署名作者的作品。有的是因为他们已经退休了,还有的是因为他们被法律阻挡在了门外。通常出版商会在一系列的作者前面加一个命名作者,但依旧会留下原始作者,因为毕竟是他创下的这个"品牌",无论他停止研究这件事情有多长的时间了。

出版商们的底线在于他们的职责,那就是赚钱。就比如这本书的保本点就在5 000册左右。我们可以运用基础数学计算出销售额是如何影响底线的。这项工作已经完成,在表27.1中展示。上升的销售额可以很快地增加营运底线,因为对于每本已销售的书来说,只需要20—50美元的成本,去换取100美元的收入。

表27.1 教科书利润的简单分析

经济学概念	细节	在100美元的价格上销售5 000册(第1版的保本水平)		在100美元的价格上销售10 000册	
		第1版(美元)	后续版本(美元)	第1版(美元)	后续版本(美元)
收入	销售给书店的价格(出厂价)×销售数量	500 000	500 000	1 000 000	1 000 000
固定成本	对教辅资源(PPT、网络、试题库、教师手册、学习向导等)的编辑、排版、制图等方面的支付;	25 000	5 000	25 000	5 000
	校对和市场销售费用	350 000	20 000*	350 000	200 000*
可变成本	版税	75 000	75 000	150 000	150 000
	材料费	50 000	50 000	100 000	100 000
利润	收入-固定成本-可变成本	0	170 000	375 000	545 000

注:*是作者假设的。

你正在阅读的这本书,作者拥有知识产权。我把知识产权转让给出版商,他们在销售书本的所得中支付给我版税。而版权的作用就在于授权麦格劳-希尔(出版集团)去销售那些书。这同时也阻止了你跑去联邦快递并为你的朋友们复印副本。版权同时也是知识产权进入市场的必要条件,因为如果没有版权,生产者就没有财务上的动力去生产书本、歌曲和各种发明。①

27.2 教科书及其市场形式

在某些学科中,通常存在一本标准的大家都在使用的教科书,而有些学科中却有很多极其类似的不同的教科书。在这个部分,我们利用经济学教科书市场为例来说明该种市场形式的概念,以及学习大学教科书的价格上升得如此之快的原因。

一旦你了解了教科书市场,你就会更加容易理解为什么这些书本如此昂贵。在市场中有着上百种教科书,而大多数都不是另外一种教科书的好的替代物。如果你带着经济学教

---

① 版权会持续很长一段时间,出版后95年或作者逝世后75年或者更久。这些产品在那时就不会有人感兴趣。另一方面,你可以以低于10元的价格购买一本马克思的《资本论》或者亚当·斯密的《国富论》,因为版权已到期,这些书已经成为公有财产。

材去上诗歌鉴赏课,恐怕没有多大的用处。最终你的教授会划定小范围的书本让你选择。如果你上的是经济学通识教育课程,而你不是该专业的学生,你的教授就得决定是利用填鸭式教学将一系列经济理论塞入你的脑子,还是选择另外的解决方法。选择了书本就选择了问题解决方法。而在这个领域内却只有四本书符合要求。麦格劳-希尔在这方面具有垄断地位,但同样也存在竞争。所以最适合这个领域的市场形式就是垄断竞争。

有关经济学原理的书籍就更多了,因此也存在更多的选择。这个市场上存在四个销售巨头和许多其他零星的销售商。这同样是一个垄断竞争市场的模型。尽管书本之间也是大同小异(主要在陈述和重点方面),但是出版商依旧保持自己的垄断地位。

现在设想一下只有几个卖家的情况,比如研究生数理经济学的教科书市场。这就是一个寡头垄断的例子。经济学的某些领域实在是非常狭窄,甚至某些市场仅仅只有一种书。

27.3 技术及二手书市场的冲击

想象一下这样的窘境:一个大学生买了一本用不着的二手书。假设一位佛罗里达大学的学生在8月买了这样的一本书,而在12月的时候却发现由于使用这本书的教师去了其他学校使得这本书在校园里已经不再适用了。而此时书店的人也不愿意回购这本书,因为他们并没有保证说这本书可以在佛罗里达大学继续使用下去。而此时设想一下来年春天,那位教师来到了华盛顿大学,在华盛顿大学他依旧采用那本书,此时华盛顿大学的学生就不得不去买一本全新的教材,因为拥有极好的二手书的同学不知道有这样的买家存在。

而技术的出现正为这样的信息鸿沟架起了桥梁。计算机、计算机网络以及互联网为这样的两种学生通过二手书买家和卖家达成交易成为可能。如今教科书可以很简单地在出版周期和系统内循环。而12月到1月的这段时间是唯一的瓶颈期。那些想要卖书的同学可以通过直接登录网站(例如 eBay)或者到网站寻找代理买家卖家(例如 texybookbuyers.com)的方式方便快捷地找到买家。

尽管互联网显著提高了二手书交易的灵活性,但同时也导致了新书市场成本的上升。因为正如之前所提及的出版商和作者只会在有充足的报酬时才会出版新书,技术进步使得二手书的再利用率提升,也就导致了新书销售量的下降。结果,出版商不得不提高新书价格,缩短出版周期(有时是人为的)从而能够获得足够的利润支付给作者以及维护自身的运转。

27.4 价格什么时候有用,什么时候没用

当你买车时、在餐馆用餐时、购物时或者旅行时,你会考虑价格的因素,因为你是做出决定的那一方。而为你选择教科书的却往往是那些无视价格因素的教师。教师免费拿到这些书籍,也就很少有人会询问书的价格。当学生到了书店,找到了那些书,但是他们不能由自己来选择买哪一种(不考虑选择新书或者旧书的情况),只能决定买或者不买。所以书本的价格与采纳决策无关。在好的情况下,教科书的采纳决策是教师在该领域内众多可选择的书籍中反复斟酌后选择最适合教学的书籍来决定的。最后,教师会选择那些能够提供我们

想要的、有课程简介说明的、易读的书籍。这些因素都会提高书本的价格,而偏偏价格不在人们决定是否选择该书的考虑范围之内。

接下来,学生们只能在买或者不买中选择了。但是教师把学生是否购买该程的书籍作为判断学生对待该程是否认真的首要标志。当教师提示学生他们所问的问题可以在书本中找到答案时,如果学生告知自己并没有购买这本书,那么一般来说教师就会非常不满意。

27.5　借书、电子书、过时版本等,依然有很多人试图节约开支

近年来,教科书市场中的三种改变动摇了教科书公司的地位。第一种就是古老的租赁形式的出现。齐格网以及其他因特网公司用有效的方法复兴了这个小小的市场。这些公司大概以零售价一半的价格出售这些书,但是要求你在用完之后归还,否则就要支付另一半的价格。而为了完成以上的工作,这些公司要获知消费者的信用卡信息,包括销售时的,以及在没有及时归还的情况下能够向其收费时的。这其实与买新书之后卖还的数目差不多,但是学生不用承担书本可能被淘汰的风险(书本价格也因此而下降)。

同时,观察到电子书良好的替代作用以及流行趋势,各个公司纷纷涉足电子书,这部分是因为 iPad 的问世。亚马逊 Kindle 能够很好地记录纯文档的书籍但是却无法显示图表、数学公式等,但是这些都可以在 iPad 和掌上电脑中很好地展示出来。这其实也很像租借一本书,只是这本书不需要归还。只是一个学期后,该书自动失效(或者是一年,取决于卖家的政策)。

最后,当越来越多的教师意识到自己的学生在与昂贵的教科书费用做斗争时,他们想出了一种途径,让自己既可以像经济学家一样有意思,也像作者一样苦恼。就是当一本新的版本出现以后,教师就会选择新的教材,而旧版教材在市场上就失去了价值。例如,当这本书的第 5 版在 2010 年发行时,在书店的售价为 125 美元,齐格网的租赁价格为其一半。而与此同时,一个学期前书店售价为 120 美元的第 4 版,此时在网络二手书折扣店中的售价不足 10 美元。很明显,那些使用新书的同学可以接触到最新的数据和章节(房地产泡沫以及 2007—2009 年的经济衰退);但是那些使用旧版书籍的同学却可以省下 110 美元。学生们已经用这个策略好多年了,他们当然是在知晓其中的利弊得失的情况下做出的选择。而现在出现的状况就是教师指定学生们使用一个旧版的教材,这样这个班里的学生就处在同样的情况下了。而教师在邮件中可以拿到这些新版教材,获知新的信息,然后在讲课的时候传递给学生。教师的确用了新书,但是却没有给出版商和作者带来利润。但是长期采取该策略却会导致它的失效。随着越来越多的教师采取这种方法,那么旧版教材价格就会上涨,从而提供的数量就会收缩。并且,传统书店老板会难以找到足够的旧版书籍来满足上升的需求。这种新的教师式的策略是十分有意思的但却非长久之计。

27.6　为什么教科书如此昂贵,责任在谁

综上所述,所有以上提及的原因都导致了教科书价格居高不下。首先,教师花时间写了

先前的样章,他们应该获得报酬。其次,他们花了大量的时间和金钱撰写、编辑和出版。创造出获得采纳的书本的成本是很高昂的;而仅仅只有改版的首次发行才会使得出版商有利可图,作者有版税的这个事实意味着新的版本会不断出现。而在某些领域内几乎不存在竞争,从而导致书本的价格非常高。最后,由于教师在选择教材的过程中很少会考虑到价格的问题,学生却只有买或者不买的选择权。

在各个例子中,人们看起来似乎都做了经济计算,然后以自己喜欢的方式表现出来。作者根据他能否从这本书中得到他所期望的补偿来决定是否应该花时间写一本书。教师则要选择一本对自己的课程和学生帮助最大的教科书。出版商和作者一起将最好的(这里所谓的"最好"是指能获得最多市场份额的)书上架。书店则进一批教师相关课程指定的教科书。学生们则是尽可能买便宜的教科书。再加上书本倒卖者还有批发商意识到可通过购买货源充足地的书籍并卖到该书的紧缺地来赚取利润。最后你得到的结论就是,对于昂贵的教科书,整个自由市场都负有责任。

如图 27.2 所示,与其他东西比起来,教科书的价格上涨速度的确非常快。从 2002 年 1 月开始,价格开始全面上涨,平均涨幅有 24%,而教科书的涨幅甚至为 69%,这的确引人深思,尽管学费的上涨率以 80%高居榜首。

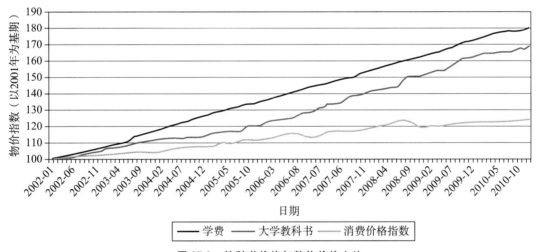

图 27.2　教科书价格与整体价格之比

最后,其实教科书市场的价格问题与处方药公司所面临的问题大同小异:极高的固定成本和很低的可变成本。如果像音乐产业一样,那我们就要想象一个能够免费下载私人教材的 PDF 文档的世界会是什么样的呢?

27.7　教科书将走向何方

教科书公司很希望你能够购买它们的"内容",因为相比于书本,它们都把自己当作这个内容真正的传导者。而达到这些目的的方法必然包括电子书。但是由纸质书到电子书的转变却比出版商们想象的要慢许多,但随着 2010 年 iPad 的面世,其达到了一个高峰。对于这个平台的出现,公司们表现得异常欣喜,因为如果它们能够通过电子书的模式"租借"给你有时间期限的书籍内容,并且你无法将这份内容传给其他人(就像现在 iTunes 中做的那样),那么它们就能够以该种方式赚取比原先买纸质书的卖方式更多的利润。因为以纸质书 50% 的价格租借 6—8 个学期远比以 100% 的价格售出一本书赚取的利润更多。学生能够继续获得最新的书本内容而只需支付原来一半的价格。但没有返回价值的负面影响也会存在。

教科书市场正在经历一场巨大的改变,或许等你送你的孩子上大学时,教科书已经变得和黑胶唱片和八轨磁带一样了。

■ 本章小结

现在你能明白为什么这些教科书一年比一年贵,而且也了解了教科书是通过什么样的方式进入市场的,以及这个产业极高的固定成本和微乎其微的边际成本。你也理解了这个市场囊括了从垄断竞争到寡头垄断再到完全垄断的市场形式。最后,你知道了二手书市场的重要性以及它如何影响新书市场的生产循环以及成本。

■ 关键词

预付款　　　版税

自我测试

1. 在经济学原理这门学科中(包括宏观、微观),教科书市场的形式是_____。
   a. 完全垄断　　　b. 寡头垄断　　　c. 垄断竞争　　　d. 完全竞争
2. 教科书生产产业与制药业的共同之处在于它们都有_____固定成本和_____边际成本。
   a. 高;高　　　b. 高;低　　　c. 低;高　　　d. 低;低
3. 作者是按照什么标准获得版税的?
   a. 大学校园书店里的销售额的百分比　　　b. 出版商卖给书店的销售额的百分比
   c. 按照一个固定比例　　　d. 按每页的价格
4. 下面选项中哪类人在买卖二手书过程中没有赚取任何利润?
   a. 出版商　　　b. 教科书购买者　　　c. 教科书倒卖方　　　d. 书店
5. 二手书的买卖在 20 世纪 20 年代就已经出现,但是由于以下哪类东西的出现使得该市场迅速成长起来?
   a. 手机　　　b. 书店　　　c. 出版商　　　d. 互联网
6. 一般一本售价为 100 美元的书,作者能够得到的版税是多少?
   a. 5 美元　　　b. 11 美元　　　c. 25 美元　　　d. 50 美元

简答题

1. 考虑一个类似大三、大四的辅修课(例如健康经济学)的教科书市场。为什么这样的市场没有像经济学原理这类大的市场一样比较容易进入?

2. 在做教科书市场模型时,为什么处方药市场和教科书市场的主要特征如此相像?

3. 为什么在考虑一些大学都开设的科目、课程的时候,完全竞争市场模型比寡头垄断、完全垄断模型更加适用?

思考题

想象一下你处于一个这样的职位,在这个位置上很多人会未经过你的同意给你许多商品。更深层次地想象一下,他们把商品给你的原因是你会在与和你有生意来往的人面前评价他们的商品。再进一步假设法律上你拥有销售这些样本物品的权利,请问你是否会销售给他们?

讨论题

很多教师是由系主任(或者委员)告诉他们应该用哪一本书的。请问问你的教师他是否有自己选择教科书的权利。问问他们是否知道你为这本书花了多少钱。问问他们如果考虑价格的因素,那么教科书的选择过程会是什么样的。

第28章
教　育

> **学习目标**
>
> 学习完本章,你应该能够:
> 1. 将教育作为一项投资进行分析,以及该投资不仅对受教育的个人给以回报,而且会对社会有巨大的正面影响。
> 2. 总结有关"对教育的投资越多,是否产生的收益就越多"的争论。
> 3. 总结学校改革问题背后的经济学,阐述许多经济学家认为当前的教育结构不利于教育投资发挥更好作用的原因。
> 4. 解释大学教育比中小学教育更昂贵的原因,以及为什么大学教育对大多数大学生而言是一项明智的投资。

从严格的经济学角度看,我们自己和后代在受教育方面付出的时间和金钱的数量是令人吃惊的。我们被要求在学校一直待到16岁,在一些情况下甚至是18岁,我们被强烈鼓励要学到高中毕业,并且,当我们受教育时,我们得到大量的补贴去接受某种形式的高等教育。我们中有些人甚至是被迫取得毕业学位的。最后,我们很可能花费我们生命中第一个1/3的时间去接受教育。我们的父母和政府鼓励我们对自己进行投资,即使是当教育对社会不会产生任何实际贡献时。打个比方,大多数人在他们死去之前就已退休,因而一个普通的取得研究生教育的人能收回他在正规教育上付出的投资的赚钱时间不足40年。

一般而言,父母和祖父母都是坚定的教育支持者,起码在经济上会给予支持。那些家中没有孩子在校读书的人也有其他的支持理由。本章我们会探究人们对支持教育给出的理由。我们试图确定社会在中小学教育方面的投入是否物有所值。我们也会考察你和其他大学生是否会从你们在高等教育上的投资得到一个合理的回报。

在考虑中小学层次的教育方面,我们考察了在教育上的投资额,并且试图确定纳税人的付出是否物有所值。为此,我们给出成本的测算,并考察了学生教师比率。随后,我们考察了诸如学生标准化测试成绩和授予学位的数量之类的教育成果的测算。最后,我们提出了大学成本为何如此之高,以及取得一个大学学位是否物有所值的问题。

28.1 人力资本投资

在第4章和第5章,我们论及的资本局限于机器的概念。本章,我们转向讨论另外一种形式的资本——**人力资本**(human capital)。它指的是一个人制造商品和提供服务的能力。教育和培训在开发人力资本方面扮演了一个重要角色。

28.1.1 现值分析

在第7章的现值和投资讨论中,我们知道我们可能在包括人力资本在内的任何事情上投资过少或者过多。如何确定一个合适数量取决于**净现值**(net preseut value)的价值,即收益的现值和成本的现值之间的差额。

我们在自己孩子教育上的投资不仅是出于爱他们,从经济学的角度看也是有意义的。假使没有"免费"①的公立学校,我们会首先看看从幼儿园到高中阶段教育一个小孩的成本现值,然后用教育导致的孩子赚钱潜力提高的现值减去它。如果这时我们发现净现值是正的,那么我们可以下结论,对于父母来说这项投资是明智之举。

而且,从父母的角度看,在该分析中,更准确的方法是应该减去那些可能发生的成本。考虑父母双方都工作或者只有父母一方工作的单亲现代家庭。如果没有公立学校,那么无论孩子是否受教育,他们都会有日常照顾孩子的费用。这意味着教育孩子的边际成本是入学的学费和日常照顾费用之间的差额。这会减少相应的成本,使得教育成为一项更好的投资。

28.1.2 外部收益

当然,中小学教育是公立的,而且长久以来一贯如此,这使得我们也许不曾考虑过探究其中的原因。免费的公立教育既有社会原因也有经济原因。社会方面,我们获得的收益来自孩子们变得更有文化,无论是不是我们自己的孩子。经济方面,我们获得的收益是受过教育的人更不可能损害我们的福利或者进行犯罪,并且更可能成为纳税额超过对政府资源的花费的生产性公民。我们从公立学校教育获得的另外一个收益是让各种族、各民族、各宗教信仰者和各收入阶层的孩子就读于相同的学校也许可以培养社会稳定性。因此,中小学教育的**外部收益**(external benefits)证明了对该教育提供大量的补贴是合理的。

我们可以用供求图来证明:只有无补贴的私人教育是无效率的。看看图28.1中给出的受教育孩子父母应该支付的教育价格。价格是一年的学费,数量指一年中受教育孩子的人

---

① "免费"打了引号出于两个原因。第一,许多州要求每个学生每年的课本租金为100—200美元,至少在印第安纳州是这样。有资格获得联邦学校课间餐计划的学生可以免除该项费用。第二,纳税人需为该公立教育买单。因此,"免费"应该理解为"除了可能需要的任何费用,对父母是免费的"。

数。在低学费时,有更多的人会进行教育投资,而且当教育是免费时,每个人都可以享受教育。因此,需求曲线是向下倾斜的,但是,如果学费低,学校愿意教育的学生数量则会减少。

无补贴的市场产生均衡学费 T^* 和均衡注册学生数量 S^*。如果存在图中所示大小的外部收益,那么最优的学生数量大于市场的均衡数量。在这个例子中,最优的学生数量是所有人,最优的价格是零。这意味着纳税人必须为每个学生支付 T'。从理论的角度看,这并不一定意味着学校必须是由政府所有并经营。在美国,除了在密尔沃基和其他城市进行的某些试点,事实确实如此。

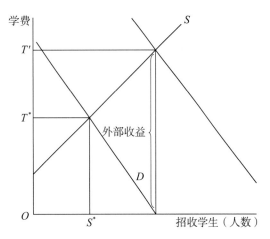

图 28.1　中小学教育的外部收益分析

已经有人开始对这种外部性影响的程度进行具体估计。经济学家兰斯·洛克纳和恩里克·莫雷迪估计,教育可以将犯罪对个人利益的影响减少 12%—26%。

28.2　我们应该投入更多的钱吗

28.2.1　基本数据

我们在中小学教育上花费了大量的钱。我们这样做是希望我们花费的税收可以得到回报,这些回报是由聪明、受良好教育和生产性的未来纳税人带来的。在这部分,我们会考察教育开支的大小及其花费情况,测度教育成果,以及我们的钱显然没有像过去那样物有所值的原因。我们也探究了替代公立中小学校的其他方法,并探讨我们目前近似垄断的公立教育系统是否足以符合我们的利益。

2010 年,美国花费了超过 6 500 亿美元教育 5 500 万名中小学学生。为了探究这样一笔数量的钱是否合适,我们来看看经过通货膨胀调整后的每个学生的花费随时间变化的轨迹,并将花费的数额与诸如测试分数和毕业率之类的教育成果进行比较。我们用这种方式看待问题是重要的,因为随着学生人数的上升,必要的教室数量也会上升。这不仅提高了建设和维护成本,也会提高所需要的教师人数。因此,无论费用是否上升,重要的是花费在每个学生身上的费用。此外,由于通货膨胀造成 1960 年的 1 美元比 2006 年的 1 美元更值钱,我们需要对费用方面的数据根据通货膨胀进行调整。尽管 CPI(消费者物价指数)是一个有瑕疵的方法,但是我们一般还是用它来进行这方面的调整。①

你从图 28.2 中可以看到,即使对每个学生的花费根据通货膨胀进行了调整,但该费用在过去 40 年还是大幅度上涨。尽管该数据在 20 世纪 90 年代比较平稳,但毫无疑问,该费

---

① 请参阅第 6 章中关于这方面的简介。

用有一个显著的上升,从1960年每个学生2 741美元(2008年美元价格)上涨到2008年每个学生11 134美元。虽然该费用用于很多方面,但它也造成了平均班级规模急剧下降。如同我们在图28.3中看到的那样,1960年每个班的学生超过26人,目前则少于15人。如果对所传授内容的需求保持不变,每班学生人数这样的大幅下降预计会对学生的教育成果有同样显著的影响。根据某些检验标准,结果的确如此;但是根据其他检验标准,则不尽然。

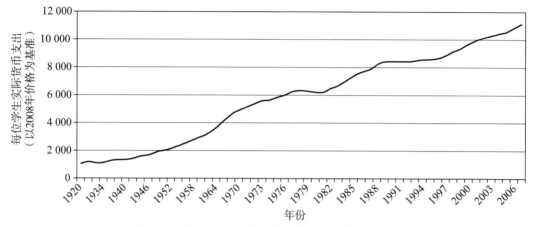

图 28.2　以2008年美元价格计算每位小学生的花费

资料来源:美国教育统计年鉴;http://nces.ed.gov/programs/digest。

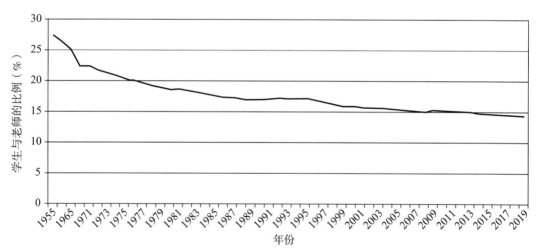

图 28.3　学生与老师的比例

资料来源:美国教育统计年鉴;http://nces.ed.gov/programs/digest。

图28.4显示,学生的SAT考试的分数在相同时期内并没有与教室规模下降相对应,没有任何明显的证据显示,教室规模的下降导致即将步入大学的学生的SAT分数提高。如果有的话,也是相反的影响。SAT的数学平均分在教室规模下降期间直线下降,并在教室规模趋于稳定后反弹;SAT的语言分数跌至谷底,后来有少许反弹。这些分数比40年前的分数低40分以上。①

---

① 第三代教育评估测试对学生的成绩造成了影响,在其被采用的年份里,学生成绩显著下降。

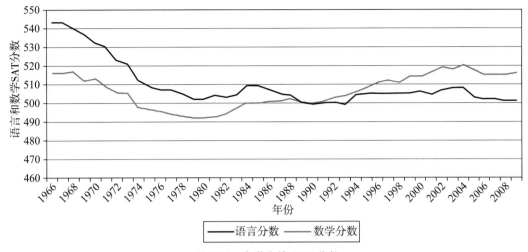

图 28.4　大学生的 SAT 分数

资料来源：美国教育统计年鉴；http://nces.ed.gov/programs/digest。

另一方面，高中毕业率大幅上升。如同你在图 28.5 中看到的那样，非洲裔和西班牙裔美国高中生毕业率尤其如此。在过去的 45 年中，高中毕业率表现出显著的提高，对白人和西班牙裔美国人来说，该数字翻了 1 倍，而对黑人而言，该数字提高了 3 倍。

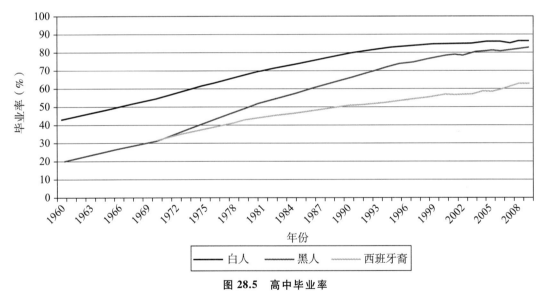

图 28.5　高中毕业率

资料来源：www.census.gov/hhes/socdemo/education/data/cps/2007/tables.html；www.census.gov/hhes/socdemo/education/data/cps/2008/tables.html；www.census.gov/hhes/socdemo/education/data/cps/2009/tables.html。

28.2.2　三思之后再下结论

在你根据这些数据得出学校的工作做得好不好的结论之前，你需要考虑可使上述数据平滑或使你的结论不至于过激的问题。这些表面上显示每个学生实际花费增加了 1 倍有余的数据是非常具有误导性的，因为花费的提高中有许多流向了非教育性领域和特殊教育领域。尽管这些数据表面上看起来令人沮丧,但是有更多来自下层社会经济集团的学生参加了SAT,这部分地解释了低的SAT分数。高中毕业率表面上看是有提高,但是应该考虑到,该数据中包含高中同等学力(GDEs)这一事实。此外,无论这些数据是否精确,我们都感觉到现在更容易毕业,因为教师用来评估学生的标准没有以前的那么高了。

自1960年以来,每个学生的实际花费几乎增加了3倍,但这些增加的部分中越来越多的比例流向了非教育性需求。比如说,花费在那些对学生学习影响甚微的人身上的比例从1960年的32%上升为2008年的44%。像门卫、巴士司机、秘书和行政人员这些雇员不会教导孩子,因而,我们不应该把花在他们身上的钱计算在内,好像这些钱对学习具有影响似的。1960年总职工的在校比例为70%,到2008年则略少于一半。如果花在非教育性雇员身上的总费用比例保持不变,那么教育开支总增长率可能会告诉我们一些有关教育投资是否物有所值的信息。如果这个比例不是保持常数,那么我们就无法做出判断。不过,每个学生实际的教育性花费增加了1倍仍然是个事实。

每个学生实际的教育性花费自1960年以来增加了1倍,部分原因是由于法律强制的特殊教育规定。2008年,超过13.2%的学生被贴上了残障人士的标签,因而有权通过各州和联邦政府教育计划而得到补贴。大多数被贴上"身体残障"标签的学生不会要求许多额外的资源,但是部分残障学生却需要非常昂贵的服务。尽管美国残疾人法案要求这些儿童在校期间,学校要向他们提供必要的帮助,但是为了确定每个学生每年的花费是否过高,此类花费不应该被当作教育花费的增加。这样的花费对非残障学生不产生直接的利益,因此在分析时应排除在外。这样做,每个学生的花费会减少大约700美元。

如果我们把资助特殊教育计划的花费包括到我们的分析之中,那么关于班级规模的数据就会被低估。因为该数据是简单地用学生数量除以教师数量得到的,而且许多新增加的教师只服务于少数特殊教育的孩子。对于我们的分析来说,正确的数据应该是用非特殊教育学生数量除以非特殊教育教师数量。当我们这样计算时,我们看到班级规模并没有我们认为的平均规模那么小。学生-教师比率不会降到15,而是接近19。

过去45年间,每个学生的实际总花费上升了,每个学生实际的总教育性花费上升了,不符合残障人士条件学生的实际总教育性花费也上升了。今天的SAT和其他测试的分数比45年前更低。虽然我们不指望在巴士司机或者研究纯粹学术问题的学生身上提高花费会提高SAT分数,但是我们有许多理由期待对非残障学生教育实际花费的提高可以提高测试分数。由于花费提高了,而测试分数却下降了,我们得出了没有收回在教育上的支出的结论似乎是合乎逻辑的。但是这个结论也许经不起推敲,因为参加测试的学生数量提高了,上大学的学生数量提高了。而且,如果我们考察所有层次的学生,将会看到,和以前的情况相比,考低分的学生数量更多了。比如说,如果有一所高中的10个人的高级班中有5人将进入大学,他们的平均综合分数是1 000,那么它就比一个前5人平均分数为1 000、第六个成绩略差的学生分数为800的10个人的班级强吗?由于现在比1960年有更多的人参加SAT,而且原来不能但现在却能够参加考试的学生质量会低于原来可以参加考试的学生的质量,我们应该预期平均SAT分数会下降。甚至标准的SAT的平均分数也显示今天的教育做得更好。

测试分数下降,而花费上升,我们已经推测了增加的花费没有导致更高的测试分数的原因。现在,让我们来看看毕业率。尽管毕业率在过去的几十年间大幅上升,但一个悬而未决的问题是,这种上升能否一定被看作教育成果的提高。首先,今天获得高中同等学力文凭的人比历史上任何时候都要多。他们中的许多人因为各种原因而辍学。其他一些人是在服刑期间通过学习完成高中同等学力的犯人。他们这样做是值得尊敬的,无论他们是谁。但是,尽管"E"代表平等,但很少有雇主把他们的文凭与高中文凭一视同仁。这种观点的最好例证就是高中同等学力文凭持有者的收入更接近于高中辍学者的收入,而不是那些没有进入大学的高中毕业生的收入。当我们声称黑人毕业率有显著提高时,需要对此有所考虑。因为大量的黑人持有高中同等学力文凭,其比例与他们在总人口中的比例不相称,我们在对毕业率的提高进行解释时,必须谨慎小心。

此外,人们普遍认为,许多高中应该参加所谓的"社会升级"计划,即基于学生的生存能力而非学生的成绩来授予文凭,批评人士称这种趋势近年来愈演愈烈。有些州开始实施毕业能力检测以对抗人们的这种想法,但这是否会导致毕业率下降,还一直没有证据。如果毕业率上升的话,那么该证据将显示毕业标准实际上是降低了,而且"社会升级"计划并没有什么值得自豪的,它是毕业率上升的原因。

28.2.3 关于更多的钱是否会改善教育成果的文献

经济学家就提高花费能否解释教育成果改善的问题写了大量的文章。"物有所值"和"更多的钱可以办更好的事"的假设可以追溯到我们在第4章描述的生产函数。回忆一下,生产函数描绘投入和其引致的产出之间的关系。那一章我们用工人作为例子,证明了更多的投入会转化成更多的产出,直到有限的资本存量或者商业结构阻碍了新的工人对产出作出正的贡献为止。

我们把这种思想运用到教育中去。让我们假设投入是教师、产出是某种公认的教育成果的测度。这些假设中的每一个都需要进行某些阐明。首先,为了降低班级规模,究竟是雇用更多的教师(更多的数量)是最优的,还是向教师支付更多的工资以获得一个更好的老师(更高的质量)是最优的,或者两者都是最优的,这肯定是一个悬而未决的问题。出于我们图形的要求,我们将简单地假设质量和数量是可以相互转换的。其次,虽然标准化的测试成绩作为公认的产出测度不一定合格,但是为了解释的简洁,我们假设它是合格的。给定这一切,图28.6显示了教师和测试分数之间的关系。

艾里克·哈努谢克,一位研究教育问题的重要经济学家,对377项研究进行了总结。在这些研究中,诸如学生-教师比(教师的数量)、教师的教育水平和教师的经验(教师的质量)这样的一种或多种投入被用来解释测试分数。他报告说,这些研究中的大多数发现在测试分数和这些投入之间没有关系,并且发现在所有研究中,两者之间存在正向关系与负向关系几乎是一样多的。但是,这个令人吃惊的结论——钱并不重要,多花的钱是对纳税人资源的一种浪费——受到了其他经济学家的质疑。这些经济学家认为测试分数没有

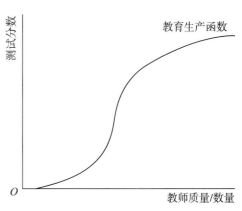

图 28.6 教育生产函数

毕业生的收入重要。他们说,在过去的一个世纪,那些教育花费更多的州的学校毕业生比教育花费更少的州的学校毕业生有更强的赚钱能力。而且,研究这个问题的所有经济学家都发现,教育成果大部分是由远远超出学校控制的因素(比如家庭收入和家庭结构)决定的。

这些结果不像它们表面上那样自相矛盾。图 28.6 表明公立学校的结构也许正处于这样一个状况,以至于在 20 世纪 40 年代到 60 年代期间,更多的钱之所以具有明显的影响,是因为我们在教育上的花费太少了,处于教育生产曲线的上斜部分,这是非常恰当的。哈努谢克和其他经济学家得出的结论是我们现在似乎"处于曲线的水平阶段",这意味着我们已经做到了与增加教师相关的所能做的一切。现在,我们需要另辟蹊径。

28.3 学校改革问题

事实上,如果我们处在教育生产函数的水平阶段,那么更多的教育花费是于事无补的,除非教育结构发生变化。因此合理的做法是,思考一下什么是教育结构以及教育结构的限制性原因何在。有两个不同的问题与我们在本章探究的结构有关。第一个问题是,公立教育体系的运行如同一个垄断者,而这样一种趋势并不符合学生个人及其父母的愿望。第二个问题是,教师的薪水通常不依赖于他们的业绩。有关私立学校和向教师支付的学券制方式是否有助于改善正规教育的讨论,构成本章剩下部分的内容。

28.3.1 公立学校垄断

我们在第 5 章看到,在垄断者主宰的行业中,与完全竞争的情况相比,价格更高,产量更少。在大多数社区,公立学校的运行如同一个垄断者。尽管有私立学校和家庭学校存在,但对大多数父母而言,这不是他们的现实选择。更有趣的是,无论你是否使用学校,这个垄断者都会以州和地方税收的形式向你索取费用。这就好像在你已经决定购买自己的发电机之后,电力公司仍然不断地把账单寄给你一样。

这样做有很多理由。如果你认为中小学教育的外部收益是如此之大,以至于它们获得补贴是应该的,那么选择把自己孩子送到私立学校的父母就应该继续支付与教育相关的税收,因为他们获得了那些外部收益。

最后,这个问题似乎又回到了前面提过的与垄断者相关的问题,垄断者会对消费者的需求和愿望无动于衷。公立学校没有任何紧迫的金钱方面的动力去帮助有特殊要求的孩子,或者培养一个优秀的孩子。考虑下面一个问题,而这一问题在我们国家每一所学校开学之际都会存在。每一所学校的教师都良莠不齐,许多父母知道哪个教师是更好的。父母希望得到他们认为更好的老师,但校长肯定会让他们中的一些人失望。在有竞争的情况下,失望的父母可以威胁退出,去另外一家学校。在有竞争的情况下,校长起码会有一个促进较差的教师改善教学质量的预算激励。但在目前这种教育体系下,在大多数学校里,父母只是简单地被告知"事情就是这样"。

28.3.2 绩效津贴和终身制

教师与其他职业的人的不同之处在于缺乏经济绩效的激励和终身工作保障。最新的研究发现,教师个人的质量才是提高测试分数的关键。特别是经济学家乔纳·罗克夫的研究发现,他可以将教师个人的影响分离,并通过仔细匹配学生成绩和他们过去的教师,从统计意义上确定更好的教师。原因在于美国大多数教师参加了一个工会,这个独立联盟隶属于国家教育协会或者美国教师联盟。一般而言,工会,特别是教师工会,喜欢的报酬方式是仅仅以教龄和资历为基础的。

这意味着有更多经验的低水平教师比教龄少、高水平的教师赚得更多。这是一个问题,因为积极主动的教师会因为自己的努力得不到经济上的承认而变得消极。无论何时,只要回报依赖于你是谁,而不是你所做的贡献,那么就存在让你做得尽可能少的激励。

另外一个奖励优秀教师、剔除差教师的严重障碍是教师终身制。与专科学校以及大学的终身制相似,中小学教育者在他们成功地达到了一定标准和执教了一定年限之后,会被给予终身制。这意味着除了某些不良行为,他们不能被解雇。这进一步加重了对老教师业绩激励的缺失。

许多教师和他们的工会代表为该项制度进行了几点辩护。首先,和其他职业人员一样,出于经济上的考虑,他们一直全力以赴地教授学生。第二,他们认为赋予校长解雇高级教师的权力和实施绩效津贴会助长任人唯亲。只有那些顺从校长的教师才能保住工作或者得到收入的上涨。最后,他们认为,总的来看,教师的收入与其他职业人员相比是低的,应该增加收入,把所有教师的收入提高到一个更高的水平。

当前教育系统面临的另一个问题是,能干的女教师从教学岗位上流失的程度。经济学家卡罗琳·霍克斯比和安德鲁·利已经确认更聪明的女性正以骇人的程度从教学岗位上流失,而更骇人的改变是,不大聪明的女性正流向教学岗位。再加上很少有男性(不论聪明与否)选择教师作为职业,这意味着为了重新吸引聪明的男女教师回到教师岗位,不得不支付更高的工资。尽管教师工资随通货膨胀上升,但实际上相对于同等职业资格来说,却在下降。这些经济学家认为,经济上的考虑造成了这样的社会趋势:女性更倾向于把教师作为自己的职业,只有支付过多的工资才能阻止这个趋势。

28.3.3 私立教育和公立教育

面对失败或者日渐式微的公立学校,许多人已经询问,私立学校是否应该被允许接受公众的资助。一般来说,和公立学校的学生相比,来自私立学校的学生表现得更棒,发生的纪律问题也少很多。虽然大部分的私立学校得到的资助远远少于公立学校,但这种情况仍然存在。

私立学校比公立学校干得更好,归因于各种各样的因素。由于父母从自己的口袋里掏出学费,交给私立学校,我们由此能够推测这些学生来自重视教育的家庭,平均而言,他们比在公立学校的同伴更富有,而且他们也不可能会有学习上的障碍或者身体上的残障。

问题是,在把这些因素分离之后,私立学校还能否干得更好。答案是一个模棱两可的"是"。如果你考察一位符合私立学校学生基本情况的公立学校学生,那么私立学校和公立学校干得差不多。尽管存在差别,但这种差别不像在没有考虑上述因素的情况下那样相去甚远。主要的原因在于私立学校的家长参与得更多,学校的管理成本更低。

28.3.4 学券制

前面的分析会引起一个问题,父母是否被允许把他们的孩子带出公立学校,转而把他们安排到另一所公立学校或者私立学校(这些私立或者公立学校随后就会接受纳税人的资助,而这笔钱本该给孩子被带出的公立学校)。对于一位"有能力"的学生,这笔费用每年约为 2 500 美元。由于考虑到节约成本,以及人们脑海中对教师工会普遍的不佳印象,这种方案在共和党人中非常流行。坚定信奉公立教育是"公共的"的一部分民主党人,则通常反对私有化的尝试。

但是,使用学券制的试点正在进行。例如,威斯康星州密尔沃基的学校系统自 1990 年以来就实行择校计划。在该制度中,低收入的父母可以获得优惠券,把他们的孩子送到世俗的(即非教会的)私立学校。在申请优惠券的父母中只有 1/3 能够得到这种机会,父母对公立学校不满意的程度由此可见一斑。①

这项试点以及其他类似尝试的效果是不明朗的。直到最近,只有威斯康星大学的研究小组才能得到这些数据,他们的结论是,和其他密尔沃基公立学校的学生相比,这些孩子并没有更优秀。在这些数据向普通的学术机构公布以后,随后的研究表明,那些享受该计划 3 年以及 3 年以上的学生比那些申请了优惠券但未能获得转学的学生更优秀(在阅读成绩上高出 3—5 个百分点,在数学成绩上高出 5—12 个百分点)。

关于学券制是否明智的争论来自多元视角,包括政治、伦理、经济,并且仍在继续。海伦·拉德和德瑞克·尼尔独立开展的研究表明,学券制学校和特许学校的表现并没有那么好,从效率角度来看这个问题简直糟透了。在这样的分析当中,问题之一在于那些表现出让自己的孩子离开失败公立学校的兴趣的家长更可能在两者中的任意一个培养他们的孩子。如果那些成功让他们的孩子离开失败学校并进入特许学校的家长都是动机强烈的,那么任何特许学校获得的成功很可能因分析简单而被高估。这些研究者发现,一旦控制这种偏离,特许学校对教育的影响只能说还过得去。

28.3.5 集体协议

2010 年中期大选之后,一个问题产生了,即教师的集体谈判权在多大程度上导致或者促使了中小学公共教育成果的减少。共和党政府(他们选举立场坚定的共和党人)所执政的州,尤其是印第安纳州和威斯康星州,开始限制其教师的集体谈判权(也包括其他公职人员)。这一举措至少在一定程度上源自非工资成本统治欲望的刺激。

如果你读过关于即将波及许多州的公职人员养老金危机的讨论,你会明白,问题不在于当前教师的薪资政策,而在于他们的养老金。这些养老金常被认为是按照"85 规则"发放的养老金补助,这个州的任何一个老师可在他们的年龄与自己的服务年限之和等于 85 时退休并享受全部福利(通常是他们工资的 75%)。

上述立法机构紧随公职人员的集体谈判权(尤其是威斯康星州的老师),因为正是集体谈判导致了这一福利安排。由于允许教师在 55 岁的时候退休并享受全部福利,人们(共和

---

① 州立法规定在此种状况下随机发放学券。

党人)认为其慷慨的程度已远超过国家的承受能力。

全国各州的教育预算遭到削减的现实与相似的集体谈判权结合起来,通过集体谈判,教师工会对有关解雇教师的"晚进、早出"条款开展谈判。那些热衷于重大教育改革的人觉得这一规定是不恰当的,因为优秀的年轻教师走了,糟糕(但有经验)的教师留下了。那些反对鞭挞教师的集体谈判权的人,也反对他们口中的对有经验教师的诽谤。

28.4 高等院校教育

28.4.1 高等教育如此昂贵的原因

在前面的部分,我们对中小学教育的成本和效率提出了疑问。这里,我们探究大学生付出的钱能否物有所值。2010年,教育2 060万名大学生的花费略高于4 570亿美元,每位学生每年平均22 184美元。显然,用于高等教育的花费远远超过了在中小学学生身上的花费。而且,学费、住宿费和膳食费在过去42年提高了648%——而同时期的物价水平只上升了285%。① 为了找出其中的原因,我们考察了一些高等教育的经济学问题,包括高等教育为何如此昂贵,以及对大学生消费者来说,这些花费是否值得。

图28.7表明,如果我们用授予的学位作为高等教育成果的测度,那么高等教育是成功的。我们再一次面临的问题是,标准是否被降低了。公布的大学毕业率的上升幅度略低于高中毕业率的上升幅度。成年人口中完成大学教育的人接近25%,作为教育成果的代表,高等教育看上去似乎是成功的。

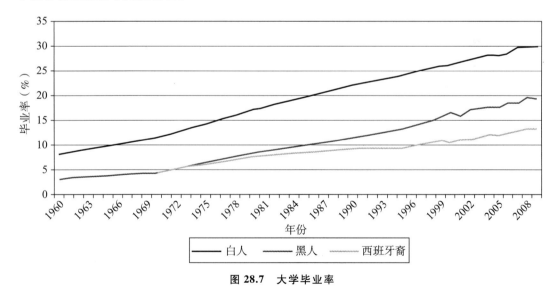

图28.7 大学毕业率

资料来源:www.census.gov/hhes/socdemo/education/data/cps/2007/tables.html;www.census.gov/hhes/socdemo/education/data/cps/2008/tables.html;www.census.gov/hhes/socdemo/education/data/cps/2009/tables.html。

---

① 大学练习本的价格上涨快于通货膨胀。请看第27章关于原因的讨论。

每个学生的大学费用比高中费用昂贵的原因既是显性的,又是隐性的。首先是显性原因。平均而言,大学教授的平均薪水几乎是中小学教师的2倍。大学还拥有图书馆,我们在高中所能看到的图书馆与之相比是小巫见大巫,并且大学的图书馆馆长没有其他的选择,只能订阅那些非常昂贵的杂志,包括那些订购价格为5位数的科学方面的杂志。如果你还没有注意到,那么告诉你,大学教授的教学量远远少于高中教师的教学量。一所研究型大学的一位教授每周教学的时间也许只有3—6个小时,而在一所教学型大学的一位教授每周的教学时间也许有12—15个小时。高中教师从早上8、9点钟到下午3点钟都会待在教室里,只有午饭和备课时间除外。他们也许上5—6个小时的课,一周5天。总之,一位高中教师一天在课堂的时间要超过许多教授1周在课堂的时间。

对于中小学教师和大学教师之间差别原因的探究,可以让我们了解单个大学生费用高于高中生费用的一些不那么明显的原因。各个层次的教育者必须在他们的领域中拥有高水平的专业知识。在大学层次上,教授需要时间进行阅读和研究,这一点被大家所接受。在某学科尖端领域教学的教授尤其需要大量的时间进行学术研究。很多教授的评价依据是他们在自己学科方面所掌握知识的先进程度。在大多数大学中,这种研究支配了一个教授的大部分时间,无论他们是否享有声望。现代大学教育生活中的一个悲哀事实是,对于一个教授来说,要在学术机构中发展,或者从一个声誉不够的学校提升到一个声誉响亮的学校,研究和其他学术活动比教学更重要。

研究是花钱的,而且是花大钱的。对于一位英语教授来说,研究需要一个藏书丰富的图书馆和一台尖端的计算机。这和安排一位生物学家进行先进研究的成本相比是廉价的。生物学家不仅需要藏书丰富的图书馆,还要求有设备齐全的实验室,要具备能够辨别DNA和能够放大样本,以至于单个细胞都能看见的设备。某些设备的成本非常之高,以至于如果你用资助哈佛、麻省理工或者斯坦福大学一个教授的实验室的钱来装备高中的话,你可能装备一座中等城市的所有高中的实验室。

由于教学方法的缘故,其他一些学科也是非常昂贵的。音乐、护理和医学领域的费用远远超过学生支付的学费。这主要是因为一对一学习,或者大多数情况下的小团体学习特性。与心理学、社会学或者经济学专业相比,为了教育100名学生,你需要更多的音乐、护理和医学教授。

我们如何向大学付费

过去30年间令人感兴趣的挑战之一是学生的高等教育支付方式的变化。20世纪40年代,参加第二次世界大战的老兵受益于《退伍军人权利法案》,该法案让许多老兵走进大学。不仅他们的学费已经由政府支付,而且他们还享有定期生活津贴。六七十年代,联邦政府制订了像"佩尔资助"这样的向贫困家庭儿童提供类似补贴的计划。80年代,里根总统把重点转移到让学生按补贴利率获得贷款。到90年代,克林顿总统通过提高联邦政府的干预和赞助教育收入税收减免与信贷使贷款过程规范化。把这些措施加在一起,这些转变使得更多的学生可以得到某种形式的帮助,但是,现在这种帮助更可能以一种补贴贷款的形式出现。

从全国范围来看,在1992—2008年之间,获得某种资助形式的学生比例从54%上升到

79.5%,借款上大学的学生比例从31%上升到53%,同时获得联邦赞助的教育资助的学生比例缓慢上升到33%的水平上。

28.4.2 一个大学学位值多少钱

现在,我们已经看到了大学成本如此之高的一些原因,我们会问这是否物有所值。为了探究这个问题,我们需要再一次理解和运用现值的概念。

如果你花在教育上的经利率调整后的钱的数量,即成本的现值,少于你因受教育所赚的经利率调整后的钱的数量,即收益的现值,那么你的大学教育是物有所值的。

暂时假设4年的大学每年要花费你口袋中的10 000美元,而且放弃了你如果全职工作将会赚取的12 000美元。因此,你教育的总成本是每年22 000美元,或者总计约88 000美元。由于第二、三、四年的费用发生在未来,所以你必须根据相应的利率对其进行贴现。

现在假设,与没有学位1年可以赚12 000美元不同,你将获得学位,并一年赚取30 000美元。那么来自上大学的收益就是你每年多赚的18 000美元。我们用18 000美元是因为,它是大学学位的人和高中学位的人平均收入的大致差额。我们必须再次对这些收益进行贴现,因为它们发生在未来。如果我们假设所有的数据都是经过通货膨胀调整的,而且实际利率是3%,那么这些成本的现值大概为82 000美元,40年每年额外18 000美元的现值为41 500美元。大学学位的净现值为333 000美元。放弃大学很可能是你曾经犯下的最昂贵的错误。反之,在大学努力学习则可能是你曾经做过的最赚钱的事情。

很多大学生认识到教育的收益,但看不到自己为之的付出。虽然我们刚才已经证明,即使你不得不借钱读书,完成大学学业也是划算的,但是你也知道只是获得学生贷款并不意味着你会得到学位。这意味着其中涉及一些风险。你必须把你离开大学时只有一身债务的风险与你得到的333 000美元净现值进行权衡。此外,尽管一个大学学位看上去花费了你一大笔钱,但你要考虑到你在一所公立大学每花费1美元就会得到2美元的补贴这样一个事实。在私立大学,花1美元得到的补贴不到1美元,但是这些补贴仍然是可观的。根据利息减免贷款的价值和对大学的捐赠可以计算出大学的补贴。无论你是公立大学还是私立大学的学生,你都在付出一大笔钱,而且假如没有来自国家、州政府和私人来源的补贴,这笔钱的数目会更大。

■ 本章小结

现在你理解了教育是一项人力资本投资,这项投资不仅提高了受教育者本人的收入,而且具有正的外部性。你也理解了花更多的钱不是必然会产生更多的回报。而且,在目前的教育结构下,你对于我们是否处在教育生产函数"水平"阶段的争论也有了更深刻的了解。你现在理解了学校改革问题背后的经济学,并且,最后你了解了大学教育比中小学教育更昂贵的原因,以及大学教育的净现值对大多数大学生来说实际上都是正的。

■ 关键词

人力资本　　　　　净现值　　　　　外部收益

自我测试

1. 对中小学教育成果支出的影响的证据表明_____。
   a. 一个学区支出越多,产出越多。
   b. 一个学区指出越多,产出越少。
   c. 一个学区在价格昂贵的建筑上支出越多,产出越多。
   d. 一个学区支出多少,不会对产出产生一致的积极或消极的影响。
2. 不仅是接受教育的人,整个社会也从教育中受益,这一事实表明,教育具有_____。
   a. 正外部性　　　b. 负外部性　　　c. 排他性　　　d. 垄断性
3. 中小学教育中,教师支出的增加对教育成果影响甚微的观点_____。
   a. 会随着经济模型的不同而不同　　　b. 与生产函数上升阶段的特点一致
   c. 与生产函数下降阶段的特点一致　　　d. 与生产可能性边界平坦部分的特点一致
4. 教师终身制意味着_____。
   a. 确保有10年经验的教师的工作保障　　　b. 确保教师不会因为政治原因被解雇
   c. 允许教师做他们想做的　　　d. 允许轻易解雇不能胜任的教师
5. 特许学校的影响是它们_____。
   a. 对任何它们曾尝试的区域没有任何影响
   b. 对教育产生了巨大而普遍的积极影响
   c. 对学生产生了消极影响
   d. 对某些区域产生了一定影响,但并没有产生普遍的显著的积极影响
6. 证明昂贵的大学教育物有所值的经济学工具是_____。
   a. 生产可能性　　　b. 产出曲线　　　c. 供求分析　　　d. 现值
7. 培养一个大学生的成本_____。
   a. 低于培养一个高中生的成本,因为大学的班级规模普遍较大
   b. 等于培养一个高中生的成本,因为尽管大学老师赚的钱更多,但大学的班级规模普遍更大
   c. 比过去低了
   d. 比培养一个高中生的成本高得多,因为大学老师赚的钱更多,而每周的工作时间更少

简答题

1. 解释图28.2至图28.5中的数据(儿童人均实际教育成本上升,班级规模下降,SAT成绩下降,毕业率上升)如何在同一时间发生。
2. 使用生产函数的"曲线平坦部分"的解释阐述为什么教育支出的增加可能不会对其产出产生显著的影响。
3. 请解释为什么平均SAT成绩下降可能与史上最高的大学报考人数的论断相一致。
4. 假设你发现自己的观点正处于教育支持者(他声称为获得更好的教师,你不得不向他们支付更高的工资)和教育改革倡导者(他声称给同样的教师支付更高的工资对教育产出不会产

生什么影响)中间,解释为什么他们双方可能都是错误的。

思考题

你从幼儿园到大学的教育使你与社会受益匪浅。近年来,学生在典型的大学教育支出中的占比不断攀升。你为你的大学教育支付了多少?(如果你所在的学校是公立学校,考虑州政府对学校的拨款、你所获得的联邦或州的财政援助、你能获得的助学贷款保障的价值。)这样的费用分摊安排是对的吗?

讨论题

支出如何影响你对学校的选择?你是否拥有很多选择?如果你本可以获得一份全额奖学金,你会去哪里求学?

进一步阅读

Greene, P., Paul E. Peterson, Jiangtao Du, Leesa Boeger, and Curtis L. Frazier. *The Effectiveness of School Choice in Milwaukee: A Secondary Analysis of Data from the Program's Evaluation.*

Lochner, Lance, and E. Moretti, "The Effect of Education on Crime: Evidence from Prison Inmates, Arrests, and Self-Reports," *American Economic Review* 94, no 2.

Hoxby, Caroline M., and Andrew Leigh, "Pulled Away or Pushes Out? Explaining the Decline in Teacher Aptitude in the United States," *American Economic Review* 94, no 2.

Journal of Economic Perspectives 10, no.4(Fall 1996).参阅以下作者的文章:Francine D. Blau; Eric Hanushek; David Card and Alan B.Krueger; and Caroline Minter Hoxby, pp.3—72。

Journal of Economic Perspectives 16, no.4(Fall 2002).参阅以下作者的文章:Helen Ladd and Derek Neal, pp.3—44。

Rockoff, Jonah E., "The Impact of Individual Teachers on Student Achievement: Evidence from Panel Data," *American Economic Review* 94, no 2.

第29章
贫困与福利

> **学习目标**
>
> 学习完本章,你应该能够:
> 1. 描述如何测度贫困,在美国谁是穷人,以及在过去的40年中穷人比例是如何变化的。
> 2. 列举与联邦官方贫困率相关的一些重大问题。
> 3. 列举和描述援助穷人的计划。
> 4. 解释政府偏爱商品和服务补贴而不是现金补贴的原因。
> 5. 列举福利的激励和反激励作用。
> 6. 概括我们目前面临的福利改革问题。

自20世纪30年代国会通过首例"减税"议案之日起,福利和福利改革一直都是政治问题。克林顿总统发誓要"在适当的时候终止福利",且他的政府与在国会占大多数的共和党人在1996年达成了一项妥协协议。此后不久,福利名目被大幅削减,福利计划在整体上发生了剧变。即使这样,还是有很多计划在向需要的人提供资助,我们在本章中会对这些福利计划进行评论。某些福利计划读起来像一堆"字母汤",比如贫困家庭临时救助计划(TANF)、妇幼营养补助计划(WIC);另外一些计划则有容易记住的名字,比如儿童发展先导计划和医疗保险计划;还有一些计划有更直接的名字,比如食品券和中小学课间餐计划。这些被设计出来的计划按照各自特殊的方式帮助穷人。有些计划支付现金;其他一些计划以很低的价格或者免费的方式提供商品和服务。

在定义什么标准构成"贫困"状态之后,我们对符合这些标准的人进行了描述。我们介绍并讨论了一些现代贫困历史,而且讨论了为什么我们描述的贫困测度方法在确定谁需要资助、谁不需要资助的任务方面可能是不够得力的。接着,我们描述了穷人可以获得的计划。我们把这些计划分成提供现金的计划与提供商品和服务的计划。我们讨论了这样分类的原因,最后,我们概述了福利计划特有的激励和非激励问题,并且说明了解决生活在贫困之中的人们的问题为何如此之难的原因。

29.1 测度贫困

"贫困"究竟意味着什么？只有你处于饥饿的边缘，才是穷人吗？这种绝对论支持者会认为贫困在美国几乎完全消失了。如同我们在后面的讨论中看到的那样，美国贫困人口最严重的健康问题之一是他们的肥胖而非饥饿。另一方面，有一种观点认为贫困是一个相对的概念。我们注意到一个中等收入的索马里人的生活标准在美国是属于贫困的，而在索马里则不然；而且，今天中等收入的美国人具有的生活标准100年之后很可能被认为是令人无法接受的贫困。为了明白这一点，请注意，今天穷人住的房子比1900年除了最富的美国人的所有人的住房都要大。

29.1.1 贫困线

已经进行的合理可靠的调查显示，一个低收入四口之家把大概1/3的收入花在食物上。**贫困线**(poverty line)被定义成为家庭提供最低保障生活水平所需的年收入水平。我们可以用最低保障生活食品费用乘以3(1/3的倒数)得到第一贫困线。在接下来的年份，这个数字要随着消费者价格指数的提高而上升。对于其他规模的家庭，也用类似的计算过程，用与之对应低收入家庭规模的收入中花在食物上的比例的倒数乘以最低保障生活食品费用。2010年，对一个人而言，该数字是11 369美元，两个人为14 634美元，三个人为17 590美元，四个人为22 162美元。**贫困率**(poverty rate)是收入水平低于贫困线以下家庭人口所占的比率。2009年美国的贫困率为14.3%。

另外一个重要的测量贫困的方法是**贫困差距**(poverty gap)，它表示要使贫困中的人们摆脱贫困所需要进行的转移支付总额。2009年美国的贫困差距为790亿美元。

29.1.2 谁是穷人

表29.1列举了判定穷人的指标，并比较了不同类型的穷人在总人口中的比例。很多人认为最穷的人是非裔美国人。很多学术机构迅速否认了这样的传言，同时他们经常提出另外一个相反的结论——大部分穷人是白人。如果你把欧裔美国人与西班牙裔美国人区分开来，那么上面两个结论都是不对的。表29.1显示，处于贫困中的非裔美国人和西班牙裔美国人与他们在总人口中的比例是不相称的，他们和美洲印第安人、亚裔美国人、太平洋岛人一起构成了大部分生活在贫困线以下的美国人。显然，在美国的贫困比率中，种族和民族的显著性很高。

表29.1 谁是穷人

人口统计	总人口(以百万计)	占总人口比例(%)	其中的贫困人数(%)	贫困率(%)
白人，非西班牙裔	197.0	64.8	42.4	10.5
西班牙裔	48.8	16.1	28.4	24.2
黑人，非西班牙裔	38.6	12.7	22.7	24.4

(续表)

人口统计	总人口(以百万计)	占总人口比例(%)	其中的贫困人数(%)	贫困率(%)
其他人种	19.4	6.4	6.4	14.4
男性	149.2	49.1	44.7	11.4
女性	154.6	50.9	55.3	13.6
18 岁以下	74.6	24.6	35.6	20.1
18—24 岁	29.3	9.6	14.0	14.7
25—64 岁	161.3	53.1	42.7	9.2
65 岁以上	38.6	12.7	7.8	5.4
单亲家庭(仅有母亲)	32.8	10.8	30.0	39.9
高中辍学生	44.0	14.5	25.0	24.7
高中毕业生(未进大学)*	71.3	23.5	22.7	13.8
大学生(没有学位)*	64.2	21.1	15.6	10.5
学士学位及以上*	62.6	20.6	6.4	4.5

注:不同组合拥有不同的极限值,这些数据分别适用于:一个 65 岁以下的成年人的家庭,两个成年人的家庭,两个成年人和一个孩子的家庭,两个成年人和两个孩子的家庭。

资料来源:美国人口调查局,当前人口调查,www.census.gov/hhes/www/cpstables/032010/pov/toc.htm。

这些数据显示女性比男性更容易处于贫困之中;而且,如果把"家庭"定义为不包括单个成年人家庭,那么处于贫困之中的家庭有一半是女性家长家庭,而另一半则是已婚夫妇家庭。尽管有孩子的女性家长家庭的人口只占总人口的 10.8%,但贫困显然是女性的问题。

另外一个事实是,18 岁以下的儿童构成了 35.6% 的贫困人口,尽管他们只占总人口的 24.6%。这意味着儿童中的贫困率是 20.1%。这些数据究竟是表示穷人有更多的子女,还是说明穷人抚养孩子又会导致自身贫困,是值得探讨的。显然,一个贫困的景象是,少数族裔、女性和儿童的贫困数量与他们各自在总人口中的数量不成比例。

另外一个重要的贫困指标是教育,或者更准确地说是教育缺失。拥有学士学位的人中陷入贫困的比例只是高中辍学人口中陷于贫困比例的 1/6。只需简单地完成高中的学业,就可以把陷入贫困的机会减少近 2/3,而且只需上大学就可以把陷入贫困的机会从接近 13.8% 降低到 10.5% 以下。完成大学学业可以进一步降低这个比例。户主是大学毕业生的 50 个家庭中只有一个家庭会处于贫困之中。

29.1.3 历史上的贫困

图 29.1 显示,尽管现在贫困人口的数量和 1959 年大致相同,但贫困率却大幅下降了。如同我们将要讨论的那样,贫困率的下降花费了许多政府资源。这意味着自 1959 年以来的贫困率的下降可归因于对那些收入处于底层的人实施的经济援助。

在考虑贫困总体趋势下降的同时,我们也要意识到下面这些警示。自"向贫困宣战"实际开始的20世纪60年代中期以来,贫困率一直保持大致不变。从那时起到现在,贫困率既没有低于11%,也没有超过15%。有一个重要的事实,即贫困率的系统性降低发生在反贫困计划实施以前的1959—1969年。注意,图29.1中的浅色条表示经济衰退,我们能看到贫困率在经济衰退时上升,在经济发展时下降。民主党总统肯尼迪和约翰逊在1969年以前的贫困率下降方面赢得了不少声誉。但是,这个结果与其说是由于那些政府为穷人所做的努力导致的,还不如说是由于强劲的经济提升状况提供了许多经济良机而形成的。1969年之前的贫困率下降大部分发生在1965年以前,那时这些计划才首次生效。自1969年以来,民主党和共和党在应对贫困问题方面的记录基本相同。总体上说,贫困率是整个经济健康状况的反映。

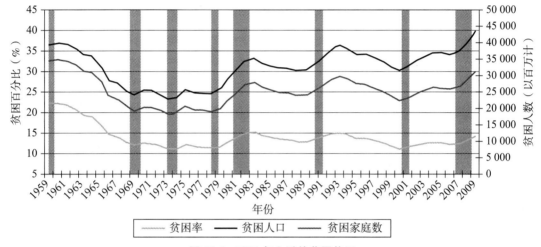

图29.1　1959年之后的贫困状况

资料来源:美国人口调查局,www.census.gov/hhes/www/poverty.html。

29.1.4　测度贫困方法存在的问题

有许多理由说明,在判断谁是穷人时,用3乘以最低保障生活食品费用作为贫困测度方法是不够得力的。首先,这个方法无法区分只有一个人赚钱的家庭与那些要么不止有一个人赚钱,要么由于其他原因具有托儿费用的家庭。由于近36%的生活在贫困中的家庭是由一个有18岁以下孩子的单身母亲养家的,这是一个潜在的重要问题。由于在原来贫困测算中使用的1/3这个分数来自已经进行的调查,在这些调查中此类女性家长家庭很少,所以由于全部或者部分的托儿费用的缘故,贫困线可能被低估了。由于每个12岁以下孩子每年的托儿费用在4 500—14 000美元,这是测量偏差中的一个重要部分。

尽管这表明贫困会被低估,但是测算方法的其他问题显示,贫困也许会被高估。来自传统基金会的罗伯特·雷克托为了证明美国没有贫困问题而重新更新了统计数据。① 他利用政府的调查数据和已发布的统计文件显示,43%被认为贫困的家庭拥有自己的住房,80%的

---

① 最新版本关注此网页 www.heritage.org/Reasearch/Reports/2007/08/How-Poor-Are-vAmericas-Poor-Examining-the-Plague-of-Poverty-in-America。

贫困家庭拥有空调,75%的贫困家庭拥有一辆汽车,31%的贫困家庭拥有 2 辆及 2 辆以上汽车。他指出按平方英尺计算的美国穷人的居住面积大于西欧的平均水平,美国穷人的平均食物等于或超过被推荐的日常重要营养成分的分量。一个重要的事实是,美国穷人独有的特征之一就是他们的肥胖率,这暗示他们很少有人处在实际的饥饿中。

具体到财富这一点上,近 100 万个贫困家庭拥有价值超过 15 万美元的住房。在美国,还有成千上万的收入很少但有几十万美元资产的人。他们中的一些甚至是百万富翁。但需要承认的是,这样的富人中只有很少一部分是被称为穷人的。但是,注意到贫困线只是测度了人们相对于固定标准的收入,该标准忽视了财富的测算,意识到这一点很重要。

这个被用来确定贫困线的公式的另外一个缺点是,它只包括现金形式的收入。因此,那些穷人享受到的非现金形式的项目会被错误地、愚蠢地忽略,好像它们毫无价值一样。比如说,家庭每月得到的 200 美元食品券是不被计算在内的,而且如果他们发现有补贴的出租公寓和免费的医疗护理,这些也不会被计算在内。根据你所信任的研究,由于没有包括除现金以外的其他形式的收入,我们对贫困率的估计会高出 2—4 个百分点。

如同我们在第 6 章看到的那样,用来更新每年贫困线的消费者价格指数(CPI)也有许多缺点。最佳的估计是消费者价格指数对生活成本的估计至少每年会高估整整 1 个百分点。因为贫困线的提高是由于使用这个有瑕疵的测度数据得出的,所以贫困线相对于 20 世纪 60 年代的实际价值一直被高估是有可能的。图 29.2 显示尽管下面那条贫困线(即经过调整的贫困线)在整个 20 世纪 60 年代一直沿着上面那条贫困线变化,但是,假如你把 1959 年的贫困线作为进行调整的基准线,你就会看到两条线之间的差距非常显著,2009 年的数据不是 21 756 美元,而应该是 13 168 美元。

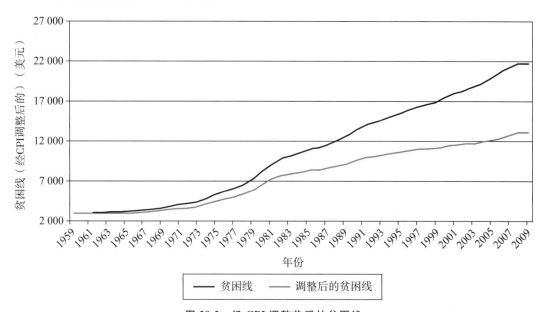

图 29.2 经 CPI 调整前后的贫困线

除了目前我们在上面看到的对贫困可能的高估,这个测度方法还有其他问题,这些问题会导致把有些人错当作穷人,而把应该是穷人的人当作非穷人。如同我们在前面一段专门提到的那样,用来调整贫困线的是总消费者价格指数。由于这个消费者价格指数是多种商品价格的一个指标,它并不一定反映了生活在贫困中的人们购买的商品价格。当穷人购买的商品价格上升超过了总消费者价格指数时,"实际"的贫困线可能会落在图 29.2 中的两条贫困线之间。

地区间生活成本的差异也会成为另外一个关于贫困人口数量测度偏差的来源,而且这种来源导致的偏差方向具有不确定性。比如说,由于在加州的旧金山生活比在威斯康星州的阿普尔顿生活更昂贵,那么旧金山一个收入比贫困线 21 756 美元超过 1 美元的 4 口之家显然会比阿普尔顿一个收入低于此贫困线 1 美元的 4 口之家的情况更糟糕。按照这种方法看,贫困率低估了城市和沿海地区的贫困,同时也高估了农村地区、小城市、东部和中西地区的贫困。

最后还有一个怀疑官方贫困数据的理由,这就是遗失的 2 万亿美元。我们在第 6 章讨论国民收入核算时,简要地解释了构成 GDP 数据的来源。我们说明了在计算 GDP 时,使用美国人口调查局的数据加总会远远少于使用加总个人收入得到的数据,少了 2 万亿美元。虽然这遗失的 2 万亿美元中有一部分就是前面提及的实物转移,但这肯定不是全部。显而易见,其中的大部分流向了非穷人手中。当然其中的一部分肯定也会落入穷人手中,但是很明显,有些被贴上穷人标签的穷人并不算是真正的穷人。

29.1.5　美国和欧洲贫困的对比

正如在开始提到的,大部分国家都有它们自己对贫困的测度方法,它们不能直接比较。最早研究贫困和收入差距的经济学家之一蒂莫西·斯密丁尝试建立这样一个可比较的测度方法。他用美国的贫困线,根据各国不同的货币值进行调整,算出不同欧洲国家的居民在贫困线之下的百分比。通过这种测量方式,他注意到,美国的贫困率要比所考察的 9 个国家中的 8 个国家都高。他把注意力转移到收入不平等上面,收入不平等通过收入在可支配收入中值以下的 40% 的人口所占的百分比来度量,他发现美国是进行比较的国家中收入最不平等的国家。

29.2　为穷人服务的计划

29.2.1　实物补贴与现金补贴

穷人能够得到的补贴计划不仅多样而且复杂。较好的方法是把这些计划理解成在各州之间是不同的,而不是全国一致的。而且,当这些计划被分成现金支付和以商品或者服务的方式(不是以现金的方式)提供补助时,这些计划会得到最好的诠释。经济学家把后面一种形式称为**实物补贴**(in-kind subsidies)。表 29.2 描述了各种不同的计划、它们的功能以及它们服务的人群,还有对获得这些计划资格的限制。

表 29.2　福利计划以及它们各自的特点，FY2012

计划	功能	现金或实物和每年联邦及州开支	服务人群	资格要求
贫困家庭临时救助计划（TANF）通常称 AFDC	给穷人的现金收入（福利支票）	现金，162 亿美元	贫穷的父母和他们未满 18 岁的孩子	虽然在不同的州之间有区别，但可以概括出下面几条：（1）必须有孩子；（2）不能有太多的财富（净资产一般少于 5 000 美元），包括房子和汽车；（3）接受者只能连续 24 个月享受这个计划
妇幼营养补助计划（WIC）	食物、婴儿食品和尿布	实物，74 亿美元	怀孕妇女和新母亲	少财富和低收入者；由州政府决定终止
食品券	优惠券只能用于购买食物	实物，650 亿美元	所有穷人	少财富和低收入者；由州政府决定终止；接受者只能连续 24 个月享受该计划
公共医疗补助		实物，3740 亿美元	所有穷人	少财富和低收入者；由州政府决定终止
第八区或官方公寓住房	减免住房租金或者提供低价住房	实物，610 亿美元	所有穷人	少财富和低收入者；由州政府决定终止
儿童先导计划	幼儿托管；学前教育	实物，80 亿美元	有 5 岁以下小孩的穷人	先来先得原则，适用于所有收入低于 1.25 倍贫困线的人
学校免费餐	早餐和午餐	实物，140 亿美元	有学龄孩子的穷人	适用于所有收入低于 1.25 倍贫困线的人
附加保障收入（SSI）	对"理应扶贫"对象的现金资助	现金，560 亿美元	残疾人、鳏寡和孤儿、有学龄孩子的穷人	必须有某个人（例如父母之一、监护人或者配偶）是残疾人或者已经死亡
所得税减免（EITC）	是负税收；提高了工人的低工资	现金，440 亿美元	正在工作的穷人	取决于家庭规模：起初针对的是收入低于 12 549 美元的家庭，后来扩展到收入介于 16 450 美元和 40 362 美元之间的家庭；现在四口之家最高为 5 666 美元

资料来源：数据由作者汇编。

29.2.2　为什么在 790 亿美元的问题上花费了 6 460 亿美元

给定前面关于贫困程度和贫困计划开支的情况，下面的数据会让我们大吃一惊：如果贫困差距是 790 亿美元，为什么各级政府在贫困计划上的开支超过了 6 倍以上呢？回答有两种可能：(1)我们选择的需要帮助的人有一些是贫困线以上的人；(2)如果贫困计划真的要花费 6 460 亿美元来解决 790 亿美元的问题，那么这些计划肯定是非常没有效率的。

表 29.2 显示花在商品和服务上的钱比花在现金补贴上的钱超出了数十亿美元。包括表 29.2 中没有提及的一些小计划,现金补贴总计约为 1 160 亿美元,而实物补贴总计达 5 300 亿美元。显然,政府在那些控制接受者行为的计划上花费了太多的钱。比如说,我们认为穷人会没有足够的东西吃,没有足够的医疗服务,没有足够的住房等。不同于向他们提供足够的钱去买这些东西,政府向他们提供政府认为他们需要的东西。

如果现在有一个成员们身体健康的家庭,那么可以想象到他们会在食物方面花更多的钱,在医疗保险方面花更少的钱,但它们不能互相替代。当生活在贫困中的人被提供的是特定的商品和服务而不是现金时,他们就不能有进行基本决策的能力。在很多对穷人的研究中,非常清楚的一点就是,他们认为现金的价值超过提供给他们的商品的价值。一些食品券的接受者表示他们对食品券的估价非常低,妇幼营养补助计划的优惠券持有者在黑市上以 50 美分的价格出售优惠券。为什么不能把这些计划设计成让这些需要帮助的人们收到现金,并鼓励他们决定如何花费这笔钱呢?

原因很多,但有三个明显的原因。第一,借助于选举出来的官员,选民们明白无误地表示他们不相信接受政府补贴的人会在购买什么样的商品上做出好的判断。许多人认为如果穷人能够做出好的决策,那么他们压根就不会是穷人了。

第二,人们对有需要的儿童的福利的关心超过了对成年人福利的关心。如果你脑子里带着这样的想法去看这些计划的话,那么你会发现几乎所有的计划都要求有资格的成年人要有孩子。如果我们想保证对孩子的服务,让成年人获得这些服务而不是现金则是合理的。这可以把成年人挪用原本用于孩子身上的钱的可能性降至最低。

第三,许多福利补贴的设计似乎是向穷人提供一种政府仁慈的感觉,而不是让穷人实际受益。如果这些计划就是要使我们自己的幸福最大化,并且如果我们知道给穷人提供了足够的东西让他们生存下去,我们就会更幸福的话,那么对我们来说也许更重要的是,确保穷人消费我们认为对他们有好处的商品,而不是消费他们自己想要的商品。

29.2.3　与其他国家相比,646 亿美元到底多不多

尽管美国花费了 646 亿美元在这些反贫困计划中,但斯密丁教授分析认为,欧洲的反贫困计划更具竞争性。他提出,在解释税收和多种福利制度后,美国的反贫困计划只降低了 26% 的贫困率(家庭可支配收入低于平均线的 50% 的家庭所占比例),而欧洲国家的反贫困计划使贫困率降低了超过 60%。

29.3　激励、反激励、神话和事实

虽然没有人曾经有意为之,但许多被设计用来帮助穷人的计划还是招致了谴责,因为这些计划造成生活在贫困之中的人和收到补贴的人没有得到激励去自力更生。一些人谴责福利的存在给了人们一个不去工作的理由。人们指责福利计划既鼓励年轻妇女怀孕,又鼓励她们终止妊娠。人们还指责福利计划鼓励接受者抚养更多的孩子,以便他们获得的妇女、婴儿和计划可以延续,并且他们的食物券和贫困家庭临时救助能够增加。贫困家庭临时救助的前身——抚养未成年子女家庭援助计划(AFDC)曾经因为导致贫困家庭得到了一种激励

赶走父亲、导致家庭破裂而受到谴责。总之,这些福利计划引起的问题已经成了一种生活方式,人们对此也越来越习惯。

福利界最好的都市传奇(Urban Legends)

福利界充满了都市传奇。我最喜欢的一个传奇是这样的:"有一天,在杂货店里,我排在一个衣着漂亮的女士后面。这位女士买了啤酒、牛排、虾和一大堆我买不起的东西。她用食品券购买牛排和虾,并用现金购买了啤酒。收拾打包好这些商品后,她坐上了她那辆崭新的越野车离去。"在多年从事这门课程的教学以来,我从学生那里听到这个故事的无数版本,他们不是消费者就是杂货店员工。这些故事几乎都是相同的。虽然这个故事可能是关于欺诈的,但它也很可能是他们对养父母行为的曲解。

大多数州给接受寄养孩子的家庭颁发了医疗补助卡和食品券用来支付他们所抚养的孩子的食物和医疗费用。这些家庭中有富裕的,他们足以提供美食和不错的车辆,但这并不能削弱我们给他们援助的义务,因为他们提供服务去照顾那些孤儿、弃儿、受虐待的儿童或父母入狱的儿童。

从理论的角度看,前面这些观点都是有价值的,但来自经济学研究的证据不是单方面的。第一,存在一些与之相反的观点。青年的生育率自20世纪60年代到90年代初一直稳定地上升,当州政府以及后来的联邦政府实施旨在抑制补贴的福利改革时,生育率已经开始平稳了。事实是,福利计划的接受者今天获得的实际补贴的价值低于20世纪60年代后期得到的补贴。因此,假如贫困青年真正是出于福利考虑而做出生育孩子的决策的话,那么青年的生育率应该随着补贴实际价值的下降而从20世纪70年代中期开始下降。实际上,对青年怀孕的影响更大的因素更有可能是文化和性欲,而不是青少年收到福利支票的预期。

第二,尽管不论是过去还是现在,孩子越多,你得到的福利就越多,但是,没有任何系统性的证据表明,那些享受福利的人们之所以拥有更多的孩子,正是因为他们享受了福利。假使享受福利的母亲只是关心自己和自己获得的福利的话,那么她们之所以要孩子就是为了能够有资格获得更多的福利,这样才能自圆其说。但是,与此有关的一些显然的事实恰恰是,福利收益的提高也仅仅是补偿了再多养育一个孩子所增加的成本而已。因此,除非我们认为穷人更不关心自己的孩子,对于一个理性的妇女而言,为了每月增加的少量美元而怀孕并抚养一个小孩,这种可能性并不大。即使她们为其他人打扫房间,也能够用更少的努力赚得更多的钱。

第三,享受福利计划的家庭很可能没有父亲,这是事实。但是,父亲的离去是为了获得福利资格的需要,还是由于父亲的离开而成了福利家庭,这就很难说了。要接受福利计划导致了某些人轻率地放弃父亲这样的观点,你就必须赞同一位善良的父亲会抛弃他的孩子以使得他们能够获得福利这种讽刺的观念。尽管这种情况在1996年以前可能是事实,但是在福利改革之后的今天,这种放弃家庭必须是彻底的。如今,一位母亲为了获得该福利计划的补贴必须告诉离去父亲的姓名和最后一个知道的住址。显然,申请福利的需要是否导致原本和睦的家庭破裂是有待讨论的。之所以某些福利计划可能导致父母缺失,是因为人们持有一种观念,即假如一个家庭有两个身体健全的成年人,那么其中一个就必须工作。父亲缺失问题要么是一个偶然事件,要么是社会为设定某种福利要求所付出的代价,这种福利要求所依据的观点是,双亲家庭不应该有资格获得资助,除非其中一方是残障的。

第四,在抚养未成年子女家庭救助计划时,即1996年的福利改革之前,对福利的依赖性一直以令人吃惊的速度上升。26%的接受者接受福利计划长达10年或者更长时间,同时获得短期福利计划的家庭比率则一直在下降。此外,福利计划接受者的女儿自己通常也会成为福利计划的接受者。这种情况以及与之相似的问题导致国会和总统就福利计划的变革达成了一致,这些变革包括对人们获得福利收益的时间进行限制,并要求接受者要成为有收入的受雇用的人。

29.4 福利改革

29.4.1 有解决方法吗

为了取得成功,一个社会安全网络必须实现以下目标:

1. 设计出的计划不能太昂贵,以至于纳税的公众无法维持。
2. 该计划必须具有一种内在的激励机制,使得受益人想要摆脱它。
3. 该计划必须提供一个足以保证基本必需品的水平,使得接受者具有一个社会可接受的生活标准。

在美国,政策制定者面临的问题是这些目标无法同时得到满足。

任何福利计划都必须有一个分段的收入水平。如果这个分段进程太快,即对于你所赚的每1美元,你会失去可观的福利利益,那么这种对工作的反激励影响就太深远了。抚养未成年子女家庭救助计划对接受者所赚的每1美元减少的补贴接近1美元。这种接近100%的回收率意味着,如果没有至少两倍于最低工资薪水的工作,一个有两个需要托儿护理的孩子的单亲父母依靠福利计划生活将比出去工作好得多。

如果这种分段进程太慢,那么就会有太多的人愿意领取福利利益,而没有足够多的人纳税。尽管这是可能的,但是这违反了第一个目标,即拥有一个花钱不多的福利计划。另一方面,该分段进程原本可以慢一点,而且纳税人的成本可以更低一些。那么问题将会是,可能会没有足够的钱让福利接受者生存下去。

政策制定者在1996年实施福利改革之前所做的隐含的选择是,放弃在福利计划中提供激励机制,使得人们没有动力摆脱该福利计划。人们对福利计划长期依赖性的增强,至少部分地应该归咎于这个决策。抚养未成年子女家庭救助计划中近100%的回收率导致那些不赚钱的人的日子过得比那些一年赚10 000美元的人还好些。结果是,只有那些能够对教育进行投资的福利接受者最终才愿意放弃该福利计划。

29.4.2 我们现在所理解的福利计划

在1996年的福利改革中,政府简单地用命令人们摆脱福利计划的方法处理福利依赖性问题。人们担心对福利的依赖性是失误的,而对放弃福利利益的货币性激励又过于昂贵,接受福利的时间限制制度就是对以上担心的一种认可。与政府向人们提供让他们放弃福利计划的激励不同,现在人们被告知他们能够享受福利的时间有多长。各州被授权终止一些用于资助穷人的货币的发放(贫困家庭临时救助计划)。在抚养未成年子女家庭救助计划中,各州政府必须把这笔钱以现金的形式发放给穷人,但是现在他们可以把这笔钱用于工作培训、孩子护理或者对愿意雇用福利计划接受者的企业实行税收减免。各州政府必须设定24个月或者更短的时间限制,对某些计划必须设立工作要求。残障人士收入保障补充条例也做出了调整,使得有些曾经有资格获得全额补贴的人如今只能有资格获得部分补贴。

到1999年,与福利有关的待处理案件的数量降至30年来的最低点。尽管这个结果中有多大部分是由于20世纪90年代稳健的经济造成的还很难说,但是福利改革计划对此产生了作用,则是显然的。经济学家丽贝卡·布兰克总结了越来越多的对这个问题的研究,她指出:通过福利改革,提供就业帮助、对就业的金钱激励、对就业的要求,现在的一系列计划正在增加受助者的收入和提高他们的就业率,以前的计划没有做到这一点。

29.4.3 贫困一定是坏事吗

有很多经济学家反对这一章中的"贫困是坏事"这一隐含的前提。这些经济学家相信,没有金钱的诱惑和贫困的鞭策,人们就不会有动力去"工作和遵守这个游戏规则"①。如果接受贫困是"有用的",这个哲学观点就暗示:要在经济增长和经济不平等之间做出取舍。有证据表明,从20世纪80年代至今,那些经济很平等的国家的经济增长率较低,但是关于是否是经济平等导致了经济增长率低,存在更多的争议。

■ 本章小结

在知道了贫困是如何测度的,在美国谁是穷人,总人口中贫困人口的比例在过去40年是如何变化的,你能够指出官方贫困数据中的一些严重问题。你了解了现有的为穷人服务的各种计划,知道这些计划的大部分给予接受者的是商品与服务,而不是金钱,并且理解了政府这样做的原因何在。最后,你了解了福利国家中的激励和反激励作用,并且你对我们目前面临的福利改革问题也有所认识。

■ 关键词

贫困线　　　　　　贫困率　　　　　　贫困差距　　　　　　实物补贴

自我测试

1. 贫困是一个_____概念,一个人在美国被认为是穷人,而拥有相同的收入在索马里却是收入最高的1/4的人。

　　a. 相对的　　　　b. 绝对的　　　　c. 不相关的　　　　d. 虚构的

---

① 这句话是克林顿的政治口头禅。

2. 在一个简单的全是四口之家、拥有 3 000 万人口的世界,如果贫困线是 12 500 美元,100 万个家庭(有 400 万的穷人)的一半收入 10 000 美元,另一半收入 7 500 美元。那么贫富差距是_____。

    a. 1 250 亿美元(= 1 000×12 500 美元)

    b. 2 500 亿美元(= 2 000×12 500 美元)

    c. 1 500 亿美元(= 2 000×2 500 美元+2 000 美元×5 000 美元)

    d. 375 亿美元(= 500×2 500 美元+500 美元×5 000 美元)

3. 在一个简单的全是四口之家、拥有 3 000 万人口的世界,如果贫困线是 12 500 美元,100 万个家庭(有 400 万的穷人)的一半收入 10 000 美元,另一半收入 7 500 美元。那么贫困率是_____。

    a. 3.33%(= 1 000/300 000 000)

    b. 13.33%(= 4 000/300 000 000)

    c. 16.66%(= 5 000/300 000 000)

    d. 96.33%(=(3 000-1 000)/300 000 000)

4. 贫困线是 12 500 美元,用现在的系统计算贫困率,下面哪个不是贫困的?

    a. 一个唯一的收入来源是最低工资(10 300 美元)的乡村家庭

    b. 一个所有收入是 15 000 美元的乡村家庭

    c. 一个所有收入是 13 000 美元的纽约家庭

    d. 一个从数百万房地产上获得收益、没有工资收入的家庭

5. 对穷人的实物补贴和现金补贴_____。

    a. 几乎是相同的   b. 现金补贴获益更多

    c. 实物补贴获益更少   d. 实物补贴获益更多

6. 贫困率最显著的模式是它在_____达到很高的程度。

    a. 民主党执政时期   b. 战争时期   c. 多年   d. 经济衰退时期

7. 很明显,1996 年的福利改革导致福利受助人的数量_____。

    a. 大幅增长   b. 略有增长   c. 大幅下降   d. 没有任何影响

简答题

1. 在阅读这一章节之前,将你一贯不变的对贫困的认识和实际的贫困数据相对比。

2. 将贫困人口的年龄分布和一般的年龄分布相比较,说明了什么?

3. 用什么样的方法来度量贫困可以用最少的钱去解决国家的贫困问题?为什么只花费那么多数量的钱并不一定是一个好的解决方法?

4. 如果你建立了一种贫困的衡量标准,那么怎样才能实行计算去解决本章所列出的问题呢?

思考题

比尔·盖茨的财富相当于美国一年的年度贫困差距,580 亿美元。相对于其他的资本主义国家,美国有着更加明显的收入分配不平等。不平等的收入分配会引起什么结果呢?

讨论题

还有什么其他关于贫穷和幸福的"都市传奇"(urban legends)存在？实施怎样的调查能够消除这些传奇，或者证明它们是真实的？

进一步阅读

Blank, Rebecca M., "Evaluating Welfare Reform in the United States," *Journal of Economic Literature* XL(December 2002).

Journal of Economic Perspectives 11, no.2 (Spring 1997). 参阅以下作者的文章：Peter Gottschalk; George Johnson; Robert Topel; and Nicole Fortin and Thomas Lemieux, pp.21—96.

Journal of Economic Perspectives 12, no.1 (Winter 1998). 参阅以下作者的文章：Dale Jorgenson; and Robert Triest, pp.79—114。

Smeeding, Timothy, "Poor People in Rich Nations: The United States in Comparative Perspective," *Journal of Economic Perspectives* 20, no.1 (Winter 2006).

Wolff, Edward, "Recent Trends in the Size Distribution of Household Wealth," *Journal of Economic Perspectives* 12, no.3 (Summer 1998).

第 30 章
社会保障

> **学习目标**
>
> **学习完本章,你应该能够:**
> 1. 描述社会保障的含义、它的基本的税收及其产生的收益结构。
> 2. 详细描述社会保障体系自建立之初的变化过程。
> 3. 解释产生这样的社会保障体系的基本原理。
> 4. 列举该计划对于工作和储蓄的影响。
> 5. 解释经济学家如何运用现值分析来帮助决定社会保障对谁作用比较显著。
> 6. 解释社会保障信托基金的起源与目的。
> 7. 总结目前估计的社会保障体系的未来财务状况,以及评估其长期偿债能力的选项。

当提及社会保障时,人们就把目光放在了退休金上。可事实上社会保障涵盖了更广泛的范围,包括对寡妇、孤儿的赡养,以及医疗保险和残疾保险。在这一章我们将重点关注退休金。

我们将从回顾社会保障作为政府养老金计划的历史来说起,包括税金、养老金和整个社会保障体系的结构。接着我们将讨论为什么需要社会保障。接下来我们将讨论社会保障通常来说对于经济的影响,并且显示出作为一个退休金计划,相对于富裕的退休者,它对贫困的退休者更有利,对 1960 年前退休的人比 1980 年之后退休的人更有利。最后我们来探讨为什么在不改革的情况下破产很有可能发生,如果改革发生,它会是什么样的。

30.1 基础

30.1.1 计划的起始

1935 年,《社会保障法案》于富兰克林·罗斯福总统任内通过并签署为法律。1929 年的股票市场冲击和 20 世纪 30 年代的大萧条引起人们财务状况的剧变,失业率高达 25%。对于冲击前的这些富有的投资者,如果谁在冲击后可以拥有一份允许他靠薪水生存的工作的话,那么他就是幸运的。许多银行关门了,股票市场的冲击导致它们的投资不足以支付给存款人。在这种情况下,即使是那些为自己的退休勤勉储蓄和谨慎投资的人,最终也会发现自己没有存下任何东西。社会保障构建了这样一个安全网,把经济繁荣时期的收入给那些20世纪30年代后期退休的人们。在设计社会保障之初,政府并不打算使其成为接受者唯一的生活来源,然而实际情况却是近1/3的接受者在依靠社保过活。

如今,社会保障向3 600万名大于62岁的美国国民提供一个月平均1 164美元的有保证的退休金。社会保障是一种**现收现付制**(pay-as-you-go pension)的养老金体制,即现在在职工人的税金用来支付当前失业者的养老金。这不像是传统的**完全支付制**(fully funded pension),每一份现有的收益在将来是要支付的,类似现有投资的一种位移。现收现付制可以使钱很快地转入老年人手中(第一笔现收现付制的资金转移出现在1936年),但是,正如我们所看到的,也是这种制度使社会保障陷入了如此危险的境地。

30.1.2 税金

社会保障的税金(学术上称为FICA,或者Federal Insurance Contribution Act Taxes,联邦社会保险税)是**工资税**(payroll taxes),即人们支付的数额是由人们工作的收入决定的。这和个人所得税不同,奖金以及其他非工资性收入都不算在内。另外,也不是对所有的工资都要进行征税;只对一定限额的**最大应税所得**(maximum taxable earnings)进行征税。2011年的标准数额为106 800美元,这就意味着当人们的收入超过106 800美元时,他将不再需要为超过的部分支付社会保障税金。无论是雇主还是雇员都要支付相等数量的税额,也就是说如果你要支付1 000美元的税金,那么你的雇主也需要。而个体经营者则需要支付税金的所有部分。

2010年大选之后,作为暂时刺激协议的一部分,2011年雇员部分的税率由6.2%下降到4.2%。

30.1.3 收益

从收益的角度来说,合格的退休者拿到的退休金是根据他在工作年限中自己所创造的那部分决定的。**月平均收入指数**(AIME)是根据工资通货膨胀调整后35个最高收入年份的月平均收入计算得出的。将月平均收入指数放入计算公式计算得出**基本保险数**(primary insurance amount)。① 单身的人支付个人的基本保险数,而已婚的双方需要支付两者中收入较高一位的基本保险数的1.5倍或者是两者基本保险数之和,无论哪方更高。只有到了**退休年龄**(retirement age)人们才可以拿到全部的收益,尽管到了62岁时可以拿到部分收益。

尽管工资税结构决定了每一个收入在最高应税收入以下的人支付相同的税率,但收益结构却是,从净效益的角度来说,社会保障将收入再分配于收入结构的最低端。请考虑下面的例子。假定在经通货膨胀调整之后,一个人35年以来的月收入为5 000美元,那么这个人

---

① 2011年的公式是749美元的90%,加上3 768美元的32%,加上剩下的15%(个人最高2 761美元或者夫妻最高4 142美元)。这个公式受通货膨胀调整。更多信息请看www.socialsecurity.gov。

的月基本保险数为 5 000 美元。经通货膨胀调整之后,雇员和雇主每人每月支付 382.50 美元的税金（7.65%×5 000）。那么这个人现在每月可以拿到 1 952 美元的社会保障金,如果现在有另一个人在相同的情况下拿的是第一个人 1/5 的工资,那么他和他的雇主将只需支付前一位 1/5 的税金而享受每个月 754 美元的社会保障金。因此,后一位能够在缴纳前一位 1/5 的税金的情况下享受其 1/3 的收益。这就意味着,处于收入结构下层的人们可以比上层的人们具有多两倍的收益税金比。这是经过设计的,同时也因此可以将收入转移至下层收入群体手中。

30.1.4 一路而来的变化

从一开始到现在,社会保障已经增进了收益。支付给寡妇和孤儿遗属的抚恤金已经被纳入社会保障中去。为那些无法长时间工作的工人的残疾保险也于 1956 年纳入社会保障体系,最基本的对健康普及的资助（也称为医疗保险）也在 1966 年加入社保体系。

表 30.1 显示了当社会保障制度改变时,税率、最大应税所得、退休年龄等是如何改变的。该表显示了社会保障内部的各个部分是如何变化来保证自身生命力的。正如你所看到的,当税率上升时,就可以从某种程度上可以预先支付其他事先描述的收益,同时也能保证每一代人都拥有退休金。当税率从 1% 上升到 7.65% 时,与此对应的最大征税数额也由 3 000 美元调整到 106 800 美元。退休年龄也提高了。如 1938 年以前出生的人可以在 65 岁时退休,拿到全部的退休金；而那些 1960 年以后出生的人只能等到他们 67 岁时才可以退休,拿到全部的退休金。一个有几分复杂的转换公式可以计算出 1939—1959 年间出生的人们的退休年龄。简单来说,相对于社会保障体系是一个庞大的、一成不变的计划的传统观点而言,现在的社会保障制度已经有许多的变化去拓宽它的覆盖范围以及保证它的生命力。

表 30.1 几个选择年份中构成社会保障组成部分的发展历史

年份	最大应税所得（美元）	老年人和残障人士税率（占工资百分比）（%）	医疗保险税率（%）	雇主和雇员的总税率（%）	退休年龄* 出生时间	退休年龄* 年龄	收益*
1937	3 000	1.000	0	1.000	1937	65	OA,S
1950	3 600	1.500	0	1.500	1950	66	OA,S
1955	4 200	2.000	0	2.000	1955	66+2（月）	OA,S,DI
1960	4 800	2.250	0	2.250	1960	67	OA,S,DI
1965	4 800	3.625	0	3.625	1965	67	OA,S,DI,HI
1970	7 800	4.200	0.600	4.800	1970	67	OA,S,DI,HI
1975	14 100	4.950	0.900	5.850	1975	67	OA,S,DI,HI
1980	25 900	5.080	1.050	6.130	1980	67	OA,S,DI,HI
1985	39 600	5.700	1.300	7.000	1985	67	OA,S,DI,HI
1990	51 300	6.200	1.450	7.650	1990	67	OA,S,DI,HI
1995	61 200	6.200	1.450	7.650	1995	67	OA,S,DI,HI
2000	76 200	6.200	1.450	7.650	2000	67	OA,S,DI,HI
2011	106 800	6.200[1]	1.450	7.650	2011	67	OA,S,D,HI

注：* 直到1983年为止，退休年龄都为65岁。在1983年，相关法律发生了变化，退休年龄根据出生时间进行了调整。1938年为65岁+2个月；1939年为65岁+4个月；1940年为65岁+6个月；1941年为65岁+8个月；1942年为65岁+10个月；1943—1945年为66岁；1955年为66岁+2个月；1956年为66岁+4个月；1957年为66岁+6个月；1958年为66岁+8个月；1959年为66岁+10个月；1960年则按67岁。

⁺OA = old age（老年人）；S = survivor（在世的）；DI = disability（残障人士）；HI = health insurance（医疗保险）。

30.2 我们为什么需要社会保障

如果你到现在为止，已经学习了本书中其他的章节，你就会知道前面已经提及的这个观点：经济学家坚信政府对私人企业的干预必须在以下的三个方面保持公平：

1. 控制**外部性**（externalities）的需要，即自由市场中产生的对除了买卖双方的其他人产生的影响，例如污染、二手烟、酒驾等。

2. 关注某些商品销售后产生的巨大的道德和伦理问题，例如毒品、卖淫和色情文化。

3. 买卖双方无法做出理性的决定，因为任何一方都不能被指望去做很理智的事情，或者说没有很充分的信息去做一个决定。

在经济学家眼中，正是因为第一个和第三个原因使得强迫储蓄和退休金有存在的必要。

从理想角度来说，理智和聪明的人能够根据自身现在的消费状况以及对未来消费状况的考虑去为自己退休以后的生活存钱。他们将会意识到现在消费掉的钱包含机会成本，换句话说，这份钱在将来无法被花掉。只要人们愿意，投资市场允许人们储蓄或者借钱。如果这些对于全功能型市场的假设全都成立的话，那么政府就没有任何理由来强迫人们储蓄，因为人们可以为自己存够适当数量的钱。

与经济学家提出的观点"人们不能为自己存够适量的钱"的基本原理不同，这里有一个对经济学家有着一些吸引力的争论。许多经济学家坚持这样一个观点——如果政府不对劳动者进行征税，那么人们就可以为自己存钱，而是否存钱也是他们自己的选择。

另外，关于完全竞争市场的两种争论对经济学家有一定的吸引力。首先，人性使然，我们不会任由他人忍饥挨饿。如果有人没有为自己储蓄，其他人也会被迫帮助他脱离困境。此时，这些人不去储蓄的决定就会影响其他人。而这里的"其他人"就可能是孩子、亲人、朋友或政府。所以，社会保障保证了这些人去为自己储蓄适当的数额，从而保证其他人不需要帮助他们脱离困境。

其次，我们的理性是基于从错误中吸取经验教训的能力。在很多情况下，尤其是在很多市场中，我们从失败中进步。假设你第一次去食品杂货店买自己需要的棉花糖和红牛，你会很快意识到你更需要买晚餐需要的蔬菜和水果。但是如果你没有为退休后的生活准备足够的钱，你却不能决定只活你人生的前65年。而政府则经常防止我们犯这样的错误。这里有一些担保会让我们自己做出正确的事情，比如以下的例子：（1）未满18周岁的儿童，在没有联合署名的情况下不能借钱;(2)16 周岁以前不能辍学;(3)未满 21 周岁不能饮酒。整个社会都担心你会遭受无法挽回的破产、贫困或酗酒。另一方面,社会公众希望政府能够保证你不会犯下无法弥补的过错。正因为这些原因,经济学家们所关注的问题就不是某种形式的政府补助是否需要,而是该体系需要什么形式,如何构建它使得财务稳定。

30.3 社会保障对经济的影响

30.3.1 对工作的影响

在社会保障实施以前,超过 65 周岁的人中有 51% 还在工作,现在,这个数据变成了 22%。即使现在有观点认为某种程度上社会保障本身使得人们工作年限增加了(实际上,近年来该数据有些上升),社会保障的确使得人们退休得更加轻松了。相对于不利的一面,这同样拥有有利的方面。尽管退休者在退休时更加开心了,但是它剥夺了经济体中的劳动者和其他人的劳动果实。另一方面,随着越来越多的劳动者退休,各个岗位在全体劳动者范围内也开放了,劳动者不断地升迁去填补已有的职位空缺。矛盾的是,在这种情况下,尽管每个经济体中的人更加开心了,但是经济受到了损害。(这很像第 6 章"实际国内生产总值以及为什么它不是社会福利的同义词"的回顾。)

30.3.2 对储蓄的影响

很多经济学家认为,如果人们自己为自己储蓄退休金,那么他们将会比现在储蓄的多。尽管他们不承认这个影响的重要性,但他们认为社会保障的存在减少了经济体中被储蓄下来的钱。这主要是由于**资产替代效应**(asset substitution effect)——政府为你储蓄了钱,你自己就会少存一点。如果政府现在向你收税,答应之后给你退休金,从效果方面来说,政府就是在为你存钱。而如果政府为你存钱了,那么你就可以少存一些。

对于此有两种相互抵消的影响,即**引致退休效应**(induced retirement effect)和**遗产效应**(bequest effect)。就像前面所提及的一样,人们明显比以前提前退休了。如果社会保障不存在,人们就对退休不抱有希望,他们有可能就不会储蓄任何东西。另一方面,社会保障使得退休成为可能,人们就可能为退休去储蓄。引致退休效应也因此增加了国民储蓄,因为人们必须储蓄得更多以防自己比没有社会保障时退休得更早。

社会保障的另一个影响是它可能增加国民储蓄,如果老人为遗产而储蓄更多钱的话,这就意味着当老人去世时,这些钱将会进入年轻家庭的口袋。社会保障为老人们提供了一份充足稳定的收入,从而使得他们可以选择存比没有这个计划时更多的钱到遗产中。遗产效应也因此增加了国民储蓄,因为人们可以比没有社会保障时储蓄更多的钱作为给自己继承人的一份礼物。

经济学家就社会保障对储蓄的净影响进行了争论。尤其是马丁·费尔德斯坦,他是第一个评估社会保障对储蓄的影响的人。在 1974 年,他总结出储蓄存在显著的下降。这又被其他的经济学家怀疑,艾里西亚·穆勒于 1977 年以及迪恩·莱默尔和塞利格·莱斯诺伊于 1982 年提出,他们都认为社会保障的净效应为零。这里仍旧还有不同的声音,费尔德斯坦在

1966 年发表了 1992 年的修订预测,当没有社会保障时,个人总储蓄应该为 6 460 亿美元,而 1966 年时则为 2 480 亿美元。其实这里的重点就在于这里存在一个中间立场,认为社会保障对于储蓄是存在一定有利之处的。

30.4 该计划对谁有利

利用一张电子表格、一些假定和一些专业术语,你就可以计算出社会保障政策对你是否有利。而要做到这些,你就需要利用第 7 章中的现值讨论。我们可以接着比较现在缴纳的税收和从现在开始预期可以拿到的 40—50 年的收益。

社会保障的现值当中很有学问,尤金·史特力和乔恩·巴基亚提供了不同种类几代人的详细现值估计。尽管具体的估计值会随着婚姻状况、赚钱的人以及年龄层次的不同而不同,但是结果明确地显示出,对于那些 1980 年以前退休的人来说,社会保障计划的确提高了他们的收入。尽管如此,因为联邦社会保险税急剧上升,这种情况却在不断受到损害,仅仅剩下双方中有一方拥有较低收入的夫妇才可以得到福利。

为了得到这种分析需要的结论,考虑下面的例子。首先我们要做一些基本假定。为了估计社会保障的利弊,我们需要知道你的年龄、婚姻状况、你毕业后所希望的起薪、收入的增长率、通货膨胀率的假定、退休年龄以及你的死亡年龄。在表 30.2 中我们将会做以下假定:你现在 19 岁,23 岁毕业,你不会结婚,在 67 岁时退休,在 88 岁时去世;而年通货膨胀率为 3%,收入增长率为 4%,利率大约为 8%。尽管老年人和残障人士的税率为 6.3%,但老年人的部分为 5.3%。这个税率是包括雇主和雇员两部分的,所以我们可以假定你对老年部分的社会保障为你收入的 10.6%(当然直到最大征税所得为止)。①

表 30.2 社会保障现值分析

收入(美元)	税率为 8%时社会保障税金的现值(美元)	税率为 8%时社会保障收益的现值(美元)	税率为 8%时社会保障的净现值(美元)	实际回报率(%)
15 000	25 780	11 434	−14 346	2.6
20 000	34 374	13 836	−20 538	2.3
25 000	42 968	16 239	−26 729	2.1
30 000	51 561	18 446	−33 115	1.9
35 000	60 154	19 572	−40 582	1.7
40 000	68 748	20 698	−48 050	1.5

表 30.2 显示出,今天 19 岁的青少年如果在没有社会保障的情况下,按 8%的社会保障税(通货膨胀率加上 5%的实际回报率)来征收,将会做得更好。第一列表示参加的计算者的假定收入;第二列表明在 8%的税率下所有需要缴纳的税的现值;第三列显示了同样在 8%的税率下,从 67 岁退休到 88 岁死亡期间所能得到的所有收益的现值;最后一列则表示与这些税金和收益等价的近似实际利率。

---

① 我们假设雇员承担社会保障税的最大压力,因为实证假设劳动力供给弹性接近于 0。

我们能从前两列看出,当你赚到了更多的钱时将要缴纳更多的税。从最低工资(7.25 美元/小时×2 080 小时/年)开始,到 40 000 美元的起薪,他们所缴纳的税金的现值由 25 780 美元变成 68 748 美元。① 同样可以明显看到,高收入者的收益现值高于低收入者,这是因为你对这项计划所作出的贡献越多,得到的退休金必然也越多。但是也应当了解到虽然高收入者作出的贡献是低收入者的三倍还多,但是得到的收益却只比低收入者高出两倍多一点。

净现值是负的实际情况表明社会保障无法像私人投资一样拥有 8% 的利率。正如第四列中所能看到的,如果你们的钱用于私人投资的话,你们这一代中的每一个人将会变得更好。而对你们当中成为高收入者的那些人,他们的损失将会更大。最后一列则表示,对于高收入者来说,由于有实际回报率,社会保障对于低收入者来说更为一个好的投资。

从表 30.2 中,我们可以得出两个结论:(1)如果在有私人选择的情况下,社会保障不会被当代大学生所选择;(2)一个人一生中所赚到的钱越多,社会保障带来的收益与私人投资得到的收益之间的差距就会越大。

接下来我将问你一些逻辑上会被剔除的问题:(1)这里假设实际利率为 5%,而如果我们假设的是 3%,那将会发生什么? 在这个例子中,会导致低收入者的净现值接近于 0,而高收入者的净现值甚至为 −41 693 美元。(2)如果我活到了 100 岁将会怎么样? 我是否可以击败这个体系,从中获利? 这些复杂的组合利率很难使得你能够活到足够长去让这个体系为你服务。尽管一个高收入者能够拿到每年将近 100 000 美元的收入,但在 90 岁时这些退休金的现值仅为每年将近 2 000 美元。

如果你的父母、祖父母、曾祖父母在你这个年纪缴纳了这些数目的钱,但是结果肯定会明显不同。那些 1960 年退休的人拥有 15% 的实际收益率,而 1980 年退休的人却只有 7% 的收益率。造成你和你上一代之间产生这样的差异的根本原因是他们所缴纳的税金远低于你所能希望缴纳的。那些 20 世纪 60 年代退休的人在他们工作生涯的大部分时间中面临的税率低于 3%,而那些 80 年代退休的人们在他们的工作年限内则亲眼见证了税率从 1% 上升到 5%。而在你们的工作年限中社会保障税的税率至少为 5.3%。

在某种程度上来说,社会保障是一项成功的计划,因为至今为止对每个人来说它都是一个很好的交易。对于活着的人来说,当社会保障被推向社会时,它是一件政府能够做到的伟大的工程。对于在 1935 年至 20 世纪 50 年代中叶出生的人来说,社会保障是一项与他们可以从股票市场中所得到的数额相等的有保证的退休收入,当然,是对于那些已婚的平均工资所有者来说。而对于那些 20 世纪 50 年代后出生的人来说,与私人投资机会相比,社会保障所带来的收益的确会少了许多。而对于单身的人、双职工收入的家庭、高收入者来说,只有在 35 年前出生,才可以从社会保障中获益。而对于这些人,社会保障带给他们的收益将会远小于私人投资所能带来的。

有关谁将从社会保障中获益的所有问题都是存在陷阱的,有时简单地问到这个问题,人们就会以为你支持废除它。所以这种情况下,人们将你归为鼓吹废除的那部分人,注意,社

---

① 税收的增加少于收入增加的比例的原因是,40 000 美元起薪和每年 4% 的收入增长率的人在他们退休前会冲击最高需缴税收入。所以,因此一个穷人的缴税会以每年 4% 的速度增长,而富人在达到那个线以后,缴税会以 3% 的增长率增长。

会保障是经济学家所认为的"社会保险"的一部分。它本身就不是为了成为一项好的投资而出现的,它的出现是为了使人们在退休时可以拥有一份有保障的收入。正像我们所能看到的,那些改革问题正是争论的焦点。

30.5 社会保障计划对我是否有利

30.5.1 为什么社会保障计划处于困境之中

社会保障计划能否存续是大家普遍关注的一个问题。相对于收益的增加,税金的增加幅度更是显著,因为逐年下来退休人数的增加远大于工作人数。在1982年,社会关注的一个巨大的问题就是现收现付制的养老金无法满足由于第二次世界大战后婴儿潮导致的这一时期的退休人数增加的需求量。战后的几年内,一直到1960年左右,每年美国有近2.5%的女性生育小孩。口服避孕药的出现、流产技术的进步,以及美国20世纪六七十年代国内的动荡不安改变了国内一直高涨的生育率。到了1976年,每年只有1.5%的女性生育小孩。

"婴儿潮"一代,即2011年47—65岁的人占总人口的24%。与此相对应,那些67—80岁的人只占总人口的8%。也正因为如此,现在缴纳税金的工人所能得到的养老金也会显著下降。1950年,每位退休工人的退休金是由当时16个工人缴纳的税金分摊的,但是现在这个数字变成2.9,而且照这个形势发展下去,到2030年会变为2.2,甚至到2085年变为1.9。图30.1体现了这个状况。

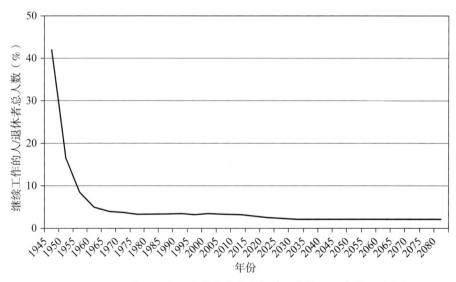

图30.1 已经退休但仍在工作的人所占比例的历史情况及未来预测曲线

30.5.2 社会保障信托基金

而为了应对人口问题,美国1982年成立了**社会保障信托基金**(social security trust fund),目的是征集更多的税金去支付养老金。接下来的几年我们就有足够的钱去支付出生于婴儿潮的那代人的退休工资。2010年,政府在这个项目下就有25亿美元的债务。你可以回顾第 10 章的"货币政策"。

而这些钱是否真的组成了一个信托基金,我们不得而知。这是一份当社会保障税金不足以支付退休金时的债务的集合。看待这件事的一种方法就是信托基金的来源是社会保障税,而不是所得税。它开始于 20 世纪 80 年代以及 90 年代早期,去降低原本会很大的赤字。如果你用这种方法观察它,原本应该上升到 15.5 万亿美元的国债,在 2011 年的实际额仅为 11 万亿美元(而如果只计算国债中联邦储备系统所持有的部分,那么只有 9 万亿美元)。

社会保障计划的受托人定期发布关于信托基金能够支撑多久的尝试报告。他们根据三个不同的假设制定三个不同的预测。"积极"的报告基于的假设条件为:经济增长率高于近期以来我们所观测到的;寿命将比现在健康状况预测的趋势短;利率也低于原本预料的值。而"消极"的报告是基于更慢的增长、更长的寿命和更高的利率这三个假定的。

而"中庸"的报告则被更广泛引用,而它的预测是社会保障体系将逐渐(除了 2010—2011 年由于经济衰退导致收入下降)收取更多的税金而支付更少的退休金,且这一现象将会持续到 2025 年。在 2025—2037 年,缴纳的税金将会低于社会保障体系所要支付的保险金,而差额将会从这个基金产生。到 2037 年这个基金就会枯竭,而年平均赤字将会达到收益的 22%,2084 年将达到 25%。也是在 2037 年,这个体系将没有足够的资金来支付它但所需支付的项目,这就是所谓的破产,尽管政府可能通过其他收入或者借款来支付这一项,而这些形式的资金来源却是不固定、无根据的。

而"中庸"观点在看待社会保障能否继续发挥作用这件事上,其实是以多少假设能够真正成为现实为依据的。例如,如果持有积极的观点,并且经济真的以每年高于预测的 1% 的速度在增长,那么问题就几乎解决了。换一种说法,假设在移民政策中,允许在未来的 20 年之内有更多的劳动者进入,就可以解决剩余问题。再比如,如果通货膨胀和利率稍微低于预测值,那么社会保障计划破产现象就不会出现。

事实上,增加一些不相关的因素(如离婚率)可能会使事情更加糟糕。丈夫和妻子在婚姻状态下明显比离婚后拿到的退休金少了。

经济学家并不能确定社会保障计划是否会破产,多长时间后会破产。而一些被大家认为是国家最伟大的社会计划却建立在一些可能无法实现的假设上,这让社会公众显得有勇无谋了,而改变类似的想法是意义深远的。从经济学家和社会保障专家彼得·戴蒙德的观点来看,这的确是正确的。他提出,即使信托基金或在 30 年、40 年或 50 年的时间内消耗殆尽,那些缴纳的税金也足够支付 75% 的退休金了。从另一个角度来说,可能的解决方法也就是我们接下来讨论的,也是需要很多年去生效的,如果我们的目标是使得该计划可以 100% 解决问题的话。

30.5.3 修复社会保障制度的一些方法

对于如何解决社会保障问题,有很多方法,从保守的到激进的。它们都包括以下几个要素:提高工资税,提高法定退休年龄,削减高收入者的退休金,根据工资通胀和价格通胀指数收益的不同来改变目标,以此来决定信托基金投资于公司股票还是债券,或者开发私人账户的工资税。

那些希望现有社会保障计划一直保持下去的人选择的是提高税收。而提高税收又可以通过提高税率,提高或者取消对个人缴纳税所基于的最大应税收入来实现。但是估计结果不尽相同。不过取消这项条款,让高收入者必须为其收入中超过87 000美元的那部分缴税就可以解决这个问题的1/3了。而把对老年人征收的整个薪资税率从5.3%提高到6.3%,就足以解决剩下的问题。

另一项解决措施就是提高退休年龄。一般来说,那些支持这一措施的人认为社会保障计划原先的退休年龄是盯住平均寿命的,例如在1935年的时候是65岁。如果退休年龄恰好就是预期寿命的话,那么在这个年龄上或者之前死亡的人,在活着的时候缴纳了税款却得不到退休金。这可以确保有足够的钱用于支付那些在预期年龄之后死去的人。目前预期寿命是78岁。对于那些活到了65岁的人来说,男性预计还能活16年,女性预计还能活19年。尽管人们会获得更久,但是问题在于能够运转的社会保障退休金却越来越少。其实把退休年龄提高到70岁也能解决1/3的问题,但是这取决于我们能够执行的速度,而如果我们在2075年还没有把退休年龄提高到70岁,那么正如某些猜测一样,这对于按照现在态势发展到2037年将会面临的问题来说将会毫无用处。

社会保障计划最成功的一个方面就在于它将老年人的贫困率降低了很大的幅度。另一方面,许多退休人士能够依靠自己的能力享受经济上的成功。一些人甚至不需要再依靠社会保障。目前一位社会保障计划接受者获得的平均净利润大约是非接受者的两倍。提议的一项解决社会保障问题的方案就是对受益人进行**经济状况调查**(means test)。那些高收入者或者很富有的人得到的基本保险金会少于那些依靠退休金生活的人。该措施能够将社会保障计划的破产拖延多长时间,取决于退休金减少的程度。拒绝向收入超过50 000美元的人提供社会保障也能够解决该计划的偿付能力。彻底地说,经济状况调查可以被引进到混合指数形式的计划中,这被经济学家波曾、希伯和肖文所认同。他们认为采取指数计划有利于使用价格通胀而不是工资通胀的高收入退休人员。因为前者通常比后者低一个点,这会缓慢减少支付给高收入退休人员的收益。另一方面,这也会引起其他问题。如果给富人的退休金减少得太多,可能会严重打击高收入者或者中高收入者的储蓄热情。而且,该计划的政治支持也可能会严重恶化,因为它看上去更像一个福利计划,而不是一个普遍的退休计划。

另外一个拯救社会保障计划的方法是把社会保障基金投资于产生高收益的公司。如同前面提及的那样,该信托基金购买政府债券,该债券产生的收益为5%—6%。在这个意义上,政府(财政部)拥有政府基金(该信托基金),政府不得不为自己支付利息。这项解决措施的支持者认为,如果政府把这钱投资于股票或者债券,那么高收益率将产生足够多的钱用于支付退休人士的退休金。

但是这项措施会产生其他问题。第一,政府将会面临挑选股票的任务,而且它可能会干得不好。第二,政府投资的挑选过程可能会过度政治化。如果政治家倾向屈服于某些特殊利益群体,那么这些投资可能并不代表多数人的利益。第三,尽管公司证券在长期内比政府债券的收益更高,但是它们的风险也更大。

最后一种方法是允许个人对自己的部分税款进行投资。在2000年总统选举中,候选人乔治·W. 布什把这个作为解决社会保障计划危机的方案的基石。始于2000年的全球股市重创,到 2003 年形势好转,严重挫伤了该计划刚刚开始建立的政治支持。但是随着布什总统的再次当选,他再次将这个方法放在重要位置。他所建议的这个计划是,年轻工作者有一部分税被放在他们可以掌控的账户中。总统的竞争对手的计划认为承诺的社保收益将会大量减少;支持者们则反驳道,如果投资收益跟随历史轨迹,那么会更有意义。

在 2005 年的夏末,飓风 Katrina 和 Rita 占据了头条,因此导致的对布什总统接踵而至的政治损害也因为社保制度的大变革而终结。

在 2008 年的总统竞选中,奥巴马拒绝了任何私有化。取而代之的是,在 6.2% 的老龄人口中,社保税被重新固定在收入超过 250 000 美元的人群。他并没有具体描述雇主是否也被重新征税,250 000 美元的线是建立在家庭收入还是个人收入上。毫无疑问,这将会把时光带回到过去社保不能满足所有退休责任的时代,但是这也不能解决即将到来的社保基金问题。

本章小结

你现在理解了什么是社会保障计划。你知道了它的基本税收和退休金结构以及该计划自实施以来的变化。你理解了社会需要这样一套社会保障体系的经济原理,而且你也了解了该计划对工作和储蓄的影响。你理解了经济学家如何运用现值分析来协助确定该计划为谁服务,不为谁服务。你现在理解了在现值估计下,该计划会在 2037 年破产。你也知道了什么是社会保障基金,以及如何稳固社会保障体系,使得它不仅为你而存在,而且为你服务。

关键词

现收现付制　　　　　　　完全支付制　　　　　　　工资税
最大应税所得　　　　　　月收入平均指数　　　　　基本保险数
退休年龄　　　　　　　　外部性　　　　　　　　　资产替代效应
诱致退休效应　　　　　　遗产效应　　　　　　　　社会保障信托基金
经济状况调查

自我测试

1. 社保税收收入来源于_____税。
   a. 所有收入　　　b. 工资　　　c. 资产　　　d. 房产
2. 政府主导的年金体系,例如社会保障体系,比依靠私人储蓄的社会更好的原因之一是_____。
   a. 没人为自己储蓄　　　　　　　b. 风险意识强的人会储蓄更多
   c. 风险意识一般的人会储蓄更多　　d. 没有远见的人储蓄更少
3. 月收入的平均指数由_____衡量。
   a. 工资通胀指数　　　　　　　b. 消费者价格通胀指数
   c. 生产者价格通胀指数　　　　d. 工资和价格通胀指数相结合

4. 自实行以来,收入中用来缴社会保障税的部分_____。
   a. 基本保持不变　　b. 大幅增加　　c. 略微减少　　d. 大幅减少

5. 2009 年,一个赚了 125 000 美元的工人需要缴_____社保税,雇主要缴_____社保税。
   a. 16 340.40 美元;16 340.40 美元(都等于 106 800 美元×0.153)
   b. 8 434.10 美元;8 434.10 美元(都等于 106 800 美元×0.0765+18 200 美元×0.145)
   c. 8 170.20 美元;8 170.20 美元(都等于 106 800 美元×0.0765)
   d. 7 650 美元;7 650 美元(都等于 125 000 美元×0.0765)

6. 资产替代效应推断出社保将会_____,并且使其变得不可或缺。
   a. 增加储蓄　　b. 增加工作　　c. 减少工作　　d. 减少储蓄

7. 社保是增加还是减少储蓄主要取决于_____效应是否主导_____效应。
   a. 遗产;资产替代
   b. 遗产;引致退休
   c. 资产替代;引致退休
   d. 利息;资产替代

8. 当与奶奶辈对比时,你期望社保的净现值是_____。
   a. 更多　　b. 大约相同　　c. 稍少　　d. 少得多

简答题

1. 为什么认为社保的收益与税收结构比私人投资更有效? 为什么不是更无效呢?
2. 为什么移民政策的改变会影响社保系统的预计偿付能力?
3. 一个月均收入 6 000 美元(工资经通胀调整后)的人能获得多大的好处? 与一个收入只有其 1/3 的人相比呢?
4. 请用经济学知识解释税收用于未来获得的收益分别与过去、现在和近期相比较。

思考题

政府正常运转年金系统有多大风险? 有恰当的风险收益计算体系存在吗? 社会保障免费吗? 政治风险是什么?

讨论题

社保现状支持者的立场是,与私人投资者相对比,这个制度需要极低的管理成本。而反对者认为,真实收益率的期望值远低于股票的历史长期平均值,而且需要付出极高的管理成本。谁对呢? 对于本章描述的这些拯救社会保障计划的方法,你会采取什么样的组合去拯救社会保障计划?

进一步阅读

Aaron, Henry, "The Myths of Social Security Crisis: Behind the Privatization Push," *NTA Forum* 26 (Summer 1996).

Clark, Robert, "Social Security Financing: Facts, Fantasies, Foibles, and Follies," *American Economic Review* 94, no. 2.

Cogan, John F., and Olivia S. Mitchell, "Perspectives from the President's Commission on Social Security Reform," *Journal of Economic Perspectives* 17, no. 2.

Diamond, Peter, "Social Security," *American Economic Review* 94, no. 1.

Feldstein, Martin, "Social Security and Saving: New Time Series Evidence," *National Tax Journal* 49, no. 2 (June 1996), pp. 151—163.

Hyman, David, *Public Finance: A Contemporary Application of Theory to Policy*, 7th ed. (Fort Worth, TX: Harcourt College Publishers, 2001).

Journal of Economic Perspectives 10, no. 3 (Summer 1996). 参阅 Edward M. Gramlich 和 Peter A. Diamond 撰写的文章, pp. 85—88。

Leimer, Dean, and Selig Lesnoy, "Social Security and Private Saving: New Time Series Evidence," *Journal of Political Economy* 90, no. 3 (June 1982), pp. 606—642.

Pozen, Robert, Sylvester J. Schieber, and John Shoven, "Improving Social Security's Progressivity and Solvency with Hybrid Indexing," *American Economic Review* 94, no. 2.

Rosen, Harvey S. and Ted Gayer, *Public Finance* (New York, NY: McGraw-Hill/Irwin, 2010).

Steuerle, C. Eugene, and Jon M. Bakija, *Retooling Social Security for the 21st Century: Right and Wrong Approaches to Reform* (Washington, DC: Urban Institute, 1994).

第 31 章
能源价格

> **学习目标**
>
> **学习完本章,你应该能够:**
> 1. 知道什么是卡特尔。
> 2. 知道为何卡特尔能够给其成员带来巨额收入。
> 3. 知道为什么卡特尔不稳定以及使卡特尔稳定所需的必要环境。
> 4. 评价欧佩克是否有资格成为卡特尔。
> 5. 总结经通货膨胀因素调整的原油价格和汽油价格的历史。
> 6. 知道预期在决定汽油价格中扮演的角色,并能够解释为什么在中东地区发生的事件可以导致高油价在短短几天内发生变化。

世界的运转离不开石油产品,不论是用于汽车的汽油、用于火车和卡车的柴油,还是家里的取暖用油,现代社会离开了石油就不能维持生存。已探明的石油储量在 11 000 亿桶到 14 000 亿桶,未探明的有 5 000 亿桶,与此同时每天的石油消耗量是 8 400 多万桶,因此到 21 世纪下半叶,石油储量很有可能消耗完。

本章回顾了石油和汽油价格的历史,探讨了其价格显著变化的原因和造成的影响。我们考察了石油输出国组织(欧佩克)(Organization of Petroleum Exporting Countries,OPEC),研究了其发展历程,以及它为什么没能成为一个有效的石油卡特尔。同时,我们讨论了为什么汽油价格的变化比石油供给的变化快得多,我们将焦点放在 1999—2005 年来看这个问题。我们考察了电力价格以及电力产业为什么能够成为垄断行业,为什么它导致政府价格管制,加利福尼亚放松管制事件为何困难重重。最后,我们展望未来,尝试描绘 50—100 年后的石油产业面貌。

31.1 历史考察

31.1.1 原油价格和汽油价格的历史

经常处于不稳定状态的汽油价格在 20 世纪 70 年代飞速上涨。尽管当时恰有几个巧合的事件的发生造成了石油价格的上涨,但许多政治家宣称这个时期是一个全面长期的"能源危机"的开端。图 31.1 的简要介绍表明危机实际上是短暂的。实际上,截至 1998 年,石油和汽油价格已经下降到 30 年来的最低水平。原油价格在 1999—2000 年翻了一番,在 2003—2005 年间又翻了一番,在 2007 年至 2008 年 7 月再次翻了一番。未经通货膨胀调整的汽油价格在 2008 年 7 月第四个周末达到每加仑 4 美元的最高价,之后开始了为期 6 个月的直线下降趋势,直到 2008 年圣诞节,在美国一些地方跌落到每加仑低于 1.3 美元时才结束了价格的下降过程。在这段时期,原油价格下跌了近 75%。经过 2009—2010 年的稳步回升,2011 年年初,中东地区的动荡对石油供应造成的不确定性使石油价格再次飙升。

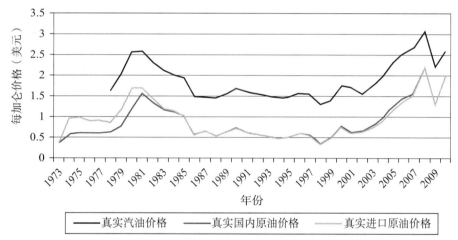

图 31.1 经通货膨胀调整后的汽油和国内原油价格以及进口原油价格走势,2010 年(以 2005 年的美元计价)

资料来源:U.S. Energy Information Administration,www.eia.gov。

31.1.2 地缘政治历史

这里将介绍一些地缘政治历史,它们可以帮助我们理解石油价格的变动。正如你从表 31.1 所看到的,石油在世界上并不是均匀分布的。从中你可以预测,中东地区尤其是波斯湾的政治决定石油供给方面的重要性。

1967—1973 年间的阿拉伯-以色列战争激起了西方世界与阿拉伯国家之间的仇恨。因为美国支持以色列,阿拉伯国家对其实行了严厉的惩罚措施。美国对以色列提供计策和物资上的支持,帮助以色列战胜约旦(1967 年),占领了约旦河西岸(1973 年),从叙利亚手中夺取了戈兰高地,占领了加沙地带,从埃及手中夺取了西奈半岛。

表 31.1　全球各地区的石油储备

集团	按桶计量的储备（十亿）	占世界石油储备的百分比（%）
波斯湾欧佩克地区	747	60
非波斯湾欧佩克地区	181	15
世界其他地区	310	25

资料来源：U.S. Energy Information Administration，www.eia.gov。

此后，阿拉伯国家被美国帮助以色列的行为激怒了，拒绝向美国和其他西方国家提供石油。尽管这并没有导致美国的汽油定量配给状况，但导致了英国此状况的发生。石油禁运也导致了石油价格的上升。图 31.1 表明石油价格的第一次上升出现在 1973 年和 1974 年。

20 世纪 70 年代末，由于欧佩克发挥了卡特尔的经济作用，石油价格显著上涨。卡特尔如何产生以及它们如何显著地提升价格将在本章的后面部分详细讲解；但是，足以说明，经过通货膨胀调整后的原油价格和汽油价格达到了那时的最高纪录。汽油价格达到每加仑 1.4 美元，相当于 2004 年的 2.94 美元，每桶原油的价格达到 40 美元，相当于 2004 年的 84 美元。

在 20 世纪 70 年代末的伊朗，阿亚图拉·霍梅尼从被废国王萨阿手中夺取了政权，使周边国家诸如伊拉克、科威特、沙特阿拉伯非常紧张。但是，这些担心不是无中生有，在 1980 年，伊拉克和伊朗之间爆发了战争，关于谁是侵略者存在一些争议。尽管这场战争在道德上造成的影响超过了对石油价格变动造成的影响，但其对石油价格的影响永远改变了石油的贸易状况。

由于现代武器非常昂贵，并且伊朗和伊拉克受现金的约束，同时两国只有唯一一条争取外汇的途径，所以两国都尽可能多地出口石油，凭借提高产量来购买更多更好的武器。

随着 20 世纪 70 年代石油价格的上涨，伊朗和伊拉克开始开采更多的石油。此外，其他国家也致力于寻找更多的石油资源。在南海、墨西哥和许多其他国家发现了新的石油资源，并开始开采。在 1982 年和 1983 年，一场大衰退袭击了美国和欧洲，减少了石油需求。由于这些因素的作用，最终导致了石油价格的崩溃。最终，到 1986 年，石油价格下降到每桶低于 10 美元，在年底，每桶石油的平均价格下降到 12.51 美元。

1988 年，当伊朗和伊拉克战争结束时，石油价格开始回升，但是只达到每桶 15 美元的水平，相当于每加仑 30 美分多一点。战争结束后，由于伊拉克战争期间疯狂借钱购买武器，分别欠科威特和沙特阿拉伯各 400 亿美元的债务。每桶 15 美元的价格无法使伊拉克负担得起债务和战后重建的费用。让伊拉克更气愤的是，科威特和沙特阿拉伯没有遵守欧佩克的产量配额，伊拉克认为它和伊朗的战争帮了科威特和沙特阿拉伯的大忙。正如我们随后将看到的，要提升石油价格就必须降低产量配额。

1990 年 8 月 2 日，伊拉克入侵了科威特，而且美国相信伊拉克会继续策划攻打沙特阿拉伯，对波斯湾另一场战争的恐惧使石油价格上升到每桶 30 美元，这导致该年的平均石油价格达到每桶 20 美元。之后随着美英联军在海湾取得胜利，石油价格下降，直到 1998 年仍在每桶 10—15 美元徘徊。

从那之后，欧佩克重申了一系列减产，导致原油价格在 2000 年春季达到每桶 30 美元的顶峰。2003 年的伊拉克战争又使得石油价格上涨。在战争前一周,美国一些主要大城市的汽油价格上升到每加仑 2 美元。战争刚刚在导致短缺的情况下结束时,汽油价格就回归到了正常水平。在 2003—2005 年间,伊拉克叛乱阻断了石油的连续供给,同时造成全世界范围内的石油需求上升,石油价格再次飙升。25 年间历史性的高价格出现在 2004 年和 2005 年。经过通货膨胀因素调整后的石油价格开始遭遇挑战。卡特里娜飓风后,经过通货膨胀因素调整后的石油价格轻易突破纪录。2006 年、2007 年以及 2008 年的事件推动石油价格变得更高。2006 年,布什政府警告伊朗并反对其购买核武器。石油市场对此非常敏感,因为行政部门在考虑军事行动。同时,尼日利亚持续的叛乱以及中国和印度对石油的需求量的增长都哄抬了石油价格。2007 年和 2008 年,投资商们都在寻找一个赚钱的地方,开始哄抬原油价格。他们打赌中国和印度增长的石油需求和平缓的世界石油产量将导致严重的石油短缺(注意到,在图 31.2 中一天的需求是 8 400 万桶,世界石油产量在 2005 年到 2007 年间是停滞不进的)。

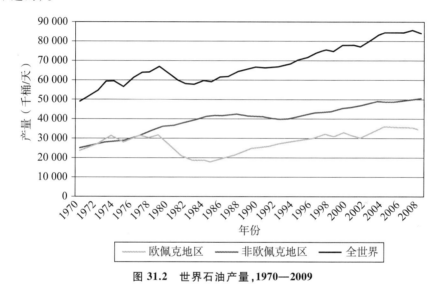

图 31.2　世界石油产量,1970—2009

资料来源:U.S. Energy Information Administration,www.eia.gov。

31.2　欧佩克

31.2.1　欧佩克做了些什么

在之前的关于石油价格的历史回顾中,我们间接提到了欧佩克在其中发挥的作用。欧佩克是一个**卡特尔**(cartel),其成员国有阿尔及利亚、印度尼西亚、伊朗、伊拉克、科威特、利比亚、尼日利亚、卡塔尔、沙特阿拉伯、阿拉伯联合酋长国、委内瑞拉等出口石油的国家。上述这些国家的石油储量加在一起占到世界储量的 75%,曾经有一段时间上述国家依靠石油取得了很大的政治势力。但是,整个 20 世纪 90 年代,石油价格似乎表明卡特尔并没有如此大的能力,然而,在 1999 年和 2000 年,卡特尔又发挥了很大能力,这是如何发生的呢?

当一些人、一些企业或者一些国家感觉到自身力量薄弱,但联合起来力量会变得强大时，他们假设他们联合起来能形成一股力量。如果存在或出现一些事物能使他们联合起来，那么就有机会形成卡特尔组织。在 20 世纪 60 年代末到 70 年代早期，由于各种因素的具备，中东石油出口国家看到它们联合起来可以惩罚支持以色列的国家，并从中获得利益。

上述这些因素，将一个原本松散的组织欧佩克转变成一个强有力的卡特尔。当某个行业中为数不多的厂商占据了市场供应的绝大部分时，卡特尔就可以在多个行业中存在。问题是所有的卡特尔都有自我破坏的倾向，欧佩克也一样。

31.2.2　卡特尔如何运作

卡特尔能够发挥作用是因为，个体竞争者联合起来像一个垄断者一样行事。为了达到这样的目的，它们必须建立一个机制控制市场的物品供给。以欧佩克为例，这意味着，它们必须一致同意减少石油产量的计划。这个计划意味着每个成员国必须把产量限制到结成卡特尔之前的某个比例。如果它们成功达成了这个协议，价格就会上涨。回忆第 5 章可知，在完全竞争环境下，从长期看，商品价格等于商品的平均成本加上边际成本。如果价格上升，利润就会提高，卡特尔的所有成员国就会从中受益。

31.2.3　为什么卡特尔不稳定

但是，这不是故事的结局，因为卡特尔是不稳定的。让我们从直觉上看看这是为什么。假设这个学期之初，你的老师在课堂上宣布考试成绩将按照你在班级的排名等级决定。这意味着，不管学生在考试中取得多好的成绩，都由事先决定的固定比例的学生获得 A、B、C、D、E 各个层次的成绩。聪明的学生将联合起来不好好学习。他们明白，他们努力学习（基于他们学习经济学的能力）与不努力学习得到的排名是一样的。

这里我们附加一个怪异的假设：学生没有快乐学习经济学的意愿，他们希望花费尽可能少的努力获得好的成绩。那么会发生什么情况呢？会不会出现学生不学习的情况呢？这是一个小的测验，经过分析你会发现总有学生会努力学习。这些学生会发现，努力学习对他们是有利的，因为他们可以获得更好的成绩。最终，其他的学生注意到一些学生在骗他们。他们可以从其成绩的相对下降做出判断。这时被骗者也会开始欺骗，他们会努力学习。如果像我们推测的一样，每个人都不遵守事先签订的约定而去好好学习，那么协议就没有任何意义了。

上面的例子与欧佩克的情形非常相似。欧佩克成员国发现，哪怕只是一点点的欺骗行为都能挣到很多钱。一个实施欺骗行为的国家会看到，在协议规定的产量水平上，边际收益（新的卡特尔高价）远远大于边际成本，如果偷偷生产就能获利。该利润将大大超过以前按照卡特尔价格规定的配额所得到的利润。就像我们先前的例子一样，通过对每个人的行为曲线的刻画，个体的贪婪会导致集体的欺骗，最终使所有的利益蒸发。欧佩克成员国的欺骗行为不仅导致巨额利润的消失，而且导致经济利益也消失了。

如果再引入其他非欧佩克产油国，那么这就是对欧佩克的致命一击了。英国原来是一个大的石油进口国，迫于石油的高价而去寻找自己的石油资源，最终在北海找到了石油。进而，英国发现它不仅能实现石油自给自足，而且可以成为石油出口国。墨西哥和其他国家也找到了石油并大量出口。尽管欧佩克试图说服这些国家也加入，从而形成一个更大、更有力的卡特尔,但是没有一个国家同意。这些国家认为,它们可以按照或低于卡特尔的价格出售石油,而这根本不需要任何的生产配额就能做到。图31.2清楚地显示,就占世界石油总产量的份额而言,欧佩克已经不是最大的石油生产者。许多其他国家在生产石油并获取了欧佩克的份额。

31.2.4 从沉寂中苏醒

20世纪90年代石油价格显著下降,在1999年价格突然上扬之前,一直低于历史水平。看样子似乎已经灭亡的欧佩克是如何重获新生的呢?实际上,欧佩克的潜在盈利能力一直没有消失。只不过是一些个别国家的行为在侵蚀其潜在的利润。1998—1999年间,欧佩克实行了一系列减产计划,最终达到每天430万桶的产量。这样,它们就抬高了石油价格,不像之前的石油价格上涨,它们选择在美国遇到通货膨胀之前提高石油价格。这样欧佩克似乎重新回到了巅峰,控制了石油价格。这样的状况会持续下去吗?只要欧佩克吸取之前的教训,这种状况或许会持续下去。长期来看,在伊拉克的政治问题得到解决后,如果欧佩克想保持它的定价权,就必须使它控制的价格水平使其他非欧佩克国家没有动力开采石油。即使这样,欧佩克组织成员国还是有自利倾向,使之突破石油生产配额。

31.3 为何价格变化如此之快

从空储油罐离开美国抵达波斯湾装满石油,再返回美国,然后将原油冶炼为汽油,几乎要花费几个月的时间。如果事实如此,那么我们附近加油站的汽油价格怎么可能在一周之内变化20%呢?要得到问题的答案,我们必须回到第2章的供给和需求决定等有关内容。我们知道,某一商品的价格预期会影响现在的供给曲线和需求曲线。

同时我们还知道,如果预期价格上升,那么需求曲线会向右移动,供给曲线会向左移动。原因在于,在价格上升之前,消费者希望尽可能多地储存石油,而供应商希望尽可能少地出售石油以便将来以更高价格出售。这样一来,当预期到价格要上升以后,商品的现价会变得更高。

为了分析上述因素如何发挥作用,我们来看一看石油行业对伊拉克入侵科威特的反应。几天之内,每加仑汽油的价格上升了25美分。这是如何实现的?从石油进口商开始到加油站结束的供应链,每个组织都想在价格上升之前尽可能多地购买和储存石油。在正常情况下,没有加油站愿意保留较大数量的石油存货,因为储存石油和其他汽油产品要占用大量资金。

这样,石油公司就会抢在石油价格上涨之前匆忙加满它们的油罐。石油提炼商也希望在石油价格上涨之前尽可能多地储存原油,石油分销商和加油站也无一例外地加大了石油储备。在上述的每一阶段,由于相应的组织都希望尽可能多地储存石油,对商品的需求就会上升。当价格上升时,它们就会有更多的产品。

在以上环境下的每个阶段,企业都不愿意出售其石油储备,而使得下游企业建立储备,除非交易方愿意出更高的价钱。石油价格上升的同时储油罐中也装满了石油。如果确实出现了石油短缺,这也不是件坏事:因为它们有额外的石油储备,可以获得利益。

当预期到价格会下降时,相反的情况就会出现:企业都努力想处理掉商品。因为企业想尽可能地从加油站索取高价,因而只有当石油价格确实下降时才会将自己储油罐中的石油全部卖出。这样,石油价格的下降速度比上升速度慢得多。海湾战争之后,石油价格下降,下降的幅度超过每加仑 25 美分,但是下降所花费的时间比上升所花费的时间要长得多。

基于价格预期的价格波动经常发生,最近的这样的例子发生在 2001 年 9 月 11 日的下午到晚上这段时间。出于对石油的可获得性的担忧(真实的和想象的),加油站的油价上升了 3 倍。例如,一些加油站,特别是中西部地区的,上午索要的价格是每加仑 1.4 美元,在恐怖袭击事件发生后,索要的价格已高于每加仑 4 美元。尽管可以将价格上涨的部分原因解释为批发价格的上升(当天石油的批发价格的上涨幅度在每加仑 5—10 美分之间),但是,价格上涨的主要原因是当时盛传这样的谣言:如果炼油厂关闭或者石油进口中断,那么石油价格将会显著上升。消费者以讹传讹,司法部长极度沮丧,但是消费者并不是无可指责。那天下午和晚上,加油站排两个小时的长队并不奇怪,人们担心如果不加满油箱的话,第二天的油价会上升得更高。但是到第二天早上,显然炼油厂并没有遇到危险,价格又恢复到原来的水平。

31.3.1 这是共谋吗

公众广泛持有以下观点:石油价格是共谋的结果,相关组织和个人在密室里削减石油交易量,以制定一个价格水平。如果这是事实的话,那么这个共谋行为就既违反了联邦法律,又违反了州法律。如果不存在这种明显的共谋,那么我们应该如何解释下面的事实:价格不仅快速上升(在第 2 章中用预期价格解释的现象),而且几乎在每一个加油站都同时上升?

当加油站向石油公司购买汽油时,其支付的价格反映了批发价格的变化。如果这就是故事的结局,那么只有当加油站获得一份新的石油供给时,价格才会变化。在地下储存石油的成本名义上是"沉没成本",因此是可以被忽略的。从第 5 章我们知道,在制定利润最大化的定价时固定/沉没成本是可以被忽略的。追求利润最大化的加油站关心的只是汽油的重置成本,或者机会成本。因为石油价格每天都在变化,即使加油站地下储存的石油已有一个星期之久,加油站仍然要调整价格,以反映目前汽油的重置成本。

为什么邻近加油站价格变化的时间非常接近?为什么汽油价格在各个城市之间的传导只需要几个小时?要回答以上问题,我们必须认识到石油行业是一个被寡头垄断的行业。加油站必须使其价格低于或者接近其邻近加油站的价格,因此当石油批发价格变化时,就存在一种自然的趋势,使得接下来的零售价格非常接近。在大部分城市,虽然有数量众多的加油站,但是批发商的数量却很少。批发供应商面对快速变化的全国石油现货市场,为了保持其市场份额,在制定价格时必须与其他竞争者(尽管数量很少)的价格保持一致。因为为数不多的批发供应商按照相同的批发价格向汽油零售商提供石油,又由于零售商按照重置成本制定价格,所以各个城市的石油价格几乎同时发生变化的现象并不奇怪。

31.3.2 石油价格将在 10 年间从每加仑 1 美元涨到每加仑 4 美元吗

我们需要退一步理解一下什么是石油"价格"。正如表 31.2 所示,并不是只有一种价格存在。每一个等级的和类型的原油价格都是以你能够从中可提炼出可供出售的产品(如汽油)作为基础的。结果就会出现原油价格在原油输出国甚至在其国家之内存在25%的差别。当石油价格作为新闻发布时,通常会选以下几种作为代表,北海布伦特原油、沙特阿拉伯轻质原油以及西得克萨斯中质原油。

表 31.2　不同品质的原油价格

石油品质	石油价格(美元/桶)			
	2007年4月	2008年7月	2009年1月	2011年4月
西得克萨斯中质原油	64.10	133.60	31.76	107.55
印度尼西亚米纳斯原油	68.56	144.32	36.63	115.98
布伦特原油(英国)	66.78	142.45	34.33	115.09
墨西哥玛雅原油	51.87	123.70	29.53	101.22
沙特轻质原油	62.34	136.02	35.21	106.93
沙特重质原油	58.89	128.72	30.16	111.28
欧佩克国家的现货价格	63.99	137.18	35.48	111.96

资料来源:美国能源信息管理局,www.eia.gov。

诚然,无论怎么测量,石油价格从1998年12月至2008年期间都扶摇直上。出于对数据处理的一致性目的,美国能源部门创造了一个进口石油价格加权平均数,被称为进口石油收购成本。如图31.3所示,它向我们展示了测量从1998年年末到2008年这十年期间石油价格上升的方法。

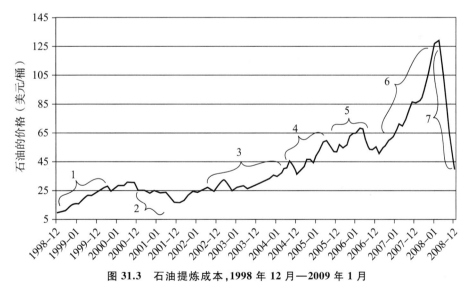

图 31.3　石油提炼成本,1998年12月—2009年1月

注:1. 欧佩克国家减产;石油股票低价;恶劣天气
　　2. 源于石油战略储备的发布;经济衰退
　　3. 石油生产国委内瑞拉和尼日利亚的政治动荡;伊拉克战争
　　4. 墨西哥湾的飓风袭击
　　5. 美国和伊朗之间的政治冲突以及尼日利亚内战的升温

6. 在中国、印度商品需求的增长以及停滞不前的产量
7. 全球经济危机和经济衰退

资料来源：美国能源信息管理局，www.eia.gov。

那么，是什么导致了石油价格如此快速的上涨呢？可以概括为一个较简短的答案，那就是伴随世界需求量的增加，世界石油供应链却出现了问题，该问题是由于欧佩克国家的一些规则和政治动荡以及由美国引导的伊拉克战争引起的。与原油价格紧密联系的汽油价格也受到了美国精炼能力的限制的冲击。

2002—2008 年之间的石油需求增加主要是由于全球经济从 2001 年的萧条中走出来，而其中主要的需求增加是由美国的需求增加拉动的，美国人从使用高效节能的汽车转用耗能的货车、皮卡以及 SUV（运动型多功能汽车），并且长期的石油需求也来自印度和中国。

美国人逐渐转用耗能的交通工具。然而在 20 世纪 90 年代末期，汽车占美国车队的 70%，现在只占 60%。尽管节能高效型汽车不断增加，并且节能高效的货车、皮卡和 SUV 也在增加，但是转移到更大的交通工具的冲击在大体上与使用省油的汽车带来的利益抵消了。美国车队的节能高效型交通工具保持了十年甚至更长时间。如果结合一个事实，即现在美国驱车路程总计达 2.9 万亿英里，相比 15 年前增长了 2.1 万亿英里，那么美国对于汽油需求的激增也就不难理解了。正如你可以从图 31.4 所见，这种需求方面的增长，加上各种供给问题的出现，导致了汽油价格的飞涨。

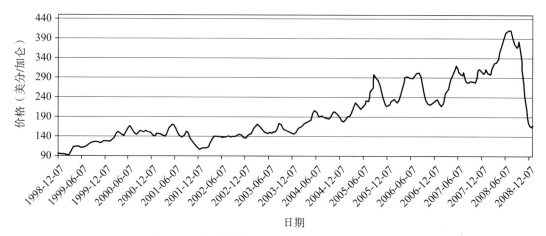

图 31.4　汽油价格，1998 年 12 月—2009 年 1 月

资料来源：美国能源信息管理局，www.eia.gov。

中国石油需求也在迅速增长。中国曾经是燃料净出口国，如今它是燃料的主要进口国。在过去的 10 年里，当全球的石油需求增长了 16% 时，中国的石油需求增长了 94%。而在接下来的 10 年里，中国的石油需求预期将占到世界石油总需求的 40%。

正如存在不同种类的石油一样，当然也存在不同种类的汽油。汽油并不是简单地分为"普通汽油""中级汽油""高级汽油"。因为环境的因素，汽油的形成与当地特殊的气候、环境条件以及州和地区的法律有关。汽油价格也会受到州和地区税法的影响。每加仑汽油的税收平均约为 27.4 美分，其中纽约、夏威夷以及康涅狄克州对汽油征收的税款较高，分别是每加仑 42.4 美分、42 美分和 37 美分，而阿拉斯加、新泽西以及北部加利福尼亚地区对于汽

油征收的税款最低,分别是每加仑 8 美分、14.5 美分和 16.8 美分。

尽管汽油可以被直接进口,但是在美国 90% 以上的汽油都是通过有限的精炼企业从不断增加的进口原油中提炼出来的。图 31.5 向我们展示了美国精炼企业的地区分布和其精炼能力。我们注意到,沿着美国的墨西哥湾沿岸地区,该地区的精炼企业易受飓风的影响。在 2004 年的夏天和秋天,有四次飓风袭击了该地区,而在 2005 年,更是有多于五次的飓风,突出说明了该地区的地理瓶颈。2004 年,随着一场接一场飓风的降临,从委内瑞拉和非洲运输原油来的船只无法正常停靠港口,因此影响了美国汽油的供应。卡特里娜飓风使得新奥尔良的港口都无法正常运转,从而极大地影响了 2004 年夏末以及 2005 年年初的汽油价格。

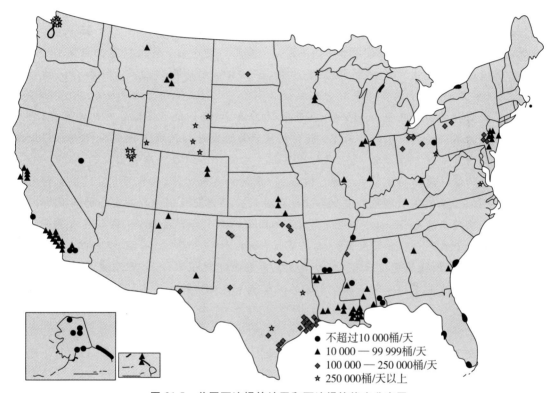

图 31.5　美国石油提炼地区和石油提炼能力分布图

谁应该为此负责呢?大多数情况下是我们自己。由于环境问题,美国政府选择限制对新油矿的勘探和更高精炼能力创新的做法。英国石油公司在墨西哥湾的漏油事件更加印证了美国人的这种看法,许多美国人一直非常关注在脆弱地带开采石油,因为这可能会带来潜在的环境问题。但是通常这种情形并不能说明美国将要对其庞大的驱车里程和使用耗能型汽车负责。并且由于伊拉克战争切断了石油供给,伊拉克的石油产量仍然没有回到其入侵之前的供给水平。不过,若要将责任推给中国人不断增长的驱车里程,有点儿"五十步笑百步"的感觉,但是事实确实是这样,因此中国也要对此负有一些责任。最后,欧佩克对于卡特尔价格的管理也日趋规范。最终,我们继续运行着全球经济系统,如果任何环节产生错误,石油的价格都会迅速走高,对于这十年来说很多事务的运转或多或少都存在错误。

购买丰田普锐斯就能使经济正常运转吗

在汽油价格上升之前,越来越多的混合动力车被制造出来并且出售。我们知道,每加仑行驶里程数在45—50英里的丰田普锐斯(Toyota Prius)很明显比凯迪拉克凯雷德(Cadillac Escalade)的每英里油耗少,但是真正的问题是与类似尺寸的普通动力汽车相比,普锐斯能否行驶更多的里程。当我的女儿驱车去学校又从学校回来,但当汽车失去传动能力无法正常行驶时,我不得不面对这个问题。在做了一些数据计算后,我决定给她买一辆普通的本田思域(Honda Civic)。大约在同时,我的一个经济学家朋友买了一辆普锐斯。现在就让我们来考察一下我们各自的选择是否最合适。

本田思域每加仑行驶里程数是35英里,而普锐斯每加仑行驶里程数为45—50英里。一个普通人每年驱车行驶里程为15 000英里。一个思域的车主每年大概需要购买429加仑汽油。若以每加仑行驶里程数为50英里计算,普锐斯车主每年需购买300加仑汽油。那么,普锐斯车主每年就会省下129加仑汽油。以2008年夏,汽油价格在顶峰时期(每加仑4美元)计算,每年将会节省下来516美元;而以2009年冬,汽油价格在低谷时期计算,还要节省出一半的费用。那么现在问题来了,每年节省下来的钱是否足以支付更高价格的普锐斯呢?普锐斯因其是混合动力车,所以售价比类似尺寸的普通动力汽车高出大约5 000美元。现在要解决的就是简单的现值问题。假如以6%的利率来计算(每人为车贷所要支付的利息),每年节省下来的钱的现值的多少取决于汽油的价格以及我们分别对自己的车持有的时间。如果汽油价格在高位(如每加仑4美元)并且我们持有车长达10年,那么节省下来的钱的现值就是3 798美元。如果汽油价格在低位(如每加仑2美元)并且我们对车只持有6年,那么节省下来的钱的现值只有1 269美元。单独利用现值来计算,很明显我购买的思域要更划算一些。我朋友的净现值相对于我的净现值来说至少损失了1 202美元,并且可能会多达3 731美元。

但是人们并不是只是靠着计算现值生活,因此为什么我的朋友会购买普锐斯呢?让我们来做个猜测,不过他是个环保主义者倒是真的。我们假设他想通过减少那129加仑汽油的燃烧来减少温室气体的排放。那么现在从社会的角度再来看看他的决定会不会更明智一些呢?让我们来换一个问题去考察,如果他买了思域并且支付得起油费,那么他会拿节省下来的钱去做什么。他可以用1 202—3 731美元中的任何一个数去投资其他的"绿色"活动。他可能空出他的几间美丽的却有些老旧的房子,并且为仁人家园(Habitat for Humanity)捐一些钱,好让那些住在老房子里的人能够空出一些房屋来。不论哪种选择,比起买辆普锐斯,通过做这些事情更能减少温室气体的排放。每年通过空出房间而节省下来的钱要远远超过516美元,并且比起一辆普锐斯的寿命来说,这种慈善义行更能持久,更有意义。

我的朋友是一个聪明人。为什么他还要选择去买更贵并且超出他需要甚至对环境改善贡献并不大的车呢?他给出了一个极其完美的答案,那就是这让他感觉比我更优越(无论怎样,在很多方面他都是这样想的)。

31.4 电力公用事业

31.4.1 电力生产

尽管爱迪生用灯泡实现本杰明·富兰克林使用电力的梦想隔了将近一个世纪的时间，但是美国在电力上的独立却没有花那么长时间。类似地，尽管建造胡佛大坝有很多动机，比如刺激经济、控制洪水、灌溉，但是廉价的电力这一副产品却使得数以万计的人在南加利福尼亚得以谋生。

尽管大部分情况下，电力是由受规制的公共事业公司生产的。这些公司承担了巨额的固定成本，它们构成了不可逾越的进入障碍。固定成本包括发电厂本身以及将电力送到千家万户的输电线路和传输设备等。

它们的可变投入几乎是免费的，比如水力发电、风力发电、太阳能发电。但是，在其他更典型的情况下，比如原油、煤炭和原子能都需要购买，你居住的地方往往决定了电力是怎样生产的。全国来讲，通过燃煤发电占到全国电力生产的一多半。原子能发电占电力生产的21%，而天然气发电占16.5%，水力发电占6%。

全国各地的发电方式依赖不同的事物。太平洋地区和西部山区使用大坝的涡轮发电，可以产出新英格兰地区15—20倍的电量。康涅狄格州使用的电力70%来自原子能，但是在华盛顿州却一点儿都没有依靠原子能发电，在缅因州原子能电力占10%。毫不奇怪，在那些煤炭资源丰富的地区，煤炭是主要的电力来源。

31.4.2 为什么电力公用事业是一个受规制的垄断行业

因为电力生产的高昂的固定成本阻碍了其他企业的进入，所以电力市场是一个垄断市场。描述这个市场的适合的模型是自然垄断模型还是一个简单的垄断模型，取决于电力生产方式和电力传输的距离。

当高的固定成本存在并且边际成本递减时，**自然垄断**（natural monopoly）就会出现。在原子能发电和水力发电的情形下，可变成本是很低的。原子能发电所使用的原子棒本身，相比于生产同样电力所需购买的煤炭是便宜的。另一方面，原子能发电站的工作人员需要更多的培训和更高的工资，因为原子能发电站一旦有差错，就会造成严重的后果。在水力发电情形下，投入是免费的，因为这只需水在重力作用下推动涡轮发电即可。在两种情况下电力生产的成本很大程度上取决于投入的可变成本。即使是采用煤炭、石油或者天然气发电，因为安装传输网络所需要支付的巨额成本，电力市场也倾向于成为垄断市场。

一个区分电力市场是简单垄断市场还是自然垄断市场的因素是电力生产部门和用户之间的距离。在美国，一部分电力在传输过程中被损耗。电力传输的距离越远，损耗的电力越多。由于这个原因，如果将电力传输到遥远的地方（而不是由既定消费者消费），那么边际成本会上升。

图31.6显示了简单垄断模型下未受规制市场的价格和产量组合，而图31.7显示了自然垄断模型下未受规制市场的价格和产量组合。无论哪种情形下，价格都显著高于边际成本。

同时，人们的现代生活而离不开电力，所以政府对电力的价格进行了广泛的监管和控制。

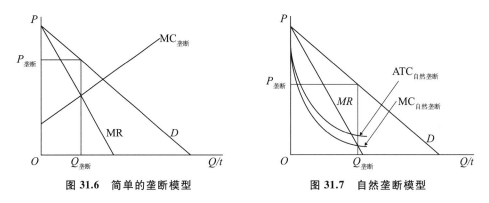

图 31.6　简单的垄断模型　　　　　图 31.7　自然垄断模型

图 31.8 和图 31.9 显示了如果管制者允许电力公司获得正常利润的话，可能出现的管制价格。

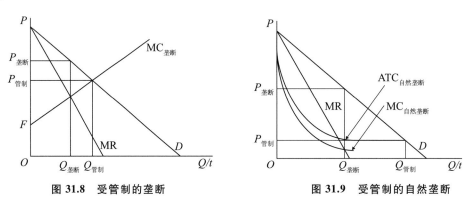

图 31.8　受管制的垄断　　　　　图 31.9　受管制的自然垄断

31.5　将来会怎样

21 世纪末之前石油储备很有可能就被消耗完。那时将出现什么情况呢？一旦石油用完，我们将是否会回到石器时代？答案是否定的。现在虽然还没有石油和天然气的完美替代品，但是我们已经有一些其他能源。我们已经开始使用草木燃料，运用地热、太阳能和风能发电。当石油供给减少时，我们将发明更多高效的使用石油资源的方法。为什么和其他领域的人相比，经济学家对石油燃料的终结担忧得更少呢？经济学家很少由于做出他们盲目乐观的预言而遭到非难，他们相信人们的自利足以驱使人们做出需要的创新，从而最终解决能源的问题。

在我们寻找替代能源的过程中，会花费很多钱。当石油变得越来越稀缺并且将要被消耗殆尽时，它会变得更加昂贵。此外，在 21 世纪的后 50 年里，石油价格不会下降。这将刺激投资，而投资又刺激创新。历史上是如此，将来也会是如此。

考虑下面的情形：如果你是一个石油公司，而且你预期到目前的公司业务会走向末路，那么你将花费足够多的资金来研究如何继续向你的客户出售能源。你会在多个可能有潜力的方向投资。例如，你会尝试解决如何使用可再生的玉米或者大豆作为汽车燃料，如果这样行不通的话，你会实验制出并出售高能的快速充电电池，这样汽车就可以靠电力驱动，而不会有目前电池加速慢和充电时间长等问题。

利润的激励力量的印证在我们身边无处不在。我们都知道将近半个世纪以来，在巴肯地层中相对薄的岩层中有质地浓稠的石油存在，它是油页岩的沉积物，这种沉积物遍布从北达科他州穿过东蒙大拿州再深入加拿大南部地区。由于太昂贵所以没有利用常规垂直钻井去开采，因为如果用钻井向下开采并发现石油也仅仅只能收回成本的一小部分。这种石油的质地非常稠密以至于没有很好的流动性。在过去的10年里，在宾夕法尼亚州天然气的开采中，水平钻井开采技术和水力压裂技术（也被称为"液压破裂法"）已经被采用30年甚至是更久的时间，而同样的过程已经在北达科他州开始被用于开采事业。这种潜在的未开采的能源完全能够满足美国的需求，可是到目前为止美国的石油还是依赖于进口。其中的原因仅仅是因为在过去的十年里，石油价格的飙升使得所有人产生担心并考虑这种可能。在石油价格为每桶100美元时，有趣的钻井技术是有利可图的，可是当油价到了每桶40美元时，该策略也没有这么多利益价值了。

几乎所有的问题都可以在适当的激励下解决，而在所有的激励方式中，利润是最古老、有效的方式。

深入学习
LEARN MORE

现在我们回到卡特尔如何运作的问题。参看图31.10，图中左图是石油市场的供给需求图。如果市场是完全竞争的，那么价格和产量的组合将是$P_{完全竞争}$和$Q_{完全竞争}$。由左图价格延伸到右图，可得到代表性石油企业的生产成本函数。回顾第5章我们知道，市场上长期均衡意味着价格线将与总平均成本（ATC）曲线的底部相切，该切点同时也在边际成本曲线上。这样一来，企业将出售$q_{完全竞争}$数量的石油，以为此时边际成本（MC）等于边际收益（MR）。在这个产量水平上，企业获得正常利润。换言之，石油企业获得的利润和其他行业的利润相同。

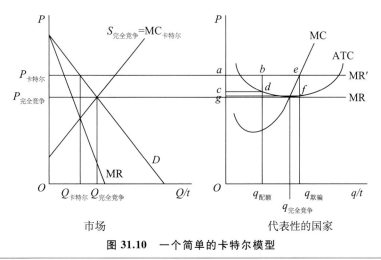

图31.10 一个简单的卡特尔模型

如果石油企业联合起来形成卡特尔组织,那么石油市场的模型将不是完全竞争,而是垄断模型。在这种情况下,卡特尔将只生产 $Q_{卡特尔}$ 的石油,此时价格为 $P_{卡特尔}$,因为在图31.10左图中,这是边际收益与边际成本相交的点下的产量和价格。因为所有的石油企业联合生产的产量比以前有所降低,所以各企业的石油产量相比以前也是有所降低的。一些成员国之间的协商最终决定了各国之间的生产配额,其中产量用 $q_{配额}$ 表示,这样一来成员国就可以获得经济利润,换言之就是获得超额利润,如图中 abcd 所示。

因为欺骗可以带来更多利润,所以卡特尔是不稳定的。图31.10右图显示了这一点。$q_{配额}$ 处的边际收益 MR' 比边际成本 MC 大。实施欺骗行为的国家希望不引起其他卡特尔组织成员国的注意。我们再来看图31.10,你可以看到在一个新的高位卡特尔价格 $P_{卡特尔}$ 下,该国在产量 $q_{欺骗}$ 下的利润达到最大。此时,也就是 MR' 等于 MC 之处。如果实施欺骗,那么可以获得利润 gaef,显然比配额产量水平下的利润要大一些。和我们前面的讨论一样,如果每个国家都实施欺骗行为,那么将导致整个产量上升,进而导致价格下降,最终使所有超额得益消失。欧佩克成员国的欺骗行为不仅使得超额利润(gaef)消失,而且还会使所有经济利润蒸发。

本章小结

现在你已学完本章,你知道了什么是卡特尔,知道了欧佩克是一个生产石油的卡特尔组织,知道了为什么卡特尔可以使其成员国赚更多的钱、为什么卡特尔不稳定、为什么卡特尔还能死灰复燃。你知道了经过通货膨胀调整以后的石油价格和汽油价格在历史上是不稳定的,这是由于地缘政治和卡特尔本身不稳定两方面的原因。你还知道了为什么中东的事件能够在几天之内改变石油的价格。

关键词

卡特尔　　　　自然垄断

自我测试

1. 为了比较20世纪70年代的汽油价格和2007年的汽油价格,你必须调整_____。
   a. 石油供给　　　b. 石油价格　　　c. 整体通货膨胀　　　d. 失业
2. 已探明的石油储量最集中的地方是_____。
   a. 阿拉斯加州　　b. 北海　　　　　c. 波斯湾　　　　　　d. 得克萨斯州
3. 当一群竞争者一起组成一个垄断组织时,他们在形成一个_____。
   a. 卡特尔　　　　b. 同盟　　　　　c. 工会　　　　　　　d. 托拉斯
4. 卡特尔被认为是_____,因为每一个成员都有动机_____。
   a. 稳定的;互相合作　　　　　　　　b. 稳定的;为谋求自身利益而增大产量
   c. 不稳定的;互相合作　　　　　　　d. 不稳定的;为谋求自身利益而增大产量

5. 2007年年初汽油价格高于2.25美元,它们是_____。
   a. 美国历史上最高的名义价格和经过通货膨胀调整后的最高价格
   b. 美国历史上最高的名义价格,但不是经过通货膨胀调整后的最高价格
   c. 既不是美国历史上最高的名义价格,也不是经过通货膨胀调整后的最高价格
   d. 美国历史上经过通货膨胀调整后的最高价格,但不是最高的名义价格
6. 加利福尼亚州的电力规制包括在规制_____价格的同时规制_____价格。
   a. 零售;批发   b. 批发;零售   c. 名义;真实   d. 真实;名义

简答题

1. 历史上还存在其他的卡特尔:在20世纪80年代,大多数特别是在哥伦比亚以及在墨西哥最近时代的药品卡特尔。它们从来没有遭受过欺骗。为什么?
2. 在2008年的金融危机顶峰时期,乘坐一辆装满汽油的游轮从沙特阿拉伯到美国,每桶汽油的价格跌了将近50美元。利用预期价格模型解释将会发生什么。
3. 防止某个卡特尔涉足牛肉生产的主要阻碍是什么?
4. 为什么当欧佩克的产量小于世界石油需求量时,卡特尔模型仍能合理?

思考题

所有能源消费都存在外部性。假设我们花费了数十亿美元在军事上以保证使用石油的权利,那么这时我们也应该考虑外部性吗?

讨论题

石油价格对其产量的变化极其敏感。飓风、恐怖袭击以及其他不可预知的偶发事件都会使得石油价格在一个月之内增长10%,而当这些偶发事件过去后,它的价格又会再次下跌。联邦政府应该利用它的石油储备以应对这些影响或者说它们应该在紧要关头利用这些石油储备吗?

进一步阅读

Adelman, Morris, *Genie Out of the Bottle: World Oil Since 1970* (Cambridge, MA: MIT Press, 1995)

第32章
如果我们建造体育设施会有观众吗？
兼论其他体育问题

> **学习目标**
>
> 学习完本章，你应该能够：
> 1. 把经济学原理应用于体育问题。
> 2. 领会尽管许多城市尝试通过扩大职业联赛联盟或者其他手段获得体育特许经营权，但是没有经济方面的证据表明，拥有一项体育特许经营权能够提高某个城市的经济状况。
> 3. 分析球队老板在与球员讨价还价时如何在赚得更多金钱与获得冠军之间作抉择，明白一个小市场上的球队很难兼顾两者。
> 4. 理解体育劳动经济学历史的基本知识，并熟悉其中的核心术语。
> 5. 理解在体育领域垄断力量如何发挥作用。

体育为研究经济学问题提供了一个有趣的场所。举例来说，如果你是一个城市的市长，该市居民希望有一项体育特许经营权，那么你认为是从其他城市买一项特许经营权好，还是展开一系列运动促使特许经营权扩张好呢？如果建造一个价值数百万美元的体育馆能够增加获得特许经营权的机会，那么你会建造这样一个体育馆以期望将来组建的球队使用它吗？现在假设你是一个拥有一项特许经营权城市的市长，但是球队老板正在威胁将离开你所在的城市。尽管该球队现在使用的体育馆仅仅使用了25年，你会为它再修一个体育馆吗？以上所有的决策所面临的一个基本问题是，对于某一城市而言，某项体育经营权是不是一个重要的有经济价值的事情呢？市长们千方百计地去吸引大主顾，为什么不去争取体育经营权呢？

切换一下视角，假设你是一项特许经营权的所有者。什么因素会影响你，以使你做出更换主场或者是胁迫你的城市为你建设新的体育馆的决定呢？你为什么要出高价来争取一个天才运动员呢？如果你真的这样做了，你在财务方面会有竞争力吗？如果你不这样做，你在田径、冰上运动或篮球场上会有竞争力吗？

上述问题都和体育运动有关，而且它们本质上都是经济问题。我们从城市和球队所有者两个视角考察以上问题。同时，由于假如不讨论劳动力问题，对体育相关经济问题的考察都是不全面的，所以我们也会涉及对劳动力的探讨。我们尝试把作为比赛的运动刻画为作为商业的运动。

32.1 城市面临的问题

32.1.1 扩张 VS 吸引一支球队

与 20 世纪 50 年代的情形相似，90 年代产生的一个新趋势是体育特许经营权所有者更换主场所在城市的举措突然增加。和其他运动相比，棒球运动相对比较稳定。虽然棒球球队数量有所增加，但是现有球队并不倾向于改变所在城市。但是其他运动却频繁发生球队更换所在城市的事情。其中有些球队改变主场城市的做法有利于运动当时的发展。比如，50 年代的棒球队道奇和巨人队从纽约搬迁到加利福尼亚就有一定的经济意义。但是，拉姆橄榄球队和雷达橄榄球队离开洛杉矶对于美国国家橄榄球联盟而言就没有什么经济意义。① 在几乎所有的特许经营权变更中，都是城市吸引特许经营权所有者造成的。在每次特许经营权变更中，所有者都赚取了数百万美元。

当一个城市打算引进一支球队时，必须制定其战略。尽管几乎每项运动都在最近几年增加了新的队伍，但是这种扩张并不是城市获得某项经营权的最确定的途径。其中一部分原因是某项运动并不一定会扩张，即使扩张了也不一定会选择你所在的城市。从 1970—1990 年，橄榄球和棒球都只增加了两支球队而已。尽管 20 世纪 90 年代这两项运动都加快了扩张，但是有许多城市在排队等待扩张的特许经营权，而且被残酷地拒绝了。当这些城市失去耐心时，它们开始努力寻找那些陷入财务困境的球队，或者向特许经营权所有者提供巨额金钱并许诺利润以确保获得球队。

那些没有从特许经营权扩张中得到球队的城市，如果通过寻找陷入财务困境的球队的方法获得球队，那么其付出的代价将是高昂的。在圣路易斯的红雀橄榄球队迁到亚利桑那州以后，该市开始申请获得新扩张的特许经营权，但是橄榄球联盟将名额分配给了杰克逊维尔市和夏洛特市。圣路易斯市转向吸引已有的球队。洛杉矶的雷达橄榄球队希望在洛杉矶建造一个含有获利丰厚的豪华包厢的体育馆，球队老板威胁说，如果其要求得不到满足，就会前往其他地方。当时，圣路易斯市正在修建这样的体育馆，当洛杉矶拒绝了球队的要求之后，雷达橄榄球队就搬迁到了圣路易斯。在"超级碗"那年以前，与在洛杉矶的日子相比，球队的球迷减少了。尽管如此，由于一些公司为豪华包厢支付了大量美元，球队老板还是大赚

---

① 美国第二大城市没有橄榄球队这一决策唯一在经济上有意义的地方是，拉姆橄榄球队和雷达橄榄球队很难卖完洛杉矶体育馆的球票。这不仅意味着它们的比赛在那段时期会黯然失色，而且覆盖比赛的网络也很难支付那段时期的其他任何比赛。由于没有球队在洛杉矶，就没有所谓球场间歇期，这也意味着新闻网站会有更多广告收益，而后者只是潜在地意味着会有更高的价格来竞标转播权。

了一笔。纳什维尔市也发生了同样的故事,油工队从休斯敦转移到了那里。在每个这样的例子中,都有一个城市等着候补,它们竭尽全力希望把球队买到手,但最后被拒绝了。

在追逐一个球队时,一个城市必须决定它是否应该建造一个体育馆,期望得到某支球队和特许经营权。这种"栽好梧桐树,不愁凤凰来"的战略面临不确定的收益。圣路易斯建造了体育馆,雷达橄榄球队来了。圣彼得堡也建造了体育馆,但是没有球队去。满心希望芝加哥的白袜棒球队会迁去,坦帕-圣彼得堡地区建造了新体育馆;但是在最后时刻,伊利诺伊州同意为白袜队兴建一个新的体育场。白袜队最后决定留在芝加哥。虽然坦帕湾最终得到了体育特许经营权,但这是十年之后的事情了。此时,原来修建的体育馆已经成为棒球联盟最差的观赛场所,因而该市恐怕必须重新建造一个体育馆了。为了获得特许经营权建造体育设施有时会奏效,有时会失灵。因为一个没有良好体育设施,或者正在建造体育馆的城市几乎不可能获得某项运动的特许经营权,所以即使修建体育馆不是一个好赌局,但仍然是城市唯一的机会所在。

32.1.2 球队能为当地经济锦上添花吗

从理性的角度看,一个城市希望拥有一项特许经营权,除了想要球队,还需要更多的理由。到目前为止,大部分支持城市获得一支球队的人们提供的理由是,这样做是对城市的未来进行投资。如果这个理由是成立的,那么就会产生新的工作机会,城市的税收收入会增加,城市的威望也会提高,所有这些将足以弥补建造体育馆所花费的成本。因为大部分市长将经济发展视为其在任期内的重要职责,所以,引入一支球队与引入其他任何大公司没什么两样。一个试图引入大公司的市长努力去引进一项能够带来许多就业机会的体育特许经营权,难道没有道理吗?

尽管上述推理听起来似乎很有道理,但是体育特许经营权并没有产生很多好的就业岗位,当然运动员除外。尽管在体育馆以及周边饭店等方面能够提供一些就业岗位,但是这都是些低工资的职业,它们带来的收入没有多少。不仅如此,对于棒球而言,球队在主场有81天,对于篮球球队有40天,橄榄球则只有8天在主场,每年这么少的工作日是不能够支撑其当地经济的。

已有研究表明,体育特许经营权能否成为经济发展的基石,是一个已经得到充分研究的问题。你可能会有点惊奇地发现,几乎在每项研究中,经济学家得出的结论都是引入某个运动球队对城市的经济发展没有什么作用。此类研究主要集中考察假如一个城市失去了体育特许经营权,其经济状况与拥有该经营权时相比是否恶化。还有的研究考察了:一个城市得到特许经营权后比没有得到时有什么好转。研究的结果一致表明,一个城市的经济表现与它是否得到某项运动的特许经营权之间几乎没有什么联系。

引入球队之所以不能对当地经济有较大的贡献,其原因是消费者花费在门票、停车和纪念品上的钱基本是当地的。这被人们称为**局部替代**(local substitution)。其含义是消费者将原本用来看电影、吃饭等这些在本地支出的钱转而用于观看比赛。从较宽泛的角度来看,体育运动属于娱乐业下属的一个分支。拥有一支球队只会改变人们娱乐的支出结构,但是对娱乐支出的总量没有多大的影响。在这个意义上,就一个城市是否应该引入一支球队的问题展开争论和就是否应该吸引沃尔玛超市的争论非常相似。两者产生相同的收入并且雇用大量工资报酬较低的员工。它们之间的差异是,沃尔玛超市使人们将大量金钱花费在超市商品上,而球队使人们将大量金钱花在极少数明星身上。

尽管一些城市认为如果不拥有一个棒球队或者篮球队,抑或拥有一个曲棍球队或者一支橄榄球队,它们就会没有面子或者不像重要的城市,但是实际上城市为了获取这个荣誉付出的代价非常高。一些城市的人口规模上升很快,按理说应该拥有一支球队,但是实际上它们没有。弗吉尼亚州诺福克市海岸地区是一个没有任何联盟赛球队特许经营权的典型大都市区。当该地区的人们看到人口不足100 000人的小城市每年都能够看到绿湾包装工队的现场比赛时,他们可能会觉得如果不拥有一支球队,他们生活的地方就不是一个重要的地区。如果形象重于一切,那么花费数以百万计美元的税收获得一项特许经营权或许是值得的,否则这类支出实际上是应该受到高度质疑的。

32.1.3 为何体育馆采取向公共融资的方式

将体育馆方面的投资作为鼓励经济增长的方式是值得商榷的,但是这并不意味着能阻止修建体育馆之类的事情发生。如果要解释为什么修建体育馆需要向公众融资,那么我们就要借助于**正外部性**(positive externalities)和谈判能力了。

这里的正外部性是指该城市的球迷能从拥有球队之中得到的收益,这是不包含在球赛本身获得的收益之内的。一个城市可能有数百万球迷,他们能够因该城市拥有球队而觉得非常享受,而且这种享受与他们是到现场观看还是在家里看电视直播没有关系。他们非常享受从当地报纸上关注球队而且能够和朋友谈论比赛,因为球迷们对这些活动的评价较高,所以人们决定拥有一支球队,而且他们也愿意为此支付税收。这和人们愿意支付税收以支持艺术类似,虽然纳税人可能既不去听音乐会,也不去博物馆。

我们已经明白为何纳税人愿意交税以拥有一支球队,那么接下来我们就需要考察为了保留住球队,城市最终需要支付多少的问题。由于球队声称希望能够离开,而同时城市又表明希望吸引其他城市的球队,那么所有的谈判能力都偏向球队老板那一边。在第5章我们曾经指出,当完全竞争情况下有很多买者和卖者时,市场上就不存在市场势力。但是,在此时的环境下,市场势力集中在球队老板一方,因为如果城市不为体育馆买单的话,他们就会迁到其他城市。

春季训练和美国大学生篮球联赛

对于球队来说,比赛的意义并不只局限在一流的职业联盟,甚至也不是职业的团队竞技。从20世纪90年代开始,首先在佛罗里达州,然后是在亚利桑那州,各个城市开始试图吸引大联盟的棒球队迁到它们的城市或者选择它们的城市作为训练的地点。在2000年的2月和3月,很多球队开始威胁要离开它们的城市并迁到亚利桑那州做年度集训。事实上,同时有接近十支队伍正在亚利桑那州训练,几乎是半个联盟都在那里。可以说各个城市争相争取成为球队的春季训练地还是比较理性的,因为有很大一部人会从外地赶来看它们的春季训练赛。有些人甚至会依据他们最爱的球队的春季驻扎点来选择他们的春假的度假地点。如果事实如此,可以说局部替代效应会变得小一些。

尽管大学的球队不会威胁离开，但是美国大学生篮球联赛也同样值得注意。它曾经驻扎在欧弗兰帕克和堪萨斯城（堪萨斯城的郊区），这些城市获得了很多联赛。在1999年，美国大学生篮球联赛从印第安纳波利斯获得很多特许权，之后它们迁到了这座城市，就把主要的联赛定在了这个州和这个城市。这些球队里的人每五年中有四年都会在这个城市度过。同样地，由于很多观看比赛的人都来自其他地方，所以局部替代效应无效了，而且由于这经过了一个反复的论证，所以当地政府的理由可以较容易地得到辩护。

32.2 球队老板所面临的问题

32.2.1 离开还是留下

在这个抢座位游戏中，球队老板是一个大赢家。球队老板明白一支球队的价值的基础在于他们出售纪念品以及提供豪华包厢所获得的收入，对于棒球而言，还有当地电视台的收入。他们也知道有众多的追求者对他们有利，他们基本上不反对谈论迁走的话题。

遗憾的是，由于球队的稳定对于球队联盟有很大裨益，球队老板经常感到矛盾。每个球队老板都懂得如果变迁主场会对比赛带来不利影响，而且会损失很多金钱。因而，球队不过于频繁地更换主场所在城市对该项运动是最有利的。但是，对于球队老板个人而言，考虑前往他地、威胁改变主场甚至真的采取行动是符合其个人利益的。这就是棒球联盟和橄榄球联盟要求只有在2/3—3/4的其他球队老板同意之下，球队才能迁址或者出售的原因。尽管明尼苏达双城队、匹兹堡海盗队和芝加哥白袜队都受到威胁要迁往他地，但是没有一支球队得逞。在橄榄球方面，一些球队老板看到其他球队老板从变迁主场中大获其利。为了让自己也能够实施此类行为，他们一般都同意其他老板变迁主场所在地。①

球队老板想要赚更多金钱的动机会促使球队改变主场所在地。有时更换主场会产生更换球队吉祥物的需要，新的吉祥物意味着衬衫、鞋帽以及其他纪念品的销量将急剧增加。当布朗橄榄球队迁到巴尔的摩并改名为乌鸦队后，他们从新吉祥物的销售中赚了一大笔钱。油工队迁到纳什维尔并改名为泰坦队也大赚了一笔。但是，也有些原本应该改变吉祥物的球队并未从吉祥物的销售中获利。比如爵士队从新奥尔良迁到盐湖城，湖人队从明尼阿波利斯迁到洛杉矶，都没有从吉祥物销售中获利。球队每一次更换主场所在地都意味着向新的城市的所有新球迷销售纪念品。

足球队经常为了拥有带豪华包厢的球场而迁址。这种豪华包厢为球队提供了重要的额外收入来源。尽管对橄榄球队而言，电视转播合同可以带来大笔收入，但是电视转播收入会通过全美橄榄球联盟在所有球队中平分。所以无论球队在纽约还是在绿湾，球队获得的电视转播收入都是一样的。同时，联盟和球队之间的合约决定了球队雇用球员的工资成本，球队老板的盈利空间非常有限，于是他们就有动力寻找其他收入来源。豪华包厢存在一定的

---

① 一个例外是国家橄榄球联盟拒绝了从西雅图迁往洛杉矶。洛杉矶这个地方太容易赚钱，以至于大家认为让某一支球队的老板独占不够公平。这就好像是扩张了橄榄球队特许经营权，以至于所有球队老板的特许经营权使用费都下降了。

特殊性，与门票收入在各队之间分配不同，豪华包厢收入不需要在各队之间分配。所以豪华包厢能够带来的潜在收入成为吸引球队老板更换主场的主要原因，比如拉姆队从洛杉矶迁到圣路易斯，油工队从休斯敦迁到纳什维尔，新英格兰爱国者队几乎从波士顿迁到康乃迪克州的哈特福等。令人非常惊奇的是，在以上每个例子中，豪华包厢对球队财务状况的改善程度非常大，以至于确保了球队从大都市迁往规模较小的城市。

32.2.2 赢得比赛还是争取利润

有一些球队在改变主场之前值不了多少钱，但改变主场之后确实价值不菲。堪萨斯城皇家队和明尼苏达双城队这两支棒球队，不能同时实现赢得比赛和获得利润的目标。在棒球领域中，球队收入受到当地电视业务的影响。例如，纽约扬基队从电视转播中获得的收入比皇家队、双城队、水手队和其他一些"规模较小市场"上的收入的总和还要多。皇家队于1996年以9 600万美元的价格被收购，但前提条件是至少在10年内不能离开堪萨斯城。假如球队所有者能够迁往其他城市，那么该球队的售价将高出很多倍。如果将球队搬迁到诸如夏洛特、奥兰多等正在成长的大城市，就会给球队带来数额不菲的转播收入。然而，可能只有皇家队的前任老板尤因·考夫曼非常在意球队所在的城市和球迷的感受，卡夫曼要求购买球队的人必须在堪萨斯城待上10年。对潜在的球队老板而言，再也没有比低于1亿美元的价格收购球队，10年之后再以大约5亿美元将其出售更好的事情了。这大概是任何一个老板都不愿意放过的机会。所以，如果事情不发生什么转机的话，堪萨斯城皇家队将在历史上消失，就像华盛顿参议员队迁到得克萨斯州成为得州游侠队、西雅图飞行员队变为密尔沃基酿酒人队一样。

这并不是说市场较小的球队都不能赢球。如果小球队组建了一个优秀的棒球队，而且其球员也足够幸运地在恰当的时间都成熟起来，他们就会赢得比赛。20世纪70年代末期的皇家队、80年代中期的双城队、90年代中期的水手队还有更近的2008—2010年的坦帕湾光芒队都是如此。遗憾的是，如果小球队能如此幸运，那么自由球员将会限制球队既能赢球、又能赢利的持续时间。勇士队、扬基队、道奇队马上会购买小球队中的天才球员。由棒球联盟任命的一个特别委员会提供了进一步的证据，该委员会指出：1994—1999年，任何一支球员报酬列在整个联盟靠后的球队，从未赢得过季后赛。

在2009年年初，NBA（美国职业篮球联盟）低调地借了13.2亿美元用来争取特许经营权。尽管它们的麻烦和美国2008年年末以及2009年年初的经济状况很大关系，而对于所有的体育联盟来说，它们所共有的长期挑战是球队的收入不平衡。那些处在联盟底层的球队的老板总是面临这种"赢得比赛或者赢得利润，而不能两项都要"的选择。

类似地，在纳斯卡车赛，那些有着顶级名誉、大量赞助的车队可以赢得90%以上的比赛。在2008年，吉布斯赛车、亨德里克赛车、劳什赛车和李察奇尔德雷斯赛车四支车队赢得了斯普林特杯的36场比赛中的33场。

32.2.3 不要因为不能盈利就为他们感到难过

虽然人们对那些每年都亏损的球队老板表示同情，但是你大可不必为他们唏嘘流泪。如表32.1和表32.2所示，尽管这些棒球队和橄榄球队宣称它们每年都亏损，但是它们投资的回报依然很高。怎么会这样？因为历史数据表明，球队的出售价格总是会比球队老板买它时要高很多。经济学家罗德尼·福特精通体育经济学，他甚至写了一本书来描写这样一个问题。福特收集了北美橄榄球联盟和美国职业棒球联盟的财务数据，经过分析得出以下结论：资本利得使购买球队成为一项有价值的投资。

表 32.1　购买价格、现值以及选择的职业棒球大联盟特许经营权的收益率

球队	购买价格（美元）（年份）	福布斯杂志 2011 年估值（百万美元）	实际年收益率（%）
纽约扬基队	100 00 000（1973）	1.700	10
圣路易红雀队	3 750 000（1953）	518	5
洛杉矶道奇队	347 000（1944）	800	9
堪萨斯皇家队	96 000 000（1996）	351	7
蒙特利尔博览会队	50 000 000（1999）*	417	

* 2003 年美国职棒大联盟以 12 亿美元购买了蒙特利尔博览队，以达到可以买卖和迁移球队的目的。这是允许原物主来购买佛罗里达马林鱼队这个协议的一部分。蒙特利尔博览队成了华盛顿的代表队。

资料来源：www.forbes.com/lists/2011/33/baseball-valuations-11_rank.html。

表 32.2　购买价格、现值以及选择的全国橄榄球联赛特许经营权的收效率

球队	购买价格（美元）（年份）	福布斯杂志 2010 年估值（百万美元）	实际年收益率（%）
匹兹堡钢人队	2 500（1933）	996	15
达拉斯牛仔队	150 000 000（1989）	1.805	10
奥克兰突袭者队	180 000（1972）	758	19
亚利桑那红雀	50 000（1932）	919	10
新奥尔良圣徒队	71 000 000（1985）	955	8

资料来源：http://www.forbes.com/lists/2010/30/football-valuations-10_NFL-Team-Valuations_Rank.html。

你可能会料想到势力强大的球队，如棒球联盟中的扬基队、红雀队、道奇队，橄榄球联盟中的钢人队、牛仔队、雷达队，能够得到很高的投资回报率。即使是像棒球联盟中的皇家队、博览会队这样的排名靠后的队，或者是橄榄球联盟中最差的红雀队也为它的所有者赢得了大量利润。比较看来，值得注意的是，投资球队的回报要比其他投资的回报更高，特别是股票市场的平均收益率只有 5%—8%。

32.3　体育劳动力市场

32.3.1　球队老板应该支付的工资

当我们考虑到任何体育领域的运动员市场时，应该意识到他们与其他劳动力市场没有什么差异。当企业增加一名雇员给其带来的收益增加量大于支付给该雇员的工资时，企业就会雇用这名边际雇员。这里，**劳动边际收益**（marginal revenue produce of labor）的概念对于

任何一个企业而言都是非常重要的。在体育运动领域中,劳动边际收益是指一名特定球员对该球队收入作出的贡献。这应该既包括球队表现优异带来的收入直接增加,也包括间接的收入增加,比如纪念品销售收入的上升。因此,球星的存在不仅能够让球队赢球,从而吸引更多球迷,还能够增加球队纪念衫的销售量。所以,当球队老板和一名球员在签订合同时,老板必须考虑该球员是否值这个价钱。如果球员给球队带来的收入大于或者等于其索要的薪水,那么引进该球员是划算的买卖。

32.3.2 球员应该接受的工资水平

对于球员来说,他们的问题是他们所接受的薪水是否要比其他球队所提出的条件更好。其他球队提供的次优薪水待遇是该球员的**保留工资**(reservation wage)。这是球员所能接受的最低待遇水平。在得到对其有利的劳动合同之前,球员可以不参加比赛以等待能够使其满意的合同。一个运动员的保留工资可能非常高,否则他将接受其他球队的劳动合同;如果该球员只能为一支球队效力的话,其保留工资就可能非常低。当然,球队的保留工资水平还取决于该项运动的组织结构。在后者这种情形下,保留工资也是次优工作的待遇,但是此时的次优工作不在该项运动领域之中。

球员最终得到的工资会因此低于他可能得到的最高水平(也就是边际收益),但会高于他得到的最低水平(也就是保留工资)。这两者之间的差距可能会非常大。

32.4 体育经济学词汇

当然,特许经营权拥有者一方面要努力增加收入,另一方面还要和费用、支出增加作斗争。前面我们已经讨论了收入方面的有关问题。但是,支出方面的问题更加难以处理。特许经营权拥有者的问题是他们面对的是**自由球员**(free agents)。如果一支球队没有能力雇用高能力球员,那么这支球队将很难在比赛中与其他球队竞技。棒球大联盟中市场较狭小的球队的平均收入为 3 000 万—4 000 万美元。但是,1998 年,所有进入季后赛的球队中没有一个球队支付给球员的工资低于 4 800 万美元。1997 年,佛罗里达马林鱼队虽然赢得了一系列世界级赛事,但是该年球队亏损了数百万美元。在接下来的赛季里,球队老板只好把球队所有高工资球员全部卖掉。虽然这种现象在棒球运动中最常见,但是在其他运动中也是司空见惯的现象。举例来说,在篮球运动中,迈克尔·乔丹一离开公牛队,球队老板就解除了和皮蓬、罗德曼以及其他球员的合约。结果公牛队成为 NBA 历史上第一支头一年取得总冠军、接下来一年却拥有参与选秀资格的球队。

选秀(draft)是设计出来保持球队竞争性的平衡机制。由于赋予上个赛季表现较差球队首先选择球员的权利,拥有选秀机制的运动联盟可以让实力较差的球队首先挑选最优秀的年轻球员。选秀机制也存在以下问题:那些希望得到第一选秀权的球队有激励不卖力打球。当年火箭队为了得到 1983 年的头号选秀权先选中拉尔夫·桑普森,该年成绩非常差,NBA 就曾经接到火箭队消极比赛的指控。尽管最后没有得到证实,但是人们认为火箭队是故意取得较差成绩的。1985 年 NBA 规定没有进入季后赛的球队都有权参加选秀。1990 年 NBA

更改了规定,那些成绩较差的球队拥有了更大的获胜概率。①

对于一支没有高能力球员的球队而言,要在比赛中获胜非常困难甚至不可能。除非他们能在选秀的过程选中天才球员,否则他们只有出高价钱争取自由球员。NBA 历史上唯一一次取得胜利的罢工发生在 1998 年。在那次罢工中,球员工会在谈判中成功开放了球员市场。自由代理使得球员工会的工资收入增长率高于电视转播收入和门票出售的增长率。单个球员一年能够获得的收入(尽管是名义收入)比 1923 年建造扬基体育馆的支出还要多。

现在的球队老板更加频繁地在争取利润与赢得比赛这两个目标之间权衡。而且,这种现象并不少见,在很多运动、很多球队中都存在。许多运动领域的球队老板都抱怨他们没有能力获利,甚至没有能力保持收支相抵。因为每年自由球员市场上只有为数不多的自由球员,而且许多球队认为自己赢得比赛的机会太少以及没有能力进入季后赛的原因是没有高能力球员,他们都急于引进球员,这样一来,自由球员就能够索取非常高的工资。

体育特许经营权所有者尝试着实施**薪酬上限**(salary caps)以保护自己。也就是说,球队老板通过避免相互竞争出高价的方式保护自己。除了棒球,其他一些职业球队都存在某种形式的薪酬上限。球队老板希望通过限制在相互竞争购买球员过程中所出的价格来降低在球员工资支付上的费用。有时,实施严格薪酬上限措施并不一定符合球队老板的利益。20 世纪 80 年代,NBA 允许每支球队里有一名球员不受薪酬上限的限制。这条规则被称为拉里·伯德豁免条约,球队可以运用这条条款来保留一位招牌球员。

较小的球队获得成功的另一种途径是实施**收入共享**(revenue sharing),或者至少共享电视转播收入。因为橄榄球联盟的收入共享方案实施得比较好,而棒球联盟没有实施收入共享措施,所以你能够预期到,与棒球相比,橄榄球联盟中赢家和输家的分布更加均匀。事实也确实如此。在整个 20 世纪 90 年代,两支球队在棒球联盟中占有绝对优势,分别是亚特兰大勇士队和纽约扬基队。这两支棒球队各有一家地方有线电视台,实际上它们能够覆盖全国。所以这两支球队拥有足够的财力来购买高价球员。

在以前比较单纯的时代,参加比赛的运动员乐于接受任何报酬。球队老板几乎可以不支付报酬也能够命令他们好好打球。那时还没有女子职业比赛,也没有相关法律要求高中和大学资助女子运动员。在那个年代,没有运动员抱怨他们的收入,但是到了 1977 年,商业方面的考虑开始进入运动领域。那一年棒球联盟中一位仲裁人宣布两名运动员成为自由球员,此后此项运动发生了永久的变化。在接下来的几年里,其他运动也陆续吸取了自由代理和自由球员机制,那些原本不能从自由竞争市场上获得经济利益的球员开始变得富有起来。

1977 年以前,所有球员都被限制在前一年效力的球队打球。这就是所谓的**保留条款**(reverse clause)。该条款意味着球员要么选择在原球队继续打球,要么选择退役。虽然明星球员有时可以得到公共舆论的支持,但是稍微逊色一些的球员就没有这样的待遇了。举例来说,被许多人认为是棒球领域最棒的右投手乔·迪马乔,曾经获得一个更好的工作合约:回到家乡洛杉矶的棒球队打球,可以顺便开一家餐厅赚钱。但是,最后迪马乔还是回到扬基

---

① 特别地,在 NBA 的 29 支球队中,有 13 支不能打季后赛,这 13 支球队有资格参加选秀。和乐透类似,每支球队都有一个对应的标志在乒乓球上。按照常规赛的战绩排名,排名落后的球队总是比其排名靠前一位的球队多一个球。这样,联盟中最差的球队将拥有 91 个乒乓球中的 13 个。最后,该球队获得第一位选秀权的概率为 14.3%。

队打球,他所获得的报酬远远低于其真实价值。由于保留条款的存在,运动员的保留工资一般被限制得很低。

1977年以后,每项运动都经历了劳资谈判,签署了相应的集体谈判协议。这些协议赋予运动员更大的自由。这样一来,工作合约中的工资和各种激励手段显得越来越奢侈,而且这些协议一般还要求球队老板给球员支付最低工资。橄榄球球员在2004年通过通货膨胀调整后的最低工资是30万美元,此后每年可以根据通货膨胀进行调整。曲棍球的工资曾经是最低的,但现在却成了最高的,为45万美元。NBA的最低工资建立在服役球龄的基础上。对于新手来说,2006—2007年赛季的最低工资是412 718美元,而对于一个服役10年的老将来说却是1 138 500美元。有趣的是,NBA的体系不利于一个作为角色球员来终止职业生涯的老将。如果你对第24章中的最低工资比较感兴趣,这就是最低工资标准作为保护劳动者,起到适得其反作用的例子。

在各个运动中,运动员在前几年归属于各自球队,不同运动的期限不同,分别是4—6年不等。这些集体谈判协议决定性地提高了具有一定经验的球员的保障性工资,并为他们获取免费代理权。在免费代理下,保障性工资是下一个球队能为其提供的最好的工资。实际上,这很接近于他们各自的劳动边际收益。

综上所述,自由球员和集体谈判协议的其他内容使所有运动领域中的运动员的工资水平提高了很多,而且提高的速度远远高于通货膨胀的速度。尽管在多大程度上可以将工资上涨归功于自由球员安排,经济学家之间还存在争议,但是20年内一些运动员工资上涨了十几倍的确是事实。工资上涨可能归功于球员的劳动边际收益的增加,而大部分是由于运动变得更加普及从而能够获得更多的电视转播收入、门票收入和纪念品销售收入。不管什么原因导致了运动员的工资猛涨,我们来看一看以下事实:在20世纪20年代,巴比·鲁斯成为第一位收入超过球队总裁的球员。在2008年,棒球大联盟规定的球员最低工资只比球队总裁薪水低1万美元。

当然,当你改变一个制度时,好的结果和坏的结果总是会同时出现。虽然集体谈判使运动员得到了更高的薪水,但是这也让职业运动受到**罢工**(strike)和**停工**(lockout)的影响。几乎每项运动都会由于劳动供给的中断而损失一部分比赛。罢工是运动员们拒绝工作,这往往在运动员希望新契约赋予他们更多利益而没有得到满足的情况下发生的。停工是雇主拒绝让运动员们工作,这往往在雇主希望较大程度地修改劳资合约的时候发生。

棒球球队老板也曾经尝试其他一些方法来避开争夺球员的竞争性。1986年以后,棒球运动员发现球队老板不再愿意竞相出价购买他们的服务。这种变化来得非常突然,以至于许多人都措手不及。接下来,球员开始怀疑这种变化只可能是球队老板们勾结起来不向对方球员出高价的结果。1987年,这个案子被提交仲裁。球队老板们提出申诉,"我们怎么会串谋呢?"他们提出反对,并且认为这些安排不会被强制执行。球队老板们成功串谋来阻止黑人和西班牙裔人参加比赛,并被几百万球迷和仲裁人所左右。直到1946年,一些仲裁人才发现棒球球队老板实际上是串谋了,所以命令他们支付2 800万美元的赔偿额。

诸如棒球、橄榄球、曲棍球和篮球的团队运动和诸如高尔夫、网球等个体运动之间存在差异,即个体运动中,球员没有什么"老板"需要与之谈判。运动员可以尽其所能来赚钱,他们要做的只是赢得比赛。

美国国家曲棍球联盟 2004—2005 年的停工

在 2004—2005 年,美国国家曲棍球联盟(NHL)成了第一个因停工而损失了整个赛季的体育联盟。在与球员们有关降低工资的谈判破裂后,NHL 的球队老板选择进行停工。球员们拒绝了球队老板这样的要求,因为实施工资上限会削减掉他们 30% 的工资。最后,经过了一整个赛季的停赛,球队老板们基本上达到了他们的目的。这和 20 世纪 80 年代的足球罢工以及 90 年代的篮球罢工相得益彰,这是体育历史上球队老板唯一一次毫不含糊地赢得劳动纠纷的例子。

美国国家橄榄球联盟

在完成 2011 年 2 月的"超级碗"之后,美国国家橄榄球联盟的球队老板宣布全面停工。在我写这本书时这场纠纷还没有安定下来,而两方唯一的谈话地点就是法院。除了结果的不确定性,停工并不能解释体育中的劳资双方谈判的过程。这场纠纷就犹如所有在这之前和在这之后的劳务纠纷一样,是有关补偿的。先前的合同规定球队老板可以得到收入中的第一个 10 亿美元和之后的大约 80 亿美元收入的 40%,而球员可以得到之后 80 亿美元收入的 60%。因为在之前的合同其内体育的发展非常快,球队老板认为这样对他们来说不公平,因此要求得到收入中的前 20 亿美元和在那之后的收入的更大份额。尽管还有些其他的问题,如球员的长期健康问题和 18 场比赛的日程安排,但真正的问题就是钱。

用一方解释停工的方式也许在你读到这里时已经是遥远的记忆了,球员们用了一个有趣的战略:放弃执照。当一个工会和雇主在争吵时,球员可以罢工,而老板可以停工。当没有工会存在时,停工构成了对反托拉斯法的违规行为。在谈判破裂后,球员们很快地使工会的执照被吊销。因为这显然是球员应对老板的短期停工的策略。一个初级法院支持双方共同做出一个解决协议,或者让球员们继续上诉。

对于团队运动而言,他们面临的一个问题是球队被为数不多的几个自私自利的所有者控制。他们向杰出球员支付薪水,遗憾的是,任何时候只是有很少的球队老板竞相出价雇用杰出球员,老板通常得到满足,而杰出球员总是在抱怨。在高尔夫和网球等运动中,球队没有老板,所以高尔夫球员和网球球员从不抱怨。他们接受赢得比赛和收入之间存在的直接关系。虽然我是许多运动的爱好者,但是,作为经济学家,我对赛车尤其是美国赛车联合会(NASCAR)①组织的赛车非常关注。赛车有点类似于高尔夫和网球运动:车手的个人成绩对赛车成绩是至关重要的。但是,赛车又有点类似于团队运动,即车手必须依赖团队其他人出色地完成其工作。在赛车领域,风格迥异的团队老板数量很多,而且车手也很多,这使得赛车运动有点像完全竞争市场。而且,进入、退出赛车运动市场比较容易,原因在于任何拥有充足资本的人都能够组建新车队参加比赛,而且能够参加诸如德通纳 500、印第安纳波利斯

---

① NASCAR 是一般市售汽车赛车赛事中最具有影响力的一个组织。之所以被称为"一般市售汽车",是因为它们看起来最接近平常载客用的小汽车。

500 等重要赛事。而且,对于天才车手而言,有众多的买者和卖者,这使得所有关注他们工资的人会觉得车手的价格比较公平。唯一让人感到心烦的是,纳斯卡赛车、卡特赛车、印第赛车或者一级方程式赛车对安全问题如此松懈,以至于车手们需要联合起来解决过于忽视车手安全的问题。这样一来,车手和车队老板以及出资者之间就不再是伙伴关系,相反可能是相互对立的关系。除非上述这种事情发生,否则赛车将是体育领域符合完全竞争条件的一个很好的范例。此时,各方得到了应有的价值,并且也物有所值。

32.4.1 垄断将带给你什么

赛车比赛能够为我们提供一个垄断力量发挥作用的例子。主要赛事中有三个(纳斯卡赛车、印第赛车和一级方程式赛车)被个人或者家族所控制。法国家族——哈尔曼-乔治家族和伯尼·埃克莱斯顿分别用铁腕手段控制了以上三个联盟。不仅如此,他们还拥有许多赛道。因而,相对于那些试图在其他地方举办比赛的场地拥有者的永无休止的挫败而言,这些系列赛的老板对该体育运动的命运的主宰程度是棒球队或橄榄球队老板不敢想象的。

印第赛车联盟几乎将其主要的竞争对手卡特赛车联盟逼到了破产境地,它们属于同一个家族。该家族同时还控制着印第安纳波利斯的竞速比赛。2002 年,除了在丹佛的比赛,参加卡特赛车联盟比赛的车队都少于参加印第 500 赛事的车队。自从 1996 年卡特赛车联盟和印第赛车联盟分道扬镳以来,印第赛车联盟就一直利用家族所有的印第 500 赛道欺凌卡特赛车联盟和电视转播网络。

拥有国际赛道有限公司(NASCAR,一个拥有很多用以举行比赛的赛道的公司)多数股权和德通纳赛道的法国家族被得克萨斯赛道的拥有者穷追猛打,直到它同意在他们的赛道上再举办一场比赛。2007 年肯塔基赛道的所有者向 NASCAR 提出要在他们的辛辛那提市附近的赛道举行比赛的要求。他们的合法理由是这个拥有 NASCAR 和 ISC 的法国家族涉嫌违反了《休曼反托拉斯法》。他们用了这样一个现实来做支撑:ISC 的加利福尼亚赛道从 2004 年开始就每年举办两次比赛。2008 年联邦法院法官驳回了这次诉讼并支持 NASCAR 决定自己比赛日期和赛道的权利,因此加强了这个家族在这项运动上的压制自由竞争的能力。

一级方程式很难能够维持两年一次的比赛计划。问题在于其所有者伯尼·埃克莱斯顿要求很高的预付金以在特定的地方举行比赛,以至于那些比赛的发起人没有钱为这个国际车赛建立起适当的车迷群体。

在所有的经济学中,市场势力特别是垄断势力都会决定究竟谁是赢家,谁是输家。

本章小结

现在你懂得如何利用经济学原理分析与体育竞技相关的问题。特别地,你明白尽管许多城市使用通过扩张特许经营权或者争夺其他城市特许经营权的方式来获得某项运动的特许经营权,但是没有经济证据表明,拥有一个经营特许权能够改善该城市的经济状况。你还明白了,球队老板不仅是劳资谈判关系中的一方,他们还有自己需要解决的问题。一方面,他们要和球队就劳资合约展开谈判;另一方面,如果球队所在地的球市不是很发达,那么他们就必须在赚钱和赢球之间进行取舍。最后你应该了解了体育劳动经济学的发展简史,并掌握了体育劳动经济学的核心词汇。

关键词

局部替代	正外部性	劳动边际收益	保留工资
自由球员	选秀	收入共享	保留条款
罢工	停工	薪酬上限	

自我测试

1. 一项体育特许经营权对于一个城市的价值中很大一部分取决于_____。
   a. 销售给居民的纪念品的销售额
   b. 不基于门票销售的增加程度
   c. 餐厅收入的增加程度
   d. 非本地居民在本地所花费的量

2. 大多数的棒球特许权由于典型的队伍的售价的_____而_____。
   a. 下降;盈利　　b. 下降;亏损　　c. 上升;盈利　　d. 上升;亏损

3. 在体育联盟里产生的典型的问题是_____。
   a. 没有把天才球员引入差的球队以帮助他们的机制
   b. 球员没有办法可以从一个队到另一个队
   c. 由于没有工资上限、有着无限的自由球员还有大城市,高收入的队伍有着优势
   d. 没有人喜欢

4. 赛车行业被那些独立的车队以_____的方式所主宰。
   a. 垄断　　b. 寡头　　c. 垄断竞争　　d. 完全竞争

5. 经济学家注意到政策制定者建造体育馆的原因之一是_____。
   a. 他们可以为他们的社区带来数十亿美元
   b. 他们使得整个城市的工资总量上升
   c. 他们可以使得城市的税收上升
   d. 他们使得人们更加快乐,即使是那些不看比赛的人

6. NHL在2004—2005年暂停比赛,是由于_____。
   a. 一位球员因工资太低而罢工所引发的
   b. 一位球员因被限制换到另一个队伍而罢工所引发的
   c. 一位球队老板因想降低球员工资而停工所引发的
   d. 一位球队老板因工会规定而停工所引发的

简答题

1. 保留条款是如何使得球队老板可以向球员支付接近保留工资的工资水平,而不是接近其劳动边际收益的工资水平的?

2. 利用局部替代的论据来思考一个大学篮球队的真正的经济价值。

3. 如果一个艺术界的人想要寻求一笔补助金来办艺术节，我们要如何运用局部替代和外部收益的论据来进行分析呢？

思考题

由于在印第安纳波利斯的赛道上出现的轮胎问题，一级方程式可能再也不会在美国举行比赛了。米其林的轮胎对于参加2005年的大奖赛的车队来说太危险了。因为有两个轮胎公司向竞赛队伍提供轮胎，而它们都不同意彼此提出的解决方案。这绝不会在NASCAR或IRL里发生，因为它们只用一个轮胎的制造商制造的轮胎。每当出现问题时，它们就会各自去找解决方案。这件事情告诉你寡头和垄断分别会有什么样的收益和成本？

讨论题

印第安纳波利斯小马队曾含蓄地威胁要离开来逼印第安纳州和印第安纳波利斯市来为其建设新的体育场。具有讽刺意味的是，在20世纪80年代同样的家族利用印第安纳波利斯为其建造体育场的事实威胁要离开巴尔的摩市。球队老板联合起来要离开他们各自的城市算是多大程度上的合谋？

进一步阅读

Kahn, Lawrence M., "The Sports Business as a Labor Market Laboratory," *Journal of Economics Perspectives* 14, no.3(Summer 2000).

Sheehan, Richard, *Keeping Score: The Economics of Big-Time Sports* (South Bend, IN: Diamond Communications, 1996).

Siegfried, John, and Andrew Zimbalist, "The Economics of Sports Facilities and Their Communities," *Journal of Economic Perspectives* 14, no.3(Summer 2000).

第 33 章
股票市场及其崩溃

> **学习目标**
>
> 学习完本章,你应该能够:
> 1. 理解股票价格如何确定以及股票市场有什么作用。
> 2. 运用现值的概念理解决定股票价格的基本要素,以及股票价格是如何偏离其基本价值的。
> 3. 解释破产是公司业务中的一个重要特点,但是 2001 年、2002 年发生的很多公司的破产却涉及会计人员的欺诈,这种欺诈行为具有相当大的潜在破坏力。

即使对许多从事投资工作的人来说,股票市场仍然是一个神秘的事物。投资者购买股票,也就是说,投资者分享公司价值的一部分。作为股东,他们有权利在股东大会上投票,并有权利按照比例获得分红。导致股票价格上升或者下降的因素,以及实际生活中也会出现的股价飙升或下挫的现象等问题困扰了股东和经济学家很多年。

图 33.1、图 33.2 和图 33.3 显示了关于股票市场的三个重要价值测度。每张图中的指数水平用黑色表示,而常用对数(以 10 为底数)用灰色表示。你能够发现每个指数都随着时间的推移而增长,尽管在 2000 年和 2001 年出现了显著的下滑,但是和前 20 年的长期增长相比,这种下滑幅度是很小的。当然,你还可以发现 2008 年年末,每个指数都跌落到与 2001 年相似的低位水平上。尽管这类图表有一定的欺骗性,但是仅仅从基准面上看,对于以对数计算的指数还是有一定作用的。例如,当我们观察 25 年甚至是 70 年前历史的股价波动时,从以对数计算的角度来看,那些极细微的股价变动就是显而易见的了。你可能知道 20 世纪 20 年代道琼斯指数和标准普尔 500 指数迅速上涨以及在 30 年代又下跌的历史,虽然这很难从水平刻度指数来看,但是从对数角度看就比较容易了。

第33章 股票市场及其崩溃 387

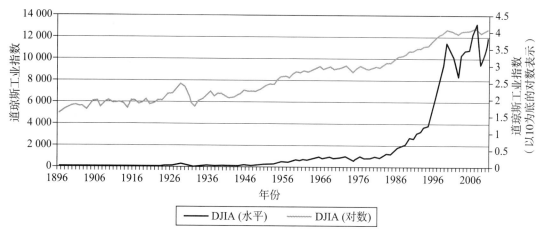

图 33.1 道琼斯工业指数，1986—2010

资料来源：http://finance.yahoo.com。

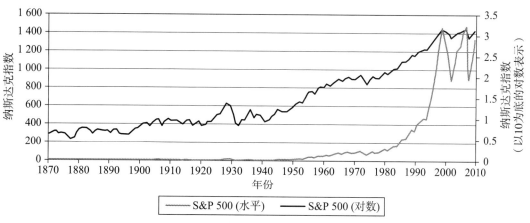

图 33.2 标准普尔 500 指数，1870—2010

资料来源：http://finance.yahoo.com。

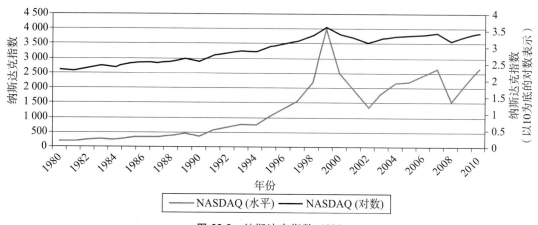

图 33.3 纳斯达克指数，1980

资料来源：http://finance.yahoo.com。

是什么原因导致了1982年的股票价格在仅仅四个月的时间里上升了50%？又是什么原因导致了1987年10月的股票价格仅仅在一天之内就跌落了20%？假设每只股票的价格的确代表了公司股份的价值,那么公司价值怎么能够变化如此之快？

本章关注的核心问题是决定股票市场价格的因素。我们将探讨传统经济理论对此问题作何阐释,以及股票市场在将金融资本配置给资金使用效率最高者的同时,如何促进经济增长的问题。我们也将阐明,如果股票市场是"有效率的",那么小投资者——那些投资资金较少的投资者——就无须花费大量的时间用来思考其投资,因为花费这种精力对其投资没有多少好处。接着,我们转而讨论历史上一些股票市场崩盘的原因和影响,以及为了防止此类状况的发生我们需要做些什么。最后,我们来讨论一下2001年和2002年的公司破产以及会计丑闻的问题。

33.1 股票价格

33.1.1 股票价格是如何决定的

传统经济分析认为,任何资产的价值都基于三个因素:该资产产生的流动收益、出售该资产时能够得到的预期收益、将来回报的贴现率。为了计算股票的价值,我们将不同时间点的回报收益加总起来,为了能够将它们放在一起比较,我们需要运用第7章现值的概念。

尽管计算现值有些复杂,但是现值的概念是不难理解的。如果某公司拥有100万份股票,且该公司的收益也为100万美元,那么每股的收益就是1美元。如果该公司的股票永远都有每股1美元的收益,那么该股票值多少钱呢？其实它的价值就是每年那1美元收益折算到现在的价值。回顾一下我们在第7章所学的:计算现值时要用到利率。有时,我们稍稍改变这一术语,将它称作贴现率,但是它们的概念是一样的,都是对将来支付的一种折现。在前面的例子里,如果你确信你能够永远获得那1美元的收益,那么其现值就是利率的倒数。如果利率为5%,那么现值是20美元;如果利率为10%,那么现值就是10美元。

实际上,因为很少有公司能够永远存在,所以通常我们认为,股票的价值等于预期红利支付的现值加上期末预期股票出售收入的现值。贴现率对这两种现值有决定性的影响,它是将未来现金流换算成现值过程中所使用的利率。当贴现率上升时,一定现金流的现值将会下降。

到现在为止,你能够认识到以上三个因素的变化都会导致股票价格发生变化。如果人们预期到公司盈利能力发生变化,那么红利预期和期末股票出售价格预期都会随之变化。反过来,这些变化又会影响股票价格。利率的变动也会使得股票价格发生变动。总而言之,股票的长期价值取决于利润预期和利率。这些因素被人们称为**基本面因素**(fundamentals),这些因素影响着股票价格,有着长期的经济意义。

33.1.2 股票市场能够做什么

股票市场作为一种有效的市场,能够将金融资本配置到最能有效利用这些金融资本的投资者手中去。股票市场为股票制定价格,这会给投资者提供公司运作是否良好的信息。

股票市场允许需要资金的企业到市场融资,同时又给投资者提供了能够带来良好回报的投资机会。

尽管市场上交易的股票绝大部分是许多年前发行的,但是股票市场的一个重要功能就是支持投资者投资的新公司的发展。当某一家公司为集资需要第一次发行股票时,我们称之为**首次公开募股**,通常情况下,首次公开募股是将较小的私人公司转变成一个有股东、董事会并且分发红利的公众公司。① 与向银行借贷或者依靠个人自身积累相比,通过首次公开募股能够使公司发展得更快。尽管企业也可以通过私募来发行股票②,但是首次公开募股使得更多想成为公司股东的人成为可能。

对于那些在二级市场上流通的股票来说,市场具有两种影响。第一,市场能够将市场上所有股票的风险平均地分摊到所有股东身上。用经济学术语讲,市场使得各个投资项目经过风险调整之后的回报率相等。如果某个公司的回报率高于另外一个公司的回报率,那么回报率较高的公司的股票市场价格就会上升,直到两个公司给所有新投资者的回报率相等为止。通过这种方式,股票市场提供了一种向未来投资者传递价值信号的途径。

二级市场的另外一个重要影响是,它是先前首次公开募股的流通市场。首次公开募股仅仅在它们的所有者了解到它们能够使得他们的投资变现时才具有价值。但是如果没有一级市场发行股票,公司可能就会花更大的代价去发行新股票。

33.2 有效市场

经济学家对有效市场是这样定义的:如果所有可得的信息都已经反映在市场中,那么这种市场就可被称为**有效市场**(efficient market)。例如,如果市场是有效的,股票价格就会将所有投资者知道的信息反映出来。如果投资者担心某公司的产品很可能招致麻烦的诉讼,这时市场就会意识到该公司可能会陷入一场官司,并且会对诉讼费用做出预期,所以该公司股票的市场价格就会下跌。

对于普通投资者来说,"有效市场假说"意味着他们不必担心如何战胜市场。华尔街的专业人士无时无刻不在寻找关于市场新的信息,一旦有关于公司利润、风险等方面的信息出现,该公司的股票价格马上就会随之波动。因为早在大部分投资者弄清楚这些信息以前,市场就已经将这些新信息反映出来了,所以大部分投资者不能利用这些新信息。同人们以往的认识不同,新投资者可以只是简单地向他们所喜爱的公司投资,但是他们所选择的投资项目的回报和华尔街专业人士的投资选择的回报相差不了多少。

尽管和选择某只特定的公司股票相比,选择持有投资组合的风险要低一些,但是有些投资者仍然没有足够的钱去购买不同公司的股票。像这样的投资者就可以购买指数基金,所谓指数基金指的就是准确按照**股票指数**(stock index)的构成比例购买股票,比如道琼斯指数、标准普尔500指数、纳斯达克指数(见图33.1至图33.3)等。因为股票指数就是一个特

---

① 有时首次公开募股规模并不小。但AT&T公司通过首次公开募股将硬件部分——Lucent——分离出去时,首次公开募股的规模很大。

② 这种实体被称为S公司。

定股票价格集合的加权平均,所以购买指数基金能够分散投资,并且得到与具有相似风险投资标准一样的预期回报。

股票市场有效假说的有力证据是一个有关猴子选股票的故事,这个故事你是听说过的。报纸经常把猴子随机选择股票的货币回报和和专业投资者的投资组合所带来的回报进行比较。让专业人士不快的是,猴子选定的投资组合回报并不比他们的差。

33.3 股票市场的崩盘

20世纪美国股票市场发生了两次崩盘,一次发生在1929年10月,另一次发生在1987年10月。这两次股票市场崩盘的数天之内,造成了至少25%总市值的蒸发。对于那些相信股票市场理性的经济学家来说,他们面临一个必须回答的问题:人们对股市基本面的预期会同时改变每一个人,且这种改变足以使股票价格变动如此剧烈的可能性是否存在?

如果该问题的答案是否定的,也就是说基本面不可能那么迅速地改变如此之大、之快,那么对于社会来说,股票市场不会比赌场更有用。另一方面,如果你可以根据基本经济变量的变化来解释股票市场发生的诸多现象,那么就像我们先前所说的那样,股票市场对于社会来说就是有用的。

33.3.1 泡沫

对于我们来说,知道股票市场或者其他任何市场如何发生崩盘是非常重要的。如果人们将他们的资金大多投入了养老、教育等方面,如果人们的投资发生剧烈波动,那么对于这些人而言,理解股价上涨是由于其价值的增长还是由于经济学家所说的**泡沫**(bubbles)所引起的就是至关重要的了。任何类型的泡沫都是缓慢形成的,当它存在时,总是让人感觉很美好。但是,一旦它破裂,就会快速消失,并且让人感觉它丑陋无比。泡沫是一种比喻,通常用来描绘不能用经济原因解释的资产市场的增长。

决定资产价值的两个基本因素是该资产产生的支付流和利率。如果这两个因素中的任何一个发生较大变化的话,股票价格就会发生剧烈波动。经济学家并不会过分担心这一点。他们的理由是那些他们相信短期会亏损、长期盈利丰厚的公司的股票价格会随着利率变化发生相当大的变动。但是在短期内该公司股票价格有很大变化,对这样的变动经济学家表示并不担心。并且,预期支付流或者公司利润的变化也不足以导致股价发生迅速且大幅度的变动。

股市崩盘和泡沫破裂的主要原因,更可能是因为预期资产在未来销售价格的突然变动。如果我们对未来价格的预期,至少在一定程度上取决于现行价格,那么如上所述就更实际且合理了。例如,因为现行价格是90美元,你可能会认为未来的价格是100美元;如果今天的价格是80美元,你可能预期将来的价格是90美元,以此类推。

当股票价格下跌且你认为将来的价格可能更低时,泡沫就会破裂。这种想法会让你觉得股票的价值在今天下跌,你会认为将来它还会继续下跌,这会让你觉得今天它的价值更少了。这种恶性循环使得股票价格盘旋下降,并且下降的速度可能很快。正如我们早前讨论过的,在1987年10月发生的股市崩盘过程中,世界上几乎所有的股票都在开盘后的几个小时内损失了大约 25%的市值。

如果股票市场的崩盘只是对一小部分投资者产生影响的话,那么这样的事件就不会使人们如此关注了。问题是股市崩盘对一般家庭都产生了实际的影响。当股票走势良好时,人们会感觉自己很富有,事实上他们确实变得更加富有。他们不必储蓄太多,因为他们先前的储蓄现在经营得很好。结果,人们会购买新房子、汽车、家用电器、家具等商品,其实,如果股票市场若表现得没有这样好,他们也不会购买这么多大额消费品。

房子、汽车、家用电器和家具等商品都是由各个企业生产出来的,而企业的运转又依赖于工人。当市场对劳动力的需求高涨时,工人们能够工作更长的时间,并且得到更高的工资以及更好的福利待遇。工人的工资越高,就变得越富有,这样一来就会购买越多的商品。这也就是经济学意义上的良性循环,即好日子会带来更好的日子。景气的股票市场导致经济繁荣,繁荣的经济反过来又能促进股市的进一步发展。但遗憾的是,现实生活中我们无法逃避相反情形的发生。当股市不景气时,人们的财富会减少,他们也只能减少对商品的购买。这样又会进一步导致股票价格下跌,消费也会更进一步下滑。

日本股票市场的低迷持续了整整十年,也就是 20 世纪 90 年代的十年。日本股市的日经指数相当于美国股市的道琼斯工业平均指数。20 世纪 90 年代,美国股市市值翻了三倍,而日经指数在此期间却一直处于低迷状态。同样是这段时间,美国经济进入了一种良性循环的状态,而日本经济却陷入了恶性循环,这可以作为以下两个结论的证据:(1)股票市场的健康与否能够影响经济的其余部门;(2)股票价格能够快速上升或下降。

33.3.2　一个崩盘的例子:2000 年,纳斯达克的崩盘

1999 年,在似乎被认为能够无限增长的技术部门的支持下,纳斯达克(美国全国证券交易商自动报价表)指数从 2 208 点上升到 4 069 点,涨幅达 84%。到 2000 年 3 月 10 日,纳斯达克指数超过了 5 000 点。而到 2002 年 10 月,纳斯达克指数最终触底在 1 114 点(见图 33.4)。整个市场到底发生了什么,使得纳斯达克指数在 31 个月之内下降了 78%呢?

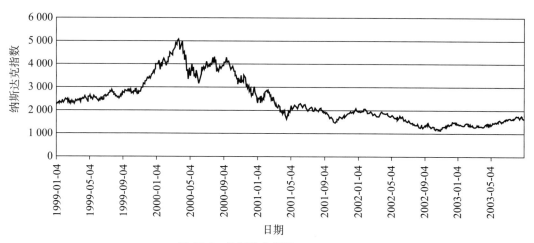

图 33.4　纳斯达克指数,1999—2003

资料来源:MSN Money,http://money.msn.com。

对于这个问题,人们给出了很多解释。其中一些人将其与泡沫这一概念联系起来,而另一些人则将其与基本因素结合起来。一般来说,科技部门以及尤其是一些热门公司都被吹捧为"新经济"的领导者,但是它们常常都处于亏损状态。实际上,对于网络公司而言,赚取利润是一种"落后的思维"。新经济思维引导企业将主要精力放在提升知名度和扩大市场份额方面。为了达到这种目的,1999年和2000年的"超级碗"广播上就充斥着大量花费数百万美元的网络企业广告。

人们预期这些公司以后的巨大利润能够补偿现在的亏损。如果你用数学计算一下,就能避免这种想法,因为你会发现当你碰到早期亏损、后期盈利的投资项目时,只要利润预期或者利率稍微变化一点,该项目的净现值就会快速地发生巨大变化。

为了弄清楚这一点,我们来假设一个网络公司,假设该公司的股票每股每年亏损1美元长达10年,10年之后,每股每年的收益是5美元。如果和该公司投资风险相匹配的利率是10%,这时公司股票价值为14.44美元。如果将利率提升至11%,股票的价值就会跌至11.23美元。10%的利率若上升1个百分点会促使股票价值下降22%。如果该公司的预期利润被等值地均摊到整个公司的价值上,则利率每上升1个百分点就会导致股票价值下降至13.13美元。所以,对于纳斯达克指数的下降,我们可以将其原因归结于在此期间利率的上升。

纳斯达克指数下降的第二个解释是预期利润的下降。同样,由于预期中利润在很久以后才能弥补亏损,所以这种预期的一个很小的变化都会对股票价格产生巨大影响。继续我们刚刚假设的例子,如果利润预期下降导致每股价值4美元,即使利率保持在10%的水平不变,股票价值还是会跌至每股10.22美元。因此,预期利润20%的下降会导致股票价格29%的下跌。

最后一个关于1999年纳斯达克指数的飙升以及2000—2001年股市崩盘的解释是对泡沫的预期。回忆一下我们在前面所说的泡沫这一概念,它是对于资产价值偏离实际基本面因素影响的一种比喻,是资产价值依赖于预期价格会继续上升的自我实现机制。2000年的纳斯达克指数是否处于泡沫状态的问题还处于争论之中,因为我们所提到的基本面因素在当时发生了变化。另一方面,人们普遍认为在1999年和2000年早期投资者的对股票抢购热是由于人们担心错过"下一个微软"或"下一个英特尔"的心理造成的。因此,如果人们不顾基本面因素的影响而购买股票,那么就会出现泡沫,而当人们重新考虑到基本面因素时,泡沫就会破裂。

33.4 2001年和2002年的会计丑闻

在2001年9月11日的纽约世贸大厦遭遇恐怖袭击以及2001年的经济衰退之后,安然公司宣布**破产**(bankruptcy)。安然公司依据收益排名美国第七,负债超过50亿美元并且没有支付利息的能力。当公司或个人没有足够的资金向其**债权人**(creditors)支付债务时,该公司或者个人就会宣布破产。在此期间,尽管凯马特公司和环球电讯公司也宣布了破产,但是安然公司的破产较之更为轰动。这是为什么呢?与安然公司相比,凯马特公司拥有更多的消费者,环球电讯公司的负债更多(达到120亿美元),但是安然公司的终结造成的潜在破坏力较之这两家公司要大得多。

33.4.1 破产

当一个公司无法支付给债权人债务时,该公司有两种选择,要么与债权人就债务问题进行谈判,要么宣布破产。当一个公司宣布破产之后,它还有两个选择,即要么试图重组使公司继续前行,要么干脆放弃。前者被称为破产法第 11 条,其目的是保护公司不被债权人侵害,同时给公司一定时间让公司得到资金支援使得公司走上正轨。后者被称为破产法第 13 条,该条款允许公司按照一定次序出售公司资产并为公司股东尽可能保留最大的价值。几乎在新闻上你听到的每一个公司破产的案例指的都是破产法第 11 条所指的内容。

当一个公司宣布破产时,法院会委派一名法官监管公司的财务事宜。主要的财务抉择,像出售资产,必须得到该法官的同意才可。

33.4.2 为什么资本主义需要破产法

尽管从表面上看将公司避免债务的能力视为"好"事似乎比较奇怪,但是在资本主义制度中,破产法实际上是有助于提高经济效率的。如果公司没有能力保护自己免受债权人的侵害,那么即使是一个暂时的资金偿债问题没有解决,也会导致公司被取消抵押品赎回权。这可能会降低或者甚至是消除企业好转的可能性。但是这种情况确实会出现,因为使公司走上正轨符合债权人集体的利益,但是债权人的个人利益在于使得自己先获得赔偿。

比如,假设某一个公司分别负有三家银行的债务。再假设今年该公司没有足够的资金来偿还债务,但是,如果给其一个机会的话,它可能在今后的几年内赚取足够的钱并还清债务。进一步假设,如果公司出售其资产,它可能只能偿还其中两家银行的债务。如果没有破产法第 11 条的保护,该公司会陷入几家银行分别抢先取消公司抵押品赎回权的争夺之中。当然也存在另一种情况,那就是所有银行都不取消其抵押品赎回权,而是给公司一个机会让它继续经营下去,这样三家银行就都可以很容易地取得公司的利息。破产法就是用来帮助企业在法官的监管下继续经营,以期公司在将来能够偿还所有的债务。

33.4.3 凯马特公司和环球电讯公司的案例

2002 年,当凯马特公司和环球电讯公司申请破产法第 11 项条款保护时,经济学家发现它们破产的原因类似,且不是都那么难以处理。凯马特是一家像沃尔玛和塔吉特公司一样的折扣零售商店,之所以会破产,是因为它无法提供像沃尔玛公司那样大幅度的折扣,也不能像塔吉特公司那样为高层次消费者提供有效的服务。环球电讯公司冒着巨大的风险借债数十亿美元用以在海底铺设电缆,为的是将欧洲、亚洲和北美的因特网连接起来。

诸如此类的破产虽然会困扰到公众、媒体、银行家以及股东,但是对于经济学家而言,这并不是一件难以解释和处理的事情。经济学家认为,当一个公司丧失竞争力时,亏损是必然的。进一步说,如果该公司亏损的时间足够长,那么它就会被逐出市场。经济学家认为要想资本主义发挥作用,只有当赚钱的希望与破产的威胁针锋相对时才会实现。没有能力的公司和大风险的商业决策一旦出现问题,就必须承担相应的后果,比如我们可以参照凯马特和环球电讯公司的例子。其中,凯马特公司由于管理和营销决策方面的失误,导致了其竞争力下降。环球电讯公司的运营是基于洲际宽带已经是热销商品的假设前提下,并且利用负债为它的决策提供经费。与环球电讯公司处于同一市场的 AT&T 公司利用股票销售所得和再投资收益来募集资金,虽然它在市场中没赚多少钱,但是仍然能够生存下来,其原因是损失主要由股东承担下来了。另一方面,对于环球电讯公司来说,它没有获得足够多的利润以支付高达 120 亿美元的负债。

在凯马特和环球电讯公司宣布破产时,它们的资产比负债要多。其中凯马特公司拥有 160 亿美元的资产和 20 亿美元的负债,环球电讯公司拥有 220 亿美元的资产和 120 亿美元的负债。不过,存在两个问题:一个是资产的账面价值不是市场价值,另一个是资产的盈利能力不强。

我们用两个例子来大概说明刚才提到的两个问题。凯马特公司要修建一家折扣店并配备凯马特特有的标志以及装饰风格,这样一来可能需要 1 000 万美元的成本,但是建成后却没有人愿意为此支付 1 000 万美元的费用。类似地,环球电讯公司铺设一道从海底一端到另一端的光缆可能要花费 200 亿美元,但是这并不意味着有人会花费同等巨额的钱来购买光缆。

为了进一步阐述虽然有很多资产却不能赚取足够多收入偿还债务的情况,我们假设某人拥有 50 亿美元,他从银行借了 100 亿美元来购买金币。现在这个人又有了价值 100 亿美元的资产,但是他却没有收入来支付借款的利息。现在假设此人将他购买的这些金币一个接一个地抛入纽约和伦敦之间的大海中。此时这个人账面上就有价值 150 亿美元的资产,但是其中价值 100 亿美元的金币实际上现在可能已经不存在了。这样价值 100 亿美元的债务就得不到任何收益来支付相应的利息。

33.4.4 安然事件中发生了什么

通常来说,了解一个企业从事什么业务并不是一件困难的事情。例如,我们知道沃尔玛是一家折扣零售商公司,GM(通用汽车公司)从事的是制造汽车业务,而州立农业保险公司从事的是售卖保险业务。为了弄清楚安然事件中具体发生的事情,你必须先知道安然公司是一家实际从事何种业务活动的公司。我们会想到,安然公司依靠什么来赚钱呢?其实,安然公司是一个能源交易公司。它从生产商手中购买电力、石油、天然气、汽油以及其他能源,然后转售给工业企业或者公共事业公司。可以这么理解,它是通过"贱买贵卖"从中赚取利润的。20 世纪 90 年代的几年中,安然公司运作得很好。后来,它还开展了一些副业,涉足买卖因特网宽带业务。

"贱买贵卖"总是一个好的经商之道,但是这种情况很难维持,因为经济利润总是能诱惑更多的企业进入该领域,特别是当进入壁垒很少时,这种效应就更为强烈。在 20 世纪 90 年代早期,安然公司在本行业鲜有竞争者,但是当其他公司觉察到在该领域有利可图时,它们就纷纷涌入该领域。同时也由于没有进入壁垒,Dynegy 公司、Reliant Energy 公司、El Paso Energy 公司、Duke Energy North American 公司、Calpine 等公司纷纷加入了该领域的竞争,它们从安然公司挖走了精通该领域的很多有价值的雇员。如果这就是安然公司的结局,那么就不会有后面那么多故事了;如果这就是安然公司的结局,那么它也就会像典型的企业发展历程一样——"公司创造一个想法,然后尽可能长时间地赚取利润,最终还是只能得到正常利润",经历这样一个过程。

安然公司所发生的是,它的管理层想要公司保持好的经营状态,并且管理层的工资几乎全部是靠股票和股票期权的方式获得的。公司制一个经典的问题是**委托代理问题**(principal-agent problem),当公司所有者(即股东)追求长期盈利能力,而公司管理者追求自身的货币报酬时,这种委托代理问题就会出现。当首席执行官(CEO)获得高额薪水时,他们可能就会避免一些具有丰厚回报但是可能存在一定风险的项目。问题是代理人(这里指CEO)制定决策时与委托人(这里指股东)的利益目标不一致。而在安然事件的例子中,委托代理问题主要指的是获取工资收入的首席执行官不愿拿他们的工作去冒险,因此行事过于谨慎。

很多年来人们一直坚定地认为,股东激励首席执行官的最好方式就是将他们的报酬同股票表现相联系起来。这种方式仅仅是依靠股票表现来向他们支付工资,因此,当股票价格低迷时,首席执行官的工资报酬自然就没有股票价格高时多了。

这种激励方式的另一个极端形式是管理者通过股票期权获得工资。所谓股票期权指的是赋予持有者能够按照期权中指定的价格购买特定数量股票的权利。当股票价格超过股票期权指定的交割价格时,股票期权就蕴含巨大的价值。相反,当股票价格低于股票期权指定的交割价格时,股票期权就一文不值了。安然公司管理者的报酬支付形式就是股票和股票期权的结合。

因此,安然公司管理者的工资报酬就与股票表现紧密联系起来了,并且在安然公司股东眼里,这样是比较可行的办法。他们认为这种激励方式能够奖励对公司有利的管理者决策,惩罚对公司不利的管理者决策。可遗憾的是,这种激励方式也迫使管理者们陷入一种境地,那就是如果公司管理者能够欺骗市场让其相信公司的运作比实际情况要好,那么他们就会变得更加富有。这并不是一个新事物,但是这是会计师事务所为什么会存在的首要原因。这些会计师事务所被人们认为,当某个公司声称获得10亿美元收入时,会计师事务所能够通过仔细检查该公司审计过的财务报表向公众证明该公司实际真的获得10亿美元的收入而没有说谎。可以这么理解,在公众心中,会计师事务所就是为防止这种欺骗行为的发生而产生的。

安然公司的欺骗行为采取的是高负债、账外业务的形式。安然公司开设了几个子公司,无论是什么原因,这些公司的命名采取的是"星球大战"的字符,并且其中每个子公司都负有数百万美元的负债。每个子公司都是追求高风险、高收益的运营模式。其实这些子公司并没有可以让人们感兴趣的地方,除了它们的负债都是由安然公司担保的这方面。当然,如果这些债务欺骗性地出现在安然公司的财务报表上的话,这些子公司也就不会令人感兴趣。

安然公司报告说,其他公司欠它们公司的债务;它将这些债务作为公司的资产来报告,却并没有提及这种债务的性质。更加令人不安的是,安然公司的子公司可以从银行借款,然后向安然公司支付利息,这样一来就可以提高安然公司的账面利润。在随后的审计分析中,安然公司的利润被高估到12亿美元,同时其资产的高估数额更大。

2001年秋天,当所有的事件暴露以后,有两个公司受到致命的伤害:安然公司和其雇用的会计师事务所安达信。安达信会计师事务所为安然公司账务的准确性出具了证明,但实际上安然公司的账务存在欺骗行为。不仅如此,安达信还参与了其子公司的建立,并且在事情即将暴露时,在一个备忘录中命令负责审计安然账户的安达信职员销毁那些"不必要的"文件。尽管这种"备忘录"只是对公司政策的简单表述,但是负责审计安然账户的每位安达信员工都知道这是在销毁证据。为什么一个会计师事务所会参与这种欺诈行为呢?这又会回到委托代理问题上去。任何一位在会计师事务所任职的主会计师都想要取悦他的客户。客户每年会向会计师事务所支付数以百万计美元的费用,因此主会计师也会从中得到丰厚的报酬。这时,委托人也就是会计师事务所必须要相信代理人即主会计师的行为。他们之间的利益有时会产生矛盾,因为如果会计事务所没有了诚信,它们就会变得一文不值。但是,在安达信不知情也没有同意的情况下,主会计师将会计事务所的声誉出卖了。在安然事件中,这一切行为的结局就是,主会计师的行为将安达信给毁了。

33.4.5　为什么安然事件比其他案例更加重要

凯马特公司和环球电讯公司的案例对整个经济没有产生多大影响。但是,安然公司的崩溃是一个系统存在问题的不祥预兆。从经济角度来看,凯马特的损失是沃尔玛公司和塔吉特公司的收益。环球电讯公司在丢骰子打赌,只不过运气不好。相应的购买环球电讯公司股票的风险就很容易理解了,如果国际宽带市场火爆起来,环球电讯公司的股东就会大赚一笔。但是因为国际宽带市场没有兴起,所以股东手中剩下的股票变得几乎不值钱了。而安然公司的股东确实被骗了。毕竟投资者得依靠公司真实的财务报告才能了解该公司的运营状况。

投资者承担着一些预料之中的风险。他们将信息收集起来,并依据这些信息来制定决策。然而不确定的是投资者能否从他们的投资中得到相应的报酬,因为在实际经济生活中,有的企业赚钱,有的则亏本。为了避免这种不确定性,他们找到了一种方式,那就是通过财务报表的真实性来判定对该企业投资的风险,而财务报表的真实与否又依赖于独立的审计部门。如果会计师事务所帮助公司实施欺诈,而不是去揭发这种行为:(1)公司将来能否盈利呢?(2)提供的财务报告真实吗?另外一个不确定性来自审计方面,审计精确性方面的不确定性会使人们要求更多的回报,进而这种现象又会阻碍一些有利可图的项目投资。

安然公司和安达信事件的直接影响是,其他公司开始主动揭露自己的利润被"高估"的问题。施乐公司、世界电信公司以及其他一些大公司一个接一个地"修正"自己的收入。结果,在2002年投资者对股市失去了信心,在2000年3月股市市值已经下跌了20%—60%的基础之上,又下跌了20%。直到2003年年初,市场才摆脱欺诈丑闻的影响,逐渐好转起来。

33.5　2006—2007年的股市回弹以及2008—2009年的股市下跌

随着经济从2001年的萧条中逐渐走出来,股票市场也开始出现回弹局势。直到2008年中期,道琼斯指数和标准普尔指数500已经达到或者超过2000年3月的水平(尽管纳斯达克指数只有它最高时期的一半)。那么,这次股市复苏背后是什么力量在起作用呢?答案是，在2006年至2008年早期这段时间，一直不断维持的利润、长期低利率以及股票市场价值的基本面决定因素。

这又是一场泡沫，即我们在第11章中所描述的房地产泡沫，随即摧垮了2008年的投资大头。金融服务类的公司首当其冲，这些公司在住宅信贷方面有着重要的参与。直到2008年的劳动节那天，我们才清楚房地产以及金融服务行业所产生影响的波及范围不仅局限于这些行业。

并不是所有股票市场的下挫都是由泡沫破裂导致的。当汽车制造商和它们的零件供应商在销售方面经历了一场戏剧性的下挫，并且每季度损失近100亿美元时，很少有经济学家会称其是一场泡沫。这些变化其实是基本面因素方面的一部分影响，这种基本面因素又是关于股票市场的作用方面。当由于不佳的销售状况导致利润预期下降时，股票价格就会下跌。

银行和保险类股票很容易受到高水平不确定性的影响。由于投资者们担心的是这些金融机构的运营状况究竟是健康还是脆弱，所以一旦这种担心的负面因素较多就可能导致这些类别的股票价格全面下跌。当信用等级评定机构，即标准普尔公司（Standard and Poor's）和穆迪公司（Moody's）未能预测到房地产尤其是美国国际集团（AIG）的问题时，这种担心会被放大。

在2009年即将迈入2010年时，随着经济开始复苏（虽然这种复苏迈着费力的步伐），股票市场获得了丰收。不得不说，这种丰收是由两个基本面因素驱使的：利润预期和利率。2010年，公司的利润增长速度要比以任何一种经济计量方式测量的增长速度都要快。原因是来自不同领域的公司老板发现一旦他们触及经济萧条的底端时，就会对劳动力加以调整，那么就会剩下一批生产效率较高的劳动者。同时，销售方面增长了，但产品成本几乎没有增长。结果导致了更高的利润收入进而对利润预期产生正向作用。同样，低利率的结果就是道琼斯工业指数从2009年3月的最低水平上涨到2011年4月的最高水平，增长幅度达92%。

本章小结

现在，你了解了股票价格是如何决定的以及股票市场发挥的作用。你应该明白决定股票价格的基本面因素以及股票价格是如何偏离其基本价值的。当你阅读到20世纪90年代末的亚洲金融危机和2000年的纳斯达克股市崩盘时，你会发现这些概念一一在起作用。你也明白经济的正常运转需要破产法，并看到了2001年、2002年的公司破产以及会计丑闻的结果。最后，你应该知道在2008—2009年这段时间，由于基本面因素改变使公司盈利能力变化进而导致股票市场价格的下跌。

关键词

| 基本面因素 | 首次公开募股 | 有效市场 | 股票指数 |
| 泡沫 | 破产 | 债权人 | 委托代理问题 |

自我测试

1. 股票的基本价值是基于对预期未来_____的现值。
   a. 分红　　　　　　b. 收益　　　　　　c. 利润　　　　　　d. 成本

2. 股票指数是_____。
   a. 股票价格的加权和　　　　　　b. 股票价格的简单加总
   c. 股票价格的几何平均值　　　　d. 专业经济学家的一致观点

3. 如果你想随机挑选并投资20个不同的公司，你会根据_____市场假设以及它可能对你的投资产生的影响来做决定。
   a. 随机　　　　　　b. 完全　　　　　　c. 股票　　　　　　d. 有效

4. 当股票_____其基本价值时，股票市场就会崩溃。
   a. 远远低于　　　　b. 非常接近于　　　c. 远远高于　　　　d. 混淆

5. 股票市场的存在_____。
   a. 仅仅是为了服务新兴商品的销售，这种商品即为IPO
   b. 是为了提供股票流通的场所，包括近期的IPO
   c. 是为了帮助政策制定者预言未来
   d. 是为了让富人更加富有

6. 委托代理问题集中于_____的分离。
   a. 供给方和需求方　　　　　　b. 投资者和储户
   c. 所有者和管理者　　　　　　d. 利息和分红

简答题

1. 解释为什么美联储宣称的高利率目标能够导致股票价格下跌。

2. 解释为什么如果一个公司的利润增长幅度大于现行的利率，并且这种利润增长被预期在未来几年将会持续，则该公司的股票价格就可能超过本公司资产总和。

3. 解释为什么股票市场必须为再次销售某公司几年前为筹集资金首次发行（即IPO）的股票而存在。

4. 解释"泡沫"形成时，预期能够使得股票无法控制地高于其真实价格，当泡沫被复制并且破裂时，股价就会低于合理的价格水平。

思考题

并不是所有资产泡沫都与股票有关。例如，2005年，人们担心沿海地区房价将高于其合理价格。历史上一件有名的关于郁金香球茎的泡沫事件。问题是现在回顾起来，那时的泡沫很容易被辨识。那么，是不是你想到的任何一项资产都可以引发泡沫呢？

讨论题

股票市场是为公司募集资金而设计的,它为早先发行的证券提供了流通的场所,这种行为又增强了股票市场存在的意义。为了这些好处,尽力开动你聪明的金融脑筋。这是一种对资源的合理利用吗?

进一步阅读

Journal of Economic Perspective 4, no. 2(Spring 1990).参阅以下作者的文章:Joseph E. Stiglitz;Andrei Schliefer and Lawrence H. Summers; Peter M. Garber; Robert J. Schiller; Eugene N. White; and Robert Flood and Robert J. Hodrick。

第 34 章
沃尔玛：总是低价（低工资）——总是如此

> **学习目标**
>
> 学习完本章,你应该能够:
> 1. 描述沃尔玛在美国经济中的重要地位。
> 2. 说明为什么食品杂货业有如此多样的竞争者,试用垄断竞争模型去解释它。
> 3. 当沃尔玛进驻社区时,消费者可能获得利益,但是这种行为可能会盈利也有可能会亏损;同时,其他食品杂货企业可能会盈利也有可能会亏损,这种相互的作用是很难加以估算的。

沃尔玛,一方面可以说是在美国一个获得巨大成功的故事,并且它的存在掀起了美国生产力的高潮;另一方面可以说沃尔玛是低工资、不盈利、提供没有前途的岗位和小商贩的驱逐者的这样一个象征。事实上是两者兼有。沃尔玛最开始是由山姆·沃尔顿在阿肯色州的本顿维尔开设的一家小折扣店,最近 30 年,它开始发展壮大,成了美国最大型的非政府企业,每年为美国 GDP 贡献超过 2 个百分点。随着每一家新店的出现,都伴随一个争论,那就是关于沃尔玛进驻社区究竟是好事还是坏事。若干个社区和一个州——佛蒙特州,已经禁止了对沃尔玛带来的关于大型折扣店的争论,此争论关于低价商品、低工资岗位能否抵消丢失工作和丢失地域特色所带来的成本。本章就带领你去探索这样的"大型商店",尤其是沃尔玛存在的利弊。

34.1 市场形态

大多数有沃尔玛超级购物中心的社区也会有其他的大型食品杂货连锁商店。不过也有社区拥有自己独立的商店,这些商店中的一些附属机构在以前被称作国际零售商协会,而现在被称为 IGA(独立零售商联盟)。因此,你原先的社区可能会有多种多样的食品杂货商店。

从像山姆会员店、好市多这样的仓储式商店到"超级市场"（像凯马特、沃尔玛、塔吉特），接着到国家连锁商店（克罗格、西夫韦等），然后到国有公司（例如，阿霍德就拥有像 Stop & Shop 和 Giant 这样地方的商店），再到地方的连锁店（韦格曼斯、韦恩·迪克西、大众等），最后到附属于 IGA 的商店，零售商的种类繁多且大小不一。市场形态对这种情况最好的描述就是垄断竞争。尽管非常小的城镇都可能会有一家零售商（垄断），小的城市可能会有两个或三个零售商（寡头），现如今大多数的美国社区一般都有以上 3/4 种类型的零售商。

每一个食品杂货商店基于它所处的地区都有一定的垄断性质，但是面对如此多的竞争，消费者也会很乐意绕过某一个商店去稍微远一点的地方购物。很多人对商品偏好不同，因为商店不可能包含消费者想要的所有商品，自然人们就会选择去不同的商店进行购物。有些人会被"超级"一词所吓到，但另一些人却被这种市场所吸引，因为只需在一个这样的超级市场中他们就能够完成购买食品杂货、买药、挑选各种电动工具以及新发售的 DVD 等近乎所有日常消费活动。一些消费者对于 IGA 附属的商店有一种"家乡自豪"感，因为他们想要以他们的肉食品加工工人为名，感谢所有者赞助当地少年联盟棒球队。垄断竞争这种市场形式恰恰适应了这种市场。

从图 34.1 中，我们可以很清楚地看到，排名前十的零售商经营公司和控股公司广布在整个美国地区，除了在那些规模很小的社区，很少有哪家公司能够获得垄断地位。表 34.1 显示了所有排名前十的零售商公司销售的百分比。这些排名前十的连锁零售商（和控股公司）的销售额占同类商店销售额的 3/4。然而切分一下数据，你会发现一个问题，对于沃尔玛垄断的焦虑并没有数据支持。

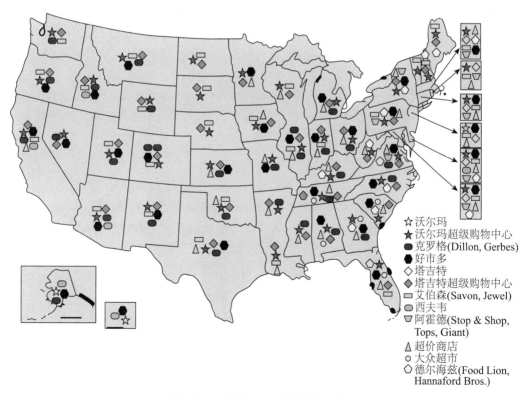

图 34.1　美国排名前十的零售商分布

表 34.1　美国排名前十的连锁零售商销售额

排名	公司	年销售额（十亿美元）	占总零售商销售额百分比（%）	占前十名零售商销售额百分比（%）
1	沃尔玛	311.00	32.40	46.55
2	克罗格公司	81.00	8.44	12.12
3	好市多仓储公司	80.00	8.33	11.97
4	超价商店	41.00	4.27	6.14
5	西夫韦连锁超市	38.00	3.96	5.69
6	罗布劳批发公司	31.00	3.23	4.64
7	大众超市	25.00	2.60	3.74
8	阿霍德	23.00	2.40	3.44
9	德尔海兹	19.30	2.01	2.89
10	C&S仓储公司	18.80	1.96	2.81

资料来源：http://supermarketnews.com/profiles/top75/2011。

有一个相似的问题，那就是沃尔玛对其供应商究竟有多大的影响。对于很多企业来说，无论是大是小，沃尔玛对于它们来说都是一个大型的买者。如果沃尔玛成为唯一的潜在买者，那么买方市场的垄断情形就会出现。在那种情形下，这些公司就会被迫降价，因为它们会害怕沃尔玛取消接受它们的供应。正如沃尔玛通过大量扩张某一公司产品市场来"创建"一个公司一样，它也可以很轻易地通过强迫某个公司廉价生产产品从而毁掉它。这种情况的确可以发生，并且经常发生，结果是公司将产品生产外包给其他国家生产，这样就可以降低在美国生产产品所需发放的工资和奖励，或者说公司就能够从更便宜、更低成本的地方生产产品。

34.2　谁受到了影响

当任意一家"超级市场"进驻某一城镇时，都会存在很多利益相关者，特别是在美国东北部以及西部地区。因此，当地的城乡权力部门出台了明确针对"超级市场"的地区性的法律条例，使得"超级市场"陷入困境。为了考察为什么有些人反对沃尔玛超级市场进入社区，我们先来分析一下谁得到了好处，谁又没得到好处。第一，作为一个群体，很显然消费者得到了好处，因为对于同种商品，当你比较一下沃尔玛和其他大型国有或者地区性零售商店（像克罗格、西夫韦、雄狮食品和艾伯森）的价格时，你就会发现沃尔玛的标价大体上是比较低的。通常，沃尔玛卖的一些它的主要产品（像牛奶和面包），其价格要比IGA附属公司支付给其供应商的价格低。第二，工人们得到好处与否取决于两点：(1)工作岗位是否为净增加，或者说在沃尔玛获得的新增的工作岗位是否比在竞争者处失去的工作岗位多；(2)沃尔玛支付什么给雇员。第三，纳税者得到好处与否取决于对小区新增用户的销售是否会导致销售税收的净增加。第四，一些小商店的所有者以及其他现存的企业零售商可能会受到负面影响，但是其他的零售商可能会获得一些好处。让我们用数据来检验一下。

34.2.1 大多数消费者坚持认为他们得到了好处——但是也有一些无法做出选择

我们来轮流分析每一个利益相关者的具体情况,先从公众买者开始。消费者获得的最大好处是来自零售商的低价销售。沃尔玛超级购物中心平均每年销售额在1亿—1.5亿美元。这种估算浮动相当大,但是大众市场的贸易协会认为沃尔玛的价格水平比国有零售商店的价格水平低15%—22%。假设平均每个消费者都能节省15%。那么,每年消费者从普通商店转战到沃尔玛超市消费(一家普通商店对应一家沃尔玛超市)所获得的好处是节约了1500万—3300万美元。

无论这些消费者用这些节省下来的钱做了什么,很明显他们的确从便宜的商品中获得了好处。当地的经济是否从中获益取决于消费者是否利用这些节省下来的钱进行消费。如果他们消费了更多当地的商品和服务,那么当地的经济就会获得发展。如果他们将这些钱存入华尔街的投资账户里,当地社区将一点儿好处也得不到。

可能有一些地点,由于"超级市场"的存在,使得IGA类型的零售商店被驱逐出了商业市场。但是这么做的同时,会使一些消费者的处境变得不利,因为他们现在失去了对他们所认为的最佳零售商的选择。我们来大致估算一下这种损失。假设由于一个家庭偏好在IGA类型的商店消费,因此他们每年在IGA类型的零售商店的消费要比在沃尔玛的消费要多1000美元。他们的"显示性偏好"显示,这种选择至少值1000美元。如果有1000位消费者受此影响,那么总损失可能会是100万美元。以此来看,尽管从总体上来说消费者得到了好处,但是还是会有些消费者处于不利地位。

34.2.2 工人很可能蒙受损失

很难分辨工人是否受到影响,因为不清楚劳工总数是否是为净增加(或是净减少)。如果是净增加的话,也可能不会完全补偿损失,这种损失实际上是,沃尔玛在全国统一支付给工人的工资(包括救济金)比一般的已加入工会组织的零售商店每小时的工资低5—10美元。最近两年新开的每一家超市几乎都会招聘大概450名员工。然而,这个数字出现的问题是:首先,大约1/3的工作属于兼职;其次,有文献表明75%—133%的工作人员都是从社区内招聘的。[①] 如果我们假设,每位工人每年工作2080个小时,再来继续假设沃尔玛支付给他们的工资是每小时8美元,并且它的竞争者每小时支付的工资是18美元,这样看来,社区的工作者将会蒙受损失。大致算一下,对于这样一家超市来说,工人们将会损失400万—1000万美元。

34.2.3 销售税收不会受到太多影响

对于纳税者能否获得好处或者蒙受损失这个问题要取决于净销售是否增加。有关这些新的超市销售额增加程度的文献表明它们销售额的70%—80%取代了这些社区本来就会发生的交易。我们所讨论的税收能够增加的问题是指:(1)有相当大比例的物品销售,像食品,

---

① 一个非学术观点表示当沃尔玛进驻某一城镇时,由于要求单个工人要做更多的工作,所以工人的总数量会减少。

都是免税的;(2)很少一部分应税物品是由那些在其他州消费的消费者购买的。

后一种观点较之前一种观点更为重要一些,因为在很多州,销售税直接上缴给各自州政府。因此,在本社区或者在相邻县的销售,销售税收所上缴的地方是一样的。所以,尽管能够在本社区征收到更多的销售税,但是却几乎对总的销售税收没有什么影响。

34.2.4 一些商家可能会受到损失,其他的可能会得到帮助

沃尔玛和其他"超级市场"对于地方性商店的影响还尚不清楚。IGA的附属公司实施一种"跟随沃尔玛"的战略。它们相信"一个好的零售商店会得到有序的发展,一个很客观的关于饼干模具贸易的例子,但是一个社区中心是公共的,并被很多熟悉本地区而且很不错的这样一些人——所谓的市民所操作"。结果是它们支持当地慈善事业;赞助当地孩子们的体育团体;采购那些超级市场不常备货的食物产品;并且适当地要求订购一些超级市场没有的肉类食品,这种售卖肉食品是现切现卖,而不是售卖那些包装好的肉类食品。这类商铺的拥有者一般就在社区内或者邻近社区的地方。至少一些沃尔玛门店的发展是以牺牲这些商店为代价的。

更为重要的一点是沃尔玛试图创建一套与这些商户互补的商业模式。这种"拉力因素"已经被证明能够促进其他零售商和其他经济活动的产生。开设一家新的沃尔玛很可能会"拉动"邻近城县的零售商销售。同样,它能引致新的快餐和可供点菜的连锁餐馆以及其他大型零售商,像家得宝、百思买以及跟随"超市模式"的史泰博。我们可以这样理解,沃尔玛的出现能立即给不发达地区带来经济活力。

34.2.5 社区影响

社会学家参与关于沃尔玛的讨论,指出了引入"超级市场"能够取代那些在作为社区领导者并且同样作为拥有零售商店的人产生的影响。这表明,存在一种对于沃尔玛来说的内部成本,它破坏了社区的不经济的结构。他们同样认为,控制其他变量之后,在沃尔玛进入市场一段时间后,当地的贫困率会上升。

■ 本章小结

对于任意一家新开的沃尔玛来说,它的结果会是一个你期望的样子。大多数消费者会从中受益,而大多数工人则会蒙受一定损失;一些商户会得到利益,而另一些则会失去利益,具体的一些积极因素取决于社区的一些细节运作。如果新开的沃尔玛所替代的销售是那些本身在城镇内就存在的商业活动,那么消费者的利得大致就等于工人的损失。如果是这样,更有可能的是沿着沃尔玛所在地区净增加一些就业和互补商业,这些净增加就归属于社区的净增加。当地的商业领导者的利得或损失取决于他们是同沃尔玛对立而战(一种自杀式的冒险)还是作为沃尔玛的互补,售卖一些沃尔玛没有的商品和服务。

自我测试

1. 在某一社区开设一家新沃尔玛,对消费者的影响是_____。
   a. 对那些想要低价商品的顾客来说,有很重要的积极的意义
   b. 对那些偏好个人消费的顾客来说(某些商店提供相近的产品),有些消极意义
   c. 对消费者来说,所有方面都是积极的
   d. a 和 b

2. 在某一社区开设一家新沃尔玛,对工人的影响是_____。
   a. 仅仅对新工作岗位的产生有重要意义
   b. 仅仅有消极方面的意义,因为失去了能够在竞争者处得到更好工作的机会
   c. 双方面的,因为产生了新的工作岗位,但是它们通常会取代更高工资的工作岗位
   d. 仅仅有积极方面的意义,因为沃尔玛比其竞争者所支付的报酬更优厚

3. 当沃尔玛进驻某一城镇时,我们能够利用人们对某一商店的额外支出数额来估测出一个小的食品杂货零售店对于此消费者个人的价值。经济学家称之为_____。
   a. 显示性需求   b. 显示性偏好   c. 解析偏好   d. 标记偏好

4. 沃尔玛对供应商的影响是_____。
   a. 积极的
   b. 消极的
   c. 双方面的,因为沃尔玛扩大了他们的产品市场,但是却降低了它们的售价
   d. 没有什么影响

5. 在美国大多数城市,零售商业主要的市场结构是_____。
   a. 垄断市场结构   b. 寡头市场结构
   c. 垄断竞争的市场结构   d. 完全竞争的市场结构

6. 20 世纪 90 年代,进驻零售行业的沃尔玛_____。
   a. 成了垄断者
   b. 对市场结构并没有什么影响;市场保持完全竞争的结构
   c. 对市场结构并没有什么影响;市场保持垄断竞争的结构
   d. 对市场结构并没有什么影响;市场保持寡头垄断的结构

简答题

1. 理论上认为沃尔玛可能有能力进入并驱逐竞争者,进而抬高价格。但是数据表明这种情形并没有发生。用什么能解释为什么沃尔玛不那么做呢?

2. 给出一个具有"拉力因素"的例子,最好是在你生活的城镇里见过的某一新的大型零售商带来的这种效应,并解释这种效应是否是对当地零售商的一种替代。

3. 当一家新沃尔玛进驻某一地区时,那些零售商通常利用什么战略存活下去?

4. 伴随一家新的大型零售商的产生,什么带来了消费者剩余的增加?以及为什么这种消费者剩余的增加可能无法抵消这种大型商店进驻所带来的损失?

思考题

20 世纪 90 年代,进驻零售行业的沃尔玛对于降价销售物品有重大影响,特别是帮助了贫困的人们。那么,对于设定贫困线,这个因素应该被纳入考虑范围吗?

讨论题

大多数美国公司过去常常在本国生产商品,现如今却将工厂设置在中国,因为沃尔玛实行的低价销售策略给这些公司带来了巨大的压力。这种压力迫使这些生产者了解沃尔玛愿意为某种商品支付多高的价格。如果公司希望沃尔玛售卖它们的产品,那它们就必须降低价格。当然这对你是有好处的,因为你只需要支付更低的价钱就能买到你想要的东西。但是这对于美国该行业的劳动者来说是非常不利的,因为他们可能因此失去了工作。那么,你对此是怎么想的呢?

进一步阅读

Boyina, Manjula, "An Examination of Pull Factor Change in Non-Metro Counties in Kansas: A Study of the Economic Impact of Walmart Construction," *Kansas Policy Review* 26, no. 2.

Franklin, Andrew W., "The Impact of Walmart Supercenter Food Store Sales on Supermarket Concentration in U. S. Metropolitan Areas." Paper presented at the USDA conference, "The American Consumer and the Changing Structure of the Food System," Arlington, Virgina, May 3—5, 2000.

Stone, Kenneth E., Georgeanne Artz, and Albert Myles, *The Economic Impact of Walmart Supercenters on Existing Businesses in Mississippi*: www2. econ. iastate. edu/faculty/stone/mssupercenterstudy. pdf.

Hicks, Michael J., *The Local Economic Impact of Walmart* (New York: Cambria Press).

术语表

第1章

经济学：考察配置和使用稀缺资源来满足人们无限欲望的科学。
稀缺：指资源不是取之不尽、用之不竭的。
资源：任何可以被直接消费或者用来制作产品并最终被消费掉的东西。
机会成本：由于选择所放弃的其他选项的价值。
生产可能性边界：一个解释在充分就业的前提下，一个社会可以生产的各种不同的产品之间的联系的图。
模型：一个真实世界的简化版本，可以操控它以便解释现实。
简化假设：一个看起来简单但是可以帮助我们更加清楚地解释问题的假设。
失业：资源没有被充分利用的情形。
可达到的：在给定的资源条件下，可以实现的生产水平。
不可达到的：在给定的资源条件下，无法实现的生产水平。
循环流量模型：一个解释所有经济参与者之间相互影响的模型。
市场：一种买者和卖者共同协商交易的机制。
要素市场：一种劳动力和金融资本所有者共同协商交易的机制。
外汇市场：一种不同国家的货币的买者和卖者共同协商交易的机制。
产品和服务市场：一种产品和服务的买者与卖者共同协商交易的机制。
最优化假设：假设我们考虑的个体会努力实现某个目标的最大化。
边际收益：某项行为带来的收益的增加额。
边际成本：某项行为带来的成本的增加额。
净收益：所有收益和所有成本之间的差额。
实证分析：力图解释事物是怎样的以及为何是这样的等问题的分析方法。
规范分析：旨在理解事物应该怎样的分析方法。
激励：影响我们决策的因素。
合成谬误：一种逻辑错误，指的是把总的经济影响当做各个部分经济影响的简单加总。
直接相关：当一个变量的取值变大时，另一个变量的取值也变大。
因果：一个变量的变化引起另一个变量的变化。
逆相关：当一个变量取值较大时，另一个变量取值变小。

第2章

供给和需求：经济学中最重要的模型名称。
价格：为获得1单位产出所支付的货币数量。

产出：生产出来供出售的商品或服务。
市场：买者和卖者协商交易的机制。
消费者：市场中那些想用货币交换商品或服务的人。
生产者：市场中那些想要将商品或服务交换成货币的人。
均衡价格：一种价格水平，在此价格下，消费者不可能期望自己购买到更多商品，同时生产者也不可能期望自己销售更多的商品。
均衡数量：均衡价格下交易的产品数量。
需求数量：在特定时期内，消费者以特定价格愿意且能够购买的商品数量。
资本主义：一种市场，特别是金融资源市场免费的经济体制。
社会主义：一种政府拥有对于部分重要（但不是全部）金融资源的分配权力的经济体制。
供给数量：在特定时期内，厂商以特定的价格愿意且能够出售的商品数量。
Ceteris Paribus：拉丁语中"其他条件不变"的意思。
需求：在其他条件不变的情况下，价格和需求数量之间的关系。
供给：在其他条件不变的情况下，价格和供给数量之间的关系。
需求表：用表格形式表示某种商品的价格和其需求数量之间的对应关系。
供给表：用表格形式表示某种商品的价格和其供给数量之间的对应关系。
均衡：消费者想要购买的数量和供给者想要出售的数量恰好相等的那一点。当供给曲线和需求曲线相交时，这一点就出现了。
短缺：一种企业想要出售的商品数量少于消费者想要购买的商品数量的情况。
过剩：一种企业想要出售的商品数量多于消费者想要购买的商品数量的情况。
超额需求：短缺的另一种说法。
超额供给：过剩的另一种说法。
需求定律：对商品的价格和需求数量之间呈现的负相关或反相关关系的一种表述。
替代效应：当一种商品的价格上升时，这种商品的购买数量较之以往会有所下降，因为消费者可以转向购买另一种价格较低的相似商品。
实际货币余额效应：一种商品价格的上升会降低你的购买力，从而导致你能购买的商品数量的减少。
边际效用：消费者增加额外1单位消费带来的满足感的增加。
边际效用递减规律：增加某种商品的消费会使得消费者获得的满足程度上升，但随着消费数量的增加，每单位额外消费量带来的满足程度的增加会减少。
供给定律：对商品价格和供给数量之间呈现正相关关系的一种表述。
价格欺骗：该贬义词适用于以下情形：当遇到意外的需求增加时，企业持续地提高价格。
最高限价：某种商品的最高价格水平。
最低限价：某种商品的最低价格水平。

第3章

弹性：一个变量变化相对于另一变量变化的敏感程度。
需求价格弹性：需求数量对价格变化的反应敏感程度。
供给价格弹性：供给数量对价格变化的反应敏感程度。
需求收入弹性：需求数量对价格变化反应的敏感程度。
需求交叉价格弹性：一种商品的需求数量对另一种商品价格变化的反应敏感程度。
富有弹性：数量变化百分比大于价格变化百分比的情形。
缺乏弹性：数量变化的百分比小于价格变化百分比的情形。

单位弹性：价格变化百分比正好和数量变化百分比相等的情形。
总支出原则：如果价格和支出量同方向变动,那么需求是缺乏弹性的;如果价格和支出反方向变动,那么需求是富有弹性的。
完全无弹性：价格变动对数量完全没有影响的情形。
完全弹性：无论需求怎样变动价格都不会改变的情形。
消费者剩余：你得到的价值中超过你支付的价格的那部分。
生产者剩余：厂商得到的收入中超过边际成本的那部分。
市场失灵：出现的市场结果不是最有经济效率的结果的情况。
排他性：卖者可以限制只让那些付了钱的消费者使用商品的能力程度。
竞争性：一个消费者的使用会使这种商品对下一个消费者的价值下降。
纯私人物品：既有竞争性也有排他性特征的物品。
纯公共物品：既没有竞争性也没有排他性特征的物品。
俱乐部产品：具有排他性而不具有竞争性的物品。
拥挤性公共产品：具有竞争性而不具有排他性的物品。
无谓损失：与产量过多或过少相联系的社会福利的损失。

第 4 章

利润：企业赚到的钱,等于收入减去成本。
成本：生产商品和提供服务的过程中必须产生的费用。
收入：企业出售商品和服务获得的货币。
经济成本：经营某项活动的所有成本;不仅包括那些必须用货币支付的成本,而且包括因放弃其他机会产生的成本。
会计成本：从事某项商业活动的人所做的先行支付的成本总和。
生产函数：表示生产各种资源数量的图形。
成本函数：描述生产成本的多少的图形。
固定投入：不改变的资源。
可变投入：容易改变的资源。
劳动分工：工人们分解任务,这样能够激发动力,并且不需要转换工作。
边际报酬递减：在生产的过程中存在这样一点,如果继续增加资源投入,产出会增加,但增加幅度会下降。
固定成本：不随产量的变化而变化的生产成本。
可变成本：生产成本中能够变化的部分。
边际成本：增加1单位产出所带来的成本的增加。
平均总成本：总成本除以产量,即每单位产出的成本。
平均可变成本：总可变成本除以产量,即每单位产出的平均可变成本。
平均固定成本：总固定成本除以产量,即每单位产出的平均固定成本。
边际收益：多销售1单位产品所带来的收益的增加。
完全竞争：有许多企业生产相同产品的市场形态。
完全垄断：市场上只有一个企业生产某种商品的情形。

第 5 章

垄断竞争：有很多企业生产类似但不相同的产品的市场形态。
寡头垄断市场：只有为数不多的几个竞争者的市场形态。

集中度:某个行业中排名靠前的公司所拥有市场力量的测度。给定企业数目,排名前 *n* 名企业销售之和占行业销售收入总额的比率就是集中度。

Herfindahl-Hirschman 指数:一种对市场集中度的测度,由每个企业的市场份额的平方加总得到。

正常利润:企业所有者能够从其次优投资机会中获得的利润水平。

经济利润:超过正常利润的任何利润。

短期:企业不能够改变工厂和设备的期间。

长期:企业能够改变工厂和设备的期间。

第 6 章

微观经济学:经济学领域中研究单位市场和企业的部分。

宏观经济学:经济学领域中将经济作为一个整体进行研究的部分。

国内生产总值:一年时间内全国生产的最终产品和服务的货币价值。

市场篮子:一般人购买的商品种类以及他们购买的数量。

基年:构建市场篮子的年份,所有其他价格都和该年价格水平相比较。

基年市场篮子的价格:国内市场篮子的平均总价格。

价格指数:表征市场篮子价格的标准,以 100 为基数。

消费者价格指数:以一般消费者购买的商品为基础计算的价格指数。

通货膨胀率:消费者价格指数的百分比的增加。

生活费用调整:基于通货膨胀的变化会对人们收入的购买力产生影响的事实,补偿人们的一种手段。

链式指数:一种每年进行调整的市场篮子的价格指数。

GDP 平减指数:用于调整 GDP 以消除通货膨胀影响的价格指数,它包括所有的商品而不只是市场篮子。

实际 GDP:经过通货膨胀调整的国内生产总值的测度。

劳动人口:所有年满 16 岁的非军事人员,既包括被雇用的人员,也包括那些正在积极寻找工作的人。

失业率:劳动力大军中那些没有工作并且在积极寻找工作的人所占的比例。

就业不足:指那些实际工作的时间少于他们能够并且愿意工作的时间的劳动者。

工人丧志效应:坏消息导致人们停止寻找工作,进而使失业率下降。

工人励志效应:好消息引导人们开始寻找新工作,从而使得失业率上升(直到他们找到工作为止)。

周期性失业:经济暂时下滑导致一些人们失去工作的情形。

季节性失业:人们在每年的同一时期失去工作的情形。

结构性失业:经济变化导致某些人的特殊技能过时,进而使其失业的情形。

摩擦性失业:更换工作过程中的短期失业。

经济周期:经济有规律地高涨、衰退的变动模式。

谷底:经济周期中的最低点。

复苏:经济周期中从低谷走向前一个经济顶峰的增长阶段。

扩张:经济周期过程中从前一个顶峰向下一个顶峰演变所经历的增长阶段。

顶峰:经济周期中经济繁荣的最高点。

衰退:经济周期中至少连续两个季度经济持续下滑的阶段。

通货紧缩:一般物价水平的下降。

萧条:严重的衰退,通常会产生以下结果:金融恐慌,银行倒闭,失业率超过 20%,实际国内生产总值下降 10%或者更多,显著的通货紧缩等。

第 7 章

利率:借款人除了向债权人归还本金,还需按照一定比率向债权人支付利息,该比率即利率,一般以年为时间单位。

名义利率:公开宣布的利率。
实际利率:考虑通货膨胀预期之后的利率,它是消费者延迟消费获得的补偿。
现值:未来支付流的经利率调整后的价值。
内部收益率:使得成本与收益现值相等的利率。
终值:过去支付的经利率调整后的价值。
72 原则:一种帮助你估计投资翻番的时间的方法,用 72 除以年利率就是该时间。
风险:投资者可能无法获得预期支付的可能性。
拖欠风险:借款者拒不支付所带来的风险。
市场风险:资产的市场价格已超出预期的方式改变所带来的风险。
风险溢价:投资者因巨大的风险所得的回报。
收益曲线:收益和获得收益的时间之间的关系。

第 8 章

总需求:国内消费者、企业、政府和外国购买者在每一可能价格水平下所想要购买的实际国内产出的数量。
实际货币余额效应:由于高价格降低了实际货币的购买力,所以价格和产出呈负相关关系。
国外购买效应:当国内价格相对于同类进口商品的价格较高时,我们会减少出口,增加进口。因此国内高价格就会导致低产出。
利率效应:高价格引起通货膨胀,并导致借贷减少以及降低实际国内生产总值。
总供给:在每一个可能的价格水平下,一国能够提供的实际国内产出水平。
需求拉动型通货膨胀:由于总需求的增加而导致的通货膨胀。
成本推动型通货膨胀:由于总供给的减少而导致的通货膨胀。
供给学派经济学:提倡试图通过降低投入成本和放松管制来影响总供给,进而影响经济的政府政策。

第 9 章

财政政策:政府有目的地改变支出或税收政策以达到影响经济的目的。
相机抉择的财政政策:根据不同问题调整政府支出和改变税收来调节经济运行。
自动调节的财政政策:一系列政策的集合建立起一套体系,用以稳定经济。
冲击:任何未预期到的经济事件。
总需求冲击:导致总需求增加或减少的意外事件。
总供给冲击:导致总供给增加或减少的意外事件。
认识时滞:用来衡量经济所处的状况所花费的时间。
行政时滞:国会和总统统一一项行动所花费的时间。
操作时滞:政府计划或税收变动对经济产生完全影响所花费的时间。
政治经济周期:在选举前,为了获得短期利益而采取的具有政治动机的财政政策。

第 10 章

联邦基金利率:为满足准备金要求,银行同业间拆借的利率。
M2:M1+定期存款+小额定期存单。
货币总量:经济中对货币数量的一种测度。
M1:现金+铸币+活期存款。
通货膨胀目标制:对当局将所要达到的目标通货膨胀率的预测对外公布,并利用货币政策工具对现行的应对通货膨胀措施加以控制和调整,以达到预期的通货膨胀率。
公开市场业务:美联储通过买卖政府债券来分别增加或者减少货币供给量,进而影响利率。
一级信用利率或贴现率:美联储贷给银行的利率。
存款准备金率:对于每1美元的定期存款,商业银行必须存放在联邦储备银行的百分比。
货币传导机制:通过利用货币政策工具影响整个经济的过程。
流动性陷阱:即使利率为零或者接近于零都无法刺激经济增长。
公司债券:大型公司发售的短期债券。
量化宽松:美联储通过购买长期债券以达到降低长期利率进而直接刺激商业投资以及房地产市场的过程。
抵押贷款支持证券:一种金融资产,这种资产是抵押贷款的总和,它对证券持有者的支付是房屋所有者通过联合支付来实现的。

第 11 章

互投赞成票:选票的交易,使得不符合国家利益的计划得到足够的支持。
持续决议:国会通过、总统签署的法案允许政府暂时按照前一年的方式支出。
挤出效应:政府赤字支出的机会成本,造成私人投资的减少。
强制支出:已经通过的法律规定的支出。
可自由支配支出:取决于年度拨款决议的支出。
福利支出:一个计划,规定若人们达到收入或人口统计的特定条件时就自动有权获得收益。
基准预算:利用上一年的预算数字来制定当年的预算。
当前服务预算:估算在在未来提供相同水平的服务花费的成本。

第 12 章

证券化:将非金融资产(典型的是抵押贷款)捆绑在一起,然后重新以股票或金融工具的形式销售给投资者。
仅付息抵押贷款:一种允许买房人在开始几年支付应付利息一部分的抵押贷款。在这之后,贷款将调整到传统的支付形式,通常会支付更高的金额。
负摊销抵押贷款:一种允许买房人在开始几年支付少于应付利息的贷款。在这之后,贷款将调整到传统的支付形式,通常会支付更高的金额。
选择性支付抵押贷款:各种负摊销抵押贷款,允许买房人选择前几年支付的贷款金额。
信用违约互换:抵押贷款证券的一种保险。
卖空房屋:对于负债大于自身价格的房屋,卖方寻求将资不抵债的部分免除。

第 15 章

绝对优势:与竞争者相比,能更多、更快或更高质量地生产某种商品的能力。
比较优势:能够用所有资源更低的机会成本生产某种商品的能力。
贸易条件:一国为了从别国获得另一种商品所必须支付的某种商品的数量,通常用比率表示。
倾销:以低于成本的价格出口商品以将竞争者驱逐出市场。
关税:对进口商品所征的税收。
配额:对进口商品数量的法律限制。
非关税壁垒:管制行为导致的贸易障碍。

第 16 章

国际收支平衡:一个会计核算记录系统,记录有关货币是如何在国家之间流通,并以此来促进它们之间商品、服务、金融工具以及实物投资的贸易。
经常项目：国际收支平衡的一部分,它能够体现贸易、短期投资支付、外国税务的美国支付、美国税务的外国支付以及私人资金的净转移的影响。
资本项目：能够体现一国公民在另一国长期持有金融和实物资产的变化。
外汇兑换：一国货币与另一国货币之间的转换。
固定汇率制：一种外汇汇率制度,指一国(国家集团)必须时刻准备着生产或出售货币以换取外汇或黄金以排除过度需求或过度供给。
浮动汇率制：一种外汇汇率制度,指汇率不受政府控制。
管理浮动汇率制：一种外汇汇率制度,指政府决定由市场力量决定的汇率范围,以及超出最高和最低汇率范围所采取的具体应对措施。

第 17 章

基尼系数：一种用来衡量贫富差距的指数。
购买力平价：在对每个国家购买相似市场下的一篮子商品和服务所需要的成本进行评估,并用它去辅助像国民生产总值这样的变量做比较。

第 19 章

不可再生自然资源：不能被替代的自然资源。
可再生自然资源：可以被替代的自然资源。
自然资源管理：一种衡量自然资源的时间价值的自然资源管理方式。
可持续性：你将如何在可再生资源被替代的速度下利用它们。
外部性：一项交易给不属于这一交易的人造成的有益或是有害的影响。
社会成本：生产和消费的真实成本,或一种商品对无辜者的影响。
公共财产：非个人所有,而是由政府或集体所有的财产。
总量控制和排放交易：政府向产生污染的企业分发或者拍卖限额的污染许可证,并且允许这些许可证在市场上自由交易。

第 20 章

医疗保险：在美国涵盖了年龄超过 65 岁的人的公共医疗保险。
医疗补助：在美国涵盖了穷人的公共医疗保险。
风险规避：一个人愿意支付额外的费用以保证预期的结果的特点。
风险中立：一个人不愿意支付额外的费用来保证预期的结果的特点。
免赔额：在一年的医疗费用中,保险公司支付之前你必须要支付的费用。
共同支付额：减去可扣除额之后计算出的,你必须要支付的账单的数量或百分比。
现金支付最大额：一个人或一个家庭在一年中支付的覆盖所有医疗费用的最大额。
年最大额：在一年中,保险公司将要支付给你的医疗费用的最高限额。
终身最大额：在你的一生中,保险公司将要支付给你的医疗费用的最高限额。
迷你保险：低年最大额、低保费的医疗保险。
初级保健医生：作出初步诊断并转诊病人的管理护理操作的医生,又称把关人。
第三方付款人：支付部分费用的非消费者的另一个实体。
道德风险：拥有保险使对被保险物品的需求增加。
逆向选择：这些最需要保险的人最愿意去支付保险费,从而会因为他们的疾病因素抬高保险价格至一定程度,在这样的程度下会使那些没有如此严重疾病的人们离开保险市场。

强制保险:要求人们购买保险。

单一支付体系:政府征税(通常非常高)来支付每个人的保险。

第 21 章

专利:一种政府授予给那些发明者允许其可以在一段时间内独占其发明在市场上的销售的权利。

罕用药物:一种用来治疗只会有少部分人所患的病的药物。

无谓损失:由于产品太多或太少所造成的社会福利损失。

第 22 章

私人财产:个人或个人团体拥有的土地或其他实物。

知识产权:个人或个人团体拥有的写下来或记录下来的作品、想法或公式和其他无形的创造性财产。

版权:政府授予一位写下和记录下来的作品的创造者在一段时间内的独占的销售该作品的权利。

专利:政府授予一位发明者在一段时间内的独占的销售该发明的权利。

商标:政府授予一项业务独占的使用某个口号、标志或名字的权利。

合同:为交换另一些物品、劳务或财务报酬,规定一方所必须为另一方提供物品、劳务以及财务报酬的书面协议。

破产:一种合法的申明,表明负债可以免于债务。

风险代理律师:一种同意从判决中获得百分比的金额的律师,只有胜诉时才索取律师费。

集体诉讼:受到相似的伤害的人聚集到一起向一个或多个被告提起诉讼。

第 24 章

劳动参与率:劳动力或正在找工作的劳动力占总人口的比例。

差别待遇歧视:因为性别、种族不同而对两个同等地位的人的不同行为。

不良影响歧视:虽然做了一些没有表现出歧视的行为,但使得你所在的群体中更加否定某一种族或性别的人的行为。

理性或统计歧视:基于全面的统计证据,或者因为公司目标最大化利润而对不同阶层的人产生不同的对待的行为。

平权法案:那些有助于推动权利平等进程的政策和法令。

第 25 章

最低工资:法律规定工人工作一小时最少能够得到的报酬。

最低生活工资:足以令一家人摆脱贫困的工资。

第 26 章

票务代理:购买一张票,并合法地以高出票面价值的价格卖出的行为。

倒票:购买一张票,并非法地以高出票面价值的价格卖出的行为。

第 27 章

预付款:在图书出版之前支付给作者的那部分款项,通常以未来要支付给作者的稿费为基础来计算。

版税:支付给作者的报酬。通常以百分比来计算。

第 28 章

人力资本:一个人生产产品和服务的能力。
净现值:收益现值与成本现值之差。
外部收益:对除了产品和服务的生产者与消费者的人产生的收益。

第 29 章

贫困线:保证一个家庭生活的最低标准的收入。
贫困率:家庭中收入低于贫困线的人所占的百分比。
贫困差距:要使贫困线以下的人脱离贫困,所需要转移支付的所有钱的总数。
实物补贴:提供产品和服务而非现金。

第 30 章

现收现付制:当下劳动者的税金用来支付当下退休者的养老金的养老金制度。
完全支付制:现在缴纳的税金是为了将来能足够支付将来的养老金的一种制度。
工资税:以工作者从工作中赚取的收入的基础的征税。
最大应税所得:工资税的最大应纳税收入。
月平均收入指数:工资经通货膨胀调整后 35 个最高收入年份的月平均数。
基本保险数:一个在退休年龄退休的退休者一个月所能拿到的收入。
退休年龄:退休者能够拿到所有收益的年龄。
外部性:自由市场中产生的对除了买卖双方的其他人产生的影响。
资产替代效应:政府为你做了储蓄,因此你自己就减少储蓄数量。
引致退休效应:在没有社会保障的情况下,人们如果想要早于退休年龄退休,他们就要储蓄更多。
遗产效应:人们为了自己的继承者而储蓄更多数目,由此提高了国民储蓄量。
社会保障信托基金:该基金于 1982 年成立,旨在当税收收入无法支付养老金时能够以政府举债形式支付。
经济状况调查:调查一个人收入和福利方面的政府收益的数量。

第 31 章

卡特尔:竞争者联合起来形成的唯一垄断组织。
自然垄断:当不变成本很高而边际成本递减时存在的一种垄断。

第 32 章

局部替代:一类经济行为被同一地区内其他经济行为所替代,故而净效应为零。
正外部性:买方和卖方以外的第三方从交易中获得收益的情形。
劳动边际收益:新雇用一名员工带来的收益增加量。
保留工资:员工愿意接受的最低报酬水平,因为该报酬水平是此员工次优选择能够得到的薪酬。
自由球员:能够为出价最高雇主服务的运动员。
选秀:一种分配新球员的机制。
薪酬上限制度:球队能够给其所有球员支付的薪酬总和的最高限额。
收入共享:一些收入不是简单地划归产生该收入的球队,而是在所有球队之间分配的过程。
保留条款:一项要求球员必须同其上个赛季所效力的球队续约的合约条款。
罢工:员工拒绝向雇主提供服务的行为。

停工：雇主拒绝接受雇员所提供服务的行为。

第 33 章

基本面因素：具有长期经济意义且决定股票价格的因素，例如利润预期和利率。

首次公开募股：公司首次向公众出售股票以筹集公司扩张所需要的资金。

有效市场：所有信息都被参与者考虑到的市场。

股票指数：特定股票集合中股票价格的加权平均。

泡沫：市场的现行价格远远高于基本因素决定的价格。

破产：当某公司或者个人没有能力偿还负债时的一种法律状态。

债权人：拥有其他个人或者公司债券的个人或者组织。

委托代理问题：当资产的所有者与资产管理者不是同一人，并且两者有不同的偏好时，这种问题就会出现。

译 后 记

自从教以来，经常会被人问到为什么要学经济学，经济学究竟有何用处……坦率地说，对于这些问题，我也有过迷茫和困惑，而且这些迷茫和困惑从未真正消失过。从学科发展来看，米塞斯教授把经济学定义为一种研究人类行为的学科。也就是说，凡是和人类相关的问题都可以通过经济学的方法论来深入探讨。现代经济学的发展没有让我们失望，它已经发展成了一门包含人类各领域行为分析的学科。从微观的行为决定、个体的互动博弈到宏观的经济运行，再到法律的经济学分析，甚至是宗教的经济学分析，现代经济学已经是一个包含各类社会问题分析的大家族。从学科方法来看，经济学的方法论有其独特的一面。作为一门传统意义上的社会科学，经济学可以引入大量的数学论证方法，使自身成为一种精确的、可证伪的科学体系。从现实来看，2010年中国首次超过日本成为世界第二大经济体，并且中国的经济总量仍然保持着高速增长，我们应当感到喜悦与自豪，但同时不能忽视在经济高速增长的背后可能隐藏的危机。东亚国家在东亚奇迹最初的光芒消退之后经济发展显得后继无力，拉美国家也在高速增长之后陷入了长久的"中等收入陷阱"。

中国能否在经历了经济的高速增长之后避免陷入东亚以及拉美国家的困境？在新的发展时期是否会有新的具有中国特色的经济问题出现？或者说，当中国在新的发展阶段出现新问题时，我们能否有一流的学者去解释它们，并能给我们带来新的解决方案？现代经济学自亚当·斯密以来，已经历两百多年的发展历史，其对现实的指导作用不言而喻。不管是对于经济学研究者还是对经济相关的专业人士，经济学理论都已显示出日益重要的指导性地位。而普及经济学的教育乃是培养下一代新型经济学人才的重中之重，经济学教材的重要性也不言而喻，多一本好的经济学启蒙教材可能会为中国乃至世界带来更多的经济学大师。

经济学教材市场已是汗牛充栋，为什么我们还要翻译罗伯特·盖尔教授的这本《经济学：原理与热点》呢？原因是，虽然现有的教材在各个领域上都有着非常详细的介绍与论述，但是这些教材都有着一个明显的缺陷，就是对现实问题太过放松。对于经济学的高级学者，这样抽离现实的做法是合适的，也是必要的。但是，对于经济学的初学者而言，则显得有些刻板。尤其是现代经济学越来越多地使用大量的数学论证，初学者对于经济学的概念以及经济问题的直觉尚有欠缺，盲目地让初学者接触经济学高深的理论部分，可能会导致其对经济学的一知半解或者根本上出现抵触的情绪。

盖尔教授的《经济学：原理与热点》是从实际问题出发的。对于初涉经济学的学生来说，在阅读这本书时，他们不需要懂得高深的理论就可以领略经济学宏观分析之美。他们也不用事先完成一年的博弈论学习，再来理解公司的竞争策略。盖尔教授的这本书可以带领学生提前进入经济学最引人入胜的问题分析，而不会给人造成一种经济学是一门沉闷科学的印象。人民币加入 SDR 会对中国经济带来什么影响？QE I、QE II 对经济有什么影响？沃尔玛为什么能够称霸超级市场？这些可能都是经济学初学者迫切想要了解的，但是如果通过经济学的正统训练可能要两年或者更长时间才能具备足够的知识来解释这些问题。但是盖尔教授通过简单的语言与理论就可以向读者解释清楚，例如他对沃尔玛的分析：

> 大多数有沃尔玛超级购物中心的社区也会有其他大型杂货连锁商店。……市场形态对这种情况最好的描述就是垄断竞争。尽管非常小的城镇都可能会有一家零售商店(垄断)，小的城市可能会有两个或三个零售商(寡头)，……通过他们的"显示性偏好"可以显示，这种选择至少值 1 000 美元。如果有 1 000 位消费者受此影响，那么总损失可能会是 100 万美元。……如果新开的沃尔玛所替代的销售是那些本身在城镇内就存在的商业活动，那么消费者的利得大致就等于工人的损失。如果是这样，更有可能的是沿着沃尔玛所在地区净增加一些就业和互补商业，这些净增加就归属于社区的净增加。

从这段论述中，我们可看出盖尔教授在论述沃尔玛的成功之处的同时，运用了市场结构、显示性偏好以及机会成本等经济学概念以及思维方式。同样方式的论述充斥着整本书，他利用这种理论与现实相结合的方式向学生们讲授经济学的各种理论和概念，让学生们在不知不觉中理解经济学最为精辟的见地。

盖尔博士是印第安纳州立大学的经济系教授。由于他本身是一位卫生经济学家，他写的有关医药方面的章节更是让人耳目一新，不仅对医药创新的机制刻画得非常到位，还在章节内加入了一些现实案例，让读者在学习经济学的同时还可以学到一些医药方面的知识。他的写作方式也不仅止步于用简单的语言介绍经济学的简单概念，而是在理论部分的章节对经济学的基本工具都做出了深入浅出的分析。为了方便学生们理解，在每个工具的介绍中，除了介绍正统的经济学分析方法，盖尔教授还附上了相应的图例和数例，以使读者充分理解经济学的精髓所在。

另外，加里·贝克尔教授掀起的"经济学帝国主义"让许多经济学者为之倾心。在这本教材中，盖尔教授选取了多个现实问题，用经济学的方法对其进行分析，来告诉读者，经济学不仅可以用来解决明显的经济问题，有许多看似与经济无关的问题也可以用经济学进行完美的诠释。例如，"倒票"在我国是一个十分现实的问题。倒票是正义的吗，还是应该被禁止？这个问题萦绕在读者的心头，而盖尔教授则对这一问题做出了清晰的解释。还有一些在经济学的初学者看来可能甚至不能称作经济学问题的问题，例如犯罪问题、气候与经济的关系、法律的制定，但是盖尔教授独具匠心地将这些热点问题收录到教材中，帮助读者们打开思路，我认为这是一个非常好的尝试。

有得必有失。盖尔教授的这本教材尽管在内容编写上有其独到之处，但是也有不足，由于这本教材所写的内容包罗万象,也就避免不了在一些章节的叙述上显得有些宽泛。比如在第 14 章中,盖尔教授着重叙述了日本在那十年中发生的事件以及经济运行状况,在事实叙述上很完整,但是缺少了对这一期间的经济分析。他没有向读者解释为什么日本会陷入发展的停滞,以及为什么难以脱身。在这个主题上想要进行深入了解的读者在阅读本书时可能会觉得有些无力。当然,在一本入门级的教材中苛求作者做到面面俱到是不现实的。我觉得盖尔教授可以考虑在下一个版本中为读者在每个章节的结尾部分给出一些更深入的阅读建议,让想要深入了解的读者可以在读完教材之后可以找到合适主题的读本。

瑕不掩瑜,这本书仍然是我这几年接触到的最好的经济学入门教材之一,不仅对基础的经济学理论诠释到位,更是在传统教材的基础之上更进一步,让读者可以接触到许多经济学的前沿问题。

全书由我和吴孟非共同完成翻译,其间还得到了池文豪、项轶天、肖宇涵、朱荣军、马利华、田珊、王瑞隆、闫宗杰、张溯、王丹妮、李涛、刘克龙等人的帮助和支持,在此一并表示感谢。在翻译的过程中,我们秉承"信、达、雅"的原则,尽量将作者的意思原原本本地传达给读者。当然,由于时间仓促,在此过程中难免会有疏忽之处,希望广大读者在阅读过程中加以指正。最后,作为一名经济学教师,我非常期待这本书可以给学生们带来更多的知识与欢乐,也同时带给同行们更多的教学灵感。

陈宇峰
2016 年 8 月

教师反馈及教辅申请表

北京大学出版社本着"教材优先、学术为本"的出版宗旨，竭诚为广大高等院校师生服务。为更有针对性地提供服务，请您认真填写以下表格并经系主任签字盖章后寄回，我们将按照您填写的联系方式免费向您提供相应教辅资料，以及在本书内容更新后及时与您联系邮寄样书等事宜。

书名		书号	978-7-301-	作者	
您的姓名				职称职务	
校/院/系					
您所讲授的课程名称					
每学期学生人数	_____人_____年级			学时	
您准备何时用此书授课					
您的联系地址					
邮政编码			联系电话（必填）		
E-mail（必填）			QQ		
您对本书的建议：			系主任签字： 盖章		

我们的联系方式：

北京大学出版社经济与管理图书事业部

北京市海淀区成府路205号，100871

联 系 人：徐 冰

电　　话：010-62767312/62757146

传　　真：010-62556201

电子邮件：em_pup@126.com　　em@pup.cn

Q　　Q：5520 63295

新浪微博：@北京大学出版社经管图书

网　　址：http://www.pup.cn